SCOTT H. YOUNG

WIE MAN IN ALLEM BESSER WIRD

Die 12 Maximen für schnelleres und effizienteres Lernen

Für Thomas und Julia

REDLINE | VERLAG

SCOTT H. YOUNG

WIE MAN IN ALLEM BESSER WIRD

Die 12 Maximen
für schnelleres und effizienteres Lernen

Bibliografische Information der Deutschen Nationalbibliothek
Die Deutsche Nationalbibliothek verzeichnet diese Publikation in der Deutschen Nationalbibliografie. Detaillierte bibliografische Daten sind im Internet über https://dnb.de abrufbar.

Für Fragen und Anregungen
info@m-vg.de

Wichtiger Hinweis
Ausschließlich zum Zweck der besseren Lesbarkeit wurde auf eine genderspezifische Schreibweise sowie eine Mehrfachbezeichnung verzichtet. Alle personenbezogenen Bezeichnungen sind somit geschlechtsneutral zu verstehen.

1. Auflage 2024

Türkenstraße 89
80799 München
Tel.: 089 651285-0

Die englische 1. Originalausgabe erschien 2024 bei Harper Business unter dem Titel *Get Better at Anything*.
Diese Ausgabe wurde in Zusammenarbeit mit Harper Business, einem Imprint von HarperCollins Publishers LLC, veröffentlicht.

Übersetzung: Almuth Braun
Redaktion: Christiane Otto
Umschlaggestaltung: Sabrina Pronold
Satz: Carsten Klein
Druck: GGP Media GmbH, Pößneck
Printed in Germany

ISBN Print 978-3-86881-975-5
ISBN E-Book (PDF) 978-3-96267-609-4
ISBN E-Book (EPUB, Mobi) 978-3-96267-610-0

INHALT

EINFÜHRUNG

Wie Lernen funktioniert

Das ganze Leben hängt vom Lernen ab. Wir verbringen Jahrzehnte in Schule, Studium oder Ausbildung und erwerben Bildung. Wir wollen gute Arbeit leisten, nicht nur wegen der Vorteile, die uns daraus erwachsen, zu den Besten zu gehören, sondern wegen des Stolzes, den wir empfinden, wenn wir unser Handwerk verstehen. Selbst die Dinge, die wir aus Spaß an der Freude machen, machen wir zu einem großen Teil deswegen so gerne, weil wir das Gefühl haben, uns ständig zu verbessern.

Dennoch ist Lernen oft eine rätselhafte Angelegenheit. Manchmal lernen wir mühelos und ganz nebenbei, zum Beispiel, wenn wir uns schnell in einem neuen Wohnviertel orientieren oder in kurzer Zeit in einem neuen Job eingearbeitet sind. Dann wieder ist Lernen eine mühselige und zähe Angelegenheit. Womöglich haben wir viele Stunden in einer Bibliothek verbracht und in der Abschlussprüfung doch nur wenig vorzuweisen. Vielleicht wollen wir das Unternehmen, die Branche oder sogar unseren Beruf wechseln, fühlen uns aber nicht ausreichend qualifiziert, um diesen Schritt zu wagen. Vielleicht fahren wir seit Jahrzehnten Auto, tippen auf einer Computertastatur oder spielen Tennis, ohne verlässlich besser zu werden. Wenn überhaupt eine Verbesserung eintritt, dann nur sporadisch.

Ob Sie sich nur ein wenig verbessern oder ein versierter Profi werden wollen, es hilft, wenn Sie verstehen, wie Menschen lernen. Einfache Prinzipien erklären, warum Sie in einigen Situationen mühelos Fortschritte erzielen und in anderen Situationen frustrierenderweise nicht vom Fleck kommen. Zunächst wollen wir uns eine Geschichte über eine eigenartige Leistungssteigerung auf Weltklasseniveau ansehen, und zwar die der weltweiten *Tetris*-Spieler, die drei Jahrzehnte, nachdem das puzzleähnliche Computerspiel erstmalig auf den Markt kam, plötzlich einen gewaltigen Leistungssprung machten.

Das *Tetris*-Rätsel

Wie immer legt Joseph Saelee am 15. Februar 2020 mit *Tetris* los.[1] Augenblicklich beginnen die ikonischen bunten *Tetris*-Bausteine herunterzupurzeln – im Abstand von ungefähr zwei Sekunden. Trotz dieses Tempos, das den meisten Arcade-Fans* den Schweiß auf die Stirn treiben würde, achtet Saelee kaum auf das, was er tut. Stattdessen plaudert er nebenbei mit einer Handvoll Followern, die ihm auf der Online-Streaming-Plattform Twitch live zusehen. Als er Level 19 erreicht, wird die Unterhaltung schleppend. Nun muss Saelee in den zwei Dritteln einer Sekunde, in denen die verschiedenen Tetrominos den unteren Rand des Bildschirms erreichen, jeden so drehen und platzieren, dass lückenlose horizontale Reihen entstehen. Bevor ein Tetromino platziert ist, blickt er schon wieder auf das Display, auf dem sich der nächste Tetromino ankündigt – die einzige Atempause in der ansonsten völlig unvorhersehbaren Abfolge an Formen. Nach neun Leveln in dieser atemberaubenden Geschwindigkeit verdoppelt diese sich ein weiteres Mal. Die *Tetris*-Bausteine leuchten kaum auf, und schon haben sie den Boden erreicht. Als Saelee diese Phase vollendet, setzt der Levelcounter aus, und die Anzeige verändert sich von »29« in »00« – ein klares Zeichen

* Anm. d. Übers.: Viele Videospiele werden seit den 1970er-Jahren in den USA in Spielhallen an sogenannten Arcade-Automaten angeboten, die man heute jedoch nur noch vereinzelt findet.

dafür, dass die *Tetris*-Designer niemals für möglich gehalten hatten, dass ein Spieler so weit kommen würde. Wie in Trance hackt Saelee mit seinem Finger mehr als zehnmal pro Sekunde auf die Taste seines Controllers. Ihm gelingt es, jeden Block perfekt zu platzieren und schnell genug Raum zu schaffen, damit die neuen Blöcke, die herunterregnen, nicht den Bildschirm ausfüllen. Nach einigen Minuten macht er seinen ersten Fehler – ein einziger falsch platzierter Block ragt aus den ansonsten lückenlosen Reihen heraus. In einem winzigen Augenblick ist alles vorbei, und ein wahrer Regen aus bunten Blöcken füllt das Display aus. Saelee lächelt trotzdem. Die Niederlage war womöglich unvermeidlich, aber es ist ihm gelungen, Level 34 zu erreichen.[2] Das hat in der mehr als 30-jährigen Geschichte eines der beliebtesten Videospiele aller Zeiten noch nie jemand geschafft. Saelee ist zu diesem Zeitpunkt erst 18 Jahre alt.

Offensichtlich ist Joseph Saelee ein guter *Tetris*-Spieler. Bemerkenswerter ist jedoch, um wie viel besser er *Tetris* spielt als die erste Generation, die geradezu von *Tetris* besessen war. Auf Level 29 zu spielen, galt lange als unvorstellbar, weil die Blöcke in einem solchen Tempo herunterfielen, dass es unmöglich schien, sie alle richtig zu platzieren, bevor sie den Boden erreichten.

Da die farbigen Blöcke in lückenlosen Reihen aufeinandergetürmt werden müssen, damit sie mit dem befriedigenden *Tetris*-Klick verschwinden, galt dieses Level bei den Fans lange als unspielbar – sie nannten es den »Killscreen«. An einer weiteren Herausforderung, nämlich in einer einzigen Sitzung das Maximum von 999.999 Punkten zu erreichen, hatten sich die ersten Spieler schon versucht. Die erste dokumentierte maximale Punktzahl erreichte Harry Hong, 20 Jahre nachdem das Spiel auf den Markt gekommen war.[3] Saelee schaffte es insgesamt zwölfmal. Salee ist allerdings nicht der Einzige, der *Tetris* meisterhaft beherrscht. In demselben Turnier erreichten 40 Spieler die maximale Punktzahl.[4] Wie kann es sein, dass ein Spiel, das seinen Zenit schon lange überschritten hat, so viel bessere Spieler hervorbringt?[5]

Tetris damals und heute

Heute erscheint *Tetris* altmodisch, daher vergisst man leicht, welche Sensation es auslöste, als es auf den Markt kam. Das Spiel, das 1984 von dem russischen Computerwissenschaftler Alexej Pajitnow erfunden wurde, verbreitete sich in Form einer Floppy Disc in der Sowjetunion, in der bereits die Götterdämmerung angebrochen war.[6] Wie viele Büromitarbeiter nach ihm, war auch Pajitnow von seiner eigenen Erfindung fasziniert und verbrachte seine Zeit damit, *Tetris* zu spielen, statt zu arbeiten. Vladimir Pokhilko, ein Psychologe und Freund von Pajitnow, fand, das Spiel sei so verlockend, dass es sich wunderbar eigne, um das Phänomen der Sucht zu studieren. Am Ende musste er alle Kopien vernichten, als klar wurde, dass seine Forschungsmitarbeiter ihre Arbeit vernachlässigten. Nachdem der Softwarebroker Robert Stein auf einer Reise nach Ungarn zufällig auf *Tetris* stieß, setzte in den westlichen Ländern ein erbitterter Kampf um die Vertriebsrechte ein. Den Sieg trug schließlich Nintendo davon. Das Unternehmen stellte die abschließende *Tetris*-Version für sein Nintendo Entertainment System (NES) her, verkaufte Millionen von Spielen und gewann eine Generation an leidenschaftlichen Fans.

Während *Tetris* für die meisten Spieler lediglich ein unterhaltsamer Zeitvertreib war, waren andere von dem Spiel besessen. Ben Mullen, einer der ersten Rekordhalter, führte detaillierte Statistiken über sein Spiel, um versteckte Muster aufzudecken und seine Leistung zu optimieren. »Ich fand heraus, dass man genau eine halbe Stunde nachdem man etwas Kaffee getrunken hatte am besten *Tetris* spielt«, berichtete er.[7] Harry Hong spielte so viel, dass er ein Hemd zwischen seinen Daumen und den Controller legen musste, um keine Blasen zu bekommen. Andere spielten, bis sie Halluzinationen über herunterfallende Blöcke bekamen – ein Phänomen, das später als »*Tetris*-Effekt« bezeichnet wurde.[8] Aber so leidenschaftlich sie auch spielten, niemand erreichte die mühelose Spitzenleistung moderner Spieler wie Saelee.

Des Rätsels Lösung

Einen Hinweis zum Verständnis der drastischen Leistungssteigerung gibt die Art und Weise, wie die Spieler ihre Leistungen publik machten. In der ersten Zeit wurden die offiziellen Rekorde von der Datenbank für Videogame-Rekorde Twin Galaxies verwaltet. Die Spieler reichten ihre Trefferquoten beziehungsweise Punktzahlen und irgendwelche Belege dafür ein. Wenn diese den Schiedsrichtern legitim erschienen, wurden die jeweiligen Ergebnisse auf einem zentralen Leaderboard auf ihrer Website veröffentlicht. Das war allerdings ein sehr mühseliger Prozess. Bisweilen gelang es den Spielern nicht, einen Versuch ausreichend zu dokumentieren, und dann konnten sie ihren Rekord nicht einreichen. So erging es Jonas Neubauer und Thor Aackerlund, die für sich in Anspruch nahmen, die maximale Punktzahl noch vor Harry Hong erreicht zu haben, es aber nicht beweisen konnten. Jahrelang gab es aber keine andere Option. Wenn jemand meinte, einen Rekord erzielt zu haben, musste er diesen über Twin Galaxies registrieren lassen.

Das änderte sich mit YouTube. Nun konnten Spieler Videos hochladen und ihre Rekorde direkt und ohne Zwischeninstanz posten. Dadurch wurde es zwar einfacher, einen neuen Rekord zu teilen, aber es gab auch einen wichtigen Nebeneffekt: Wenn jemand ein Video seines Weltrekords postete, konnte jeder genau die Methode verfolgen, die der Spieler angewendet hatte, um den bestehenden Rekord zu brechen. Zuvor hatte Twin Galaxies lediglich die Punktzahl veröffentlicht, aber nicht die Methode, mit der ein Spieler seine Punktzahl erzielt hatte. Nun konnten die Spieler nicht nur die Ergebnisse der Elitespieler bewundern, sondern auch sehen, wie sie vorgegangen waren.

Zwar bot YouTube eine größere Transparenz, aber die informelle Natur der Präsentation begünstigte Schummelversuche. Ältere Spiele wie *Tetris* konnten auf einem Emulator – einer Software, mit der Konsolenspiele auch auf einem PC laufen – abgespielt werden. Mit dieser speziellen Software können Spieler den Spielverlauf verlangsamen oder zurückspulen, um Fehler zu korrigieren. Zwar kann man durch eine sorgfältige Nachverfolgung oft aufschlussreiche Hinweise auf Betrugsversuche aufdecken, ernsthafte Spieler begannen jedoch, aus eigener Initiative Wege zur Authentifizierung ihrer Ergebnisse zu suchen. Inzwischen war es üblich, nicht nur die Bildschirmanzeigen zu posten, sondern auch ein Video, das die Handbewegungen der Spieler zeigte. Das Livestreaming erhöhte die Authentizität weiter, da man den besten Spielern in Echtzeit zusehen konnte. Schummelversuche waren so gut wie unmöglich.

Die Verfolgung der Handbewegungen machte eine breite Replizierung innovativer Methoden zur Betätigung der Taste möglich. Eine Methode, die als »Hypertapping« bekannt wurde und bei der die Spieler ihre Daumen vibrieren lassen, sodass sie die Taste mehr als zehnmal pro Sekunde drücken können, war der Schlüssel zur Überwindung der Level-29-Hürde. Diese Technik hatte Thor Aackerlund, der beste Spieler der frühen *Tetris*-Ära, erfunden.[9] Da ihn damals aber kaum jemand dabei beobachten und diese Methode nachahmen konnte, blieb sie fast zwei Jahrzehnte unentdeckt. Durch das Livestreaming wurden auch Anreize geschaffen, die Spiele zu kommentieren. Herausragende Spieler, die dadurch zur Kommunikation mit ihrem Publikum gedrängt wurden, teilten in Echtzeit, was sie während des Spiels dachten und wie sie dabei vorgingen. Die Diskussionen entwickelten sich in beide Richtungen: Die Top-Spieler erklärten ihre Strategien, und die Zuschauer konnten potenzielle Fehler sofort erkennen. Während die Spitzenspieler der ersten Generation ihre geheimen Strategien, die ihnen einen Wettbewerbsvorteil verschafften, womöglich eifersüchtig gehütet hätten, waren die modernen Kontrahenten gezwungen, radikal transparent zu operieren und jeden Tastendruck mit der ganzen Welt zu teilen.

Online-Foren trugen maßgeblich dazu bei, das Netzwerk an potenziellen Spielern, von denen man lernen konnte, ständig zu erweitern. In den 1990er-Jahren waren die Ressourcen zur Verbesserung auf den eigenen Freundeskreis begrenzt. Falls man das Glück hatte, einen sehr guten *Tetris*-Spieler zu kennen, konnte man sich vielleicht einige Tricks abschauen. Falls nicht, blieben einem einige der subtileren Aspekte des Spiels womöglich verborgen – trotz jahrelanger Erfahrung. In einem Dokumentarfilm aus dem Jahr 2010 verriet Harry Hong, eine seiner bevorzugten Strategien sei es, seine Blöcke auf der rechten Seite des Bildschirms aufzubauen und links eine Lücke zu lassen.[10] Diese Strategie gilt inzwischen als überholt. Eine Änderung des

Rotationsalgorithmus des Spiels macht es heute einfacher, den rechteckigen Block zu drehen und auf die andere Seite zu schieben. Dana Wilcox, eine weitere Spitzenspielerin, wusste nicht einmal, dass man die Blöcke in beide Richtungen drehen konnte. Diese Wissenslücke bedeutete, dass sie einige komplizierte Manöver wie den sogenannten T-Spin, bei dem ein T-förmiger Block erst im letzten Moment gedreht wird, um ihn an eine ansonsten unerreichbare Position zu platzieren, nicht ausführen konnte.[11] Heute kann jeder neue Spieler die besten Strategien mühelos finden, auch wenn ihre Beherrschung eine erhebliche Übung voraussetzt.

Tetris-Spieler erzielen heute bessere Ergebnisse, weil ihre Umgebung es ihnen ermöglicht. Durch das Video-Hosting wurde es möglich, detaillierte Demonstrationen der besten Methoden mit der ganzen Welt zu teilen. Online-Foren verwandeln informelle Unterhaltungen in dauerhafte Wissensdatenbanken. Livestreams spornen zu ausgiebiger Übung an und begünstigen ein beinahe unmittelbares Feedback auf die besten Techniken von einem zunehmend sachkundigen Publikum. Letztlich handelt die Geschichte von *Tetris* nicht von individuellen Spielern, auch wenn Leute wie Joseph Saelee zweifellos eine besondere Erwähnung verdienen. Vielmehr ist *Tetris* eine Geschichte über das Spiel selbst und darüber, wie die Weiterentwicklung der Spieltechnik die Leistungssteigerung beschleunigte.

Drei maßgebliche Faktoren für Leistungssteigerung – egal auf welchem Gebiet

Wie die Geschichte von *Tetris* zeigt, hängt die Leistungssteigerung von mehr als nur Talent oder Beharrlichkeit ab. Es gibt drei Faktoren, die bestimmen, wie viel wir lernen:

1. **Beobachtung.** Den größten Teil unseres Wissens haben wir von anderen Menschen übernommen. Wie leicht wir von anderen lernen, bestimmt zu einem großen Teil, wie schnell wir uns verbessern.

2. **Ausführung.** Exzellenz setzt praktisches Üben voraus. Aber nicht jede Übung ist geeignet. Unser Gehirn ist eine fantastische Maschine, die immer auf eine geringstmögliche Anstrengung bedacht ist. Das kann ein großer Segen, aber auch ein Fluch sein.

3. **Feedback.** Fortschritt erfordert iterative Anpassungen. Damit ist nicht nur der Rotstift einer Lehrkraft gemeint, sondern der Kontakt mit der Realität, die wir zu beeinflussen versuchen.

Wenn es uns gelingt, vom Beispiel anderer Menschen zu lernen, intensiv zu üben und verlässliches Feedback einzuholen, erzielen wir schnelle Fortschritte. Wenn einer dieser drei Faktoren oder alle drei behindert werden, wird eine Leistungsverbesserung oft unmöglich.

Oftmals befinden wir uns in einer Situation zwischen den Extremen, die entweder die Lernfähigkeit maximieren oder sie komplett verhindern. Es gibt Hürden, Chancen und Wege, wie wir unsere Fortschritte beschleunigen können, indem wir die richtige Umgebung, die richtigen Mentoren, Übungsregime und Projekte finden. Die Schwierigkeit liegt oft darin zu wissen, wonach wir genau Ausschau halten sollten.

Beobachtung: die Kraft der Beispiele

Am besten lernen wir von anderen Menschen. Unsere Fähigkeit, voneinander zu lernen, übersteigt bei Weitem unsere Fähigkeit, Probleme in Eigenregie zu lösen. Die Ergebnisse, die *Tetris*-Spieler erzielten, wurden immer besser, sobald die Methoden der Spitzenspieler einem breiten Publikum zugänglich waren. »Das Geheimnis des Erfolgs unserer Spezies liegt nicht in unserer angeborenen, ungeschulten Intelligenz oder irgendwelchen speziellen geistigen Fähigkeiten«, schreibt der Harvard-Anthropologe Joseph Henrich.[12] Vielmehr sei es die Fähigkeit, leicht von den Innovationen anderer zu lernen, die uns als Spezies so einzigartig macht.

Was die Problemlösungsfähigkeiten angeht, sind uns manche intelligenten Tiere überlegen. Forscher haben gezeigt, dass Krähen das Problem, Futter aus einer schmalen Flasche zu ziehen, lösen, indem sie aus einem Metalldraht einen Haken formen. Wird einem fünfjährigen Kind eine abgewandelte Version der gleichen Aufgabe übertragen, kommt weniger als ein Zehntel der Probanden auf diesen Trick.[13] Während unsere Problemlösungsfähigkeiten nur wenig besser sind als die einiger unserer Verwandten aus dem Tierreich, sind unsere Nachahmungsfähigkeiten doch unübertroffen. Bei einem Experiment haben Forscher im Rahmen einer Reihe kognitiver Tests zweieinhalbjährige Kleinkinder mit Schimpansen und Orang-Utans verglichen. Im Gegensatz zur angenommenen Überlegenheit der menschlichen Rasse stellten die Forscher fest, dass Kinder und Affen bei Rätseln, die räumliches, quantitatives und kausales Denken voraussetzten, ähnlich abschnitten, wobei die Schimpansen den Kindern bei einigen Aufgaben sogar überlegen waren. Das soziale Lernen war allerdings eine eindeutige Ausnahme: Wenn eine Aufgabe vorgemacht wurde, konnten die Kleinkinder sie problemlos nachmachen.[14] Das konnte fast keiner der Affen. Was die reinen Problemlösungsfähigkeiten betrifft, schneiden Kleinkinder im Vergleich mit Krähen und Schimpansen vielleicht schlechter ab, aber sie lernen regelmäßig, wie man liest, schreibt, spricht, addiert, multipliziert, zeichnet, singt und eine Fernbedienung betätigt – etwas, das kein anderes Tier auch nur versucht. Das Klischee, dass Affen alles nachmachen, trifft nicht zu, ganz im Gegenteil. Imitation ist die Grundlage des menschlichen Einfallsreichtums.

Die Fähigkeit, von anderen zu lernen, hat jedoch auch Nachteile. Wenn wir keinen Zugang zu Menschen haben, von denen wir lernen können, fällt es uns schwer, Lernfortschritte zu erzielen. Die frühen *Tetris*-Spieler hatten kaum Möglichkeiten, sich untereinander auszutauschen. Jeder spielte für sich oder bestenfalls mit einer Handvoll enger Freunde. Es gab keine Möglichkeit, überlegene Spieltechniken zu verbreiten, daher musste jeder Spieler seine eigene Methode entwickeln. In seltenen Fällen, zum Beispiel das Videogame-Wunder Thor Aackerlund, kam ein Spieler ziemlich weit. Meistens blieb das Ergebnis aber weit hinter dem menschlichen Potenzial zurück. Neue Technologien wie das Hochladen von Videos, Livestreams und

Online-Foren verliehen der Verbreitung von Best Practices eine gewaltige Dynamik. Auch wenn *Tetris* längst nicht mehr das populärste Spiel der Welt ist, ist die heutige Spielergeneration wesentlich besser vernetzt.

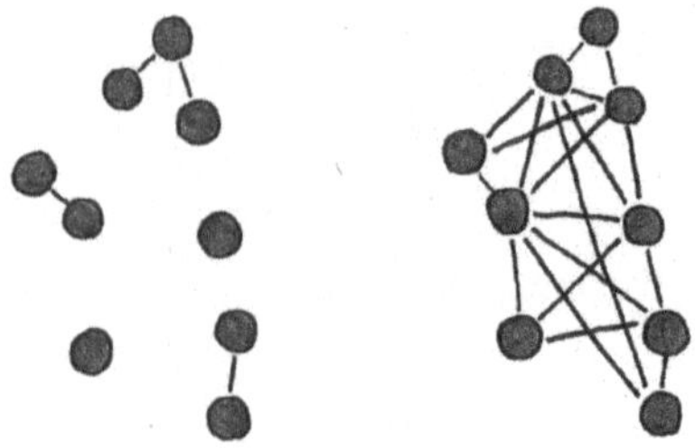

Abbildung 1:
Eine bessere Vernetzung der Spieler bedeutet größere Chancen auf eine Verbreitung von Innovationen. Die Mitglieder des Netzwerks auf der rechten Seite haben mehr Chancen, von Gleichgesinnten zu lernen, als die isolierten Spieler auf der linken Seite.

Natürlich kommt es auch auf die Qualität der Beispiele an, von denen wir lernen. Der Übergang von der Alchemie zur wissenschaftlichen Chemie illustriert das auf wunderbare Weise. Die frühen Alchemisten lagen zwar falsch, was die Möglichkeit betraf, Basismetalle in Gold zu verwandeln, aber sie besaßen durchaus verlässliches chemisches Wissen. Viele Alchemisten arbeiteten an der Entwicklung einer Theorie der Materie, und andere führten sogar kontrollierte Experimente durch.[15] Allerdings ließen sie ihre Erkenntnisse bewusst im Dunkeln, um die esoterischen Techniken nicht in weniger erfahrene Hände geraten zu lassen. Der Historiker und Chemiker Lawrence Principe schreibt dazu: »Die Hauptquellen der Alchemie sind ein abschreckendes Gemisch aus bewusster Geheimniskrämerei, bizarrer Sprache, obskuren Ideen und einer merkwürdigen Bildsprache. Die Alchemisten machten es Nichteingeweihten schwer, zu verstehen, was sie eigentlich taten.«[16] Alchemisten verwendeten Decknamen, um die Identität bestimmter Substanzen zu verschleiern. Sie verpackten Rezepte in fantastische Allegorien, die man zunächst dechiffrieren musste, um sie zu verstehen. Unnötige Schritte wurden ausgelassen, ausgetauscht oder hinzugefügt, um nicht eingeweihte Leser zu verwirren. Das hatte zwar den beabsichtigten Effekt, ihr Wissen auf einen kleinen Zirkel aus Eingeweihten zu begrenzen, aber es verhinderte auch die Akkumulation von verlässlichem Wissen. Angehende Alchemisten mussten die Experimente ihrer Vorgänger Dutzende Male wiederholen. Ein gescheiterter Versuch bewies keineswegs, dass ein Rezept falsch war, denn es konnte immer sein, dass es nicht richtig dechiffriert worden war. Selbst ein brillanter Denker wie Isaac Newton verbrachte einen erheblichen Teil seines Lebens damit, alchemistische Überlieferungen zu entziffern, ohne zu erkennen, dass sie in eine Sackgasse führten. Im Gegensatz dazu wurden Robert Boyles Experimente mit seiner Luftpumpe – die zur Formulierung des Boyle-Gesetzes führten, das heute noch in Chemie gelehrt wird – sorgfältigst dokumentiert und von Dutzenden von Illustrationen über den Aufbau des Experiments und die Maßeinheiten, die er erzielte, begleitet.[17] Verwirrende Erklärungen und ausgelassene Schritte in einem Prozess sind Dinge, die sich nicht auf alchemistische Texte beschränken. Oft tun wir uns schwer mit dem Lernen, wenn die Lernmaterialien schlecht sind und uns zwingen, mehr Arbeit zu leisten als notwendig, um ein Konzept zu verstehen oder ein Verfahren zu beherrschen.

Wissen ist nicht gleich verteilt. Trotz des vielversprechenden Internetzeitalters ist das Wissen der Welt mehrheitlich nicht schriftlich niedergelegt und frei verfügbar, sondern ist eingeschlossen in den Köpfen von Experten, denen es oftmals schwerfällt, ihr Wissen zu artikulieren. Wissen befindet sich oft auch nicht im Kopf eines Individuums, sondern ist in Gruppenpraktiken eingebettet. In einem Dokumentarfilm aus dem Jahr 1980 verwendete der Ökonom Milton Friedman mit Bezug auf einen früheren Essay von Leonard Read das Beispiel eines Holzbleistifts. »Es gibt niemanden auf der Welt, der diesen Bleistift herstellen könnte. Eine bemerkenswerte Aussage? Keineswegs.«[18] Friedman erklärt, dass man eine Säge braucht, um das Holz zu zerkleinern. Für die Säge wiederum braucht man Stahl, und dafür wird Eisen oder Erz gebraucht. Auch das Gummi, die Farbe, der Klebstoff und das Grafit zur Herstellung eines Bleistifts erfordern höchst komplizierte Lieferketten. Das Wissen, das mit der Herstellung eines so simplen Gegenstands wie einem Bleistift verbunden ist, wird nicht von einem Individuum gehalten, sondern von Gruppen, die gemeinsam auf einen gemeinsamen Zweck hinarbeiten. In dem Maße, wie sich unsere Wissenschaft und unsere Technologie weiterentwickeln, werden individuelle Leistungen zunehmend seltener, da nur verteilte Gruppen das gesamte Wissen zusammentragen können, das zur Lösung schwieriger Probleme nötig ist. Neue Entwicklungen in der künstlichen Intelligenz mögen diesen Trend beschleunigen, denn die Welt des theoretischen Wissens wird immer mehr Menschen zugänglich. Aber das implizite Verständnis unausgesprochener Praxiserfahrung bleibt das Hoheitsgebiet geschlossener Experten-Communitys. Der Zugang zu Umgebungen, in die das Wissen eingebettet ist, stellt oft die größere Hürde für Exzellenz dar als das Lernen selbst.

Ausführung: die Notwendigkeit der praktischen Umsetzung

Die Fähigkeit zu besitzen, von anderen zu lernen, ist der erste Schritt zu Kompetenz. Kompetenz erfordert allerdings Praxis, also eigenes Handeln, nicht nur die Beobachtung der Handlungen Dritter. Die praktische Übung spielt beim Lernen mehrere wichtige Rollen. Die erste besteht darin, dass wiederholte Übung die geistige Anstrengung verringert, die zur Ausführung einer Aufgabe nötig ist. Mithilfe der funktionellen Kernspintomografie konnten Forscher die Hirnaktivitäten von *Tetris*-Spielern beobachten, während sie beim Spielen Erfahrung sammelten.[19] Entgegen der Erwartung, dass die Leistung umso besser wird, je intensiver das Gehirn arbeitet, nahm die neuronale Aktivität der Spieler mit zunehmender Übung ab. Das unterstützt die Vermutung, dass die Spieler durch wiederholtes Spielen ihr Nervensystem effizienter einsetzten. Wenn Sie seit vielen Jahren Auto fahren, haben Sie wahrscheinlich ein ähnliches Phänomen festgestellt. Was früher eine bewusste Anstrengung war, die Ihre volle Aufmerksamkeit erforderte, machen Sie heute fast automatisch. Während Ihre Hände und Füße die klassischen koordinierten Bewegungen vollziehen, schweifen Ihre Gedanken ab. Die Fähigkeit, komplexe Fertigkeiten zu automatisieren, ist ein Schlüsselfaktor zur Ausführung zahlreicher Aufgaben und ist einer der Gründe, warum es uns nicht gelingt, durch reine Beobachtung zum Experten zu werden.

Ein weiterer Grund, der für praktische Übung spricht, ist die Bedeutung des bewussten Wissensabrufs. Jemanden bei der Ausführung einer Aufgabe zu beobachten, ist oft ein notwendiger Schritt, um die Vorgehensweise nachvollziehen zu können. Wenn die Lösung bei unseren eigenen Versuchen aber immer schon vorgegeben ist, verinnerlichen wir sie womöglich nicht. Wenn Sie alt genug sind, um sich an das Zeitalter zu erinnern, in dem es noch keine Mobiltelefone gab, erinnern Sie sich vielleicht, dass Sie einige Dutzend der am häufigsten angewählten Telefonnummern in Ihrem Gedächtnis abgespeichert hatten. Wenn Sie heute das Telefonsymbol auf Ihrem Smartphone anklicken, wird die Telefonnummer zwar angezeigt, aber womöglich wissen Sie keine einzige Telefonnummer aus Ihrem elektronischen Telefonbuch auswendig. Der Unterschied besteht darin, dass Sie früher, als sich Telefonnummern noch nicht direkt auf dem Telefon abspeichern ließen, eine bewusste Anstrengung unternehmen mussten, um eine Telefonnummer aus dem Gedächtnis abzurufen. Der aktive Abruf ist der passiven Wiederholung überlegen, weil Ersterer das Gedächtnis stärkt.[20]

Außerdem sind wir zwar fantastische Nachahmer, aber zahlreiche Aspekte einer Fertigkeit lassen sich nicht nachahmen. Die Armbewegung bei einem Tennisaufschlag oder die Bewegung des Handgelenks bei einem Pinselstrich lassen sich natürlich beobachten. Allerdings ist die Muskulatur jedes Menschen einzigartig, daher sind diese Beobachtungen nur eine Annäherung an die Art und Weise, wie man selbst die gleiche Bewegung ausführt. Wahrnehmungsfähigkeiten wie die Unterscheidung von Mustern in einer Röntgenaufnahme oder die Vorhersage, welchen Kurs ein Golfball nimmt, der über einen Golfplatz rollt, enthalten große implizite Anteile, die sich nicht leicht artikulieren lassen, selbst wenn man einen geduldigen Lehrer hat. Die eigene praktische Übung ist der Schlüssel zur Beherrschung der impliziten Aspekte einer Fertigkeit.

Die Notwendigkeit der praktischen Übung für das Lernen erzeugt ihre eigenen Hindernisse. Praktische Übung ist anstrengender als die passive Verfolgung eines Videos. Daher fällt es leicht, sich auf passiven Konsum statt auf praktische Übung zu verlassen. Der Zugang zu einer realen Anwendungssituation ist womöglich begrenzt. Es ist schwierig, ein guter Pilot zu werden, ohne in einem Cockpit gesessen zu haben, oder Filmemacher zu werden, ohne eine Kamera zu bedienen. Bei komplexen Fertigkeiten kann es außerdem schwierig sein, die Balance zu finden zwischen den beiden Methoden, von anderen zu lernen und selbst zu üben. Erhält man zu wenig Unterstützung, ist das Lernen ein frustrierender Weg aus Versuch und Irrtum. Ein Zuviel kann allerdings auch schädlich sein, zum Beispiel wenn das Wiedererkennen eines Musters unsere Fähigkeit zum freien Gedächtnisabruf behindert. Nicht immer treffen wir hier die richtige Entscheidung. Forscher haben festgestellt, dass leistungsschwache Studenten von einer stärker strukturierten Umgebung profitieren, sodass sie Problemlösungsmuster lernen können, die sie sich noch nicht eingeprägt haben, wohingegen leistungsstärkere Studenten von einer weniger strukturierten Umgebung profitieren, in der sie realistische Übungsmöglichkeiten haben und gezwungen sind, Wissen abzurufen, das sie bereits besitzen. Dennoch ziehen Schüler und Studenten regelmäßig die Lernmethode vor, von der sie am wenigsten profitieren![21] Eine Erklärung für diese absurde Tendenz lautet, dass Lernen anstrengend ist und wir instinktiv versuchen, Anstrengung zu vermeiden. Leistungsschwache Studenten finden die Anforderungen, die ein strukturierter Ansatz stellt, sehr anstrengend. Daher ziehen sie flexible Methoden vor, um die Erfüllung rigoroser Standards zu vermeiden. Leistungsstarke Studenten finden zusätzliche Strukturen dagegen einfacher und folgen lieber einem vorgegebenen Rezept, als selbst die richtige Antwort zu finden. Das Feintuning der Schwierigkeit ist für einen effektiven Lernprozess sehr wichtig, es gelingt uns aber nicht immer.

Feedback: Nachjustierung auf Basis von Erfahrung

Wiederholte Übung reicht nicht aus. Ohne Feedback ist eine Leistungssteigerung oft unmöglich. Bereits 1931 ließ der US-amerikanische Psychologe Edward Thorndike Testpersonen üben, Linien von einer bestimmten

Länge zu zeichnen. Obwohl sie diese Aufgabe (im Rahmen eines sicherlich fesselnden Experiments) 3000-mal wiederholt hatten, machten die Testpersonen keinerlei Fortschritte.[22] Der Psychologe Anders Ericsson entwickelte das Konzept der sogenannten Deliberate Practice, um zu erklären, wie Spitzen-Performer auf den Gebieten Musik, Schach, Sport und Medizin Spitzenleistungen erzielten.[23] Unmittelbares Feedback war für dieses Konzept von zentraler Bedeutung. So wie unmittelbares Feedback der zunehmenden Leistungstiefe von Spitzensportlern und Spitzenmusikern zugrunde liegt, kann fehlendes Feedback eine Erklärung für eine abnehmende Leistungsfähigkeit sein. Im Rahmen einer systematischen Überprüfung stellten Forscher fest, dass die Qualität medizinischer Behandlungen tendenziell abnahm, je länger die Ärzte praktizierten.[24] Die Behandlungsergebnisse hängen nur zum Teil von den ärztlichen Eingriffen ab, und der Unterschied zwischen Best Practices und überholten Techniken lässt sich oft nur mithilfe von sorgfältig kontrollierten Tests und Prüfungen feststellen. Ein derart lückenhaftes und unregelmäßiges Feedback bedeutet, dass es schwierig sein kann, die Art von Deliberate Practice durchzführen, die laut Ericsson maßgeblich für eine kontinuierliche Beherrschung einer bestimmten Fähigkeit ist.

Wir können unsere Lernfortschritte beschleunigen, indem wir bessere Feedbacksysteme entwickeln. Während des Vietnamkriegs verloren die Navy und die US-Luftwaffe für zwei abgeschossene feindliche Kampfflugzeuge ein eigenes Kampfflugzeug. Um diesem Trend entgegenzuwirken, gründete die US Navy die Ausbildungsschule Navy Fighter Weapons School, auch als Top-Gun-Programm bekannt. Dazu gehörten simulierte Ausflüge, bei denen die Auszubildenden gegen die besten Piloten flogen. Nach jedem Einsatz wurde ihre Leistung gründlich begutachtet, wobei jede Entscheidung in einem sogenannten After Action Review (AAR) – einem speziell von den US-Streitkräften entwickelten Lerninstrument – unmittelbar nach dem Einsatz in einer kurzen Teamsitzung besprochen wurde. Während die US-Luftwaffe nach wie vor bei einem Ergebnis von 2 : 1 abgeschossenen Kampfflugzeugen verharrte, gelang es der US Navy als Folge des AAR, die Quote auf 12 : 1 zu steigern, was einer Ergebnisverbesserung um das Sechsfache entsprach.[25] Ericsson berichtete über ein Experiment, das mit Devisenhändlern einer europäischen Bank durchgeführt wurde.[26] Auch hier konnten mithilfe kompetitiver Simulationen, gefolgt von einem unmittelbaren Feedback, ähnliche Leistungssteigerungen erzielt werden. Die Integration valider, informativer Feedbackschleifen in den Lernprozess kann den Unterschied zwischen Stagnation und Fortschritt ausmachen.

Warum Lernen nach wie vor wichtig ist

Abgesehen von der Frage, ob Verbesserung überhaupt möglich ist, stellt sich auch die Frage, ob das Lernen vielleicht schon bald obsolet ist. Während ich an dem Manuskript zu diesem Buch gearbeitet habe, konnte die KI mithilfe entsprechender Prompts bereits Gedichte schreiben, Quantenmechanik erklären und Bilder in jedem erdenklichen künstlerischen Stil produzieren. Wenn man davon ausgeht, dass der technologische Fortschritt in dem gleichen Tempo weitergeht, muss man sich fragen, welchen Sinn es noch haben soll, Fertigkeiten zu beherrschen, die sich mithilfe von Silikonchips mühelos nachbilden lassen. Der technologische Wandel wird das Erlernen neuer Fähigkeiten aber mit der gleichen Wahrscheinlichkeit fördern, wie er überkommene Fähigkeiten unterminiert. Sokrates beklagte die Erfindung von Papier, weil es dem Gedächtnis abträglich sei.[27] Die Folge war jedoch eine explosionsartige Zunahme des Wissens, das kein Mensch in seinem Leben jemals auswendig lernen konnte. Die Informationstechnologie hat einige Berufe praktisch obsolet gemacht und gleichzeitig neue entstehen lassen. In einem Aufsatz des MIT-Ökonomen David Autor et al. berichteten die Forscher, dass ungefähr 60 Prozent der beruflichen Tätigkeiten, die im Jahr 2018 ausgeübt wurden, im Jahr 1940 noch gar nicht existierten.[28] Die Technologie hat zwar die Berufsbilder der Typistinnen und Vermittler in der Telefonzentrale eliminiert, aber auch eine wahre Flut von Softwareentwicklern und Business-Analysten ausgelöst. Eine realistische Extrapolation der bisherigen technologischen Trends würde vermuten lassen, dass die Fortschritte in der künstlichen Intelligenz die Notwendigkeit des Lernens eher fördern als reduzieren. Vorhersagen sind schwierig, vor allem, wenn sie die Zukunft betreffen.*

Eine Mission der Wissbegier

Das Lernen fasziniert mich schon lange. Im Jahr 2019 veröffentlichte ich mein Buch *Ultralearning*, tauchte in die eigentümliche Welt der leidenschaftlichen Autodidakten ein und stützte mich dabei auf einige meiner eigenen Erfahrungen mit dem Erlernen von Fremdsprachen, der Programmierung und der Kunst. Wissbegier ist ein merkwürdiger Antrieb. Anders als Hunger oder Durst wird die Wissbegier immer größer, je mehr man lernt. Und obwohl ich Jahre damit verbracht hatte, neue Fertigkeiten zu erlernen und zu versuchen, die akademische Forschung hinter der Kompetenzentwicklung zu verstehen, habe ich mir am Ende eine neue Aufgabe gesetzt, und zwar zu versuchen, die Fragen zu beantworten, die bei meinen bisherigen Anstrengungen unbeantwortet geblieben sind. Einige Hundert Bücher und mehrere Hundert Forschungsaufsätze später habe ich befriedigende Erklärungen für einige Fragen gefunden, die mir bisher ein Rätsel waren. Meine Wissbegier hat aber nur einen Strauß neuer Fragen aufgeworfen. Dieses Buch ist in vielerlei Hinsicht der Versuch, die Dinge, die ich herausgefunden habe, zu verstehen.

Ich habe dieses Buch für zwei Gruppen von Lesern geschrieben. Erstens wollte ich aus der Perspektive eines Lernenden schreiben. Was sollten Sie tun, wenn Sie sich auf irgendeinem Gebiet verbessern wollen? Nach welcher Art von Beispielen sollten Sie Ausschau halten? Welche Praktiken bewähren sich? Was beeinflusst, ob Sie zu Exzellenz gelangen oder schon früh auf einem Lernplateau stagnieren? Außerdem wollte ich untersuchen, wie Lehrkräfte, Coaches, Eltern und alle diejenigen, die für das Lernen in einer Organisation verantwortlich sind, Leistungsverbesserung kultivieren können. Seit

---

* Ein berühmtes Zitat, das wahlweise (abhängig davon, wen man fragt) dem Physiker und Nobelpreisträger Niels Bohr oder dem Baseballspieler Yogi Berra zugeschrieben wird.

der Geburt meiner zwei wissbegierigen Lerner bin ich sehr daran interessiert zu erfahren, was ich als Vater tun kann, um sie anzuleiten, damit sie das Bestmögliche aus sich herausholen. Gute Lehrer sind etwas Kostbares, aber die Wissenschaft, die der erfolgreichen Förderung der Kompetenzentwicklung zugrunde liegt, ist in der Breite nicht bekannt. Und vor allem wollte ich dieses Buch für Leute wie mich schreiben: Menschen, die sich verbessern wollen, aber nicht immer sicher sind, wie sie am besten dabei vorgehen.

Was Sie von diesem Buch erwarten können

In den folgenden zwölf Kapiteln werden wir tiefer in die drei Bereiche Beobachtung, Ausführung und Feedback einsteigen. Verbesserungen mögen vielleicht nicht immer leicht zu erzielen sein, aber wir können alle intelligenter über die Art und Weise nachdenken, wie wir lernen. Jedes Kapitel ist als einfache Maxime formuliert. Meine Hoffnung ist, dass diese Daumenregeln auch noch lange nachdem die Details der entsprechenden Forschung in jedem Kapitel erkundet wurden sowohl als Erinnerung als auch als nützliche – wenngleich unvollständige – Zusammenfassung der Kernprinzipien dienen.

Die ersten vier Maximen drehen sich um die Macht der Beispiele:

1. **Problemlösung bedeutet Suche.** Wir werden mit einem mathematischen Rätsel beginnen, das mehr als drei Jahrhunderte ungelöst blieb, und der bahnbrechenden Theorie der Problemlösung, die uns dabei hilft, seine Lösung zu verstehen. Dann werden wir den Unterschied zwischen Routine und kreativem Denken erforschen und betrachten, wie das, was wir von anderen lernen, den Komplexitätsgrad der Probleme bestimmt, die wir lösen können.

2. **Kreativität beginnt mit Nachahmung.** Als Nächstes werden wir uns eingehend mit der künstlerischen Ausbildung in der

Renaissance beschäftigen. Nachahmung ist nicht das Gegenteil von Kreativität, sondern die Saat, aus der originelle Werke entstehen. Wir werden den Engpass unserer Wahrnehmung erforschen und betrachten, wie sich die besten Strategien zum Wissenserwerb oft von den Prozessen zur Generierung neuer Ideen unterscheiden.

3. **Erfolg ist der beste Lehrmeister.** Hoch entwickelte Fähigkeiten gründen auf soliden Grundlagen. Wenn das Fundament fehlt, verläuft der Lernprozess schleppend und frustrierend. Echte Erfolge in einer frühen Phase des Lernprozesses können in einer sich selbst verstärkenden Motivation resultieren.

4. **Mit zunehmender Erfahrung wird das Wissen unsichtbar.** Und schließlich werden wir den Fluch des Wissens erforschen beziehungsweise uns mit der Frage beschäftigen, wie es kommt, dass mit zunehmender Expertise das Bewusstsein für die Grundlagen unserer Kompetenz abnimmt. Die Intuition des Experten ist zwar wirkmächtig, erschwert Lernenden aber häufig den Erwerb komplexer Fertigkeiten. Hochkompetente Experten können ihr Vorgehen nämlich oft nicht erklären, weil sie es für selbstverständlich halten. Um dieser Tendenz entgegenzuwirken, werden wir eine Reihe von Werkzeugen untersuchen, mit denen wir Experten ihr verborgenes Wissen entlocken.

Die fünfte bis achte Maxime handeln von der Optimierung unserer praktischen Arbeit:

5. **Der ideale Schwierigkeitsgrad.** Fortschritt hängt davon ab, dass man die heikle Balance zwischen Überforderung und Unterforderung findet. Wir werden uns mit Forschungsarbeiten beschäftigen, die zeigen, wann Schwierigkeit wünschenswert ist und wann sie unerwünscht ist. Wir werden uns mit dem

sogenannten Writer's Paradox* beschäftigen beziehungsweise mit der Frage, warum die besten Autoren am meisten unter einer Schreibblockade zu leiden scheinen. Wir werden mehrere Tools zur Feinjustierung des Schwierigkeitsniveaus Ihrer Bemühungen zur Selbstverbesserung untersuchen: von der progressiven Problemlösung bis zur Entwicklung einer Übungsschleife.

6. **Das Gehirn ist kein Muskel.** Was verbessert sich genau, wenn wir eine Fertigkeit üben? Trotz ihrer ungebrochenen Attraktivität ist die Metapher des Gehirns als Muskel falsch, wie mehr als ein Jahrhundert der Forschung zeigt. Die Forschung über Transferleistungen wird uns helfen zu verstehen, wann die Stärkung einer Fähigkeit zu einer verbesserten Leistung auf einem anderen Gebiet führt.

7. **Erst wiederholen, dann variieren.** Danach beschäftigen wir uns mit der Entwicklung der Improvisationsfähigkeit von Jazzmusikern. Wie erschaffen Musiker komplexe Improvisationen, ohne sich zu wiederholen? Im Rahmen der Beantwortung dieser Frage werden wir die Wissenschaft erkunden, die zeigt, wie Variabilität in den Übungen zu flexibleren Fähigkeiten führen kann.

8. **Qualität kommt von Quantität.** Genialität ist fruchtbar. In diesem Kapitel erkunde ich die Forschung, um zu zeigen, dass Kreativität in einem überraschenden Maße einfach Produktivität ist. Diejenigen, die die beste Arbeit leisten, sind fast immer auch diejenigen, die die meiste Arbeit leisten. Wir werden be-

---

* Anm. d. Übers.: Das Writer's Paradox bezeichnet das Phänomen, dass ein Autor zwar grundsätzlich weiß, was er schreiben will, aber erst dann weiß, was er ausdrücken möchte, wenn er es tatsächlich schreibt. Auf Lernsituationen übertragen bezeichnet es die Aufforderung von Lehrern an ihre Schüler, erst eine Gliederung zu erstellen und dann den Aufsatz zu schreiben.

trachten, welche Implikationen das für Ihre eigenen Leistungsbemühungen hat.

Die neunte bis zwölfte Maxime handeln von der Rolle des Feedbacks:

9. **Erfahrung ist keine Gewähr für Expertise.** Praktische Übung führt nicht automatisch zu Perfektion. Ohne die richtige Form des Feedbacks werden wir trotz praktischer Erfahrung oft keine Experten. In diesem Kapitel werden wir uns mit Lernprozessen in Umgebungen beschäftigen, die von einem hohen Maß an Ungewissheit geprägt sind. Wir werden Pokerspieler, die trotz stark schwankender Glückssträhnen ein komplexes Spiel beherrschen, mit dem eher typischen Fall vergleichen, bei dem jahrzehntelange berufliche Erfahrung zu mittelmäßigen Prognosen führt. Auf Basis dieser Unterschiede werde ich Anregungen geben, wie sich lernunfreundliche Umgebungen zähmen lassen.

10. **Praxis erwirbt man nur in realen Anwendungssituationen.** In diesem Kapitel werden wir die Lektionen aus dem schlimmsten Flugzeugunglück in der Geschichte betrachten. Die Theorie, die wir lernen, steht in einer komplexen Beziehung zur praktischen Anwendung. Echte Kompetenz erfordert den Kontakt mit den physischen und sozialen Umständen, in denen eine Fertigkeit angewendet wird.

11. **Verbesserung ist kein linearer Prozess.** Eine Leistungssteigerung findet oft nur statt, wenn man sich zunächst verschlechtert. Auf zahlreichen Gebieten handeln wir auf Basis von Intuitionen, die nichts mit erwiesenen wissenschaftlichen Theorien zu tun haben. Im Rahmen unserer Fortschritte hängt die Selbstverbesserung davon ab, dass wir falsche Vorstellungen, Ineffizienzen und Fehler ausmerzen.

12. **Angstabbau durch Exposition.** Und schließlich werde ich von dem Kompetenzerwerb zu den Ängsten übergehen, die oft mit Lernen verbunden sind. Wir werden die überraschende Effektivität der Konfrontationstherapie bei der Überwindung von Ängsten betrachten und der Frage nachgehen, warum sich viele der intuitiven Strategien, die wir entwickeln, um mit unseren Ängsten umzugehen, als Bumerang erweisen. Mut und nicht allein Cleverness ist maßgeblich für Exzellenz.

Im Fazit werde ich schließlich einen Schritt von der Forschung zurücktreten und Anregungen geben, wie Sie diese Ideen in Ihre eigene Praxis integrieren können. Ob Sie sich auf eine Prüfung vorbereiten, eine neue berufliche Kompetenz erwerben müssen oder sich einfach nur auf einem persönlichen Interessensgebiet verbessern wollen, hoffe ich, dass diese Anregungen Ihnen eine Ausgangsbasis für die Überlegung bieten, wie Sie Ihre Leistung steigern können.

Zunächst wollen wir uns der Wissenschaft der Problemlösung widmen, indem wir uns mit der Geschichte über ein Rätsel beschäftigen, dessen Lösung 350 Jahre in Anspruch genommen hat.

TEIL I

BEOBACHTUNG

VON ANDEREN LERNEN

KAPITEL 1

Problemlösung bedeutet Suche

Immer wenn man nicht durch simples Handeln von einer gegebenen Situation zur angestrebten Situation gelangt, muss man auf das Denken zurückgreifen.[29]

Karl Duncker, Psychologe

- Wie lösen Menschen schwierige Probleme?
- Gibt es generische Methoden, mit denen man *alle* Arten von Problemen lösen kann?
- Wie löst man ein Problem, das noch nie zuvor gelöst wurde?

Ich habe hierfür einen wahrhaft wunderbaren Beweis, jedoch ist dieser Rand zu schmal, um ihn zu fassen.« Mit diesem einen Satz schuf Pierre de Fermat ein Geheimnis, das Mathematiker für mehr als drei Jahrhunderte verwirren sollte. Er machte sogar den großen Leonhard Euler ratlos. Fast ein

Jahrhundert nach dem Tod des rätselhaften Mathematikers bat Euler einen Freund, sein altes Haus zu durchstöbern, in der Hoffnung, irgendwo möge ein Fetzen Papier mit dem Beweis auftauchen.[30] Dieser Satz führte die Mathematiker Augustin Cauchy und Gabriel Lamé in die Irre, die für kurze Zeit behaupteten, einen Beweis gefunden zu haben, bevor ein fataler Fehlschluss in ihrer Logik aufgedeckt wurde.[31] Der deutsche Industrielle Paul Wolfskehl lobte ein Preisgeld von 100.000 Goldmark für den Beweis der sogenannten Fermat-Vermutung aus.[32] Doch trotz intensivster Bemühungen zahlreicher Mathematiker blieb die Fermat-Vermutung über lange Zeit unbewiesen.

Die Fermat-Vermutung ist leicht verständlich, auch wenn sie nicht leicht zu beweisen ist. Der Satz des Pythagoras besagt, dass in allen flachen rechtwinkligen Dreiecken die Summe der Flächeninhalte der Kathetenquadrate gleich dem Flächeninhalt des Hypothenusenquadrats ist: $a^2 + b^2 = c^2$. Wenn man ein wenig damit herumspielt, findet man ganze Zahlen, die diese Gleichung erfüllen. Die Zahlen 3, 4 und 5 (9 + 16 = 25), aber auch die Zahlen 5, 12 und 13 (25 + 144 = 169). Tatsächlich gibt es eine unendliche Zahl solcher Pythagoreischer Tripel. Und wenn man die Gleichung verändert und statt Quadraten Würfel hinzufügt? Würde man drei positive ganze Zahlen finden, die die Gleichung erfüllen? Fermat sagte: Nein. Seine Argumentation lautete: Wenn *n* größer ist als 2, folgt daraus $a^n + b^n \neq c^n$.

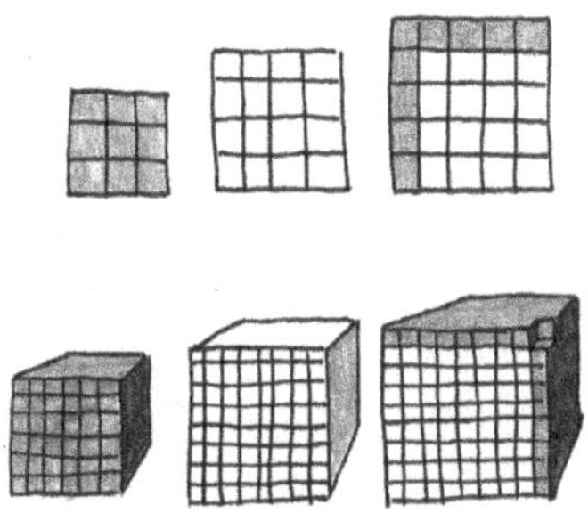

Abbildung 2:

Zwei Quadrate lassen sich zu einem weiteren Quadrat addieren: $3^2 + 4^2 = 5^2$. Zwei Würfel lassen sich dagegen nie zu einem weiteren perfekten Würfel addieren. Hier gilt zum Beispiel: $6^3 + 8^3 = 93 - 1$.

Im Alter von zehn Jahren hörte Andrew Wiles zum ersten Mal von Fermats Großem Satz. »Es sah so einfach aus, und dennoch konnte keiner der großen Mathematiker der Geschichte dieses Rätsel lösen«, sinnierte er, als er das erste Mal mit diesem Satz in Berührung kam. »Von dem Augenblick an wusste ich, dass mich dieses Rätsel nicht mehr loslassen würde.«[33] Wiles beendete die Schule, studierte an der Universität von Cambridge und spezialisierte sich auf elliptische Kurven. Fermats Großer Satz beschäftigte ihn jedoch weiter. Da es allerdings keinem der herausragenden Mathematiker in der Geschichte gelungen war, ihn zu lösen, sah er keine Möglichkeit, einen Beweis zu finden.

Das änderte sich im Jahr 1984. Der Mathematiker Gerhard Frey stellte die Vermutung an, es gebe einen Zusammenhang zwischen Fermats Großem Satz und der Taniyama-Shimura-Vermutung*, der zufolge jede elliptische Kurve mit einer Modulform korrespondiert.[34] Frey vermutete, ein Gegenbeispiel für Fermats Großen Satz würde eine elliptische Kurve liefern, die der Taniyama-Shimura-Vermutung widerspräche. Wiles, der bereits ein Experte auf dem Gebiet der elliptischen Kurven war, hatte schließlich einen Weg gefunden, um einen Kindheitstraum wahr zu machen. Dafür musste er lediglich beweisen, dass die Taniyama-Shimura-Vermutung stimmte.

Wiles beschloss, in aller Heimlichkeit zu arbeiten und seine Sammlung an veröffentlichungsfähigen Arbeiten als Reihe von Aufsätzen herauszubringen, um so den Eindruck zu erwecken, er arbeite immer noch aktiv an alten Projekten. Außerdem verzichtete er auf Konferenzen und reduzierte seine Lehrverpflichtungen auf ein absolutes Minimum. Jeden Moment, in dem er nicht seiner Erwerbstätigkeit nachging oder sich seiner Familie widmete, arbeitete er an dem Beweis. Dabei verfolgte er eine riskante Strategie, indem er sich von der Hilfe durch Kollegen abschottete. Wiles behauptete, die Arbeit im stillen Kämmerlein sei seiner Konzentration förderlich. Sicher war ihm bewusst, dass er auf diese Weise im Falle einer erfolgreichen Beweisführung den Ruhm mit niemandem teilen musste.

---

* Anm. d. Übers.: Auch »Modularitätssatz«: mathematischer Satz über elliptische Kurven und Modulformen, aufgestellt von den beiden japanischen Mathematikern Yutaka Taniyama und Gorō Shimura.

Die ersten 18 Monate verbrachte Wiles in der Bibliothek und lernte alles über Modulformen und elliptische Kurven. Wie ein Abenteurer in einem undurchdringlichen Dschungel musste er sich für alle Eventualitäten rüsten. Nachdem er sich die Grundlagen angeeignet hatte, erforschte er die Mathematik auf eigene Faust weiter und suchte nach Mustern, die möglicherweise einen Pfad zum Beweis wiesen. Nach zwei Jahren intensiver Arbeit gelang ihm der erste Durchbruch. Er fand einen Weg, um zu demonstrieren, dass das erste Element einer jeden Modulform mit dem ersten Element jeder elliptischen Kurve zusammenhing. Nun fehlte nur noch die Überprüfung einer unendlichen Zahl an Elementen.

Da er sich in einer Sackgasse befand, fühlte er bei seinen Kollegen vorsichtig um Hilfe vor, achtete aber genau darauf, die Natur seines Projekts nicht preiszugeben. Vielleicht kannten sie irgendeine noch unveröffentlichte mathematische Arbeit zu diesem Thema, die ihm entgangen war? Sein alter Berater John Coates erwähnte eine Arbeit, die einer seiner Studenten namens Matheus Flach angefertigt hatte und die eine Erweiterung der Technik eines anderen Mathematikers namens Victor Kolyvagin darstellte. »Das schien genau das zu sein, wonach ich suchte«, erinnerte sich Wiles, »auch wenn ich wusste, dass ich die Kolyvagin-Flach-Methode weiterentwickeln musste.«[35] Wiles war nahe dran, aber »damit war sehr viel ausgefeilte Maschinerie verbunden, mit der ich nicht wirklich vertraut war. Es gab viel harte Algebra, die von mir verlangte, eine Menge neuer Mathematik zu lernen.«[36] Schließlich entschloss sich Wiles, sein Schweigen zu brechen. Er vertraute sich seinem Freund und Kollegen Nick Katz an und erhielt die Hinweise, die er für die Beweisführung brauchte. Nach sieben Jahren intensiver Anstrengung löste Wiles ein mathematisches Rätsel, für das 300 Jahre lang kein Mathematiker eine Lösung gefunden hatte. »Das war der wichtigste Moment in meiner beruflichen Karriere«, erinnerte sich Wiles in einem Dokumentarfilm der BBC über seinen Triumph. »Nichts, was ich zukünftig noch tun werde, wird die gleiche Bedeutung haben.«[37]

Wie Menschen schwierige Probleme lösen

Selten gibt es so anspruchsvolle Herausforderungen wie Fermats Großen Satz. Wiles' Geschichte offenbart jedoch eine Menge über die Denkweise hinter der Lösung schwieriger Probleme. Im Jahr 1972 veröffentlichten die Kognitionswissenschaftler Herbert Simon und Allen Newell ein wegweisendes Buch mit dem Titel *Human Problem Solving*, in dem sie die Ergebnisse ihrer Untersuchungen über den geistigen Problemlösungsprozess vorstellten. Im Rahmen ihrer Forschungsarbeit hatten sie die Teilnehmer gebeten, ihre Gedanken während der Lösung eines Problems mitzuteilen. Indem sie ihre Ergebnisse mit einem Modell verglichen, konnten die beiden Forscher ihre Beobachtungen über die Vorgehensweise bei der Lösung eines komplizierten Problems festhalten. Ihre Entdeckungen waren der Auftakt zu einem Jahrzehnt der ausgiebigen Forschung, und ihre Erkenntnisse finden auf so unterschiedlichen Gebieten Anwendung wie Schach, Schreiben, Wissenschaft, Mathematik und Medizin.

Der Kern ihrer Theorie war die Idee, Problemlösung sei eine Suche in einem Problemraum. Ein Problemraum gleicht einem Labyrinth: Man weiß, wo man sich gerade befindet, und weiß, ob man das Endziel erreicht hat oder nicht. Auf dem Weg zum Endziel trifft man jedoch immer wieder auf Wände und Sackgassen, die den eigenen Bewegungsspielraum einengen. Was das Labyrinth so schwierig macht, ist der Umstand, dass man nicht geradewegs auf das Ziel zusteuern kann, sondern den verschlungenen Pfad finden muss, der zum Ausgang führt.

In einem Labyrinth ist der Problemraum physischer Natur. Problemräume sind dagegen üblicherweise abstrakt. Stellen Sie sich vor, Sie würden versuchen, den Zauberwürfel zu lösen. Die Ausgangsposition ist der geöffnete Würfel mit ungeordneten Steinen. Am Ende haben alle Steine des Würfels auf einer Würfelseite die gleiche Farbe. Um von der ungeordneten Ausgangsposition zu einem geordneten Würfel zu gelangen, muss man gleichzeitig mehrere Steine an ihren Achsen drehen und wenden. Der Problemraum ist hier kein Raum im buchstäblichen Sinne, sondern ein Konfigurationsraum. Mit jeder Drehung ändert sich der Problemzustand.

Wie bei einem Labyrinth ist das Ziel, durch den abstrakten Raum zu navigieren und von der ungeordneten Ausgangsposition zu einem perfekten Würfel zu gelangen, dessen vier Seiten jeweils eine einheitliche Farbe haben.

Auch der Beweis von Fermats Großem Satz war eine Suche in einem Problemraum. Wiles musste aus zuvor bewiesenen mathematischen Theoremen eine Ausgangsposition auswählen. Sein Endziel war die Aussage, dass $a^n + b^n = c^n$ keine Lösung für *n* größer als 2 bietet. Was die Aufgabe so schwierig machte, war die Voraussetzung, dass jede Bewegung im Problemraum eine valide Deduktion von einem vorhergehenden Ergebnis sein musste. Die logischen Beschränkungen wirkten wie die Wände in einem Labyrinth, weil sie Wiles nicht erlaubten, aufzuschreiben, was ihm gefiel. Vielmehr musste er sich einen Pfad durch die verschlungenen Korridore der Mathematik bahnen, um zu der Aussage zu gelangen, die bestätigte, dass Fermat recht hatte.

Wenn man sich einmal daran gewöhnt hat, erkennt man überall Problemräume. Wissenschaftler suchen in einem Problemraum, um neue Gesetze zu entdecken.[38] Der Ausgangspunkt ist ein verwirrender Datenbestand. Der Endpunkt ist eine Theorie, die die Daten erklärt. Die Problemlösung beinhaltet die Suche in einem Hypothesenraum, der die Daten erklären könnte, und einem Experimentierraum, mit dem sich die Theorie überprüfen lässt. Ein Architekt, der ein Gebäude entwirft, sucht in einem Problemraum aus möglichen Entwürfen nach einem Design, das die Beschränkungen erfüllt, die das Budget, der zur Verfügung stehende Platz und die Bauvorschriften vorgeben, und zugleich den funktionellen und ästhetischen Wert steigert. Dieses Kapitel zu schreiben war ein Problemlösungsprozess. Mein Ausgangspunkt war eine leere Datei. Das Endziel war ein abgeschlossenes Kapitel, in dem die Ideen erklärt werden, die ich vorstellen wollte.

Das Vertrackte an schwierigen Problemen

Simons und Newells Problemlösungsformulierung hat eine unmittelbare Konsequenz: Die meisten Probleme sind unlösbar. Der Möglichkeitsraum ist viel zu groß, um darin eine Lösung finden zu können. Ohne eine kluge Methode wäre man auf zufälliges Raten zurückgeworfen, und das würde nicht funktionieren. Ein Zauberwürfel bietet mehr als 43 Trillionen Konfigurationen.[39] Würde man sie einzeln nacheinander ausprobieren, selbst wenn jede Konfiguration nur eine Sekunde in Anspruch nehmen würde, würde die Lösung das 5000-Fache des Alters des Universums in Anspruch nehmen. Wiles' Aufgabe bedeutete, dass er in einem noch wesentlich größeren Problemraum suchen musste. Zwar kann man ein Computerprogramm schreiben, um einen Zauberwürfel mechanisch zu lösen; ein Gerät zu bauen, das jede mathematische Problemstellung löst, ist grundsätzlich nicht möglich. Der Mathematiker, der über ein endliches Wissen verfügt, muss in einer unendlich weiten See navigieren, ohne Garantie, jemals sicher am anderen Ufer anzukommen. Wiles war sich der Wahrscheinlichkeit eines Scheiterns durchaus bewusst: »Vielleicht würden die Methoden, die ich benötigte, um den Beweis zu vollenden, erst in 100 Jahren erfunden werden. Selbst wenn ich also grundsätzlich auf der richtigen Spur war, lebte ich vielleicht im falschen Jahrhundert.«[40]

Wie gehen wir also damit um, wenn die meisten Problemräume zu groß und komplex sind, als dass man darin nach einer Lösung suchen könnte? Simons Antwort darauf lautet, dass wir uns »zufriedengeben«. Anstatt die bestmögliche Lösung auszuwählen, nehmen wir eine, die zufriedenstellend ist. Eine Managerin untersucht nicht jede Möglichkeit und jede noch so kleine Information, bevor sie eine dringliche Geschäftsentscheidung trifft. Vielmehr sucht sie so lange, bis sie eine Lösung findet, die ihr angesichts der knappen Zeit und ihrer knappen Aufmerksamkeit zufriedenstellend erscheint. Sich mit einer zufriedenstellenden Lösung zu arrangieren hat jedoch zwei große Nachteile. Der erste Nachteil besteht darin, dass wir womöglich nie die bessere Alternative finden. Bei einem einmalig auftretenden Problem ist das vielleicht nicht so relevant. Wenn wir jedoch davon ausgehen, dass wir mit dem gleichen Problem immer wieder konfrontiert werden, könnte unsere Neigung, uns mit einer akzeptablen Lösung zufriedenzugeben, unsere längerfristigen Fortschritte beeinträchtigen. Die Person, die ein Tipp-Problem löst, indem sie mit der Ein-Finger-Methode auf die Tasten hackt, kommt vielleicht zurecht, aber sie wird große Schwierigkeiten mit der fließenden Zehn-Finger-Methode haben. Der zweite Nachteil besteht darin, dass selbst das Auffinden einer akzeptablen Lösung schwierig sein kann. Wiles mochte vielleicht bereit sein, sich mit einer weniger eleganten oder längeren Beweisführung zufriedenzugeben, aber gewiss wollte er keine Kompromisse bei ihrer mathematischen Strenge eingehen. Ein etwas schwerfälliger oder langatmiger Beweis wäre vielleicht auch zufriedenstellend gewesen, aber ganz sicher kein Beweis, der die Gesetze der Logik verletzt hätte.

Abgesehen von den Kompromissen, die wir in Bezug auf die Qualität der Problemlösung eingehen, vereinfachen wir die Suche nach der richtigen Antwort, indem wir unser vorhandenes Wissen nutzen. Im besten Falle erübrigt sich die Suche damit. Ich muss nicht anfangen, nach einer Lösung zu suchen, um herauszufinden, wie viel 5 + 7 ergibt. Dass das Ergebnis 12 ist, weiß ich auswendig. Ähnlich verhält es sich mit den meisten Alltagsproblemen, deren Lösung wir auswendig kennen. Auto fahren, die Vereinbarung eines Arzttermins oder Wäsche waschen sind Aktivitäten, die für die meisten Erwachsenen kein Problem darstellen, weil sie den Weg zur Lösung dieser Aufgaben abgespeichert haben. Vielleicht erinnern Sie sich aber an die Zeit, als die Bedienung der Waschmaschine noch ein Buch mit sieben Siegeln war? Wo füllen Sie das Waschpulver ein? Welche Kleidungsstücke können zusammen gewaschen werden, und welche müssen getrennt gewaschen werden? Die praktische Erfahrung macht aus der Problemlösung eine Routine.

Gelegentlich kann das Gedächtnis die Methode liefern, aber nicht die Lösung. Spontan fällt mir das Ergebnis von 128 + 47 nicht ein. Wenn ich aber die Additionsregeln anwende, die ich in der Schule gelernt habe, komme ich mühelos zum Ergebnis: 175. Leider gibt es nicht für alle Probleme eine Lösungsregel. Diese Tatsache war für die Mathematiker eine

Überraschung. Im Jahr 1900 erstellte der Mathematiker David Hilbert eine Liste mit 23 Fragen, von denen er hoffte, sie würden im folgenden Jahrhundert beantwortet sein. Eine Frage betraf einen Algorithmus, mit dem sich herausfinden ließ, ob Gleichungen wie die in Fermats Großem Satz ganzzahlige Lösungen hatten. 70 Jahre später bewiesen Mathematiker, dass es einen solchen Algorithmus nicht geben kann![41] Für andere Probleme gibt es eine Methode, mit der sich garantiert eine Lösung finden lässt, die aber nicht viel besser ist als die Strategie, einfach jede erdenkliche Möglichkeit auszuprobieren. Sudoku, Schach und selbst *Tetris* zählen zu dieser Sorte Probleme.[42] Unsere Erfahrung mit theoretischen Problemen, mit denen wir in der Schule oder an der Uni konfrontiert sind, führt uns womöglich in die Irre, weil es für die überwältigende Mehrheit der Probleme im echten Leben keine Methode gibt, die die richtige Lösung garantiert.

Doch selbst wenn eine Methode keine Lösung verspricht, kann sie den Suchaufwand verringern. Heuristiken sind Methoden, die zwar keine Garantien, aber oftmals solide Lösungen bieten. Wenn ein elektronisches Gerät nicht funktioniert, besteht eine Heuristik darin, einfach das Gerät ab- und wieder anzuschalten. Das funktioniert nicht immer, aber es hilft überraschend oft. Wiles verfügte über keine Algorithmen aus einem Lehrbuch, die er hätte anwenden können. Die Widerlegung von Hilberts zehntem Problem zeigte, dass es keinen Algorithmus gab.* Dennoch verfügte er über viel heuristisches Wissen, das er durch jahrelanges Studium der Mathematik und praktische Übung erworben hatte. Die Beweisführung mittels Induktion ist zum Beispiel eine relativ allgemeine mathematische Strategie, wenn man beweisen möchte, dass eine Eigenschaft für eine unendliche Zahl an Dingen gilt. Man muss lediglich beweisen, dass sie für den ersten Sachverhalt gilt, und dann zeigen, dass diese Eigenschaft auch auf andere Sach-

* Anm. d. Übers.: »Hilberts zehntes Problem« – eigentlich eine Frage – aus seiner Liste an 23 mathematischen Problemen bezog sich auf die Frage, ob es möglich ist, einen Algorithmus zu entwickeln, mit dem sich herausfinden lässt, ob Polynomgleichungen in mehreren Variablen mit ganzzahligen Koeffizienten auch ganzzahlige Lösungen haben. (Quelle: https://dmi.unibas.ch/de/news-events/detail/hilberts-zehntem-problem-so-nah-wie-nie-zuvor/)

verhalte zutrifft. Wie eine Reihe von Dominosteinen erlaubt Ihnen dieser Trick den Beweis, dass eine bestimmte Eigenschaft auf unzählige Dinge Anwendung findet, ohne diese Dinge erschöpfend darlegen zu müssen. Diese Heuristik war maßgeblich für Wiles' Beweis, dass ein Zusammenhang zwischen jedem Element der elliptischen Kurve und einer Modulform besteht.

Eine weitere häufige mathematische Heuristik besteht darin, nach einer Invariante Ausschau zu halten. Wenn Sie bei einem Problem ein Merkmal finden können, das sich nicht verändert, egal wie Sie das Problem modifizieren, können Sie eine langwierige Problemlösungssuche vermeiden. Denken Sie an das Problem des »Mutilated Chessboard«.[43] Dabei geht es um die Frage, ob man mit 31 Dominosteinen ein Schachbrett, dessen zwei diagonal gegenüberliegende Eckfelder entfernt wurden, vollständig abdecken kann.*

Da 62 Felder übrig bleiben, wenn man die beiden Eckfelder entfernt, und jeder Dominostein zwei Felder abdeckt, wirkt es auf den ersten Blick so, als müsse man lange nach der Lösung suchen. Womöglich wären viele verschiedene Kombinationen der 31 Dominosteine nötig, um entscheiden zu können, ob sie alle Felder des Schachbretts abdecken oder nicht. Wenn Sie schlau sind, suchen Sie vielleicht nach einer Invariante. Eine solche Invariante wäre der Umstand, dass ein Dominostein genau ein weißes und ein farbiges Feld abdeckt, egal wie man den Dominostein legt. Wenn man erkennt, dass die beiden entfernten Eckfelder weiß sind, wird klar, dass nie das gesamte Feld mit Dominosteinen abgedeckt werden kann, denn das würde voraussetzen, dass ein Dominostein zwei schwarze Felder hat, und wir wissen, dass es das nicht gibt. Die Anwendung der richtigen Heuristik hat uns gerade eine langwierige Suche erspart.

---

* Anm. d. Übers.: Dabei handelt es sich um ein unlösbares Rätsel, weil es keine Dominosteine gibt, die diese Bedingungen erfüllen. Das um die beiden Eckfelder reduzierte Schachbrett hat 32 Felder einer Farbe und 30 Felder der anderen Farbe, jeder Dominostein muss jedoch die gleiche Zahl an Feldern jeder Farbe abdecken. Das »Mutilated-Chessboard-Problem« wurde von dem Philosophen Max Black in seinem 1946 erschienenen Buch *Critical Thinking* präsentiert.

Abbildung 3:
Ist es möglich, ein Schachbrett, dessen diagonal gegenüberliegende Eckfelder entfernt wurden, komplett mit Dominosteinen abzudecken?

Beweis durch Induktion und die Suche nach Invarianten sind in der Mathematik und der Logik gang und gäbe. Allerdings funktionieren sie nur bei einem relativ schmalen Spektrum an Problemen, verglichen mit der Bandbreite an Problemen, die wir ansonsten im Leben zu bewältigen haben. Induktion zu verstehen, wird einem nicht weiterhelfen, wenn man ein Porträt zeichnen oder einen Marketingplan erstellen will. Psychologen bezeichnen diese Art Methoden als »domänenspezifisch«, weil sie sich nur auf ein eng begrenztes Problemspektrum anwenden lassen. Das wirft eine interessante Frage auf: Gibt es Heuristiken oder Strategien, die sich auf *viele* verschiedene Arten von Problemen anwenden lassen?

Gibt es Strategien, mit denen sich alle Arten von Problemen lösen lassen?

In ihrer Studie über Problemlösung beobachteten Simon und Newell eine Reihe generischer Problemlösungsstrategien, die von Menschen auf sehr unterschiedliche Probleme angewendet wurden. Die beiden Forscher vertraten die These, Menschen würden zu diesen Strategien als eine Art Rückversicherung greifen, wenn keine spezifischeren Methoden zur Verfügung stünden. Simon und Newell bezeichneten sie als »schwache Methoden«, um sie von den starken Methoden der garantierten Algorithmen oder domänenspezifischen Heuristiken abzugrenzen, die die Problemlösungssuche dramatisch verkürzten.[44] Zu diesen schwachen Methoden gehören Generate and Test, Mittel-Zweck-Analyse, Planung und Hill-Climbing.

1. schwache Methode: Generate and Test

Die grundlegendste Strategie, die Simon und Newell bei ihren Studienteilnehmern beobachteten, bestand darin, einfach etwas auszuprobieren und zu sehen, ob es funktionierte. Wenn ich mein Log-in für einen alten Account vergessen habe, probiere ich vielleicht ein halbes Dutzend Passwörter aus, die ich in der Vergangenheit irgendwann einmal benutzt habe. Mit ein wenig Glück erziele ich einen Treffer und kann mir die zeitaufwendigere Alternative, ein neues Passwort anzulegen, ersparen. Wenn ich meinen Schlüssel nicht finden kann, sehe ich zunächst an einigen wahrscheinlichen Plätzen nach, an denen er liegen könnte, bevor ich mich ganz bewusst darauf besinne, welche Schritte ich gemacht habe, bevor ich meinen Schlüssel irgendwo abgelegt habe. Wenn ich einen Aufsatz schreibe, überwinde ich meine Schreibblockade vielleicht, indem ich einfach irgendetwas schreibe und den Text später überarbeite. Wahrscheinlich sind zufällige Gedanken, die zu Papier gebracht werden, nicht die beste Prosa, aber oft sind die ersten Gedanken, die einem einfallen, nicht die schlechtesten, vorausgesetzt, ich verfüge über viel Erfahrung mit dem Thema, über das ich schreiben will. Der offensichtliche Nachteil der Generate-and-Test-Methode ist, dass sie für komplexe Problemräume völlig ungeeignet ist. Sie funktioniert nur, wenn das Problem bereits eingegrenzt oder so bekannt ist, dass man mit Raten wahrscheinlich eine vernünftige Lösung findet.

2. schwache Methode: Mittel-Zweck-Analyse

Eine weitere nahezu universelle Strategie, die sich bei der Problemlösung beobachten ließ, ist die Mittel-Zweck-Analyse. Dabei handelt es sich um eine Vor-und-zurück-Strategie, mit der der Ausgangszustand mit dem Zielzustand verglichen und nach geeigneten Zwischenzielen gesucht wird sowie nach den jeweils einsetzbaren Mitteln. Auf diese Weise wird die Distanz zwischen Ausgangszustand und Zielzustand systematisch verringert. Hier ein Beispiel, das Simon und Newell genannt haben:

> Ich möchte meinen Sohn in den Kindergarten bringen. Was ist der Unterschied zwischen meiner Ist-Situation und meiner Zielsituation? Die Entfernung. Was verändert die Entfernung? Mein Auto. Mein Auto fährt nicht. Was muss ich tun, damit es fährt? Ich brauche eine neue Batterie. Wo gibt es neue Batterien? In einer Autowerkstatt. Ich möchte, dass die Werkstatt eine neue Batterie in mein Auto einsetzt, aber die Werkstatt weiß nicht, dass ich eine Batterie brauche. Worin besteht die Schwierigkeit? In der Kommunikation. Wodurch wird Kommunikation ermöglicht? Das Telefon … und so weiter.[45]

Bei der Mittel-Zweck-Analyse wechselt man zwischen einem Ziel, der Feststellung der Lücke zwischen dem Ist-Zustand und dem Zielzustand und der Auswahl der richtigen Methode, um die Lücke zwischen beiden Zuständen zu schließen. Dieser Vorgang kann sich in mehreren Schleifen vollziehen, wie Simons und Newells Beispiel verdeutlicht.

3. schwache Methode: Planung

Ein weiteres allgemeines Tool, das zur Problemlösung verwendet wird, ist die Planung. Planung kann man als Umformulierung eines Problems in einem vereinfachten Problemraum und seine gedankliche Lösung in diesem vereinfachten Problemraum betrachten, gefolgt von dem Versuch, diesen Ansatz auf den realen Problemraum zu verallgemeinern. Wenn ich zum Beispiel einen Aufsatz schreibe, beginne ich vielleicht mit einer groben Struktur, einer Art vereinfachter Version des Aufsatzes, die nur die wichtigsten Punkte enthält und die Details zunächst auslässt. Wenn ich damit zufrieden bin, dass ich das Problem im Planungsraum gelöst habe, kann ich diese Struktur als Leitfaden bei meiner Suche im größeren Problemraum der Redaktion des vollständigen Aufsatzes nutzen.

4. schwache Methode: Hill-Climbing

Nehmen wir an, Sie würden sich in einer weitläufigen Landschaft befinden, die in Nebelschwaden eingehüllt ist, und Sie wollten den höchstgelegenen Punkt finden. Eine Strategie könnte darin bestehen, einfach in die Richtung zu laufen, wo der Weg am steilsten ansteigt. Die Methode des Hill-Climbing überträgt dieses Vorgehen auf die Problemlösung. Beginnen Sie mit einem möglichen Lösungsversuch für das Problem, egal wie schlecht er erscheint, und nehmen Sie dann kleine Anpassungen in die Richtung vor, die Ihren ersten Versuch am meisten verbessert. Bei bestimmten Problemen reichen diese schrittweisen Verbesserungen aus, um schließlich den optimalen Punkt zu erreichen. Die Überarbeitung eines Aufsatzes ist oft ein Hill-Climbing-Prozess, weil man sukzessive Formulierungsänderungen vornimmt, die die Qualität des Textes insgesamt verbessern. Auf den Zauberwürfel angewendet, bedeutet diese Strategie, dass man zum Beispiel versuchen würde, mit jedem Drehen der Steine eine möglichst einheitliche Farbe pro Würfelseite herzustellen. Diese Methode funktioniert nicht beim Zauberwürfel, aber die Tatsache, dass Menschen sie immer wieder anwenden, zeigt, dass es sich bei der Hill-Climbing-Methode um abgespeichertes heuristisches Wissen handelt.

Warum schwache Methoden häufig versagen

Schwache Methoden finden breite Anwendung, sind aber häufig nicht erfolgreich. Die Generate-and-Test-Methode funktioniert nicht bei großen Problemräumen. Die Mittel-Zweck-Analyse multipliziert die Ziele, was eine Konzentration auf das eigentliche Problem erschwert. Die Planung kann das Problem unter Umständen zu stark vereinfachen, was zu einer Lösung führt, die auf dem Papier funktioniert, aber nicht in der Realität. Hill-Climbing erweist sich genau in den Situationen als ungeeignet, in denen die Dinge erst verschlimmert werden müssen, bevor sie verbessert werden können. Was wir als Rätsel bezeichnen, kann selbst zu einer Problemkategorie gehören, bei der schwache Methoden versagen, sodass der einzige Weg zur Lösung des Problems darin besteht, eine verführerische Heuristik zu ignorieren. Der Turm von Hanoi ist ein mathematisches Knobelspiel. Der Problemraum umfasst 27 Zustände, daher sollte die Lösung selbst bei Anwendung der Generate-and-Test-Methode nicht allzu schwierig sein. Dennoch bedarf es ein wenig Übung, weil die Erreichung des angestrebten Zielzustands erfordert, dass Sie die Kreisscheiben vom Zielstab wegbewegen (eine Verletzung der Hill-Climbing-Methode), und viele verschachtelte Unterziele erreicht werden müssen (was eine Mittel-Zweck-Analyse noch komplizierter machen würde).

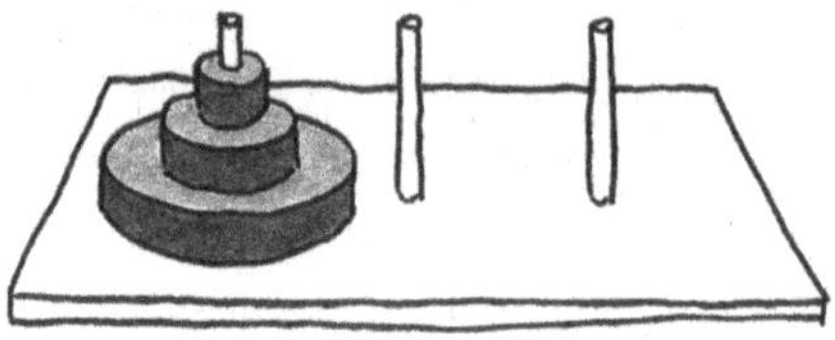

Abbildung 4:

Turm von Hanoi: Das Ziel besteht darin, den Scheibenstapel vom linken auf den rechten Stab zu versetzen, wobei die pagodenartige Anordnung beibehalten werden soll. Dabei darf immer nur eine Scheibe versetzt werden, und es darf keine größere auf eine kleinere Scheibe gelegt werden.

Eine tiefergehende Frage über schwache Methoden beschäftigt sich damit, ob sie angeboren oder erworben sind. Den Psychologen André Tricot und John Sweller zufolge gibt es wenig Hinweise darauf, dass schwache Methoden erlernbar sind; vielmehr würden Menschen instinktiv zur Mittel-Zweck-Analyse oder zum Hill-Climbing neigen.[46] Aus dieser Perspektive betrachtet, können allgemeine Problemlösungsfähigkeiten weder gelehrt noch geübt werden. Dementsprechend können wir keine besseren Lösungsmethoden lernen, sondern erwerben ein größeres Repertoire an spezifischen Fertigkeiten und Methoden, die wir auf unterschiedliche Situationen anwenden können. Wiles konnte Fermats Großen Satz nicht wegen seiner umfangreichen Übung in schwachen Methoden beweisen, sondern weil er über ein gewaltiges Repertoire an starken Methoden verfügte, die den Problemraum dramatisch verkleinerten. Dennoch hätte ihm das gleiche Wissen wahrscheinlich bei einer Autoreparatur oder seiner Steuererklärung überhaupt nicht weitergeholfen.

An der Grenze des Wissens: die zwei Problemarten

Dieses Bild legt nahe, dass wir bei der Problemlösung mit zwei unterschiedlichen Arten an Schwierigkeiten konfrontiert sind. Die erste tritt auf, wenn wir ein Problem lösen sollen, von dem wir uns überfordert fühlen, das für andere aber möglicherweise ein Routineproblem ist. Hier liegt die Schwierigkeit darin, von diesen anderen zu lernen. Welche starken Methoden wenden Experten an, um diese Probleme mühelos zu lösen? Ohne dieses Wissen sind wir gezwungen, uns auf eine potenziell langwierige und misserfolgsanfällige Problemlösungssuche zu begeben. Wenn sich das Problem nicht zu weit außerhalb unserer Problemlösungsfähigkeiten bewegt, finden wir mit einiger Mühe vielleicht die Antwort. Ist der Problemraum zu groß und komplex, werden wir die beste Lösungsmethode vielleicht nie finden.

Die zweite Art an Schwierigkeit tritt auf, wenn wir uns auf unbekanntes Terrain vorwagen und versuchen, ein Problem zu lösen, das bisher niemand lösen konnte. Das war die Herausforderung, vor der Wiles stand, als er nach dem Beweis für Fermats Großen Satz suchte. Er musste die Lösung für ein Problem finden, das die Mathematiker seit 300 Jahren beschäftigte, ohne dass einer von ihnen es hätte lösen können. Angesichts des mühseligen Pfads, den er sich schließlich durch einen schier unendlichen Problemraum bahnte, der Fermat völlig unbekannt gewesen war, erscheint es sehr wahrscheinlich, dass der vor langer Zeit verstorbene Franzose selbst keinen korrekten Beweis hatte. Vielleicht hatte Fermat einen Beweis entdeckt, der sich im Nachhinein als Irrtum erwies – wie die Beweise der Mathematiker Cauchy und Lamé. Vielleicht hatte er aber auch eine alternative Route gefunden, die so überraschend und kreativ war, dass sie selbst von den besten Mathematikern über mehrere Jahrhunderte nicht beschritten wurde. In jedem Fall ging dieses Wissen mit Fermats Tod verloren, und so musste sich Wiles auf unbekanntes Terrain vorwagen und seinen mathematischen Kurs neu bestimmen.

Die meisten von uns werden nicht mit so komplizierten Problemen konfrontiert wie Wiles. Problemlösung wird es jedoch immer geben, weil jede Situation und jede Problemstellung anders ist. Man muss nur einen oder zwei Sätze schreiben, bevor man etwas zu Papier gebracht hat, das noch kein Mensch in der Geschichte geäußert hat. Jeder Aufsatz, der geschrieben wurde, und jedes Lied, das komponiert wurde, und auch jedes Gebäude, das entworfen wurde, ist ein neuartiges Problem, das sich nicht dadurch lösen lässt, dass man die Lösungen für vergangene Probleme kopiert. Aber selbst wenn viele Probleme neu sind, ist das Wissen, mit dem man sie löst, für gewöhnlich nicht neu. Wenn man weiter in den Problemraum sehen kann, hängt das damit zusammen, dass man auf den starken Methoden der Giganten aufbauen kann, die vor uns da waren.

Praktische Lektionen aus der Problemlösungssuche

Viele Psychologen bezweifeln, dass sich Problemlösung als allgemeine Fähigkeit lehren oder üben lässt. Die schwachen Methoden scheinen universell zu sein. Vielmehr hat es den Anschein, als führe der Pfad zur Meisterschaft über den Erwerb des spezifischen Wissens und der konkreten Methoden der Experten. Auch wenn wir allgemein keine besseren Problemlöser werden können, möchte ich trotzdem einige praktische Lektionen nennen, die diese Problemlösungstheorie nahelegt.

1. Lektion: Beginnen Sie mit der richtigen Repräsentation

Die Suche ist nur die halbe Schwierigkeit der Problemlösung. Die andere Hälfte besteht darin, den richtigen Weg zur Repräsentation des Problems zu finden, damit Sie den besten Problemraum definieren können, in dem Sie suchen wollen. Vor Simons und Newells wegweisender Arbeit erforschten auch die Gestaltpsychologen* das Thema Problemlösung, allerdings lag ihr Fokus auf der Frage, wie die Versuchspersonen ein Problem wahrnahmen und auf welche Weise ihre Wahrnehmung das Auffinden erkenntnisreicher Lösungen hemmen oder begünstigen konnte.[47] Betrachten Sie beispielsweise das berühmte Neun-Punkte-Problem. Die Aufgabe lautet, alle neun Punkte mit vier geraden Linien zu verbinden, ohne den Stift abzusetzen.

Abbildung 5:
Neun-Punkte-Rätsel: Zeichnen Sie vier gerade Linien, mit denen Sie alle neun Punkte verbinden, ohne den Stift abzusetzen.

Gelingt Ihnen das? Alle Leser, die das Neun-Punkte-Problem nicht lösen können, finden die Lösung auf Seite 304.[48] Die zentrale Erkenntnis dreht sich nicht darum, wie wir im Problemraum suchen, sondern wie wir das Problem repräsentieren. Wenn die erfolgreiche Antwort irrtümlicherweise

* Anm. d. Übers.: Die Gestaltpsychologie ist eine Wahrnehmungslehre in der Psychologie, deren Grundannahme seit Beginn ihrer Untersuchung lautet, dass die menschliche Wahrnehmung nicht alle Objekte der Umgebung so abbildet, wie sie objektiv zu betrachten wären, sondern sie bereits strukturiert, bevor sie dem Gehirn zur Begutachtung vorgelegt werden. Die Gestaltpsychologie widmet sich also, einfacher ausgedrückt, der Untersuchung, wie der Mensch Ganzheiten erlebt und wahrnimmt. (Quelle: https://lehrbuch-psychologie.springer.com/glossar/gestaltpsychologie)

aus den anfänglichen Möglichkeiten aussortiert wurde, werden wir sie anschließend selbst bei noch so intensiver Suche nicht finden. Die Problemlösung in ungeordneten realen Situationen beinhaltet oft ein Hin- und Herwechseln zwischen der Suche im Problemraum und dem Versuch, eine besser handhabbare Repräsentation des Problems zu finden.

Starten Sie jedes Projekt, indem Sie herausfinden, wie kompetente Menschen das vorliegende Problem wahrnehmen. Was betrachten sie als Problemraum? Welches sind die wichtigen Schritte, um das Problem zu lösen? Zwar garantiert das Wissen über die Wahrnehmung eines Problems nicht dessen Lösung, aber es ist ein erster wichtiger Schritt.

2. Lektion: Halten Sie Ausschau nach lösungsreifen Problemen

Die Erkenntnis, dass es für viele Probleme keine Lösung gibt, legt eine unmittelbare Anwendung nahe: Arbeiten Sie sich nicht an unlösbaren Problemen ab. Unglücklicherweise ist das Problem, herauszufinden, welche Probleme lösbar sind und welche nicht, selbst unlösbar! Die Lösung könnte immer um die Ecke liegen oder in weiter Ferne. Trotz unserer Unfähigkeit, genau bestimmen zu können, welche Probleme tatsächlich unlösbar sind, können wir mit einiger Erfahrung besser informierte Einschätzungen treffen. Wiles begann erst an Fermats Großem Satz zu arbeiten, als Gerhard Frey den Zusammenhang mit der Taniyama-Shimura-Vermutung hergestellt hatte, denn dies gab ihm den Hinweis, dass das Problem lösungsreif war. Unternehmer, Wissenschaftler und Erfinder gehen informierte Wetten über die nächsten technologischen Entwicklungen ein, selbst wenn sie nicht genau wissen können, wie weit sie sich im Problemraum auf unbekanntes Terrain vorwagen müssen.

Der beste Weg, um lösungsreife Probleme zu entdecken, besteht darin, mit Menschen zu arbeiten, die aktiv die Grenzen der Problemlösung hinausschieben. Der Vorteil der Arbeit in Unternehmen, Forschungslaboren oder Teams, die neue Dinge entdecken, liegt darin, dass man starke Hinweise erhält, welche Aspekte des Problemraums reif für eine Erforschung sind und welche in der nahen Zukunft höchstwahrscheinlich zu keinen Ergebnissen führen.

3. Lektion: Erkunden Sie den Problemraum Schritt für Schritt

Um seine Herangehensweise an mathematische Fragen zu erklären, zeichnet Wiles eine aufschlussreiche Analogie:

> Ich konnte meine Erfahrung mit der Mathematik am besten beschreiben, indem ich sie mit dem Eintritt in ein dunkles Haus verglich. Man betritt den ersten Raum und steht in der Finsternis, in völliger Finsternis. Man stolpert voran, stößt gegen Möbelstücke und entwickelt allmählich ein Raumgefühl und ein Gespür dafür, wo die Möbel stehen. Irgendwann, ungefähr nach sechs Monaten, findet man den Lichtschalter. Man macht das Licht an, plötzlich ist der ganze Raum hell erleuchtet, und man sieht genau, wo man überall war. [49]

Wie wir im folgenden Kapitel eingehend besprechen werden, ist es ratsam, zuerst den Problemraum zu erkunden, wenn es niemanden gibt, von dem man lernen kann, und man sich seinen Weg durch einen unbekannten Problemraum bahnen muss, anstatt sofort einen Lösungsversuch zu unternehmen. Als Wiles sich an einen Zweig der Mathematik heranwagte, mit dem er nicht vertraut war, rüstete er sich nicht nur mit mathematischen Werkzeugen aus, die andere entdeckt hatten, sondern verbrachte auch erhebliche Zeit damit, sie anzuwenden, und zwar so lange, bis sie zu einem natürlichen Bestandteil seines Repertoires wurden.

Man kann den Problemraum erkunden, indem man einfach Dinge ausprobiert und beobachtet, was passiert, ohne bewusst zu versuchen, bestimmte Ziele zu erreichen. Das Ziel ist nicht, irgendetwas Bestimmtes zu leisten, sondern Muster zu finden, die möglicherweise zu einer neuen starken Methode führen. Ein Kunstmaler, der verschiedene Techniken ausprobiert, um zu sehen, »wie sie wirken«, anstatt gleich zu versuchen, ein verkaufsfähiges Werk zu produzieren, wird möglicherweise zunächst viele miserable Gemälde anfertigen. Vielleicht stößt er dabei aber auf eine Technik, die seiner Arbeit einen unverwechselbaren Stil aufprägt.

Vom Versuch, ein Problem zu lösen, zum Lernen, wie man Probleme löst

Simons und Newells frühe Arbeit konzentrierte sich auf die Frage, wie Menschen schwierige Probleme lösen. Die Forscher glaubten, zu verstehen, wie wir Probleme lösen, sei eine Voraussetzung, um zu verstehen, wie wir lernen, Probleme zu lösen. Erst wenn man weiß, wie eine Person eine Fähigkeit anwendet – so ihr Argument –, kann man darauf hoffen herauszufinden, wie sie diese Anwendung erlernt.* Im folgenden Kapitel verlagern wir unsere Aufmerksamkeit vom aktiven Versuch, Probleme zu lösen, zu der Frage, wie man lernt, Probleme zu lösen. Unterwegs werden wir entdecken, wie eine Besonderheit unserer Psychologie zu einer der wichtigsten Limitierungen in diesem Prozess wird.

* Diese Betonung auf Ergebnissen vor dem Lernen wird von konnektionistischen Modellen infrage gestellt, die eher auf relativ schlichte Lernmechanismen fokussieren, selbst wenn sich der eigentliche Leistungsalgorithmus aufgrund seiner Komplexität nur schwer ausdrücken und verstehen lässt.

KAPITEL 2

Kreativität beginnt mit Nachahmung

Regeln sind nicht die Fesseln des Genies. Sie sind die Fesseln der Menschen, die keine Genies sind.[50]

Joshua Reynolds, Maler

- Kann man ein Problem lösen, ohne zu lernen, wie man es löst?
- Wie viel Kreativität entspringt der Nachahmung?
- Führt Nachahmung zu einem oberflächlichen Verständnis der Problemstellung?

Im November 2017 wurden alle Auktionsrekorde gebrochen, als Leonardo da Vincis *Salvator mundi* für mehr als 450 Millionen Dollar versteigert wurde. Dieser Preis betrug mehr als das Doppelte des bisherigen Rekordpreises für ein Gemälde, und zwar Pablo Picassos Werk *Die Frauen von Algier*

(Original: *Les femmes d'Alger*), das im Jahr 2015 für knapp unter 180 Millionen Dollar verkauft wurde.[51] Dass ein Gemälde von da Vinci einen astronomischen Preis erzielt, ist allerdings keine Überraschung. Der Künstler hinterließ der Nachwelt nur wenige vollendete Gemälde. Diejenigen, die er vollendete, gelten auf der ganzen Welt als Meisterwerke – von seinen täglichen Skizzen bis zur *Mona Lisa*, die im Louvre hängt, oder seiner rätselhaften Darstellung *Das letzte Abendmahl*. Auch ist da Vinci nicht der einzige italienische Maler, dem Verehrung zuteilwird. Botticelli, Raffael, Tizian, Caravaggio und Michelangelo verdienen alle den Status großer Meister. Zwar neigen wir dazu, ihre Genialität zu bestaunen, ich möchte die Aufmerksamkeit aber lieber auf ihre Ausbildung lenken.

In der Renaissance erfolgte die künstlerische Ausbildung in einer Art Lehre. Mit zwölf oder 13 Jahren verdingten sich die Novizen im Atelier eines berühmten Malers. Der italienische Maler Cennino Cennini beschreibt den Lernprozess zur Wende des 15. Jahrhunderts:

> Wisse, dass nicht weniger Zeit mit Lernen verbracht werden sollte als diese: Man beginnt als Laufbursche und lernt ein Jahr, um praktische Übung im Zeichnen auf der kleinen Tafel zu erwerben. Als Nächstes dient man in einem Atelier unter einem Meister, um zu lernen, wie man in allen Zweigen arbeitet, die zu unserem Beruf gehören … gute sechs Jahre lang. Dann verbringt man weitere sechs Jahre damit, Erfahrung in der Malerei zu sammeln, indem man mit Beize arbeitet, Tücher aus Gold herstellt und Übung in Wandmalerei erwirbt. Man zeichnet unentwegt und ohne Unterlass – sei es an Werktagen oder an Feiertagen. Auf diese Weise wird aus deinem Talent mit viel Übung eine echte Fähigkeit.[52]

Die Lehrlinge durchliefen eine strukturierte Abfolge an Vorbildern und Medien, für die und mit denen sie arbeiteten, um sich Schritt für Schritt mit den Kunstfertigkeiten der Malerei vertraut zu machen. Zunächst mussten sie Meisterwerke kopieren.[53] Diese Arbeit bot den Novizen die Gelegenheit, genau zu studieren, wie ein erfahrener Künstler mit Pinsel und

Farbe Form, Licht und Schatten auf eine Leinwand zauberte. Als Nächstes mussten die Lehrlinge die Gipsformen von Skulpturen abzeichnen. Hier bestand die zusätzliche Schwierigkeit darin, dass ein dreidimensionaler Gegenstand in eine zweidimensionale Repräsentation verwandelt werden musste. Allerdings wurde damit die Herausforderung umgangen, von einem lebendigen Modell abzeichnen zu müssen, das während der Sitzung womöglich die Sitzposition veränderte. Wenn die Lehrlinge schließlich von der freien Natur abzeichneten, beherrschten sie die Grundlagen bereits so gut, dass sie ihre gesamte Aufmerksamkeit auf subtile Details wie eine bestimmte Haltung oder Position oder den Ausdruck richten konnten. Die künstlerischen Medien, derer sie sich bedienten, folgten einer ähnlichen Reihenfolge – sie reichten von Kohlezeichnungen über Grisaille-Gemälde in Schwarz- und Weißschattierungen bis zur ganzen Palette an Öl- oder Temperafarben.

Die Anfertigung von Kopien großer Meisterwerke bildete das Rückgrat der künstlerischen Ausbildung. Da Vinci selbst plädierte ebenfalls für die richtige Lernfolge: »Von der Reihenfolge, wie man das Zeichnen erlernt: Kopiere zuerst die Zeichnungen, die große Meister von Kunstwerken angefertigt haben. Erst wenn [er] das unter dem kritischen Blick seines Meisters gelernt hat, sollte er das Zeichnen von Reliefobjekte in einem guten Stil üben.«[54] Die Idee, erhebliche Zeit mit dem Kopieren fremder Werke zu verbringen, widerspricht nach moderner Auffassung der künstlerischen Ausbildung. Künstler sollen sprudelnde Quellen der Originalität sein, und die ständige Wiederholung bestimmter Techniken gilt als Killer des kreativen Geistes. Doch trotz der Betonung der Nachahmung in der künstlerischen Ausbildung schufen die Künstler jener Zeit, in der diese Ausbildungsmethoden üblich waren, oft Werke von atemberaubender Originalität. Die Ausbildungsmethoden, die in der Renaissance sehr erfolgreich waren, sind heute völlig aus der Mode. Um das zu verstehen, müssen wir uns ansehen, wie sich die künstlerischen Ausbildungsmethoden weiterentwickelt haben.

Eine kurze Geschichte der künstlerischen Ausbildung

Die Geschichte der Kunstpädagogik im Abendland begann in Griechenland. Die Griechen der Antike zelebrierten die Kunst, aber nicht den Künstler. Die bildenden Künste waren das Gebiet der Handwerkerklasse, die kaum höher stand als die Sklaven, die wiederum die Stützen der aristokratischen Gesellschaft waren. Das Studium der Philosophie und Dichtung war den Mitgliedern der Oberschicht vorbehalten.[55] Diese Haltung bewahrte sich durch das ganze Mittelalter, eine Zeit, in der das künstlerische Schaffen von den Gilden kontrolliert wurde. Erst in der Renaissance, als Maler wie da Vinci und Michelangelo auftauchten, stieg das Ansehen individueller Künstler über den Status reiner Handwerker hinaus. Von zentraler Bedeutung für diesen Wahrnehmungswandel war der Maler und Kunsthistoriker der Renaissance Giorgio Vasari. In seinem wichtigen Buch mit dem Titel *Lebensläufe der berühmtesten Maler, Bildhauer und Architekten* schuf er das Image des Künstlers als Intellektueller, der auf einer Stufe mit Gelehrten und Philosophen stand. Zu diesem Zweck überredete Vasari Cosimo de' Medici im Jahr 1561, die erste Kunstakademie in Florenz zu bauen.

Das gestiegene Ansehen der Künstler hatte jedoch einen paradoxen Effekt auf die Kunst. Der Historiker und Kunstpädagoge Arthur Efland schrieb: »Mit dem Aufstieg der Künstler zu Genies stellten sich neue Fragen der Kunstpädagogik, denn wie bildet man ein Genie aus? Ist es angemessen, ein potenzielles Genie wie einen gewöhnlichen Lehrling zu behandeln?«[56] Überlegungen dieser Art nahmen im Zuge der romantischen Bewegung noch zu. Jean-Jacques Rousseau schrieb über den von ihm empfohlenen Ausbildungsverlauf: »Daher werde ich sorgfältig darauf achten, ihm keinen Zeichenmeister zur Seite zu stellen, der lediglich von ihm verlangen würde, Kopien von Kopien anzufertigen und Zeichnungen abzuzeichnen. Die Natur soll sein einziger Lehrer sein und Dinge seine einzigen Modelle.«[57] Im 19. Jahrhundert wurde diese Einstellung von dem Wiener Maler, Kunstpädagogen und Streiter für den kreativen Selbstausdruck Franz Čižek noch verstärkt. »Was sein Beharren auf der Vermeidung jeglichen reifen Einflusses angeht, wurde Čižek oft mit Rousseau verglichen, aber in gewisser

Hinsicht war Čižek noch extremer«, schrieb Efland. »Rousseau anerkannte eine gewisse Notwendigkeit der reifen Führung, wohingegen Čižeks Klasse überhaupt nicht im üblichen Unterrichtssinne geführt wurde.«[58] Diese Spannung zwischen Handwerk und Kreativität, die es zu da Vincis Zeiten nicht gab, besteht bis heute. »In unserem Kunstklima«, schrieb die Künstlerin und Pädagogin Juliette Aristides, »gelten Kunstgeschichte und Kunstausbildung oft als Widerspruch zur Genialität. Von Nachwuchskünstlern wird oft erwartet, dass sie ihr Wissen aus dem heiteren Himmel heraus entwickeln, ohne jede Verbindung zur Geschichte und harten Arbeit. Wenn die Instinkte des Individuums aber über die Bildung erhoben werden, besteht die Gefahr, dass der Künstler in einer ewigen Adoleszenz stecken bleibt, in der seine Leidenschaft größer ist als seine Fähigkeit zur Umsetzung.«[59]

Das geduldige Lernen von guten Beispielen und Vorbildern, bevor man ein eigenes Kunstwerk erschafft, war ein zentraler Baustein der klassischen künstlerischen Ausbildung. Die Kraft der Beispiele beschränkt sich jedoch nicht auf die Kunst. Kognitionspsychologen haben die überraschende Feststellung gemacht, dass das Studium eines Lösungsbeispiels bisweilen lernförderlicher ist als der Versuch, ein Problem auf eigene Faust zu lösen.

Kann man ein Problem lösen, ohne zu lernen, wie man es löst?

»Ein erstes Prinzip, das wissenschaftliche Methodiker nicht erkennen, lautet: Wenn du auf etwas Interessantes stößt, lass alles stehen und liegen, um es zu studieren«, schrieb der herausragende Psychologe B. F. Skinner.[60] An eine solche Maxime mochte der Psychologe John Sweller vielleicht gedacht haben, als er bei seinen Experimenten Anfang der 1980er-Jahre auf einige erstaunliche Ergebnisse stieß. »Wir führten gerade an Studenten im Grundstudium ein Experiment über Problemlösung durch«, erinnerte sich Sweller. »Die Studenten sollten eine bestimmte vorgegebene Zahl in eine Zielzahl verwandeln, wobei sie Erstere nur mit 3 multiplizieren oder von der Zahl 29 abziehen durften.«[61] Um zum Beispiel von 15 zu 16 zu gelangen, hätten sie 15 zuerst mit 3 multiplizieren und dann 29 abziehen müssen. »Für jedes Problem gab es nur eine mögliche Lösung, die erforderte, dass man die Ausgangszahl mit einer bestimmten Wiederholung abwechselnd mit 3 multiplizieren und vom Ergebnis 29 subtrahieren musste«, erklärte Sweller. »Meine Studenten fanden diese Probleme relativ leicht zu lösen, und es gab wenig Fehler, aber ihre Lösungen hatten etwas Merkwürdiges. Zwar mussten alle Probleme mithilfe dieser alternierenden Abfolge gelöst werden ... aber nur sehr wenige Studenten entdeckten die Regel«, schrieb Sweller. »Wie die Problemlöser auch immer vorgingen, um die Probleme zu lösen, das Erlernen der Regel der alternierenden Lösungsabfolge spielte dabei keine Rolle.«

Wie konnten die Studenten ein Problem lösen, aber nicht die Methode erlernen, mit der sie es lösten? Dieses Experiment fand kurz nach der Veröffentlichung von Herbert Simons und Allen Newells Abhandlung über Problemlösung statt, über die wir im vorhergehenden Kapitel gesprochen haben. Auf Basis ihrer Arbeit ließ sich im Rahmen von Swellers Forschung ein möglicher Schuldiger finden: die Mittel-Zweck-Analyse – eine der schwachen Methoden, die Simon und Newell in zahlreichen ihrer Studien gefunden hatten, das heißt die Vorwärts- und Rückwärtsbewegung zur Bestimmung der Lücken zwischen dem Ist-Zustand und dem angestrebten Zustand und die Suche nach Mitteln, um diese Lücken zu schließen. Diese Strategie funktioniert, aber sie setzt voraus, dass Sie zahlreiche Aspekte des Problems gleichzeitig im Blick behalten. Diese mentale Beanspruchung lässt womöglich nicht genügend Kapazität zur Generalisierung der Verfahren zur Lösung ähnlich gelagerter zukünftiger Probleme. »Es schien mir plausibel, dass der gleiche Prozess stattfand, als die Studenten Probleme in einem Bildungskontext lösen sollten«, schrieb Sweller. »Vielleicht sollten wir den Studenten zeigen, wie man Probleme löst, anstatt sie die Probleme selbst lösen zu lassen?«[62]

Diese Frage regte Sweller zu einem weiteren Experiment an: Wenn sich die Mittel-Zweck-Analyse irgendwie unterdrücken ließe, würden die Studenten mehr kognitive Kapazitäten haben, um aus ihren Handlungen zu lernen. Sweller und seine Kollegen testeten diese Vermutung in einer Reihe von Experimenten, unter anderem unter Verwendung trigonometrischer Rätsel.[63] Diese Rätsel, die Winkel und Linienlängen beinhalten, haben üblicherweise mehrere unbekannte Quantitäten. Für Anfänger stellen sie zudem eine große Herausforderung dar. Die fehlenden Quantitäten zu finden, erfordert eine umfangreiche Mittel-Zweck-Analyse. Sweller teilte die Studenten in zwei Gruppen ein. Eine Gruppe sollte Standardprobleme lösen und fehlende Seiten oder Winkel berechnen. Die andere Gruppe bekam dasselbe Rätsel vorgelegt, sollte aber so viele unbekannte Quantitäten finden wie möglich. Ohne ein konkretes Endziel brauchten die Studenten keine Mittel-Zweck-Analyse durchführen und konnten den Problemraum frei erkunden. Nach einer kurzen Übungssitzung präsentierte Sweller den Studenten ein neues Problem. Anstatt zu versuchen, die fehlenden Winkel in einem Diagramm zu finden, sollten sie nun anhand der Sinus- und Kosinus-Werte ein Diagramm zeichnen. Diese Aufgabe diente dazu, zu testen, wie gut die Studenten die Muster des Trigonometrie-Rätsels verstanden, anstatt sich einfach eine Antwort zu merken. Die Ergebnisse waren sehr interessant: Acht von zehn Studenten, die zielfrei arbeiten konnten, gelang es, das neue Geometrieproblem zu lösen. Das gelang nur drei Studenten, die unter den Bedingungen der traditionellen Problemlösung gearbeitet hatten.[64]

Zielfreie Probleme eliminieren die hohe kognitive Belastung der Mittel-Zweck-Analyse, aber sie haben einen offensichtlichen Nachteil: Wenn der Problemraum zu groß ist, besteht die Gefahr, dass man sich darin verliert. Sweller fand eine Alternative in Form von ausgearbeiteten Lösungsbeispielen. Ein ausgearbeitetes Lösungsbeispiel ist ein Problem mit einer Lösung und allen Zwischenschritten, die der Problemlöser auf dem Weg zum Ziel gemacht hat. Auch diese Vermutung testete Sweller, dieses Mal anhand von Algebra-Problemen. Eine Gruppe beschäftigte sich mit ausgearbeiteten Lösungsbeispielen für Algebra-Probleme und löste ein Problem unter Zuhilfenahme einer ausgearbeiteten Lösung. Eine andere Gruppe löste die Probleme auf eigene Faust, ohne auf ausgearbeitete Lösungsbeispiele zurückgreifen zu können. Jeder Student dieser Gruppe, der das Problem nicht innerhalb von fünf Minuten lösen konnte, konnte sich genau wie die erste Gruppe ein ausgearbeitetes Lösungsbeispiel ansehen. Auf diese Weise war gewährleistet, dass die Mitglieder der zweiten Gruppe keine schlechteren Ergebnisse erzielten, weil sie nicht so viele Antworten fanden wie die

Gruppe, die mit Lösungsbeispielen arbeitete. Bei einem Test über ähnlich gelagerte Probleme schnitten beide Gruppen ungefähr gleich ab. Bei einem Test, bei dem ein neuartiges Problemformat präsentiert wurde, konnten dagegen 75 Prozent der Studenten, die mit Lösungsbeispielen gearbeitet hatten, das Problem lösen, von der zweiten Gruppe jedoch niemand – trotz der Tatsache, dass die zweite Gruppe dreimal so lange gelernt hatte.[65]

Die Effekte der Zielfreiheit und der ausgearbeiteten Lösungsbeispiele ließen sich in Experimenten wiederholt feststellen, aber sie widersprachen der damals vorherrschenden Lehrmeinung. »Es war der schlechtestmögliche Zeitpunkt, um Aufsätze zu veröffentlichen, in denen die Effektivität der Problemlösung als Lernmittel infrage gestellt wurde«, berichtete Sweller. Der Arbeit von Simon und Newell folgend, hatte das Studium der Problemlösung in der Psychologie und der künstlichen Intelligenz neue Höhen erreicht. »Der größte Teil der Wissenschaft schlug sich auf die Seite der Problemlösung. Die Forschung, die sich mit ausgearbeiteten Lösungsbeispielen beschäftigte, wurde feindselig betrachtet oder – noch häufiger – einfach ignoriert. Dieser Zustand dauerte rund zwei Jahrzehnte an.«[66]

Zwar mochten Swellers Forschungsergebnisse zunächst umstritten sein, die Eigenschaften des Gehirns, auf denen seine Erkenntnisse basierten, waren es nicht. Forscher wissen seit Langem, dass das Gehirn nur eine begrenzte Menge an Informationen gleichzeitig speichern kann. Die Geschichte unseres Verständnisses der Beschränktheit unseres Gehirns beginnt mit der Zahl 7, plus oder minus 2.

Die Miller'sche Zahl

»Ich werde von einer Ganzzahl verfolgt«, schrieb der Harvard-Psychologe George Miller in der Einleitung seines inzwischen berühmten Aufsatzes von 1956. »Diese Zahl kommt manchmal in verschiedenen Verkleidungen daher, ist manchmal etwas größer und manchmal etwas kleiner als üblich, aber verändert sich nie so, dass sie unkenntlich würde.«[67] Miller stellte eine Reihe scheinbar zusammenhangsloser Experimente vor, mit denen er seine sogenannte Miller'sche Zahl (im Englischen als »Magical Number Seven Plus or Minus Two«) präsentierte. Bitten Sie Leute zum Beispiel, Töne anhand der Tonhöhe zu unterscheiden. Das wird ihnen ziemlich gut gelingen, wenn sie nur zwei oder drei auseinanderhalten müssen. Sind es mehr als sechs, werden sie zunehmend Fehler machen. Der gleiche Effekt lässt sich bei Lautstärke beobachten. Hier sind nur ungefähr fünf unterschiedliche Lautstärken unterscheidbar. Die magische Zahl macht sich aber nicht nur bei der Klassifizierung von Geräuschen bemerkbar, sondern auch, wenn Studienteilnehmer bei einem Geschmackstest den Salzgehalt von Wasser oder den Flächeninhalt von Quadraten oder Farbtonvarianten angeben sollen. Die magische Zahl ist auch nicht auf Wahrnehmungsunterschiede begrenzt. Gedächtnisexperimente zeigen den gleichen Leistungsabfall, wenn sich die Testpersonen mehr als sieben Dinge einprägen sollen, egal ob es sich dabei um Zahlen, Nummern oder Wörter handelt. Die magische Zahl, so Miller, ist mehr als ein experimenteller Zufall; vielmehr weist sie auf eine grundlegende Begrenzung der Zahl an Dingen hin, die wir uns gleichzeitig merken können. Die Merkfähigkeit ist beschränkt, und Miller hatte den Beweis dafür geliefert, wo sie ihre Grenzen hat.*

Beobachtungen, wie Miller sie machte, führten zu einer Reihe von Theorien über die Art und Weise, wie das Gehirn Informationen verarbeitet. Dazu gehörte auch ein Entwurf der Psychologen Richard Atkinson und Richard Shiffrin aus dem Jahr 1968, der als Drei-Speicher-Modell des menschlichen Gedächtnisses bekannt wurde.[68] Ihrem Modell zufolge verarbeiten wir sensorische Informationen – visuelle und akustische Eindrücke und Körperempfindungen – gleichzeitig, jedoch müssen all diese unterschiedlichen Informationen einen zentralen Engpass durchlaufen, um in unseren Gedanken aktiviert werden zu können. Diese kurzfristige Speicherung war auch mit unserem langfristigen Gedächtnis verknüpft – ein Ablageort, an dem all das Wissen, das wir im Verlauf eines Lebens erworben und alle Erfahrungen,

* Miller nannte zwar die Zahl 7, aber möglicherweise hat er die mentalen Kapazitäten überschätzt. Sorgfältige Messungen, die von zeitgenössischen Psychologen durchgeführt wurden, legen nahe, dass die Grenze eher bei 4 liegt. Siehe Cowan, »The Magical Number 4 in Short-Term Memory: A Reconsideration of Mental Storage Capacity«.

die wir gemacht haben, schlummert, bis wir uns diese Informationen aktiv ins Gedächtnis rufen. Später entwickelten die Psychologen Alan Baddeley und Graham Hitch das Mehrkomponentenmodell des Arbeitsgedächtnisses (auch als »modulares Arbeitsgedächtnismodell« bezeichnet) und kombinierten das Kurzzeitgedächtnis aus dem Drei-Speicher-Modell mit der Fähigkeit, seinen Inhalt zu manipulieren und zu transformieren. Das gesamte Denken vollzog sich in diesem engen Bewusstseinsfenster, wobei der größte Teil der äußeren Empfindungen und die tief eingebetteten Geschichten unserer vergangenen Erfahrung herausgefiltert wurden.

Wenn unser Denken derartigen Beschränkungen unterliegt, wie können wir dann überhaupt funktionieren? In seinem ursprünglichen Aufsatz wies Miller auf eine Möglichkeit zur Lockerung dieser Beschränkungen hin. Mithilfe seiner Experimente konnte er beobachten, dass sich der Engpass auf die Menge der Informationseinheiten (sogenannte Chunks) bezog und nicht auf die Informationen, die sie enthielten. Versuchen Sie zum Beispiel, sich die Buchstaben N U F H S B L A I zu merken. Die meisten Menschen hätten damit Probleme. Wenn man sie aber in die Kombinationen FBI, USA und NHL ordnet, hätten die meisten Menschen keine Schwierigkeiten, sich Federal Bureau of Investigation, United States of America und National Hockey League zu merken. Beide Repräsentationen enthalten die gleichen Buchstaben, Letztere war aber in sinnvolle Informationseinheiten oder Chunks organisiert. Diese Chunks, die durch vergangene Erfahrungen miteinander verbunden waren, ermöglichten die problemlose Speicherung der neun Buchstaben – die Obergrenze der Miller'schen Zahl. Wir können die Beschränkung unseres Kurzzeitgedächtnisses überwinden, indem wir zunehmend komplexe Informationsmuster zusammenfügen. Da jedes Muster nur einen Slot erfordert, sind die Anforderungen an das Kurzzeitgedächtnis für einen Experten ganz andere als die, die an einen Neuling gestellt werden, selbst wenn es sich um exakt dasselbe Problem und die gleiche Lösungsmethode handelt.

Im Jahr 1995 präsentierten Anders Ericsson und Walter Kintsch einen anderen Weg zur Umgehung des mentalen Engpasses.[69] Die Erfahrung erlaubt uns womöglich, unser Langzeitgedächtnis effizienter zu nutzen, wenn wir kurzfristige Aufgaben zu erledigen haben. In Atkinsons und Shiffrins Modell ist das Langzeitgedächtnis ein nahezu unendliches Archiv, in dem jede Erinnerung unseres Lebens abgelegt ist. Anders als unser beschränktes Kurzzeitgedächtnis ist unser Langzeitgedächtnis ein riesiges Archiv. Allerdings liegt es zum größten Teil brach. Vielleicht haben wir die Antwort auf ein Problem irgendwo in unserem Langzeitspeicher, wenn wir sie aber nicht zum richtigen Zeitpunkt abrufen können, ist es so, als würde sie gar nicht existieren. Bei Routineaufgaben, so Kintsch und Ericsson, lernen wir Abrufhilfen zu entwickeln, die uns ermöglichen, uns an mehr Dinge zu erinnern, als unser beschränktes Kurzzeitgedächtnis normalerweise zulässt. Kintsch lieferte dafür Belege anhand des Leseverständnisses. Dafür ließ er Testpersonen einen Text über die Entwicklung des Dampfmotors lesen.[70] Im Text waren in jeder zweiten Zeile Ablenkungssätze – sogenannte Distraktoren – eingefügt. Bei traditionellen Gedächtnisexperimenten würde die Verwendung sinnloser Wörter oder Zahlen sehr schnell alles auslöschen, was man sich einzuprägen versucht. Aus diesem Grund muss man eine Telefonnummer mehrmals vor sich hinsagen, bevor man sie eintippt – jede Unterbrechung kann Informationsmuster, die nicht bereits als Chunks oder Informationseinheiten im Gedächtnis verankert sind, auslöschen. Dennoch gelang es den Testpersonen, die den Text lasen, diesen mit nur minimaler Unterbrechung weiterzulesen, was darauf hindeutet, dass sie einen Teil der Geschichte ins Langzeitgedächtnis überführt hatten und Abrufhilfen entwickelt hatten, um den Faden dort, wo er von einem sinnlosen Satz unterbrochen worden war, wieder aufzunehmen.

Sowohl Millers Chunking als auch die Theorie von Kintsch und Ericsson weisen eine wichtige Beschränkung auf: Sie sind nur nach ausgiebiger Übung möglich. Chunks oder Informationseinheiten müssen zunächst zusammengefügt werden – wir kommen nicht mit dem Wissen auf die Welt, was Akronyme wie FBI, USA bedeuten, und viele Nicht-Amerikaner hätten Schwierigkeiten, etwas mit NHL anzufangen. Da Anfänger keine effizienten Chunks abgespeichert haben, müssen sie in ihrem Kurzzeitgedächtnis mit mehr Informationseinheiten jonglieren als ein Experte. Auf ähnliche Weise haben geübte Leser Mechanismen, um sich Geschichten einzuprägen, die

Leseanfänger nicht haben. Anfänger wie die, die Sweller untersuchte, haben ein begrenzteres Kurzzeitgedächtnis als Experten.

Lernen im Rahmen des mentalen Engpasses

In den 40 Jahren seit Swellers ersten Experimenten wurden zahlreiche weitere Auswirkungen des Arbeitsgedächtnisses auf das Lernen untersucht, und zwar von ganz unterschiedlichen Forschergruppen. Zusammengenommen wurden alle diese Auswirkungen in der sogenannten Cognitive Load Theory (CLT), der Theorie der kognitiven Belastung beim Lernen, verschmolzen. Dieser Theorie zufolge ist die Optimierung des Arbeitsgedächtnisraums für Pädagogen und Lernende ein gleichermaßen wichtiges Thema.

In der CLT wird zwischen der intrinsischen (Intrinsic Cognitive Load, ICL) und der extrinsischen kognitiven Belastung (Extraneous Cognitive Load, ECL) unterschieden.[71] Die intrinsische Belastung bezeichnet die notwendige geistige Anstrengung, die das Lernen begleitet. Um von einem ausgearbeiteten Lösungsbeispiel zu profitieren, müssen Studenten es studieren, und diese geistige Anstrengung nimmt eine bestimmte Menge an geistiger Bandbreite in Anspruch. Die extrinsische Belastung bezeichnet dagegen alle geistigen Anstrengungen, die durch eine ungünstige Gestaltung der Lernmaterialien verursacht werden, die das Lernen erschwert. Die Mittel-Zweck-Analyse, die ein Jonglieren mit Zielen und Methoden zu ihrer Erreichung erfordert, ist eine nützliche Heuristik für die Problemlösung. Dennoch ist sie zum Lernen womöglich eher ungeeignet, weil die mit ihr verbundene zusätzliche kognitive Belastung weniger Raum für die Beobachtung von grundlegenden Mustern lässt, die bei der Problemlösung verwendet werden.

Nicht alle extrinsischen Belastungen hängen mit Problemlösung zusammen. Der Split-Attention-Effekt bezeichnet die zusätzliche Belastung, die von Lernmaterialien ausgeht, die von den Lernenden verlangen, Informationen, die sich aufeinander beziehen, aber getrennt präsentiert werden, im Geiste zusammenzuführen. Sehen Sie sich die folgenden beiden Abbildungen an. Bei der Abbildung auf der linken Seite werden Informationen außerhalb des Ortes präsentiert, auf den sie sich beziehen, sodass für die korrekte Zuordnung der Informationen ein Schlüssel nötig ist. Diese zusätzliche geistige Arbeit, die für das Erlernen der in dieser Abbildung enthaltenen Informationen nicht wesentlich ist, wird zu einer zusätzlichen Quelle für extrinsische Belastung. Im Gegensatz dazu wird die Beschriftung der Vorhöfe, Herzkammern und Adern direkt an der richtigen Stelle präsentiert, sodass keine mentale Integration nötig ist und die kognitive Belastung reduziert wird.

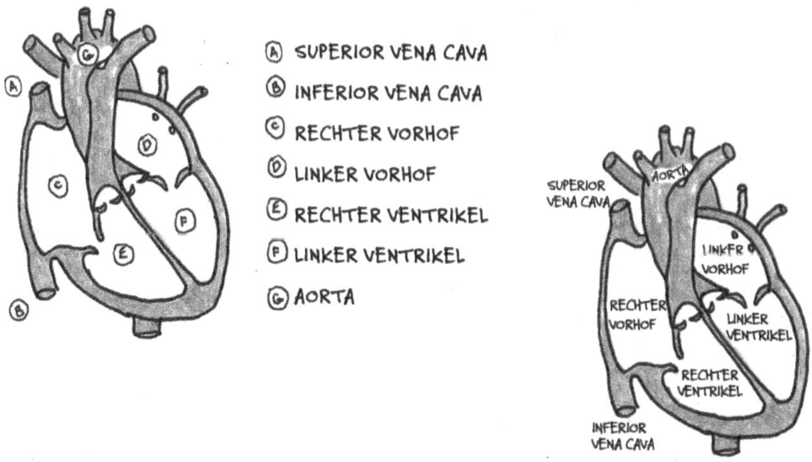

Abbildung 6:
Im linken Schema über den Aufbau des Herzens wird die Beschriftung der einzelnen Elemente des Herzens getrennt von der Abbildung präsentiert. Das bedeutet eine höhere kognitive Belastung, weil die Beschriftungen richtig zugeordnet und mental mit der Abbildung zu einem Ganzen integriert werden müssen. Die erhöhte Belastung, die durch die getrennte Darbietung entsteht, erschwert laut Split-Attention-Effekt den Wissenserwerb.

Der Redundanzeffekt beschreibt, dass eine gleichzeitige Präsentation derselben Informationen als Bild und Text oder als Text und gesprochenes Wort das Lernen behindern kann, da der Lernende damit beschäftigt ist, die irrelevante Wiederholung herauszufiltern, und das führt zu einer zusätzlichen kognitiven Belastung. »Die meisten Menschen glauben, zusätzliche Informationen zu präsentieren sei schlimmstenfalls harmlos, wahrscheinlich aber eher hilfreich«, so Sweller. »Redundanz ist aber alles andere als harmlos. Die Überfrachtung mit unnötigen Informationen könnte ein wichtiger Grund für eine erfolglose Wissensvermittlung sein.«[72]

Die Ursprünge der CLT stammen zwar aus Gebieten wie Algebra und Geometrie, die Forschung wurde in jüngerer Zeit jedoch darüber hinaus in weniger abstrakte Gebiete ausgedehnt. Studien, in denen Eye-Tracking-Software eingesetzt wurde, zeigen, dass Studenten mehr lernen, wenn sie den Augenbewegungen von Experten folgen können.[73] Es scheint, als seien wir von Natur aus darauf programmiert, uns an den Blicken anderer Menschen zu orientieren, um zu entscheiden, worauf wir unsere Aufmerksamkeit lenken, insbesondere wenn wir mit einer komplexen Situation konfrontiert sind und nicht genau wissen, was gerade unserer Aufmerksamkeit bedarf. Auf diese Weise können wir unsere kognitive Belastung senken. Dieser Effekt erklärt womöglich auch den Erfolg der Ateliers für das künstlerische Schaffen in der Renaissance: Meister bei der Arbeit beobachten zu können, hilft nicht nur dabei, ihre Methoden zu erlernen, sondern auch, ihren Blickwinkel einzunehmen und ein Auge für die künstlerische Aufgabenstellung zu entwickeln.

Versteht man ein Problem besser, wenn man die Lösung selbst findet?

Die Kritiker der ausgearbeiteten Lösungsbeispiele führen oft an, diese führten zu einem oberflächlichen Verständnis der Problemstellung. Der Schweizer Psychologe Jean Piaget ist für seine Bemerkung berühmt: »Jedes Mal, wenn man einem Kind voreilig etwas beibringt, das es selbst hätte herausfinden können, verhindert man, dass das Kind eine eigene Entdeckung macht, und somit, dass es das Problem umfassend versteht.«[74] Jemandem zu zeigen, wie sich ein Problem lösen lässt, so die Argumentation, ist inhärent eine oberflächlichere Erfahrung als die Erfahrung, auf eigene Faust eine Lösung für ein Problem zu finden. Eine Möglichkeit, diese Überzeugung zu überprüfen, ist die Betrachtung, wie Studenten eine erlernte Methode auf eher ferne Settings und Problemtypen anwenden. Wenn das Lernen anhand von Lösungsbeispielen eine reine »prüfungsbezogene Wissensvermittlung« ist, sollte man zu folgender Feststellung gelangen: Man gebe Studenten eine andere Prüfung, und diejenigen, die die Materie nur oberflächlich verstanden haben, werden daran scheitern.

Die Psychologen David Klahr und Milena Nigam untersuchten diese Frage im Kontext des Lernprozesses über die Durchführung wissenschaftlicher Experimente.[75] Der Hauptgrund für die Durchführung eines Experiments ist, dass man wissen möchte, wie eine Sache auf eine andere wirkt. Zum Beispiel wollen Sie vielleicht wissen, ob der Neigungswinkel einer Rampe einen Einfluss darauf hat, wie schnell ein Ball die Rampe hinunterrollt. Die beste Methode, um das herauszufinden, wäre, mehrere Rampen mit einem unterschiedlichen Neigungswinkel aufzustellen, deren sonstige Eigenschaften aber gleich sind. Klahr und Nigam wollten wissen, ob Schüler, die explizite Instruktionen und Beispiele der anzuwendenden Strategie erhielten, die darin bestand, bei einem Experiment immer nur einen Aspekt zu verändern, diese Strategie seltener auf neue Situationen übertragen würden als Schüler, die die Strategie durch eigenes Ausprobieren entdeckten. Dafür teilten sie 112 Dritt- und Viertklässler in zwei Gruppen ein. Die eine Gruppe wurde in der Strategie unterwiesen, und den Schülern wurden Beispiele für ihre Funktionsweise gezeigt. Die andere Gruppe erhielt keine Informationen und konnte das Prinzip nur durch eigene Experimente herausfinden. Die erste Gruppe schnitt bei den unmittelbaren Ergebnissen besser ab: 77 Prozent der Schüler gelang es, in der Testphase mindestens drei von vier unabhängigen Experimenten durchzuführen. Von den Schülern der zweiten Gruppe schafften das nur 23 Prozent. Das ist nicht sehr überraschend. Es liegt auf der Hand, dass man Dinge, die einem gezeigt wurden, leichter lernt, als wenn man diese Dinge selbst herausfinden muss. Interessanterweise stellten Klahr und Nigam aber auch fest, dass unabhängig davon, wie die Schüler die Strategie erlernt hatten, diejenigen Schüler, die im ursprünglichen Test gut abgeschnitten hatten, auch bei der Anwendung der Strategie bei einem späteren Wissenschaftswettbewerb bessere Ergebnisse erzielten. Das deutet darauf hin, dass das Lernen anhand von Lösungsbeispielen nicht nur den Lernerfolg der Schüler steigerte, sondern auch ihre Fähigkeit zur Transferleistung offensichtlich nicht beeinträchtigte.

Beispiele allein reichen aber oft nicht aus. Forscher haben festgestellt, dass das Herunterbrechen von ausgearbeiteten Lösungsbeispielen in Unterziele[76] dazu beitragen kann, die Begründung hinter einem Problemlösungsverfahren deutlich zu machen, und dass es dem Verständnis der Problemlösung dient, wenn die Schüler dazu ermutigt werden, die Beispiele selbst zu erklären[77]. Außerdem ist es schwieriger, ausgearbeiteten Lösungsbeispielen zu folgen, wenn dabei Schritte ausgelassen werden. Kaum ein Nachwuchskünstler konnte malen lernen wie ein Meister der Renaissance, indem er sich einfach fertige Kopien ansah. Es war auch wichtig, den Schaffensprozess zu verfolgen. Wie wir in Kapitel 4 sehen werden, lassen Experten bei ihrer Erklärung der Lösung im Geiste oft Schritte aus. Bei abstrakten beziehungsweise intellektuellen Themen benötigt man wahrscheinlich viel Training, um durch die bloße Beobachtung der physischen Handgriffe eines Experten zu verstehen, was er gerade macht. Klahrs und Nigams Experiment sowie die Arbeit verschiedener Forscher auf dem Gebiet der CLT stellen jedoch die Annahme infrage, Wissen, das durch die Beobachtung von Lösungsbeispielen erworben wurde, sei inhärent oberflächlicher als Wissen, das durch unmittelbare eigene Erfahrung erworben wurde.

Wann ist es effektiver zu kopieren, als etwas Eigenes zu erschaffen?

Der mentale Engpass, der durch die Limitationen unseres Arbeitsgedächtnisses entsteht, weist auf einen Grund für erfolgloses Lernen hin: Komplexe Themen und Fähigkeiten werden nicht in einfache Teilfähigkeiten heruntergebrochen. Anfänger, die mit einer verwirrenden Situation konfrontiert sind, müssen sich bei der Problemlösung auf die Mittel-Zweck-Analyse und andere anstrengende Suchprozesse verlassen. Diese Investitionen sind oft notwendig, um eine Lösung zu finden, aber sie beanspruchen kognitive Kapazitäten, die für den Wissenserwerb und die Abstrahierung zur Lösung zukünftiger Problemstellungen genutzt werden könnten. Ausgearbeitete Lösungsbeispiele, eine zielfreie Erforschung und gut organisierte Lernmaterialien zur Vermeidung des Split-Attention-Effekts und des Redundanzeffekts können das Lernen effektiver machen.

Dieser Fokus auf Komplexität bedeutet auch, dass die Cognitive Load Theory am relevantesten ist, wenn die Lösung eines Problems oder das Verständnis eines Konzepts die gleichzeitige Integration vieler verschiedener neuer Informationen erfordert. Das gilt auf jeden Fall für das Kunstschaffen. Jeder Pinselstrich erfordert die gleichzeitige Berücksichtigung der Farbschattierung, der Farbsättigung und der Tonalität. Jedes Element des Gemäldes muss die Perspektive, den Lichteinfall und Größenaspekte berücksichtigen. Da Vincis Notizbücher sind angefüllt mit Daumenregeln beziehungsweise Heuristiken für die Körperproportionen und detaillierten anatomischen Studien der Skelett- und Muskelstrukturen.[78] Eine realistische Beschreibung erfordert die Integration einer wesentlich größeren Menge an Informationen als ein Geometrie-Rätsel. Aus diesem Grund kommen so wenige Studenten ohne umfangreiche praktische Übung aus.

Nicht alle Lernprobleme sind jedoch eine Frage der Komplexität. Vergleichen Sie die Grammatik mit dem Vokabular, wenn Sie eine Fremdsprache erlernen. Die Grammatik kann sehr anspruchsvoll sein. Ein englischer Muttersprachler, der Japanisch lernt, muss sich zum Beispiel an eine andere Satzordnung gewöhnen, mit der er nicht vertraut ist: von Subjekt – Prädikat – Objekt (»Hund beißt Mann«) zu Subjekt – Objekt – Prädikat (»Hund Mann beißt«). Bei längeren Sätzen kann eine derartige geistige Anstrengung leicht unsere gesamten kognitiven Kapazitäten beanspruchen. Das verdeutlicht, warum eindeutige Beispiele und Übungshefte so hilfreich sein können. Mit dem Vokabellernen ist dagegen nur eine geringe kognitive Belastung verbunden. Man muss sich die Wörter einfach nur merken. Es ist also durchaus möglich, durch Immersion und Gespräche einen breiten Wortschatz zu gewinnen. Auch die Chemie beinhaltet komplexe und einfache Konzepte (das Verständnis quantenmechanischer Elektronenorbitale versus das Auswendiglernen der Massen im Periodensystem). Das Autofahren erfordert den komplexen Prozess der gleichzeitigen Betätigung des Lenkrads, der Kupplung und der Gangschaltung und den einfachen Prozess, die Bedeutung der verschiedenen Verkehrszeichen zu erkennen.

Da komplexe Probleme mit zunehmender Erfahrung einfacher werden, verschwinden mit zunehmendem Wissen viele Effekte der Cognitive Load Theory oder verkehren sich in ihr Gegenteil. Der Expertise-Umkehr-Effekt demonstriert, dass Anfänger zwar langsamer lernen, wenn sie Probleme auf eigene Faust lösen, als wenn sie anhand ausgearbeiteter Lösungsbeispiele lernen, dass sich dieses Phänomen mit zunehmenden Lernfortschritten aber ins Gegenteil verkehrt.[79] Wenn Studenten die Problemlösungsmuster einmal verinnerlicht haben, profitieren sie stärker von der praktischen Übung als von der reinen Beobachtung. So wie niemand, der nicht selbst malt, ein kunstfertiger Maler werden kann, verlangt die Beherrschung einer Fertigkeit oder Kunst, dass man sich darin übt. Der Effekt der ausgearbeiteten Lösungsbeispiele hat seinen größten Einfluss, wenn die Problemlösungsmuster noch unbekannt sind. Deswegen war da Vinci ein leidenschaftlicher Verfechter des unmittelbaren Lernens von der Natur, sobald man ein fortgeschrittenes Lernstadium erreicht hat, auch wenn er dazu riet, zunächst mit dem Kopieren zu beginnen. Damit sich die eigene Kreativität entfalten kann, muss man irgendwann vom reinen Kopieren zur eigenen Beobachtung übergehen.

Dieses Spannungsverhältnis zwischen den besten Lernstrategien für Anfänger und den besten Lernstrategien für Fortgeschrittene mag zum Teil auch die Spannungen in der Kunstpädagogik erklären. Erfahrene Künstler, die stärker von der unmittelbaren Problemlösung profitieren als von weiteren Erklärungen, neigen möglicherweise zu einer fehlgeleiteten Übertragung der geistigen Prozesse, die sie bei der Erschaffung neuer Kunstwerke durchlaufen, auf den Unterricht von Anfängern und weniger erfahrenen Schülern. Der Psychologe Paul Kirschner bezeichnet dieses Phänomen als »Trugschluss der Verwechslung zwischen Epistemologie und Pädagogik«.[80] Weil der mentale Engpass, der durch die Limitationen unseres Arbeitsgedächtnisses entsteht, enger ist, wenn wir neue Informationen aufnehmen, als wenn wir bekannte Informationen anwenden, können Probleme je nach vorhandener Erfahrung trivial oder quälend erscheinen. Lernen ist der Prozess der Verinnerlichung von Mustern, die uns helfen können, diese Kluft zu überwinden.

Anwendungen der Cognitive Load Theory

Die Cognitive Load Theory regt zu verschiedenen Schritten an, mit denen man sich auf effiziente Weise neue Fähigkeiten und Sachgebiete erschließen kann.

1. Anwendung: Suchen Sie nach ausgearbeiteten Lösungsbeispielen

Wenn Sie mit einem komplexen neuen Thema konfrontiert sind, suchen Sie nach Lernmaterialien, die vielfältige Probleme mit begleitenden Lösungsbeispielen enthalten. Diese können einen Weg zur schnellen Assimilierung der Problemlösungsmuster bieten. Im Zuge Ihrer Fortschritte können Sie die Lösungen zudecken und die Probleme als Übungschancen nutzen.

2. Anwendung: Organisieren Sie verwirrende Lernmaterialien neu

Vermeiden Sie den Split-Attention-Effekt, indem Sie die Lernmaterialien so organisieren, dass nur eine minimale geistige Manipulation der Informationen nötig ist. Wenn Sie eine Abbildung entdecken, deren Beschriftung getrennt von der Abbildung präsentiert wird, kopieren Sie sie so, dass die Beschriftung an der richtigen Stelle in der Abbildung steht. Formeln lassen sich besser verstehen, wenn man jede Variabel mit ihrer standardsprachlichen Bedeutung aufschreibt.

3. Anwendung: Nutzen Sie die Macht der separaten Übung

Bevor Sie eine komplexe Fähigkeit erlernen, überlegen Sie sich, ob sie Elemente enthält, die Ihnen vielleicht besonders schwerfallen. Wenn Sie diese Elemente vorab separat üben und sich einprägen, setzen Sie Kapazitäten für eine spätere Umsetzung der Fähigkeit frei. Wenn Sie sich neue Wörter in einer Fremdsprache mithilfe von Karteikarten einprägen, werden Sie noch nicht fließend sprechen können, aber Sie werden beim Sprechen nicht so viel über die richtigen Vokabeln nachdenken. Wenn Sie etwas von Farben und Farbmischungen verstehen, wissen, wie aus Licht Schatten wird, und wenn Sie die Regeln der Perspektive kennen, bevor Sie sich an ein neues Gemälde wagen, können Sie sich besser auf die Umsetzung Ihrer Vision konzentrieren und werden nicht von technischen Umsetzungsproblemen aufgehalten.

4. Anwendung: Steigern Sie langsam die Komplexität

Da die Anforderungen an das Arbeitsgedächtnis beim Erlernen einer neuen Fähigkeit mit zunehmender Erfahrung sinken, ist das ein guter Grund, mit einfachen Problemen zu beginnen und dann den Schwierigkeitsgrad allmählich zu steigern. Videogame-Designer machen das ganz hervorragend, wenn sie Tutorials entwerfen, die nur einige wenige Features des Spiels enthalten und den Spielern damit eine zielfreie Exploration ermöglichen, um die Mechaniken ohne umständliche Instruktionen zu erlernen. In dem Maße, wie Sie Fortschritte machen, können Sie regelmäßig neue, komplexe Aufgabenstellungen ergänzen.

5. Anwendung: Erst das Handwerk beherrschen, dann der Kreativität freien Lauf lassen

Originalität ist einfach die Erkundung einer wenig besuchten Region des Problemraums. Natürlich gibt es einen Unterschied zwischen technischer

Virtuosität und visionärer Kreativität. Dennoch setzen wir diese beiden Aspekte zu oft in ein Spannungsverhältnis, obwohl sie sich eigentlich ergänzen. Es ist leichter, eine Vision zu entwickeln, wenn man die Techniken beherrscht. Und man kann die Regeln erst brechen, wenn man sie beherrscht und weiß, welche man brechen kann.

Von den Anfängen bis zur Meisterschaft

Seit der Zeit da Vincis hat sich viel verändert. Die Fotografie und die mechanische Reproduktion von Kunstwerken bedeuten, dass die Fähigkeit, die Realität detailgetreu zu repräsentieren, keine große Rolle mehr spielt. Die künstlerische Avantgarde hat sich auf Konzepte verlegt, die die detailgetreue Abbildung der Realität, die die Kunstwerke der Renaissance prägten, abgelöst haben. Es wäre albern zu verlangen, alle angehenden Künstler sollten in einem Stil geschult werden, der vor vielen Jahrhunderten seine Blütezeit hatte. Kunst ist Veränderungen unterworfen und mit ihr die Techniken der großen Meister.

Doch auch wenn Ausbildungspläne nicht statisch sein können, ist es wichtig, die Prinzipien, die sich so gut bewährt haben, nicht über den Haufen zu werfen. Ob das Ziel lautet, in Helldunkelmalerei – in der Fachsprache *Chiaroscuro* genannt – reale Menschen in realen Situationen darzustellen oder einen Augenblick in der freien Natur und die von wechselnden Lichteffekten geprägte Landschaft festzuhalten, wie es die Impressionisten taten, oder kühne Arrangements zu komponieren, wie es die abstrakte Kunst macht, die Erschaffung eines Kunstwerks erfordert nicht nur Kreativität, sondern auch die Mittel und die Methoden, um die eigene Vision in eine konkrete Manifestation zu verwandeln. Die Methoden unserer Vorgänger zu studieren, behindert nicht die eigene Kreativität, sondern ist ihr unverzichtbarer Bestandteil. Im nächsten Kapitel werden wir uns mit der Frage befassen, warum die Schaffung eines solchen Fundaments von maßgeblicher Bedeutung ist: nicht nur zur vorübergehenden Senkung der kognitiven Belastung, sondern um die Motivation zu stärken und nachhaltige Kompetenz zu fördern.

KAPITEL 3

Erfolg ist der beste Lehrmeister

Es ist die Pflicht eines Schülers, alles aus einem Lehrer herauszuholen, und es ist die Pflicht eines Lehrers, alles aus einem Schüler herauszuholen.[81]

Kevin Kelly, Founding Executive Editor von Wired

- Nähren frühe Erfolge die Motivation?
- Gibt es Fähigkeiten, die allgemein intelligenzfördernd wirken?
- Lassen sich Lernmisserfolge auf fehlende Begabung oder fehlende Grundlagen zurückführen?

In ihrem gesamten Leben feierte Helen Keller nur zwei Geburtstage: den Tag, an dem sie geboren wurde, das war der 27. Juni 1880, und ihren »Seelengeburtstag« – der Tag, an dem ihre verehrte Lehrerin Anne Sullivan in Tuscumbia, Alabama, zu ihr nach Hause kam.[82] Mit nur 19 Monaten war Keller an dem sogenannten Hirnfieber erkrankt, wie es die Ärzte damals nannten.[83] Wahrscheinlich war es Scharlach oder Meningitis. Keller erholte sich zwar wieder, aber als langfristige Folge dieser Erkrankung verlor sie ihr Seh- und Hörvermögen. Ohne Gehör und ohne Sehkraft war ihre Ausdrucksfähigkeit schon als kleines Kind auf wenige Dutzend improvisierte Gesten begrenzt. Meistens bekam sie Wutanfälle. »Manchmal stand ich zwischen zwei Personen und berührte ihre Lippen«, schrieb sie Jahre später in ihrer Autobiografie. »Ich konnte nichts verstehen und wurde böse. Dann bewegte ich meine Lippen und gestikulierte wild, aber ohne Ergebnis. Das machte mich so wütend, dass ich anfing, zu schreien und nach allem zu treten, bis ich vollkommen erschöpft war.«[84] Mit sechs Jahren bekam sie fast stündlich einen solchen Wutanfall. In ihrer Verzweiflung stieß ihre Mutter auf eine Geschichte über eine andere taubblinde Frau namens Laura Bridgman, die Schulbildung besaß. In der Hoffnung, sie könne für ihre Tochter das Gleiche erreichen, wandte sich Kellers Mutter 1887 an Michael Anagnos vom Blindeninstitut Perkins Institute for the Blind. Anagnos empfahl Anne Sullivan.

»Der Tag, an dem Anne Mansfield Sullivan zu mir kam, war der wichtigste Tag in meinem Leben«, schrieb Keller später.[85] Sullivan gab Keller eine Puppe zum Spielen. Nachdem sie Keller eine Weile mit der Puppe spielen gelassen hatte, nahm sie ihre Hand und schrieb mit dem Finger P-u-p-p-e in ihre Handfläche. »Ich war sofort an diesem Fingerspiel interessiert und versuchte es nachzumachen«, erinnerte sich Keller. »Als es mir schließlich gelang, die Buchstaben korrekt zu schreiben, platzte ich vor kindlichem Stolz und Vergnügen. Ich rannte die Treppe herunter zu meiner Mutter, hielt die Hand hoch und schrieb die Buchstaben für das Wort Puppe.«[86] In den folgenden Wochen zeigte Sullivan Keller zahlreiche neue Gegenstände und machte ihr vor, wie man sie schrieb. Für Keller war das immer noch ein Spiel, denn sie hatte noch nicht erkannt, dass jede Geste ein Wort repräsentierte. Nachdem sie die Wörter *Becher* und *Wasser* verwechselt hatte, führte Sullivan Keller zum Brunnenhaus und ließ Wasser über Kellers Hand rinnen. Dieser Moment, der in William Gibsons 1957 erschienenem Theaterstück *The Miracle Worker* Unsterblichkeit erlangte, war für Keller eine Offenbarung. »Da wusste ich, dass ›W-a-s-s-e-r‹ etwas wunderbar Kühles bedeutete, das über meine

Hand floss. Dieses lebendige Wort erweckte meine Seele«, schrieb Keller. »Ich verließ das Brunnenhaus und wollte unbedingt mehr lernen. Alles hatte einen Namen, und jeder Name ließ einen neuen Gedanken entstehen.«[87]

In den folgenden 80 Jahren ihres Lebens machte Keller im Jahr 1904 ihren Abschluss »cum laude« am Frauencollege Radcliffe der Harvard University, schrieb zwölf Bücher und sprach fließend Latein, Französisch und Deutsch. Sie wurde eine glühende politische Aktivistin, die für das Frauenwahlrecht kämpfte und sich für Pazifismus, Sozialismus und die Rechte behinderter Menschen einsetzte. Wenn man ihre transformative Bildung verfolgt, waren es wahrscheinlich die sozialen Vorurteile, und nicht ihre Taubblindheit, die sie letztlich ausbremsten. Als junge Frau war sie kurz verlobt, bevor die bevorstehende Hochzeit abgesagt wurde, weil maßgeblich Beteiligte die Auffassung vertraten, es schicke sich nicht für eine taubblinde Frau, zu heiraten. Ihr lebenslanges Bedauern galt nicht ihrer Taubblindheit, sondern der Tatsache, dass sie sich nicht deutlich genug artikulieren konnte, um problemlos verstanden zu werden, sodass sie ihr Leben lang von Menschen abhängig war, die das Fingeralphabet beherrschten und für sie dolmetschen konnten. Seit jener Zeit hat es taubblinde Menschen gegeben, die noch mehr erreicht haben als Keller, darunter Leonard Dowdy[88], der nicht nur heiratete, sondern 30 Jahre angestellt arbeitete, bevor er in den Ruhestand ging, und Haben Girma[89], die erste taubblinde Frau, die ihren Abschluss an der Harvard Law School machte. Kellers Vermächtnis liegt vielleicht nicht darin, wie weit sie selbst im Leben kam, sondern wie viele andere taubblinde Menschen im Leben weitergekommen sind, weil sie ihnen als Beispiel diente.

Intelligenzförderung: wie die richtigen Grundlagen zukünftige Fortschritte ermöglichen

Kellers Geschichte verdeutlicht das dramatische Potenzial, das Bildung bietet. Mithilfe des Fingeralphabets konnte sie Wörter lernen und kommunizieren. Auf dieser Grundlage lernte sie lesen und schreiben und führte ein intellektuell aktives Leben. Ohne diese frühe Förderung hätte Keller womöglich ihr gesamtes Leben in Isolation verbracht. Zwar mag Kellers vollständige Erblindung und Ertaubung in einem so frühen Alter ungewöhnlich sein – einer Schätzung zufolge gab es im 20. Jahrhundert nur rund 50 Menschen, die bereits im Babyalter ihr Gehör und ihre Sehkraft einbüßten[90] –, das grundlegende Phänomen, dass es Menschen an einer wichtigen, grundlegenden Fähigkeit mangelt, ohne die der Erwerb weiterer Fähigkeiten schwierig wird, ist jedoch weitverbreitet.

Denken Sie an die Lesekompetenz. Ohne Lesefähigkeit ist man praktisch von dem gesamten Wissen auf der Welt abgeschnitten. Forscher haben festgestellt, dass die Lesefähigkeit eng mit der weiteren Entwicklung der Intelligenz verknüpft ist.[91] Stuart Ritchie und Kollegen maßen die Lesefähigkeit und den Intelligenzquotienten eineiiger Zwillinge im Alter von sieben, neun, zehn, zwölf und 16 Jahren.[92] Im frühen Alter ließ sich keine ausgeprägte Korrelation zwischen Lesefähigkeit und Intelligenz feststellen. Die Forscher fanden jedoch heraus, dass ein Zwilling, der schon in sehr jungen Jahren flüssig lesen konnte, auch in späteren Intelligenztests besser abschnitt. Eine vielsagende Interpretation der Studienergebnisse lautet, dass ausgeprägtere Lesekompetenz den Erwerb von weiterem Wissen und anderen Fähigkeiten erleichtert und somit die allgemeine Intelligenz fördert. Noch interessanter ist die Feststellung, dass sich die intellektuellen Vorteile nicht auf die verbale Intelligenz beschränken, was darauf hinweist, dass ausgeprägte Lesefähigkeiten möglicherweise breitere Vorteile bieten als der Erwerb von theoretischem Wissen.

Trotz der Bedeutung des Lesens haben viele Menschen Probleme, sinnerfassend und fließend zu lesen. Die Daten aus dem Programme for the International Assessment of Adult Competencies (PIAAC) aus dem Jahr 2013 haben ergeben, dass ungefähr jedem fünften erwachsenen Amerikaner die Fähigkeit fehlt, »Aufgaben zu erfüllen, die einen Vergleich und die Gegenüberstellung von Informationen, Paraphrasierung oder Schlussfolgerung erfordern«. Nahezu 10 Prozent sind »funktionelle Analphabeten«.[93] Das Problem beschränkt sich dabei nicht auf eine geringe Lesekompetenz. Laut derselben Untersuchung erreichten weniger als 15 Prozent die beiden höchsten Stufen der Lese- und Schreibfähigkeit, zu denen Testaufgaben gehörten wie zum Beispiel die Sätze in einer E-Mail und einem Zeitungsartikel herauszusuchen, in denen die gleiche Kritik über ein Produkt geäußert wird, und die Überprüfung einer Tabelle mit Übungsgeräten, um die Muskelgruppe zu bestimmen, die sich mit einem bestimmten Gerät am besten trainieren lässt.[94] Angesichts der geringen Lesekompetenz selbst unter Erwachsenen ist es kein Wunder, dass viele erwachsene Amerikaner kaum Bücher lesen. Laut einer Gallup-Umfrage gab der durchschnittliche Amerikaner im Jahr 2021 an, er beziehungsweise sie habe ungefähr ein Drittel weniger Bücher gelesen als im Jahr 1999.[95] Zwar wird ein Teil dieses Rückgangs von sozialen Medien und Online-Beiträgen kompensiert, aber nur ein Buch kann die Aufmerksamkeit über lange Zeit fesseln. Diese Statistik zeigt, dass wir die Lesefähigkeit nicht für selbstverständlich halten sollten.

Warum ist es so schwierig, lesen zu lernen? Ein Grund ist, dass das alphabetische Prinzip, das den meisten Schreibsystemen zugrunde liegt, sehr wirksam ist, aber irgendwie nicht intuitiv. Das Lesenlernen setzt voraus, dass man sich eine gewaltige Menge an willkürlichen Symbolen einprägt – 52, um genau zu sein, wenn man nur die Groß- und Kleinbuchstaben zählt, einige Hundert, wenn man Sonderzeichen, Zahlwörter und andere Schriften hinzuzählt. Als Nächstes muss der Klang einer Sprache bewusst in individuelle, handhabbare Einheiten heruntergebrochen werden. Das phonologische Bewusstsein – das der Fähigkeit zugrunde liegt, in einer Sprache eine Lautstruktur zu erkennen, zum Beispiel den Unterschied zwischen *stinken* und *sinken* oder in einer Reihe von (englischen) Wörtern das eine Wort zu bestimmen, das nicht zu den anderen passt: *rug, tub, mud, bean* – ist einer der aussagekräftigsten Prädiktoren für die frühe Lesefähigkeit.[96] Das ist jedoch keine leichte Sache. Kinder sind nicht spontan in der Lage, einzelne Wörter in den Sätzen, die sie sprechen, auszumachen und zu verstehen – ganz zu schweigen von einzelnen Lauten.* Anschließend müssen diese zufälligen

---

* Wenn das wenig plausibel klingt, liegt das nur daran, dass Sie aufgrund einer lebenslangen Beschäftigung mit Texten gelernt haben, »Stille« zwischen den gesprochenen Wörtern eines Satzes zu hören. Analysieren Sie die Audiowellen der Sprache, und Sie werden sehen, dass Wortgrenzen psychologisch und nicht akustisch sind. Das gilt umso mehr für phonemische Grenzen, denn Kinder tun sich besonders schwer, Konsonantengruppen auseinanderzudividieren, wie s-t-r in Strumpf. Das alphabetische Prinzip wirkt nur deswegen so selbstverständlich, weil wir daran gewöhnt sind. *Adams, Beginning to Read*, 486.

Symbole systematisch mit den frisch entdeckten Klangbausteinen assoziiert werden. Das ist eine anspruchsvolle Aufgabe, selbst in Sprachen mit einer sehr regelmäßigen Aussprache wie Spanisch oder Italienisch. In der englischen Sprache ist es eine quälende Aufgabe; die Kinder sind gezwungen, eine äußerst unregelmäßige Orthografie zu lernen, die in unzähligen Aussprachmustern resultiert, die nur selten konsistent sind. Und schließlich muss all diese geistige Arbeit überlernt werden bis zu dem Punkt, an dem sie vollkommen automatisch geschieht. Nur wenn die kognitive Belastung, die durch die Wiedererkennung von Wörtern entsteht, auf ein Minimum reduziert wird, kann geistige Kapazität für den Umgang mit Interpretationsschwierigkeiten, Problemlösung und das Erlernen neuer Konzepte freigesetzt werden.

Welches ist die richtige Lehrmethode angesichts der Bedeutung der Lesefähigkeit und unserer Schwierigkeit, lesen und schreiben zu lernen? »Mit überwältigender Mehrheit führten die Programme, die systematische Phonetik beinhalteten, zu einer erheblich besseren Worterkennung, einer besseren Aussprache, einem breiteren Vokabular und einem besseren Leseverständnis«, schreibt die Psychologin und Leseexpertin Marilyn Adams in ihrer umfassenden Analyse der veröffentlichten Literatur.[97] In systematischen Phonetikprogrammen wird die grundlegende Laut-Buchstaben-Zuordnung ausdrücklich gelehrt und geübt. Im Vergleich dazu erschweren Lesemethoden das Lesenlernen, die die Schüler dazu ansporne, die Identität unbekannter Wörter anhand ihrer Form, begleitender Illustrationen oder des impliziten Kontextes der Geschichte zu erraten. Ein offensichtlicher Vorteil der systematischen Phonetik liegt darin, dass das Auswendiglernen der grundlegenden Klang-Aussprache-Muster ein äußerst hilfreiches, wenn auch imperfektes Tool für das Buchstabieren unbekannter Wörter ist. Indem Schüler, die lesen lernen, ein Werkzeug erhalten, das ihnen hilft, unbekannte Wörter zu verstehen, entwickeln sie die Fähigkeit, mehr von ihrer unabhängigen Lektüre zu lernen, als wenn sie auf bereits bekannte Wörter beschränkt wären. Das Buchstabieren ist aber wahrscheinlich nicht der wichtigste Grund für die Funktionsweise der Phonetik. Die Ermutigung junger Leser, systematisch auf Buchstabenkombinationen zu achten, aus denen Wörter gebildet werden, fördert eine automatische und mühelose Verarbeitung, die Ressourcen für andere Aspekte der Leseerfahrung freisetzt.[98] Die Forschung zeigt, dass versierte Leser im Vergleich zu schwächeren Lesern besonders gut in der Aussprache von Pseudowörtern sind – das sind »Nichtwörter«, die aber den Ausspracheregeln der Sprache entsprechen; im Englischen zum Beispiel *bluck* oder *squimper*.[99] Die problemlose Aussprache resultiert nicht aus dem mühseligen Buchstabieren, sondern aus den fließenden Buchstaben-zu-Klang-Assoziationen, die sie sich eingeprägt haben.

Frühe Erfolgserlebnisse können einen positiven Kreislauf in Gang setzen. Die junge Leserin, die die Klang-Buchstaben-Muster beherrscht, wird fließender lesen als Gleichaltrige ohne diese Kenntnisse. Da die Leserin dadurch einer geringeren kognitiven Belastung ausgesetzt ist, wird sie wahrscheinlich auch mehr lesen. Die vermehrte Lektüre fördert die weitere Beherrschung von Klang-Buchstaben-Mustern, und zwar auch solcher, die sie nicht gelernt hat. In einer Studie verglichen die emeritierte Professorin der Stanford University Connie Juel und Diane Roper-Schneider die Worterkennungsfähigkeiten von Schülern, die Phonetikunterricht und eine von zwei verschiedenen Buchreihen zum Üben erhielten.[100] Eine Gruppe erhielt Bücher, die besonders viele Wörter enthielten, die mithilfe der erlernten phonetischen Grundlagen entziffert werden konnten. Die zweite Gruppe konzentrierte sich auf häufig verwendete Wörter. Am Ende des Jahres konnten die Schüler der ersten Gruppe neue Wörter besser erkennen als die Schüler, die sich auf häufig wiederkehrende Wörter konzentriert hatten. In separaten Tests schnitten die Schüler der phonetikorientierten Gruppe darüber hinaus beim Buchstabieren von Pseudowörtern mit einer Laut-Buchstaben-Zuordnung, die nicht gelehrt worden war, besser ab als die Schüler der zweiten Gruppe. Das deutet darauf hin, dass die erfolgreicheren Schüler die erlernten Grundlagen der Phonetik auf neue Muster anwenden konnten. Dieser positive Kreislauf könnte einen Beitrag zur Erklärung der nachhaltigen Vorteile derjenigen Schüler leisten, die Phonetikunterricht erhalten hatten: Sie haben Erfolgserlebnisse, sehen sich selbst als Leser und üben das Lesen weiter, sodass sie ihre Lesekompetenz weiter ausbauen und vertiefen können.

So wie das Lesenlernen die Grundlage für weiteres Wissen ist, ist die Beherrschung der Klang-Buchstaben-Muster der eigenen Sprache eine Grundlage für das Lesen. Einige frühentwickelte Schüler werden das selbst herausfinden, viele andere aber nicht. Die ersten Leseerfahrungen der vielen, die sich diese Grundlage nicht selbst erarbeiten können, werden frustrierend sein und womöglich dazu führen, dass sie nie wieder ein Buch anfassen.

Das Zwei-Sigma-Problem: Wie lässt sich der Unterricht in einem Klassenzimmer so effektiv gestalten wie Einzelbetreuung?

Die Forschung über das Lesen verdeutlicht ein wichtiges Prinzip: Die ersten Erfahrungen auf einem bestimmten Gebiet sind wichtig, nicht nur, um die kognitiven Grundlagen für die Ausübung der Kompetenz zu legen, sondern auch, um ein nachhaltiges Interesse zu fördern, das zu langfristigem Engagement führt. Leider bleiben Schüler, die sich schon zu Beginn schwertun, im Unterricht oft zurück. Wenn sie die Voraussetzungen nicht mitbringen, gelingt es ihnen nicht, dem Unterricht zu folgen, die Hausaufgaben sind frustrierend schwierig, und so wird es immer unwahrscheinlicher, dass sie die Chance erhalten, die angestrebte Kompetenz irgendwann im echten Leben anzuwenden. Wenn sich diese Erfahrung wiederholt, wird man unschwer erkennen, dass diese frühen Misserfolgserfahrungen zu einem negativen Selbstbild führen: »Ich bin kein Mathegenie«, »Ich bin keine Künstlerin« oder »Ich habe kein Sprachtalent«. Stattdessen würden wir viel lieber eine positive Feedbackschleife erzeugen, sodass die frühe Erfahrung der eigenen Kompetenz zu weiteren Lernanstrengungen motiviert.

Eine Methode, um auf Basis von Anfangserfolgen einen positiven Kreislauf in Gang zu setzen, um größere Lernerfolge herbeizuführen, ist die Einzelbetreuung. Helen Kellers enge Beziehung zu ihrer Lehrerin war ein beeindruckendes Beispiel für eine gelungene Einzelbetreuung. Nicht nur brachte Anne Sullivan Keller das Fingeralphabet sowie Lesen und Schreiben bei, sie begleitete sie außerdem zu ihren Vorlesungen an der Uni und transkribierte die Vorträge der Dozenten, damit ihre Schülerin dem Unterricht folgen konnte. Einzelbetreuung ist sehr effektiv, weil der Tutor das Lernmaterial auf die individuellen Bedürfnisse des Schülers oder der Schülerin ausrichten kann, gegebenenfalls Erklärungen geben, sich aber auch zurücknehmen kann, wenn der Schüler praktische Übung braucht, um sein erworbenes Wissen anwenden zu können. In einem berühmten Aufsatz schrieb der Psychologe Benjamin Bloom über den großen Nutzen der Einzelbetreuung von Schülern.[101] Sein Argument: Die Einzelbetreuung könne die Leistung der Schüler um zwei Standardabweichungen über dem Durchschnitt verbessern, der ohne Einzelbetreuung erzielt würde. Er präsentierte dieses »Zwei-Sigma-Problem«, benannt nach der statistischen Konvention, der zufolge Standardabweichungen durch den griechischen Buchstaben σ (Sigma) angezeigt werden, als pädagogische Herausforderung. Bloom zufolge könne man aufgrund der nachgewiesenen Leistungssteigerung als Ergebnis der Einzelbetreuung nicht sagen, solche Lernerfolge seien wegen mangelnder Lernfähigkeit eines Schülers oder der Natur des Sachgebiets schlicht unmöglich. Einzelbetreuung ist allerdings sehr teuer. Schulen können es sich nicht leisten, jedem Schüler einen eigenen Lehrer zur Seite zu stellen. Das Zwei-Sigma-Problem war daher ein Aufruf, Lehrmethoden zu entwickeln, die dem Nutzen der Einzelbetreuung nahekommen, sich aber in einem Klassenzimmer mit Dutzenden von Kindern umsetzen lassen. Bloom glaubte, mit dem sogenannten Mastery Learning eine solche Technik gefunden zu haben.

Mastery Learning bricht den Lehrplan in Zyklen aus Unterricht, Übung und Feedback herunter.[102] Zuerst werden Lerneinheiten vermittelt, und anschließend machen die Schüler einen Test. Anders als bei herkömmlichen Tests werden bei diesen Tests keine Noten vergeben. Die Schüler erhalten also auch keine schlechten Noten. Vielmehr handelt es sich um eine Art Lerndiagnose, mit der festgestellt werden soll, ob die Schüler den Lernstoff beherrschen oder nicht. Diejenigen Schüler, die den Lernstoff noch nicht beherrschen, erhalten zusätzliche Erklärungen und Übungen, um zu gewährleisten, dass sie den nächsten Test bestehen. Diejenigen, die auf Anhieb gute Testergebnisse erzielt haben, erhalten Aufgaben, die den Lernstoff bereichern und ergänzen. Zwar nimmt Mastery Learning zu Beginn mehr Zeit in Anspruch, die Verfechter dieser Lehrmethode argumentieren jedoch, über das gesamte Schuljahr betrachtet liege der zeitliche Gesamtaufwand nur leicht über dem Schnitt einer Klasse, die mit traditionellen Methoden unterrichtet wird. Das liegt daran, dass wesentlich mehr Schüler in späteren Lerneinheiten ohne Probleme dem Unterricht folgen und ihre Aufgaben erledigen können, weil ihre Probleme schon früh korrigiert wurden.

Mastery Learning räumt mit zahlreichen Konventionen auf, die wir im Kontext des Schulunterrichts für selbstverständlich gehalten haben. Eine zentrale Annahme des Mastery Learnings lautet, dass 95 Prozent der Schüler in einer Klasse die Fähigkeit besitzen, den Lernstoff zu beherrschen.[103] Vergleichen Sie das mit einer Benotung, die sich an der Normverteilung orientiert: Sie basiert auf der Annahme, dass jeder Lernstoff von einigen Studenten verstanden wird und von anderen nicht und dass eine gute Note lediglich bedeutet, dass jemand besser ist als seine Mitschüler. Dieses Vorgehen ist vielleicht in Ordnung, wenn es sich bei dem abzuprüfenden Wissen um einen reinen Sortiermechanismus ohne intrinsischen Wert handelt, um die Schüler nach ihren natürlichen Fähigkeiten zu unterteilen. Wenn das Ziel jedoch lautet, allen Schülern eine nützliche Fähigkeit zu vermitteln, ist es ein sehr schlechter Mechanismus. Eine Benotung nach der Normverteilung schürt kompetitives Verhalten unter den Schülern, weil das gute Abschneiden eines Schülers dem Scheitern eines anderen entspricht. Warum sollten Schüler in einer solchen Unterrichtsatmosphäre einem schwächeren Mitschüler helfen wollen? Die Verfechter des Mastery Learnings lehnen eine Benotung nach der Normverteilung ab. Ihrer Auffassung zufolge sollten Lehrkräfte eine klare Vorstellung davon haben, welche Fertigkeiten und welches Wissen die Schüler benötigen, und dann eine Umgebung schaffen, in der jeder Schüler erfolgreich sein kann.

Betrachten wir noch eine andere Annahme, die die meisten Klassenzimmer prägt, nämlich dass die Noten von Klassenarbeiten in die Abschlussnote einfließen sollten. Diese Annahme ist nicht unvernünftig. Viele Lehrer würden sagen, dass sich viele Schüler ohne den Anreiz, den die Benotung von Hausaufgaben oder Klassenarbeiten bietet, nicht anstrengen würden.

Die Benotung von Klassenarbeiten hat allerdings eine negative Wirkung auf Schüler, die langsamer lernen. Wenn sie gleich zu Beginn des Schuljahres bereits schlechte Noten erhalten, sehen sie ihre Chancen auf eine gute Abschlussnote schwinden. Ein Schüler, der bei einer Klassenarbeit gepatzt hat und dessen Hausaufgaben schlecht benotet wurden, sieht womöglich nur dann eine Chance, das Fach zu bestehen, wenn er in der Abschlussprüfung eine Bestnote erzielt. Das ist lächerlich! Denn wenn die Abschlussprüfung den gesamten Lehrstoff umfasst, bedeutet eine Bestnote, dass der betreffende Schüler den gesamten Lehrstoff beherrscht. Das ist die unvermeidliche Logik eines Systems, das Schüler für anfängliche Lernprobleme bestraft, anstatt sie frühzeitig zu korrigieren. Beim Mastery Learning dienen Tests und Klassenarbeiten nicht dazu, die Schüler zu bestrafen, die den Lehrstoff nicht verstanden haben, sondern festzustellen, wer Nachholbedarf hat, und diese Schüler zu unterstützen. Durch ein schnelles Eingreifen, wenn einige Schüler nicht mitkommen, lassen sich die Vorteile der Einzelbetreuung bis zu einem gewissen Maß auf den Kontext eines Klassenzimmers übertragen.

Ein weiterer Leitsatz des Mastery Learnings lautet, dass der Lernstoff nicht zweimal auf die gleiche Weise vermittelt werden sollte. Wenn ein Schüler eine bestimmte Lektion nicht verstanden hat, sollten die Inhalte nicht einfach unverändert wiederholt werden. Stattdessen sollte der Schüler die gleichen Informationen in anders aufbereiteter Weise erhalten. Andere Beispiele, Erklärungen oder Übungsaktivitäten sorgen dafür, dass die Schüler, die mit der ersten Präsentation des Lernstoffs Schwierigkeiten hatten, einen alternativen Pfad erhalten, um sich die Inhalte zu erarbeiten.

Das klingt schön in der Theorie, aber funktioniert das Mastery Learning? Systematische Meta-Analysen haben ergeben, dass dieses Unterrichtskonzept eine der effektiveren pädagogischen Methoden ist.[104] Die Effektgrößen zeigen, dass Mastery Learning die schulischen Leistungen tendenziell um eine halbe bis eine ganze Standardabweichung verbessert. Diese Analysen zeigen, dass Mastery Learning in Grundschulen, weiterführenden Schulen und College-Klassen zu funktionieren scheint und eine besonders große Wirkung bei leistungsschwächeren Schülern entfaltet. Das ist immer noch weit von Blooms ursprünglichem Ziel entfernt, die schulischen Leistungen auf das

Niveau der Ergebnisse anzuheben, die sich mit Einzelbetreuung erzielen lassen. Doch angesichts der Beschränkungen, die mit der Unterrichtung großer Schulklassen verbunden sind, bietet Mastery Learning von allen bisher studierten Methoden eine der aussichtsreicheren Alternativen.

Die Direkte Instruktion, ein verwandter Ansatz, hat vielleicht sogar noch größere Effekte als Mastery Learning.[105] Zwar konzentriert sich Mastery Learning auf Erfolge in einem frühen Lernstadium, es ist jedoch unabhängig von der spezifischen Lehrstrategie, die zur Anwendung kommt. Bei der Direkten Instruktion werden die Lerninhalte in kleine Einheiten unterteilt, systematisch aufeinander aufgebaut und vermittelt. Das Endprodukt sind exakt ausgearbeitete Unterrichtsstunden, in denen ein schneller Wechsel zwischen Beispielen, angeleiteten Übungen und Feedback stattfindet. DISTAR*, eine Serie systematischer Unterrichtsmaterialien, die im Bereich Lesekompetenz mit systematischer Phonetik arbeiten, hat sich in einem groß angelegten Experiment als erfolgreichstes Programm zur Entwicklung von Lesekompetenz erwiesen.[106] Trotz technischer Differenzen gibt es zwischen Mastery Learning und Direkten Instruktionen erhebliche Überschneidungen, was ihre Ziele und ihre Philosophie angeht. Beide Konzepte bekennen sich zum Prinzip, dass alle Schüler lernen können, unabhängig von ihren natürlichen Begabungen, und dass der Weg zur Sicherung des Lernerfolgs über genau überwachte Zyklen aus Beispielen, praktischer Übung und korrektivem Feedback erfolgt.

Warum Erfolg, nicht Misserfolg, der beste Motivator ist

Die Motivation spielt für den Lernerfolg eine sehr große Rolle. Einige Schüler sind von Haus aus lernbegierig. Andere interessieren sich überhaupt nicht für die Lerninhalte. Jeder von uns hat schon einmal Momente erlebt, in denen wir uns in ein Thema vertieft haben, das uns gefesselt hat, und jeder

---

* Anm. d. Übers.: Direct Instruction System for Teaching Arithmetics and Reading. (Quelle: https://www.klinkhardt.de/newsite/media/20160316_9783781520868Einl.pdf)

hat auch schon einmal quälende Momente im Unterricht erlebt und die Uhrzeiger angestarrt, die sich in Zeitlupe zu bewegen schienen. So wichtig die Motivation auch ist, ist sie zugleich auch ein wenig rätselhaft und möglicherweise rational nicht vollständig zu erfassen.

In der Geschichte der psychologischen Motivationstheorien gibt es eine Denkschule, die die vermutete Irrationalität unserer Motivation vehement ablehnt. Unabhängig voneinander vermuteten die Psychologen Kurt Lewin und Edward Tolman, die Motivation sei das Ergebnis einer Kalkulation der erwarteten Vorteile.[107] Ihren Argumenten zufolge sind wir motiviert, wenn wir antizipieren, dass die wahrscheinlichen Ergebnisse unserer Anstrengungen einen wahrgenommenen Wert besitzen. Warum fühlen wir uns nicht motiviert, für eine wichtige Prüfung zu lernen, auch wenn wir die Folgen einer nicht bestandenen Prüfung kennen? Wäre unsere Motivation rein rationaler Natur, würden wir weniger innere Konflikte über die Frage austragen, was wir richtigerweise tun sollten, und über unsere eigene Unfähigkeit, uns dazu zu zwingen. Eine rein rationale Berechnung scheint auch im Widerspruch zu der Erklärung der Motivationsvielfalt zu stehen. Warum strengen sich einige Schüler an und andere nicht? Das Bedürfnis einiger Schüler, sich intensiv anzustrengen und nachzudenken, als »Leistungsmotivation« oder »Wissensdurst« zu erklären, grenzt an einen Kreisschluss.[108] Die Frage ist nicht, ob einige Menschen eine größere Lernmotivation besitzen als andere, sondern warum es so ist.

Der Psychologe Albert Bandura trug zur Klärung dieser Frage bei, indem er sagte, nicht nur die erwarteten möglichen Ergebnisse einer Handlung seien Motivationsauslöser, sondern auch unsere Überzeugungen über unsere eigenen Fähigkeiten, die betreffenden Handlungen erfolgreich durchzuführen.[109] Die Selbstwirksamkeit bildete eine wichtige Verknüpfung. Sie bot die Erklärung für das Phänomen, dass zwei Menschen in ähnlichen Lebensumständen und mit ähnlichen Optionen möglicherweise trotzdem eine völlig unterschiedliche Handlungsmotivation besitzen. Die Person, die sich nicht auf eine Prüfung vorbereitet, glaubt womöglich, es sei nicht wichtig, die Prüfung zu bestehen. Oder sie ist nicht lernmotiviert, weil sie nicht glaubt, dass sie in der Lage ist, sich die Lerninhalte einzuprägen.

Wenn man es auf diese Weise formuliert, unterscheidet sich die Selbstwirksamkeit von verwandten Ideen wie Selbstkonzept oder Selbstwert. Selbstkonzept ist eine globale Eigenschaft; sie beschreibt, wie man sich selbst als Ganzes betrachtet. Der Selbstwert ist die Beurteilung des eigenen Wertes. Jemand kann ein hohes Selbstwertgefühl oder ein positives Selbstkonzept besitzen und trotzdem für eine bestimmte Aufgabe eine geringe Selbstwirksamkeit haben. Vielleicht besitze ich als Person ein hohes Selbstvertrauen, weil ich zum Beispiel meine sportlichen Fähigkeiten hoch einschätze, aber ich glaube, dass ich keinen Mathetest schaffe. Genauso könnte ich mich für einen versierten Programmierer, aber einen völlig unfähigen öffentlichen Redner halten. Die Selbstwirksamkeit ist viel granularer als die persönliche Identität und kann je nach Situation und Aufgabe unterschiedlich ausgeprägt sein. Wie Bandura sagt, leistet unsere Selbstwirksamkeit für ein bestimmtes Vorgehen oder eine bestimmte Handlung einen großen Beitrag zur Erklärung, warum wir motiviert oder nicht motiviert sind, diese Handlung vorzunehmen.

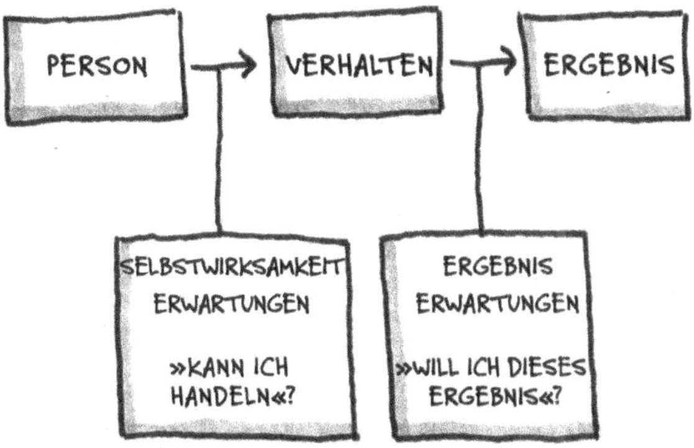

Abbildung 7:
Banduras Konzept der Selbstwirksamkeit verknüpft die Motivation mit zwei Arten von Erwartungen: die Chance, dass ich in der Lage bin, die notwendige Handlung durchzuführen (Selbstwirksamkeitserwartung), und die Chance, dass die Handlung zum gewünschten Ergebnis führt (Ergebniserwartung).

Wenn die Selbstwirksamkeit so eine große Rolle spielt, stellt sich die Frage, wie sie eigentlich entsteht. Bandura zufolge gibt es vier Einflussquellen, von denen zwei besonders wichtig sind. Die beiden unbedeutenderen Einflussquellen sind der Körperzustand und die Überredung. Jemand, der sehr aufgeregt ist, hat womöglich das Gefühl, er sei nicht in der Lage, eine Prüfung abzulegen, weil seine Hände zittern und sein Herz rast. Die verbale Überredung bezieht sich auf die Ermutigung durch Dritte, wie zum Beispiel, wenn eine jubelnde Menge einem Sprinter das letzte Quäntchen Energie verleiht, um die Ziellinie zu überqueren. Bandura nennt daneben aber noch zwei weitere wichtige Faktoren: die stellvertretende Erfahrung und die persönliche Meisterschaft. Die stellvertretende Erfahrung bezieht sich darauf, zu erleben, wie jemand anders eine ähnliche Situation gemeistert hat wie die, mit der man selbst konfrontiert ist. Wie wir gesehen haben, ist das Lernen von anderen Menschen eine wichtige kognitive Komponente des Kompetenzerwerbs. Anstatt durch Versuch und Irrtum die beste Methode zur Lösung eines Problems herauszufinden, können wir viel schneller von Instruktionen und Lösungsbeispielen lernen. Bandura zufolge spielen solche Erfahrungen ebenfalls eine Rolle für die Motivation. Wenn wir beobachten können, wie jemand erfolgreich handelt, insbesondere wenn wir Grund zur Annahme haben, dass wir dessen Erfolg kopieren können, steigt die Wahrscheinlichkeit, dass wir motiviert sind, ebenso zu handeln. Aus diesem Grund sind Rollenmodelle so wichtig. Sie illustrieren nicht nur, wie man ein Problem lösen kann, oder machen die korrekte Lösungsmethode deutlich, sondern sie können auch zur Bildung unserer Selbstwirksamkeit beitragen und damit unsere Motivation steigern, die gleichen Ergebnisse zu erzielen. Die persönliche Meisterschaft bezieht sich auf das unmittelbare eigene Erfolgserlebnis und ist deswegen so effektiv, weil nichts unser Selbstvertrauen mehr steigert als das eigene Erfolgserleben – im Gegensatz zum stellvertretend erlebten Erfolg Dritter, der womöglich nicht die gleiche Motivationskraft besitzt, weil wir Unterschiede zwischen uns und unserem Vorbild wahrnehmen.

Bandura fasst die maßgebliche Rolle des unmittelbaren Erfolgserlebnisses für zukünftige Lernerfolge so zusammen:

> Die eigene Leistung ist die verlässlichste Quelle für Selbstwirksamkeit, weil sie auf der eigenen Erfahrung beruht. Erfolge führen zu einem Anstieg der Erwartungen an die Beherrschung einer Kompetenz; wiederholte Misserfolge führen zu einer Senkung dieser Erwartungen, vor allem, wenn sie sehr früh im Lernprozess erlebt werden. Nachdem durch wiederholte Erfolge eine starke Selbstwirksamkeitserwartung entstanden ist, fällt der negative Effekt gelegentlicher Misserfolge wahrscheinlich gering aus. Gelegentliche Rückschläge, die später durch entschlossene Anstrengungen überwunden werden, können die selbstmotivierte Beharrlichkeit durch die Erfahrung, dass selbst die schwierigsten Hindernisse durch unverminderte Anstrengung überwunden werden können, sogar noch steigern. Die Wirkung von Misserfolgen auf die Selbstwirksamkeit hängt daher zum Teil von dem Zeitpunkt und dem Gesamtmuster an Erfahrungen ab, die jemand macht. Wenn die Selbstwirksamkeit einmal entwickelt ist, erstreckt sie sich tendenziell auch auf verwandte Situationen.[110]

Erfolg, nicht Misserfolg ist der beste Lehrer. Wiederholte frühe Misserfolge führen wahrscheinlich eher zu erlernter Hilflosigkeit oder Vermeidung und nicht zu Beharrlichkeit. Misserfolge sind nur dann hilfreich, wenn sie nach einer Reihe von Erfolgen eintreten. Nur wenn wir glauben, dass wir ein Vorhaben am Ende erfolgreich durchführen, ergibt Durchhaltevermögen bei Misserfolgen einen Sinn. Zwar mag es nützlich sein, auf dem langen Weg zur Beherrschung einer Fähigkeit einige demütige Momente zu erleben, die als Korrektiv für ein übertriebenes Selbstvertrauen dienen und unsere Motivation angesichts von Schwierigkeiten stärken können, wiederholte Misserfolge wirken aber kaum motivierend.

Wie erwähnt, haben frühe Erfolgserlebnisse einen erheblichen Nutzen für spätere Lernprozesse. Die Beherrschung der grundlegenden Elemente komplexer Fähigkeiten ist das Fundament für weiteres Lernen. Durch wiederholte Übung sinken die Anstrengungen, die mit der Anwendung der erlernten Kompetenz verbunden sind, und das erweitert das Spektrum an Situationen, die unsere innere Kosten-Nutzen-Prüfung bestehen, und erhöht die Wahrscheinlichkeit, dass wir die neu erworbene Fähigkeit auch außerhalb der Unterrichtssituation anwenden. Dauerhafte Erfolge stärken die Selbstwirksamkeit und erhöhen die Wahrscheinlichkeit, dass wir auch weiterhin lernmotiviert sind. Im Folgenden wollen wir einige Wege zur Anwendung dieser Lektionen betrachten, sowohl was unser eigenes Lernen betrifft als auch die Kompetenzen, die wir bei den Menschen in unserer Umgebung kultivieren möchten.

1. Lektion: Bei den Grundlagen beginnen

Eine Lektion aus dem Leseunterricht lautet, dass uns für viele der Fähigkeiten, mit denen wir zu kämpfen haben, die Grundlagen fehlen. Leider ist es die Regel und nicht die Ausnahme, dass zu wenig Grundlagen vermittelt werden. Wie wir im nächsten Kapitel besprechen werden, verlieren wir mit zunehmender Kompetenz oft die Fähigkeit, diese Grundlagen zu artikulieren. Da die meisten Lehrkräfte Experten auf ihrem Fachgebiet sind, merken sie oft gar nicht, dass sie die Kenntnisse der Grundlagen bei ihren Schülern einfach voraussetzen. Allerdings macht nicht das Wissen allein den Unterschied, sondern die versierte und mühelose Ausübung der überlernten Kompetenz. Die Lösung von Algebra-Problemen ist wirklich schwierig, wenn man das kleine und große Einmaleins nicht beherrscht. Die Literaturanalyse ist unmöglich, wenn schon das Entziffern der Buchstaben Ihre gesamte geistige Leistungsfähigkeit in Anspruch nimmt. Wenn wir für ein solides Fundament sorgen und es mit ausgiebiger praktischer Übung festigen, können wir geistige Ressourcen für die Bewältigung komplexerer Aufgaben freisetzen. Bevor Sie also behaupten, Sie seien nicht in der Lage, eine bestimmte Fähigkeit zu entwickeln oder sich ein bestimmtes Wissen anzueignen, sollten Sie sich immer fragen, ob Sie die nötigen Grundlagen dafür besitzen.

2. Lektion: Hilfe suchen

Bloom versuchte Lehrmethoden zu finden, die bei einem normalen Schulunterricht vor großen Klassen ähnliche Vorteile boten wie die Einzelbetreuung. Das ist ein überzeugendes Argument für individualisierten Unterricht! Vielleicht kann man sich keinen Privatlehrer für jedes Fach leisten, allerdings ist ein Nachhilfelehrer die Kosten wert, vor allem, wenn er im richtigen Moment eingesetzt wird. Besonders hilfreich ist, wenn Sie Ihren Nachhilfelehrer oder Tutor oder einen persönlichen Mentor bitten, Ihre praktischen Übungen zu beobachten. Da schon die Umsetzung weniger theoretischer Kenntnisse üblicherweise sehr viel praktische Übung verlangt, können bereits wenige Ratschläge nützlich sein.

Leider hängt der Nachhilfe das Stigma an, dass sie leistungsschwachen Schülern auf die Sprünge helfen soll. Leistungsstarke Schüler machen sich über die Vorstellung, einen Nachhilfelehrer oder Tutor zu engagieren, oft lustig. Da täuschen sie sich allerdings. Viele herausragende intellektuelle Größen unterhielten enge Schüler-Lehrer-ähnliche Beziehungen zu anderen Kapazitäten auf ihrem Gebiet, die ihnen ermöglichten, ihre Expertise weiterzuentwickeln. Robert Boyle, einer der Begründer der modernen Chemie, war Schüler des Alchemisten George Starkey.[111] Terence Tao, einer der herausragendsten lebenden Mathematiker, war Schüler von Paul Erdős, einem der bedeutendsten Mathematiker des 20. Jahrhunderts.[112] Auf vielen Gebieten lässt sich sogar eine intellektuelle Stammlinie der Lehrer-Schüler-Beziehung bis zu den Begründern der Disziplin zurückverfolgen. Ein Tutor ist vielleicht nicht immer erschwinglich, aber das bedeutet nicht, dass man diese Form der Unterstützung, wenn irgend möglich, nicht nutzen sollte.

3. Lektion: Vertrauen entsteht durch Kompetenz

Die Lektion der Selbstwirksamkeit lautet weder, dass wir versuchen sollten, unser Selbstvertrauen künstlich zu pushen (nach dem Motto: »Fake it until you make it«), noch dass wir versuchen sollten, uns in geheucheltem Lob zu baden. Laut Banduras Forschungsergebnissen sind die intellektuelle Stimulierung und die Überredung relativ schwache Moderatoren unserer Selbstwirksamkeit. Vielmehr entwickeln wir Selbstvertrauen, wenn wir den Erfolg anderer Menschen, aber auch unseren eigenen Erfolg erleben. Das legt nahe, dass bei mangelndem Selbstvertrauen der Schlüssel im Aufbau einer positiven Erfolgsbilanz liegt. Dafür beginnt man mit einfachen Aufgaben und holt sich viel Hilfestellung von Experten, die die Fähigkeit, die wir erwerben wollen, bereits beherrschen. Ein Feuer zu entfachen ist eine gute Metapher: Wenn man will, dass der erste Funke zu einem lodernden Feuer wird, muss man ihn vor Wind schützen und das Feuer mit leicht brennbarem Material nähren. Sobald unsere Motivation gestiegen ist, können wir die Anforderungsstufe anheben. Ein großes Holzscheit, das einen kleinen Funken zum Erlöschen gebracht hätte, ist hervorragendes Brennmaterial für ein loderndes Feuer.

Bei komplexen Fähigkeiten ist die beste Methode zur Erzielung dieser Lernbedingungen eine gründliche Vermittlung der Grundlagen und ausgiebige praktische Übung an Fallbeispielen, deren Schwierigkeitsgrad Ihr vorhandenes Kompetenzniveau bestenfalls knapp überschreitet, begleitet von Unterstützung und Anleitung, falls Sie an irgendeinem Punkt stecken bleiben. Ein weiteres gutes Instrument zur Gewährleistung einer sicheren Beherrschung der angestrebten Kompetenz kann auch eine Abfolge an Aufgaben sein, die nach ihrem Schwierigkeitsgrad abgestuft sind, sodass sichergestellt ist, dass man die einfacheren Aufgaben erfolgreich gelöst hat, bevor man sich an die schwierigeren Aufgaben wagt. Wenn man eine Fremdsprache lernt, könnte das die Lektüre von Easy-Reader-Büchern sein, die es auf unterschiedlichen Schwierigkeitsniveaus gibt und überwiegend Vokabeln verwenden, die man auf der jeweiligen Stufe bereits beherrscht. Für Mathematik könnte es bedeuten, eine Gleichung zu beherrschen, bevor man sich mit Textaufgaben beschäftigt. Eine solide Erfolgsgrundlage ist die beste Voraussetzung für die spätere Bewältigung komplexerer Probleme.

Von ersten Erfolgen bis zur Meisterschaft

Wie wir bereits bei der Lesekompetenz gesehen haben, können wir Fähigkeiten, die wir immer wieder geübt haben, so verinnerlichen, dass wir sie unbewusst ausüben. Jemand, der fließend liest, kann sich gar nicht vorstellen, dass man jedes Wort innerlich buchstabieren muss, um es zu erkennen. Dafür lesen wir viel zu schnell! Und doch ist es genau das, was Psychologen feststellen. Eye-Tracking-Studien zeigen, dass sich geübte Leser auf fast jedes Wort der Seite fixieren und dass wir die Wörter nach ihren Buchstabenmustern erkennen.[113] Diese kognitive Arbeit findet aufgrund der jahrelangen Leseerfahrung allerdings unbewusst statt, sodass wir sinnerfassend lesen und nicht mechanisch Wörter aneinanderreihen.

Im nächsten Kapitel werde ich näher auf die Forschung über Expertise eingehen und aufzeigen, dass die souveräne Beherrschung einer Fähigkeit oft damit einhergeht, dass das Bewusstsein für die Grundlagen der Ausübung dieser Fähigkeit schwindet. Für versierte Experten ist das ein großer Vorteil. Wenn man bei der Lektüre eines Textes nicht auf die einzelnen Buchstaben achten muss, sondern sinnerfassend lesen kann, kann man sich auf die Botschaft des Textes konzentrieren. Für jemanden, der diese Fähigkeit erst noch erwerben muss, kann genau das allerdings den Versuch erschweren, von Experten zu lernen, weil der grundlegende Prozess, den sich ein Anfänger erst aneignen muss, von Experten unbewusst ausgeführt wird und sie ihn daher oft vergessen zu erklären oder nicht genau erklären können.

KAPITEL 4

Mit zunehmender Erfahrung wird das Wissen unsichtbar

Wir wissen mehr, als wir sagen können.[114]

Michael Polanyi, Chemiker und Philosoph

- Warum sind Experten oft nicht die besten Lehrer?
- Wie wird mit zunehmendem Fachwissen aus explizitem Denken implizites Wissen?
- Wie entlocken wir den Experten ihr intuitives Wissen, damit wir von ihnen lernen können?

Wenige Moleküle besitzen einen so hohen Wiedererkennungswert wie die DNS-Struktur. Die gewundene Doppelhelix verkörpert den Triumph unseres wissenschaftlichen Verständnisses des Lebens selbst; man findet sie überall, in Unternehmenslogos bis zu Filmpostern. Angesichts ihrer Prominenz kann man sich nur schwer vorstellen, dass noch

1950 niemand wusste, wie sie aussieht. Das Bild einer spiralförmigen Leiter und die Folgen, die es für unser Wissen über unsere Existenz hatte, haben wir zum Großteil der Arbeit der unerschrockenen Spezialistin für die Röntgenstrukturanalyse kristallisierter Makromoleküle Rosalind Franklin zu verdanken. Zwar wurde ihr Beitrag zunächst übersehen, aber es waren ihre Fotos, die es ermöglichten, das Geheimnis der ikonischsten Molekülstruktur der Welt zu lüften.

Die Kristallstrukturanalyse ergibt eine besondere Art der Darstellung. Die Bilder sind kein Licht, das ein Gegenstand abstrahlt, wie das Licht, das von einer Obstschale ausgeht und ein Stillleben anstrahlt. Es sind auch keine Silhouetten wie die Schatten, die von Röntgenstrahlen geworfen werden, wenn sie eine Knochenfraktur sichtbar machen. Vielmehr sind sie das Ergebnis des quantenmechanischen Beugungsprinzips. Wie alles Licht bestehen auch Röntgenstrahlen aus Wellen. Wenn diese Wellen auf ein Hindernis treffen, zum Beispiel die Atome eines Kristalls, verstreuen sie sich in alle Richtungen. Wie Steine, die man in stilles Wasser wirft, verbreiten sich Riffel aus verschiedenen Quellen und überschneiden sich schließlich. An den Stellen, an denen die Riffel einer Quelle auf die Riffel einer anderen Quelle treffen, verstärken sie sich. An anderen Stellen, an denen die Riffel auf ein Wellental oder eine Mulde treffen, lösen sie sich auf. Wenn die Wellen auf einen Kristall treffen, lösen sich die meisten auf, bis auf diejenigen, die exakt den regelmäßigen Anordnungen des inneren Atoms entsprechen. Wenn man einen lichtempfindlichen Film dazwischen positioniert, kann man die Struktur des Moleküls ablesen, das sich auf dem Bild ergibt. Dieses Bild zu verstehen, erfordert nicht nur ein sehr genaues Verständnis der Beugungstheorie, sondern auch die praktische Erfahrung, um aus schwer fassbarer Materie ein klares Bild zu erzeugen.

Rosalind Franklin war eine solche Expertin. Franklin, die an der Universität Cambridge physikalische Chemie studiert hatte, hatte sich durch ihre wegweisenden Studien über die Kristallstruktur der Kohle zur Expertin für Röntgenkristallografie entwickelt. Ihre Arbeit leistete einen Beitrag zum Verständnis, warum einige Kohlestücke durch Hitze zu Grafit reduziert wurden und andere nicht. Zwar hatten diese Fragestellungen nichts mit Biologie zu tun, aber das Thema hatte eine große Bedeutung für industrielle Anwendungen und bot eine hervorragende Gelegenheit, kristallografische Methoden einzusetzen. Kohle ist kein perfekter Kristall, weil er Verunreinigungen und Unregelmäßigkeiten aufweist, die die Interpretation der Bilder erschwerten. 1950 ging Franklin ans King's College London, um im Rahmen eines dreijährigen Stipendiums das rätselhafteste Molekül der Biologie zu studieren: die Desoxyribonukleinsäure, kurz DNS.

Die Bildgebung eines biologischen Moleküls wie der DNS ist nicht leicht. Zum einen bestehen lebende Moleküle zu einem großen Teil aus Wasser. Die DNS hat zwei unterschiedliche Kristallformen: die kompakte A-Form und die leicht gestreckte B-Form. Welche Form vorherrscht, hängt von der Feuchtigkeit der Probe ab. Frühere Fotografien wirkten verschwommen, weil die Probe mitten in einem langen Belichtungszeitraum ihre Form veränderte. Eine weitere Komplikation bestand darin, dass man eine brauchbare Stichprobe der DNS erwischen musste, um eine gute Abbildung der DNS zu erhalten. Das bedeutete, dass tierische Organe gemahlen und Extrakte gereinigt werden mussten. Doch trotz der Präzision, um die sich die Wissenschaft stets bemüht, blieb der Prozess zur Generierung brauchbarer Stichproben im Dunkeln. Der Schweizer Chemiker Rudolf Signer hatte eine Methode gefunden, um Stichproben zu generieren, deren Moleküle nicht so stark gebrochen waren – Chemiker bezeichnen das als hohes Molekulargewicht. »Das ist wie Rotz!«, kommentierte Maurice Wilkins, ein weiterer Forscher, der an der DNS arbeitete, die hohe Qualität der Signer-Stichproben.[115] Trotz der Tatsache, dass das Molekül Bestandteil jeder lebenden Zelle auf dem Planeten ist, war die Signer-DNS nahezu ein Unikat, was die Brauchbarkeit der Stichproben betraf. Um gute Bilder zu erhalten, mussten die DNS-Fäden sorgfältig auseinandergenommen werden, wobei verschiedene Salzlösungen verwendet wurden, um die ideale Feuchtigkeit zu bewahren. Anschließend wurden sie für mehr als 100 Stunden Röntgenstrahlen ausgesetzt.

Die Bilder, die Franklin erzeugte, waren von höchster Qualität. Der britische Kristallograf J. D. Bernal kommentierte sie wie folgt: »Diese Bilder gehören zu den schönsten Röntgenbildern irgendeiner Substanz, die jemals gemacht« worden seien.[116] Franklins experimentelles Geschick wurde von herausragenden verfahrenstechnischen Kenntnissen ergänzt. Als James Watson und Francis Crick ihr erstes Modell mit drei Phosphatrückgraten auf der Innenseite und außenliegenden Basen präsentierten, erkannte Franklin sofort, dass etwas nicht stimmte. Das Modell enthielt viel zu wenig Wasser, und die Natrium-Ionen, die sie außen platziert hatten, waren von Wassermolekülen umhüllt und konnten sich somit nicht verbinden, wie ihr Modell vorausberechnet hatte.[117] Als sich der weltbekannte Chemiker Linus Pauling später mit einem ähnlichen Drei-Ketten-Modell am Wettbewerb zur Entschlüsselung der DNS beteiligte, zögerte Franklin nicht, dem gefeierten Genie zu schreiben und ihn auf seinen Fehler hinzuweisen.[118] Mithilfe ihrer Fotografien hatte sie erkannt, dass sich die Phosphate außen befinden mussten und die Basen innen. Mehrere Monate lang arbeitete sie mit ihrem Assistenten Raymond Gosling und erzeugte Bilder der A- und B-Formen. So konnte sie die exakte Atomstruktur näher eingrenzen.

Am Ende waren es James Watson und Francis Crick, die die DNS als Erste entschlüsselten. In einem schändlichen Moment in der Geschichte der Wissenschaft nutzten sie dafür Röntgenbilder, die Franklin gemacht hatte – ohne ihr Wissen und ohne ihre Genehmigung. Ohne diese Bilder wäre das Duo vielleicht nie über ihr fehlerhaftes Drei-Ketten-Modell hinausgekommen. Und wenn Franklin nur einige Monate mehr Zeit gehabt hätte, um ihre eigenen Daten zu analysieren, wäre sie es vielleicht gewesen, die die DNS-Struktur entschlüsselt hätte. Im Jahr 1962, als Watson und Crick mit dem Nobelpreis ausgezeichnet wurden, war Franklin bereits verstorben. Vier Jahre zuvor war sie einer Krebserkrankung erlegen. Obwohl ihr die höchste wissenschaftliche Ehrung verwehrt blieb – der Nobelpreis wird nicht posthum verliehen –, gilt Franklins Arbeit seitdem als maßgeblich für die Lüftung eines der größten Geheimnisse des Lebens.

Die schwer greifbare Natur der Expertise

Woher wusste Franklin auf einen Blick, dass Watsons und Cricks erstes DNS-Modell unmöglich richtig sein konnte? Wie konnte sie auf Anhieb die richtige Methode verwenden, um die empfindlichen Fasern zu präparieren, obwohl sie noch nie zuvor mit dem Molekül umgegangen war? Und wie gelang es Watson und Crick, die nur eine Momentaufnahme von Franklins Röntgenbild über die Wellenbeugung zu sehen bekommen hatten, nicht nur die gesamte Molekülstruktur zu erkennen, sondern auch viele Möglichkeiten auszuschließen, sodass sie die notwendige Antwort fanden? Die Wissenschaft gilt oft als der Gipfel der Rationalität; eine Priesterwürde, die sich ausschließlich des reinen Verstandes bedient und jede Emotion oder Intuition ausschließt, um die Beschaffenheit der Welt zu entschlüsseln und zu begreifen. Die Beispiele der Wissenschaftler widerlegen diese Philosophie. Die Intuition scheint in den Annalen großer Entdeckungen eine genauso große Rolle zu spielen wie absichtsvolle, wohlerwogene Methoden.

Mit den Worten »Wir wissen mehr, als wir zu sagen wissen« prägte der ungarische Philosoph und Chemiker Michael Polanyi den Begriff des impliziten Wissens.[119] Die Wissenschaft, so seine Worte, hängt genauso stark von nicht artikulierbarem Wissen ab wie von der artikulierten Logik. Polanyi betrachtete die Wissenschaft als etwas, das unauflöslich mit den persönlichen Überzeugungen des individuellen Wissenschaftlers verknüpft ist. Implizites Wissen ließ sich nicht aus der Wissenschaft verbannen, und Versuche, sie ihrer intuitiven Grundlagen zu berauben, würden genau das zerstören, das Philosophen hofften, schützen zu können.*

Der Mathematiker und Physiker Henri Poincaré verfocht in ähnlicher Weise die Bedeutung der Intuition für große Entdeckungen. In seinem 1908 erschienenen Buch *Science et méthode* schrieb er:

> Unfruchtbare Kombinationen nimmt der Erfinder nicht einmal wahr. Kombinationen, die nicht wirklich nützlich sind, dringen gar nicht bis zu seinem Bewusstsein vor, abgesehen von einigen, die er zwar verwirft, die aber gewisse Eigenschaften nützlicher Kombinationen aufweisen. Es ist so, als sei der Erfinder ein Prüfer einer zweiten Prüfrunde, der nur noch die Kandidaten befragen muss, die die erste Prüfrunde bestanden haben.[120]

* Zufälligerweise entdeckte Polanyi auch als Erster die Röntgendiffraktometrie – eine Methode, die bei der Entschlüsselung der DNS-Struktur eine große Rolle spielte.

Wenn man das in die Sprache von Herbert Simon und Allen Newell übersetzt, heißt das, dass Experten nach Poincarés Worten nicht in den großen, zufälligen Nebeln des Problemraums suchen. Vielmehr haben sie automatisch gute Ideen, sodass ihre erste Einschätzung der Lösung des Problems bereits näher kommt, als der reine Zufall verspricht.

Seit Polanyis und Poincarés Spekulationen haben Psychologen vielfältige Belege für die Natur der Expertise gesammelt. Verschiedenen Theorien zufolge ist mit Expertise eine erhebliche Menge an implizitem Wissen verbunden, auch wenn die genaue Rolle, die die Intuition dabei spielt, je nach Theorie unterschiedlich ausfällt. Für die Experten liegt das richtige Vorgehen auf der Hand; oft müssen sie dafür nicht lange nachdenken. Dabei können sie nicht immer erklären, wie sie zu ihrer Schlussfolgerung gelangt sind.

Großmeister, Feuerwehr und die Macht der Wiedererkennung

Die Ursprünge der Expertiseforschung werden oft auf die Arbeit des niederländischen Psychologen und Schachmeisters Adriaan de Groot zurückgeführt. In seiner 1946 veröffentlichten These mit dem Titel *Het denken van den schaker* (die englische Ausgabe trägt den Titel: *Thought and Choice in Chess*, 1965) verglich er die Leistung von Eliteschachmeistern und Hobbyamateuren.[121] Indem er die Schachspieler bat, ihre Überlegungen vor dem Zug laut zu artikulieren, konnte er die Denkstile stärkerer und schwächerer Spieler miteinander vergleichen. Eine erste Hypothese könnte lauten, gute Schachspieler seien weitsichtiger und könnten mehr Spielzüge vorausdenken. Mit scharfer Logik dringen sie vielleicht tiefer in den Problemraum ein als andere und sehen Züge, die weniger gute Spieler nicht sehen. Bei den Schachexperten, die de Groot untersuchte, ließen sich jedoch keine nennenswerten Unterschiede in der Suchtiefe feststellen.[122] Eine weitere Hypothese könnte lauten, Schachmeister hätten einfach einen höheren Intelligenzquotienten und seien daher viel besser in der Lage, die unterschiedlichsten Probleme zu lösen. Studien haben jedoch festgestellt, dass Experten, egal auf welchem Gebiet, darunter auch Schachgroßmeister, außerhalb ihres Fachgebiets üblicherweise kaum größere Problemlösungsfähigkeiten besitzen als andere Menschen.[123] Was immer die Schachmeister von weniger versierten Schachspielern unterscheidet, scheint weder eine besonders profunde Analyse noch eine allgemein überlegene Intelligenz zu sein.

Anfang der 1970er-Jahre führten William Chase und Herbert Simon eine Studie durch, die auf de Groots Arbeit aufbaute.[124] Die Ergebnisse bestätigten de Groots Erkenntnis, dass leistungsstärkere Schachspieler offenbar keine profundere Suche im Problemraum anstellen als leistungsschwächere Schachspieler. Vielmehr scheinen Experten intuitiv bessere Schachzüge zu sehen. Bereits ihre ersten Züge sind besser als die Züge schwächerer Spieler, was ihre überlegene Gesamtleistung erklärt. Chase und Simon erklärten diese intuitive Fähigkeit mit einem besseren Gedächtnis. Wenn man erfahrenen Schachspielern kurz eine natürlich vorkommende Schachkonstellation zeigt, können sie selbst komplexe Muster problemlos nachstellen. Schachanfänger können sich dagegen üblicherweise gerade noch an die Positionen einzelner Figuren erinnern. Bei willkürlichen Brettaufstellungen schnitten die Schachmeister dagegen nicht besser ab als die Anfänger. Diese erweiterte Erinnerungsfähigkeit wurde erstmalig im Schach dokumentiert, konnte seitdem aber als beinahe universelles Merkmal der Expertise nachgewiesen werden. Experten auf so unterschiedlichen Gebieten wie Medizin, Programmierung, Elektronik, Sport und Musik weisen alle eine erweiterte Erinnerungsfähigkeit für natürlich auftretende Muster auf.[125] Doch sobald die gleichen Informationen in für ihre jeweilige Disziplin atypischen Formaten präsentiert werden, unterscheidet sich ihre Erinnerungsfähigkeit nicht von anderen Menschen.

Ein weiteres Merkmal der von Chase und Simon untersuchten Großmeister war die Reihenfolge, in der sie ihre Schachfiguren bewegten. Die Experten zeigten die Tendenz, bedeutsame Figurenkonstellationen in Blöcken zu setzen, wobei sie dazwischen Pausen machten. Ein Experte erkennt vielleicht zuerst eine Gabel, bei der der Springer gleichzeitig zwei Türme angreift oder der König im Schach ist und ziehen muss. Chase und Simon vermuteten, dass der Experte sich besser an die Spielpositionen erinnern kann, weil er das Brett aus der Perspektive sinnvoller Figurenkonstellationen und Muster betrachtet, wohingegen ein Anfänger, der diese Muster nicht verinnerlicht hat, nur jede einzelne Figur in einer willkürlichen Position sieht und die übrigen Figuren in seinem Arbeitsgedächtnis abspeichern muss. Laut Simon ist Intuition »nichts anderes als Wiedererkennung«.[126] Der Experte, der zahllose Muster in seinem Gedächtnis abgespeichert hat, sieht, dass eine bestimmte Position einer Konfiguration ähnelt, die er früher schon einmal gesehen hat, und weiß automatisch, wie er reagieren muss. Damit erspart er sich eine umfassende Suche nach Reaktionsmöglichkeiten.

Der Psychologe Gary Klein, der Feldstudien mit erfahrenen Feuerwehrleuten durchgeführt hat, stellte fest, dass sie das richtige Vorgehen bei einem Brand intuitiv zu bestimmen schienen.[127] Unter der Gefahr und dem Zeitdruck, auf einen Gebäudebrand reagieren zu müssen, folgten nur wenige Feuerwehrleute den formalen Modellen der Entscheidungsfindung: mehrere Optionen zu entwickeln, Pro und Kontra einer jeden Option abzuwägen und dann zu handeln. Vielmehr, so Klein, folgten die Experten in realen Situationen einem Prozess, den er als »Recognition-Primed Decision Making« oder erfahrungsbasierte Entscheidungsfindung bezeichnete. Wenn sie mit einer Situation konfrontiert sind, die einer typischen Situation entspricht, mit der sie vertraut sind, folgen sie automatisch ihrer ersten Option. Nur wenn Faktoren auftreten, die Anlass zu der Vermutung geben, dass es sich um eine anomale Situation handelt, betreiben sie eine intensivere Problemlösungssuche. Der Tradition der Expertiseforschung folgend, führte Klein auch eine Studie mit Schachspielern durch und stellte fest, dass schon der erste Spielzug wesentlich besser war, als es das Glück versprochen hätte, und dass er oft auch der beste aller in Betracht kommenden Züge war, selbst wenn die Spieler länger Zeit hatten, darüber nachzudenken.[128] Der Schach-Champion Magnus Carlsen scheint dem zuzustimmen. In einem Interview erklärte er: »Üblicherweise weiß ich nach zehn Sekunden, wie ich vorgehen werde. Der Rest ist doppelte Kontrolle.« Und er fügt hinzu: »Oft kann ich einen bestimmten Zug gar nicht erklären. Ich weiß nur, dass er sich richtig anfühlt, und es sieht so aus, als würde mir meine Intuition meistens recht geben.«[129] Genau wie Poincaré beobachtete, scheinen unsere intuitiven Ahnungen wesentlich genauer zu sein als willkürliches Raten.

Heißt das, dass Intuition nichts anderes ist als die verkappte Erinnerungsfähigkeit? Das würde die Vermutung nahelegen, dass Experten nur dann Experten sind, wenn sie auf bekannte Situationen zurückgreifen können – entweder gleiche oder ähnliche Situationen, die die gleiche Reaktion erfordern. Diese Erklärung ist nicht wirklich zufriedenstellend. Schach hat einen unglaublich großen Problemraum. Zwar mögen viele Eröffnungs- und Abschlusssituationen nahezu identisch mit den Situationen sein, die man im Gedächtnis abgespeichert hat, allerdings kann das Mittelspiel selbst erfahrene Schachspieler oft in Positionen bringen, die völliges Neuland sind. Adaptive Expertise setzt voraus, dass man auch angesichts einer neuartigen Kombination von Handlungseinschränkungen – sogenannten Constraints – einen guten Spielzug findet.[130] Den Beleg, dass Experten das gelingt, liefern Studien, denen zufolge die Schachmeister bei atypischen Brettkonstellationen zwar keine bessere Erinnerungsfähigkeit zeigen als Anfänger, aber sie scheinen sich für bessere Spielzüge zu entscheiden.[131]

Eine Alternative zu der einfachen Interpretation der Intuition als Erinnerungsfähigkeit geht davon aus, dass Experten die Bedeutung von Situationen verstehen, indem sie zunächst unbewusst vielfältige miteinander im Widerspruch stehende Repräsentationen der Situation erzeugen, die sich dann in einer einzigen Interpretation mit der höchsten Wahrscheinlichkeit verdichten.[132] Walter Kintschs Construction-Integration Model (kurz: CI-Modell) für Lesekompetenz ist dafür ein Beispiel.[133] Der Satz »He met a man at the bank« könnte sowohl ein Treffen in einer Bank als auch an einem Flussufer bedeuten. Wenn man weiterliest, scheiden unzutreffende Bedeutungen aus. Der nachfolgende Satz »They withdrew 100 dollars« – »Sie hoben 100 Dollar ab« – würde die Vorstellung festigen, dass sich die beiden in einer Bank trafen und nicht am Flussufer. Studien, die messen, wie schnell Menschen Wörter wie »river« oder »money« verarbeiten, legen nahe, dass beide Bedeutungen temporär aktiviert werden, aber dass die inkonsistente Bedeutung im Anschluss unterdrückt wird, bevor sie in die Bewusstseinsebene vordringt. Demgemäß funktioniert die Intuition, weil der Experte die Bedeutung von Mustern versteht. Zunächst erzeugen diese Muster widersprüchliche Interpretationen. Im Zuge der Aufnahme weiterer Informationen werden die weniger wahrscheinlichen Erklärungen unterdrückt. Wenn eine neuartige Kombination auftritt, legt der Verständnisprozess eine kohärente Antwort nahe.*

Sowohl die These von der Intuition als Wiedererkennung als auch die These vom Verständnisprozess mithilfe widersprüchlicher Repräsentationen, die darum kämpfen, in das Bewusstsein vorzudringen, legen nahe, dass das implizite Wissen eine nicht unwesentliche Rolle spielt. Expertise erwächst aus der Erfahrung in der Anwendung formaler Regeln und Verfahren. Im Verlauf der Zeit werden diese formalen Aspekte jedoch möglicherweise von der Wiedererkennung spezifischer Situationen abgelöst. In diesem Fall handelt es sich um implizites Fachwissen, weil es keine rationale Begründung gibt; der Prozess der Lösungsfindung besteht einfach darin, sich an den richtigen Weg zu erinnern. Auch bei der These von der Intuition als Verständnis ist das Wissen verborgen, weil das Netz an Assoziationen, mit dem eine Situation interpretiert wird, für eine bewusste Introspektion nicht zugänglich ist.

Warum Experten nicht immer die besten Lehrer sind

Implizites Wissen erschwert Anfängern, von Experten zu lernen. Experten finden gute Lösungen, indem sie sich auf Wiedererkennung und Intuition verlassen, aber sie können nicht immer erklären, wie sie diese Lösungen finden. Ein weiteres Lernhindernis ist Wissen, das artikuliert werden könnte, aber oft nicht artikuliert wird, weil Experten es für selbstverständlich halten. Rosalind Franklins Einwände gegen Watsons und Cricks Drei-Ketten-Modell ist ein gutes Beispiel. Franklin konnte mühelos erklären, warum ihr Modell fehlerhaft war – die Phosphatketten mussten außen liegen, um den Wassergehalt zu berücksichtigen. Franklin war das klar, Crick und Watson aber offensichtlich nicht, denn keiner von beiden war Chemiker.[134] In der Kommunikation werden Informationen, die die Sprecher für redundant halten, natürlicherweise weggelassen. Jeder, der sich einmal mit den unaufhör-

* Kohärent bedeutet nicht immer korrekt. Wie wir in Kapitel 9 sehen werden, schneidet die Expertenintuition in Situationen, die von Ungewissheit und wenig Feedback geprägt sind, im Vergleich zu einfachen statistischen Ansätzen schlecht ab.

lichen »Warum«-Fragen von Kleinkindern herumgeschlagen hat, weiß, wie mühselig es sein kann, jedes Detail der eigenen Vorgehensweise zu erklären.[135] Wenn zwei Gruppen von Menschen allerdings sehr unterschiedliche Kompetenzlevel besitzen, können Informationen, die die einen für selbstverständlich halten, für die anderen unergründlich sein. Das wird auch als »Fluch des Wissens« bezeichnet und beschreibt die Situation, dass man ein bestimmtes Wissen als selbstverständlich betrachtet und somit das Wissen der Menschen, mit denen man spricht, überschätzt. Das ist der Grund, warum viele herausragende Experten so schlechte Lehrer für Einführungsthemen sind, und es ist auch der Grund, warum viele populäre Wissenschaftsbücher zwischen einer aggressiven Vereinfachung des Themas und verwirrendem Fachkauderwelsch schwanken, weil der Autor üblicherweise ein Experte für das betreffende Thema ist und Schwierigkeiten hat, eine Balance zwischen Binsenweisheiten und komplexem Fachwissen zu finden. Ein weiteres Hindernis bei dem Bemühen, von Experten zu lernen, ist überliefertes Wissen, das eine bestimmte Gemeinschaft teilt, das aber nicht schriftlich festgehalten ist. Ein aufschlussreiches Beispiel ereignete sich, während Watson und Crick mit der Entwicklung ihres Modells beschäftigt waren. Zunächst hatten sie die Möglichkeit erforscht, dass das Grundgerüst der DNS innen liegen könne. Diese Möglichkeit wirkte jedoch unwahrscheinlich, weil sie aus Lehrbüchern gelernt hatten, dass Nukleinsäuren instabil sind. Man nahm an, dass zwei ähnliche Strukturen, eine Enol-Form und eine Keto-Form, bei denen es nur geringe Unterschiede in der Position der Wasserstoffatome gab, zu ungefähr gleichen Anteilen auftraten. Das bedeutete, dass es sehr schwierig würde, ihre Struktur zusammenzubringen, wenn man sie in die Mitte presste. Stellen Sie sich vor, Sie wollten Legosteine zusammenstecken, deren Form sich ständig verändert. Der Kristallograf Jerry Donohue behauptete, das Lehrbuch, das Watson und Crick verwendeten, sei schlichtweg fehlerhaft.[136] Seiner Argumentation zufolge, die auf einigen wenigen veröffentlichten Studien basierte, sei die korrekte Form eine Keto-Form. Mit dieser Form würden sich die Ketten problemlos miteinander verbinden.

Überliefertes Wissen spielt in den Grenzgebieten vieler Disziplinen eine nicht unwesentliche Rolle, weil viele Erkenntnisse, auf denen Wissenschaftler in ihrer Forschung aufbauen, um neue Erkenntnisse zu gewinnen, noch keine allgemein anerkannten Fakten sind. Als Franklin, Watson und Crick mit ihren Untersuchungen begannen, war noch nicht einmal klar, dass Gene aus DNS bestanden. Viele Forscher glaubten immer noch, sie basierten auf Proteinen. Einige Jahre zuvor hatte Oswald Avery den Nachweis erbracht, dass die DNS Träger von Erbinformationen ist. Dafür injizierte er harmlosen Bakterien die gereinigte DNS eines pathogenen Stamms und beobachtete, wie die harmlosen Mikroben giftig wurden – eine Eigenschaft, die sie dauerhaft behielten und die nach der Zellteilung erhalten blieb.[137] Watsons hartnäckiges Beharren auf dem Studium der DNS beruhte auf seiner Ahnung, dass Averys Experiment solide und belastbar war, obwohl das damals noch nicht als gesicherter wissenschaftlicher Fakt galt. Auf ähnliche Weise hatte Erwin Chargaff eine ungewöhnliche Korrelation zwischen den Verhältnissen an Nukleinsäuren festgestellt. Die Menge an Adenin (A) schien der Menge an Thymin (T) immer auffällig ähnlich zu sein, so wie auch das Verhältnis zwischen Guanin (G) und Cytosin (C).[138] Einige DNS-Stichproben hatten mehr A-T-Verbindungen und andere mehr G-C-Verbindungen, aber das Verhältnis zwischen diesen Paaren war fest. Im Rückblick war das ein sehr vielsagender Hinweis auf die DNS-Struktur: A verbindet sich innerhalb der Molekülstruktur mit T und G mit C. Diese unumstößlichen wissenschaftlichen Fakten waren bei Watsons und Cricks Modell unklar. Watson berichtete, sein Kollege Roy Markham beharre ebenfalls darauf, dass Chargaffs Ergebnisse fehlerhaft waren.[139] Diese falschen Ergebnisse könnten auf der Grundlage von Studien entstanden sein, in denen Cytosin fehlte, weil einige Viren stattdessen eine andere chemische Substanz verwendet hatten.[140]

Implizites Wissen, »offensichtliche« Fakten und ungeschriebenes überliefertes Wissen sind allesamt Hindernisse, die das Erlernen komplexer Fähigkeiten erschweren. Es gibt Stimmen, die die Auffassung vertreten, diese Barrieren seien so hoch und vielfältig, dass Nachwuchswissenschaftler eine Art Lehrzeit in der Obhut eines erfahrenen Experten absolvieren müssen, um erstklassige wissenschaftliche Arbeit leisten zu können. In ihrer Untersuchung über amerikanische Nobelpreisträger stellte Harriet Zuckerman fest, dass mehr als die Hälfte der Nobelpreisträger bei einem anderen Nobelpreisträger »in die

Schule« gegangen ist.[141] In 69 Prozent der Fälle hatte der erfahrene Mentor den Nobelpreis zu Beginn der Mentorenbeziehung noch gar nicht gewonnen, was darauf hinweist, dass der Einfluss mehr mit seinem Sachverstand als mit internationalem Prestige zu tun hatte. Die unmittelbare Beobachtung der Arbeitsweise erfahrener Experten, der Zugang zu überliefertem Wissen, auch wenn es sich noch nicht um gesicherte wissenschaftliche Fakten handelt, sowie ausgiebige praktische Übung sind womöglich die Voraussetzungen für die Erbringung wissenschaftlicher Leistungen auf höchstem Niveau. Natürlich werden nur sehr wenige von uns die Gelegenheit erhalten, bei einem nobelpreisgekrönten Experten »in die Lehre zu gehen«. Dennoch ist die Möglichkeit, den Experten bei ihrer Arbeit zuzusehen und von ihrem Wissen zu profitieren, unverzichtbar für die Beschleunigung des eigenen Verbesserungsprozesses.

Kognitive Aufgabenanalyse: wie man Experten Wissen entlockt

Die kognitive Aufgabenanalyse ist eine Familie an Methoden, die darauf ausgerichtet sind, Experten implizites Wissen zu entlocken. Diese Praxis ist aus der Frustration über die frühere verhaltensorientierte Aufgabenanalyse entstanden. Diese älteren Methoden wurden entwickelt, um die genauen Bewegungen und Handlungen zu erforschen, die Menschen bei der Ausübung einer Fähigkeit durchführen, zum Beispiel wenn ein Schweißer auf einer Fertigungsstraße Nieten schweißt. Die kognitive Aufgabenanalyse unternimmt den Versuch herauszufinden, welches Wissen und welche Fähigkeiten als Entscheidungsgrundlage dienen. Wie die Autoren eines Handbuchs über kognitive Aufgabenanalyse erklären, »wird die Methode umso wertvoller, je mehr sich die Natur der Arbeit von physischer zu konzeptioneller Arbeit wandelt, je weniger sich die Aufgaben auf Verfahren reduzieren lassen und je größer die Überlegenheit der Experten gegenüber Nichtexperten wird«.[142] Die Instrumente der kognitiven Aufgabenanalyse werden eingesetzt, um das Kaufverhalten von Konsumenten zu verstehen, Lehrpläne zu entwickeln, mit denen sich die Ausbildungszeit verkürzen lässt, um Instrumente zu entwickeln, die professionelle Kräfte in ihrer Arbeit unterstützen sollen, und um Grundlagenforschung zum Verständnis psychologischer Prozesse zu betreiben.

Die Disziplin der kognitiven Aufgabenanalyse ist breit gefächert. Eine Übersicht führt mehr als 60 verschiedene Techniken auf.[143] Dazu gehören Low-Tech-Methoden wie strukturierte Interviews und Concept-Mapping bis zu detaillierten Computersimulationen von Spitzenleistungen. Die Durchführung einer kognitiven Aufgabenanalyse ist selbst eine Fähigkeit, die intensive Schulung und praktische Übung erfordert. Eine gründliche Analyse kann mehrere Hundert Arbeitsstunden beinhalten: für Experteninterviews, für die Datenorganisation und für die Verifizierung von Vermutungen über die Natur der Denkweise von Experten. Da die Anwendung einer umfassenden kognitiven Aufgabenanalyse für die meisten unserer individuellen Optimierungsbemühungen nicht praktikabel ist, können wir informelle Methoden der Informationssammlung anwenden, auch wenn sie nicht perfekt sind. Wenn wir die wichtigsten Lektionen der kognitiven Aufgabenanalyse verstehen, können wir einige der Fallstricke vermeiden, die mit dem Versuch verbunden sind, von Experten zu lernen.

1. Erkenntnis: Fragen Sie nach Fallbeispielen, nicht um Rat

Mit Experten zu sprechen ist eine der besten Methoden, um ihnen Wissen zu entlocken. Dabei sollte man aber bestimmte Fallstricke vermeiden. Einer dieser Fallstricke ist die Annahme, ein Experte sei automatisch auch ein exzellenter Lehrer und könne Ihnen alle Ratschläge erteilen, die Sie zu Ihrer eigenen Weiterentwicklung brauchen. Wie die Autoren eines Leitfadens schreiben: »Selbstberichtsverfahren basieren auf der Annahme, dass die Befragten zur ›eigenen [kognitiven Aufgabenanalyse]‹ und zur Artikulierung ihres impliziten Wissens in der Lage sind … Diese Annahme wird von der Forschung nicht unterstützt. Tatsächlich lassen die Belege das Gegenteil vermuten: Menschen haben erhebliche Schwierigkeiten, über ihre eigenen kognitiven Prozesse zu berichten.«[144] Bitten Sie um Rat, und Sie ernten womöglich einen Sermon, der genau die Dinge, die Sie hören wollten, nicht enthält, weil die Person, die Sie um Rat gebeten haben, glaubt, dass sie so selbstverständlich sind, dass man sie gar nicht erwähnen muss.

Eine Möglichkeit, diese Falle zu umgehen, ist, sich auf Geschichten zu konzentrieren. Die Kritische Entscheidungsmethode konzentriert sich auf Erfahrungsberichte.[145] Bitten Sie einen Experten um die Schilderung einer besonders herausfordernden Problemstellung und ihrer Lösung. Der Erfahrungsbericht fokussiert auf die konkreten Details der Entscheidungsfindung, das heißt, wie die Entscheidung getroffen wurde und welches die Folgen waren – Dinge, die bei einer Bitte um Rat oder um Beschreibung einer Routine oft unerwähnt bleiben. Das kann vor allem dann nützlich sein, wenn die Situationen, die Sie verstehen müssen, so selten auftreten, dass Sie kaum Gelegenheit haben, ihre Lösung zu beobachten. Eine komplizierte Operation, ein schwieriger Feuerwehreinsatz oder eine heikle Geschäftsentscheidung finden so selten statt, dass die Schilderung dieser Geschichten aus der Erinnerung möglicherweise der einzige Weg ist, um Informationen über diese Ereignisse zu sammeln.

Bereiten Sie sich auf ein solches Gespräch vor wie ein Journalist auf eine Story: Konzentrieren Sie sich darauf, Fakten zusammenzutragen, eine Zeitschiene festzulegen und Schritt für Schritt die Entscheidungen durchzugehen. Das liefert das Rohmaterial für nachfassende Fragen, um zu ergründen, warum der Experte bestimmte Entscheidungen getroffen hat. Wenn Sie auf die Fakten fokussieren, treten die Details der Geschichte zutage, die möglicherweise im Dunkeln geblieben wären, wenn Sie sich einfach nach den allgemeinen Lektionen aus der jeweiligen Erfahrung erkundigt hätten.

2. Erkenntnis: Teilhaben an den gedanklichen Problemlösungsprozessen

Eine weitere Strategie im Rahmen der kognitiven Aufgabenanalyse ist die Beobachtung von Experten bei der Problemlösung. Bei der PARI-Methodik (Precursor-Action-Response-Interpretation) erfinden Experten typische Probleme, mit denen sie in ihrer Arbeit konfrontiert sind, und tauschen sie dann mit anderen Experten.[146] Indem die Experten während der Lösung der Probleme, die ihre Kollegen entwickelt haben, laut denken, können die Forscher den grundlegenden Fluss des Problemlösungsprozesses erforschen. Nach der Problemlösung können die Experten ihr Vorgehen aufbereiten, wobei weitere Details beleuchtet werden.

Die Beobachtung der Experten bei der Ausführung einer Aufgabe, zusammen mit der Möglichkeit, sie zu ihrer Entscheidungsfindung zu befragen, kann oft viel über ihre Denkweise offenbaren. Die Lösung realer Problemstellungen, anstatt eines Erfahrungsberichts oder der Erteilung von Ratschlägen, hat zwei deutliche Vorteile: Erstens dient die Problemsituation wahrscheinlich als Abrufhilfe für Wissen, das außerhalb seines natürlichen Kontexts vielleicht nicht ohne Weiteres abrufbar ist. Zweitens kann die Beobachtung des Problemlösungsprozesses selbst eine der besten Methoden zum Erlernen der Problemlösung sein. Die Forschung betont oft die Effektivität des Lernens anhand von Lösungsbeispielen im Vergleich zu expliziten Instruktionen.[147] Das ist womöglich eine evolutionäre Anpassung aus einem Zeitalter, in dem es keine Handbücher gab und die unmittelbare Beobachtung der einzige Weg war, um zu lernen, wie man Probleme löst.

3. Erkenntnis: Achten Sie darauf, wo andere nach Antworten suchen

Soziogrammetrie ist eine weitere Methode im Werkzeugkasten der kognitiven Aufgabenanalyse.[148] Dabei handelt es sich um eine Methode, mit der Wissen als soziales Netzwerk ausgearbeitet wird. Es beginnt damit, dass Experten befragt werden, an wen sie sich wenden, wenn sie einen Rat zu einem bestimmten Thema brauchen. Da das Wissen, das für die Lösung anspruchsvoller Probleme benötigt wird, oft nicht an einem Ort konzentriert, sondern breit gestreut ist, findet man kaum einen einzigen Experten, der alle Antworten kennt. Die Erstellung einer Liste mit nützlichen Kontakten ist oft der erste Schritt, um das Problem zu verstehen. Herbert Simon bezeichnete diese Methode als einen der effizientesten Prozesse für die Beantwortung von Fragen:

> Wenn ich eine Anfrage erhalte, nehme ich das Telefon und rufe die Person unter meinen Bekannten an, deren Fachgebiet dem Zielproblem am nächsten kommt (es muss nicht einmal eng verwandt sein). Dann bitte ich die Person nicht um die Antwort auf meine Frage, sondern ich frage sie nach dem Namen der Person in ihrem oder seinem Bekanntenkreis, die oder der am ehesten ein Experte auf dem betreffenden Gebiet ist. Diesen Prozess wiederhole ich, bis ich die gewünschte Information erhalten habe. Selten muss ich mehr als drei oder vier Telefonate führen.[149]

Trotz aller Google-Suchen, aller bei Amazon bestellten Bücher und kostenloser öffentlicher Bibliotheken ist die beste Methode zur Beantwortung einer Frage oft der Griff zum Telefon, um sich bis zu der Person durchzufragen, die die Antwort kennt.

Von der Beobachtung zur Ausführung

In den vorhergehenden vier Kapiteln haben wir darüber gesprochen, wie Menschen Probleme lösen, indem sie einen Problemraum und die Bedeutung der Steuerung der kognitiven Belastung erforschen, wenn sie eine neue Kompetenz erlernen, und wir haben über die Rolle des impliziten Wissens für die Expertise gesprochen. Kompetenz entsteht jedoch nicht allein aus der Beobachtung. Um auf irgendeinem Gebiet zu einem Experten zu werden, ist umfassende Praxis nötig. In den folgenden vier Kapiteln werde ich über die Rolle von Spielen für den Lernprozess sprechen, über den idealen Schwierigkeitsgrad einer Problemstellung und die Bedeutung einer Übungsschleife. Außerdem gehe ich auf die Forschung ein, die zeigt, dass unsere geistigen Fähigkeiten spezifischer sind, als wir glauben, und die Gründe, warum variable Übungsformen für den Erwerb flexibler Kompetenzen besser sind als reine Wiederholung. Und schließlich werde ich erklären, warum es so wichtig ist, dass wir unsere Produktivität steigern, wenn wir über die reine Nachahmung hinausgehen und wirklich kreative Lösungen finden wollen.

TEIL II

AUSFÜHRUNG

LERNEN AUS DER PRAKTISCHEN UMSETZUNG

KAPITEL 5

Der ideale Schwierigkeitsgrad

Das ist eine grundlegende Wahrheit über jede Art von praktischer Übung: Wenn Sie nie Ihre Komfortzone verlassen, werden Sie sich nie verbessern.[150]

Anders Ericsson und Robert Pool, Psychologen

- Wann ist Schwierigkeit lernfördernd?
- Sollten Sie zuerst selbst versuchen, ein Problem zu lösen, oder sollten Sie zuerst ein Lösungsbeispiel studieren?
- Wie lassen sich Lösungsbeispiele, Handlung und Feedback in eine Übungsschleife integrieren?

Octavia Butler war eine der am meisten gefeierten Science-Fiction-Autoren aller Zeiten. Butler, die zahlreiche Hugo und Nebula Awards gewonnen hatte, war die erste Science-Fiction-Autorin, der der sogenannte Genie-Preis der MacArthur-Stiftung* verliehen wurde.[151] Ihre Romane standen auf zahlreichen Bestsellerlisten und werden im ganzen Land in Englischkursen am College behandelt. Ihr Erfolg ist umso bemerkenswerter, weil sie zu ihrer Zeit die einzige schwarze Frau in Amerika war, die professionelle Autorin von Science-Fiction-Literatur war.

Butlers literarischer Triumph begann mit einem schlechten Start. Ihr Vater starb, als sie sieben Jahre alt war. Ihre Mutter, die nur drei Jahre zur Schule gegangen war, arbeitete als Hausangestellte, um sich und ihre Tochter durchzubringen. Butler war schüchtern und ein wenig linkisch und wurde gemobbt, bis sie irgendwann eine Größe von 1,80 Meter erreicht hatte und im buchstäblichen Sinne über ihre Angreifer hinauswuchs. Über viele Jahre hatte Butler keinen Kontakt zu erfolgreichen Autoren. Schon die Vorstellung, dass sie eine Autorin werden könnte, war zweifelhaft. »Liebes, Schwarze können keine Autoren werden«, wurde sie von einer Tante ermahnt, als sie ihr ihren Traum beichtete.[152]

Mit zehn Jahren begann Butler zu schreiben. Mit 13 fand sie in einem Bus eine liegen gelassene Ausgabe des Branchenmagazins *The Writer*. In einem Artikel stand, wie man Kurzgeschichten bei Verlagen einreicht. Kurz danach verschickte Butler ihre erste Kurzgeschichte – und kassierte prompt ihre erste Absage. Nachdem sie sich einen professionellen Vermittler gesucht hatte, betrog ein Literaturagent sie um 61 Dollar. Das war mehr als eine Monatsmiete für sie und ihre Mutter. »Ich wusste nicht, was ich falsch machte, und ich hatte niemanden, der mir half«, erinnerte sich Butler später an ihre ersten frustrierenden Jahre.[153] »Ich hatte keine Beispiele und keine Idee, was ich in meiner Arbeit falsch machte. Das geht vielen Leuten so, die anfangen zu schreiben. Sie wissen nicht, was sie falsch machen. Sie wissen nicht, warum sie immer wieder Absagen bekommen.«[154]

Butler schrieb trotzdem weiter. Besessenheit, so schrieb sie, »bedeutet, einfach nicht aufhören zu können, obwohl man Angst hat und voller Zweifel ist … es bedeutet, unter keinen Umständen aufhören zu können«.[155]

* Anm. d. Übers.: Offizielle Bezeichnung der Auszeichnung: MacArthur Fellowship. Dieser Preis wird jedes Jahr an US-Amerikaner für »außerordentliche Verdienste und dauerhafte kreative Arbeit« und Originalität verliehen, unabhängig vom Betätigungsfeld.

Üblicherweise wachte sie um drei Uhr morgens auf und schrieb den ganzen Morgen, bevor sie irgendwelchen Jobs nachging. »Mir waren Fabrikjobs lieber«, gestand sie, »denn bei Bürojobs muss man so tun, als würden sie einem Spaß machen, und es machte mir keinen Spaß.«[156] Indem sie eine Festanstellung vermied, konnte Butler sich ihre geistige Freiheit bewahren, allerdings zu erheblichen finanziellen Kosten. »Ich hatte Glück«, sagte sie. »Ich hatte eine zweite Schreibmaschine. Immer wenn mir die Lebensmittel ausgingen, zog ich los und verpfändete sie.«[157] Selten war Butler glücklicher, als wenn sie bei einem ihrer trostlosen Jobs gekündigt wurde, denn so hatte sie mehr Zeit zum Schreiben.

Ein Wendepunkt kam während eines kostenlosen Kurses der Screen Writers' Guild, der Gewerkschaft der Autoren in der US-amerikanischen Film- und Fernsehindustrie. Einer der Dozenten war Harlan Ellison, der selbst ein erfolgreicher Science-Fiction-Autor war. Ellison ermutigte Butler, am sechswöchigen Clarion Workshop für Science-Fiction teilzunehmen. Zunächst fühlte sich Butler sehr eingeschüchtert. Sie war in ihrem Leben kaum jemals aus dem kalifornischen Pasadena herausgekommen. Trotz ihrer großen Furcht kratzte sie aber das Geld zusammen und reiste in einem Greyhound-Bus nach Pennsylvania.

Die meisten Dozenten des Workshops waren etablierte Autoren. Sie kannten die Branche und wussten, wie sie schreiben mussten, damit ihre Bücher veröffentlicht wurden. Butler entdeckte, dass »die Dinge, die ich im Englischunterricht gelernt hatte, nicht hilfreich waren, weil das hier eine andere Art von Schreiben war. Ich meine, akademische Texte sind einfach etwas ganz anderes als Fiction.«[158] Die Teilnehmer des Workshops mussten jeden Abend eine neue Kurzgeschichte schreiben, die am folgenden Tag besprochen wurde. Zunächst hatte Butler mit diesem aggressiven Tempo Schwierigkeiten. Am Ende des Workshops hatte sie jedoch ihre erste Kurzgeschichte verkauft.

Nach dem Workshop beschloss Butler, statt Kurzgeschichten Romane zu schreiben. Die Tantiemen, die sie mit den Kurzgeschichten verdiente, waren mager. Romane, für die sie von den Verlagen höhere Vorauszahlungen erhielt, waren der beste Weg, um aus der Schriftstellerei eine Vollzeitbeschäftigung zu machen. Allerdings fühlte sie sich von der notwendigen Länge eines Romans eingeschüchtert. »Ich hatte einige Kurzgeschichten von ungefähr 20 Seiten Länge geschrieben und beschloss, zu versuchen, 20-seitige Kapitel zu schreiben, um einen Roman daraus zu machen«, erklärte Butler ihrer Strategie.[159] Und so konnte sie ihren ersten Roman mit dem Titel *Patternmaster* an das Verlagshaus Doubleday verkaufen.

Im Anschluss an dieses Werk begann Butlers produktivste Phase in ihrer gesamten Schriftstellerkarriere: Innerhalb von fünf Jahren veröffentlichte sie fünf Romane. Als sie den dritten Roman schrieb, verdiente sie bereits genug Geld, um sich ausschließlich ihrer schriftstellerischen Tätigkeit zu widmen. Bei ihrem vierten Roman wollte sie etwas Ehrgeizigeres ausprobieren. Als Kind hatte sie die Arbeit ihrer Mutter als Haushaltshilfe immer als schmerzhaft empfunden. Oft musste sie mit anhören, wie Arbeitgeber abfällig über ihre Mutter sprachen. Als sie älter wurde, erkannte sie jedoch die Würde der Menschen, die es – wie ihre eigene Mutter – schaffen, diese Situation zu ertragen. Sie stellte sich die Geschichte einer schwarzen Frau vor, die in die Südstaaten in der Zeit vor dem Unabhängigkeitskrieg zurückgeworfen war. Das würde ihr als Schriftstellerin erlauben, den Kontrast zwischen der Sklaverei und modernen Einstellungen darzustellen, was ihr als perfektes Setting für dieses Thema erschien. Da dieser Ansatz weitaus umfangreichere Recherchen und Aufmerksamkeit für historische Details erforderte, als Butler es gewohnt war, unternahm sie mit einem Teil der Vorauszahlung, die der Verlag geleistet hatte, eine Reise nach Maryland und besuchte dort Plantagen, auf denen sie einige der Romanszenen ansiedeln wollte. Dieser Aufwand zahlte sich aus. *Kindred* wurde Butlers absatzstärkstes Buch und sicherte ihr literarisches Vermächtnis.[160]

Das Writer's Paradox

Gemäß der im vorhergehenden Kapitel besprochenen Sichtweise der Expertise verwandelt die Erfahrung wiederkehrende Probleme in Routinen. Anfänger haben Mühe, den Problemraum zu erkunden. Experten erkennen die Situation und schreiten sofort zur Tat. Wenn das so ist, macht die Untersuchung von professionellen Autoren dieses Bild komplizierter. Transkripte der Gedanken, die professionelle Autoren während des Schreibprozesses haben, lassen sie wie Anfänger erscheinen: mühselige Problemlösung, häufige Sackgassen und Mittel-Zweck-Analysen. Kindern fließen Texte dagegen oft mühelos aus der Feder.[161] Sie planen und organisieren nicht und denken auch nicht darüber nach, was der potenzielle Leser vielleicht interessant oder überzeugend findet. Im Rahmen einer Untersuchung merkten die Forscher Marlene Scardamalia und Carl Bereiter an, Kinder seien sehr verwundert gewesen, als man ihnen erklärt habe, dass Erwachsene manchmal bis zu 15 Minuten darüber nachdenken, was sie sagen wollen, bevor sie anfangen zu schreiben.

Das Schreiben widerspricht scheinbar den Standarderkenntnissen über Expertise, weil eine Schreibaufgabe kein singuläres Problem ist. Die Lösung des Zauberwürfels, die Beantwortung einer mathematischen Frage und sogar die Suche nach dem Beweis für Fermats Großen Satz ist immer dasselbe Rätsel, egal von welcher Seite man es angreift. Die Ausgangsbasis, die einzelnen Schritte und die richtige Lösung sind für alle gleich. Dagegen können zwei verschiedene Autoren, die die gleiche Textaufgabe erhalten, ein Problem auf völlig unterschiedliche Weise betrachten. Selbst eine so einfache Aufgabe wie die Formulierung einer E-Mail kann als oberflächliche Aufgabe oder eine Gelegenheit für ausdrucksvolle Prosa wahrgenommen werden. Kurzum, Kinder verhalten sich wie Experten, während sich erfahrene Autoren wie Anfänger verhalten, weil beide Gruppen eigentlich unterschiedliche Probleme lösen. Kinder schreiben oft in einem Fluss, weil ihr selbst gesetztes Ziel lautet, über ein bestimmtes Thema alles zu schreiben, was ihnen einfällt – sie schreiben einfach drauflos. Scardamalia und Bereiter bezeichnen das als »Knowledge-Telling-Strategie«. Diese Strategie wird zum Teil auch von Erwachsenen angewendet, wie jeder bezeugen kann, der schon einmal von einem Kollegen oder einer Kollegin eine unstrukturierte E-Mail mit einem unkontrollierten Gedankenfluss erhalten hat. Geübte Schreiber suchen sich dagegen eher schwierige Probleme aus: die Entwicklung einer originellen Story, die Überzeugung der Leser oder eine interessante Ausdrucksweise.

Butlers literarische Entwicklung war von einem steigenden Anspruchsniveau der Aufgaben geprägt, die sie sich stellte. Ihre frühen Texte waren stark von Nachahmung geprägt. »Die Kurzgeschichten, die ich mit 13 zur Veröffentlichung einreichte, hatten nichts mit den Dingen zu tun, die mich interessierten. Ich schrieb über die Dinge, von denen ich sah, dass sie veröffentlicht wurden – Geschichten über 30-jährige weiße Männer, die zu viel tranken und rauchten.«[162] Mit zunehmender Erfahrung entwickelte sie originelle Themen, die eine persönliche Bedeutung für sie hatten. Die erste Kurzgeschichte, die sie verkaufte, trug den Titel »Childfinder« und handelte von dem Kampf zwischen verdeckten Gruppen, die Kinder mit besonderen geistigen Fähigkeiten rekrutierten. Diese frühen Texte reiften zu einem lebenslangen Interesse an Themen wie Hierarchien und Dominanz innerhalb der Gesellschaft. Nach dem Clarion Workshop verlegte sie sich auf Romane. Nach der Veröffentlichung ihres dritten Romans baute sie ihre Recherchefähigkeiten aus – von dem historischen Setting des Romans *Kindred* bis zu späteren Romanen, in denen sie indigene Sprachen verarbeitete und sich von wissenschaftlichen Texten inspirieren ließ.

Weil sie die Messlatte an sich selbst immer höher legte, wurde das Schreiben für Butler nie einfacher. Ihr ganzes Leben kämpfte sie gegen Schreibblockaden an. Als Autorin, die auf geradezu zwanghafte Weise mit ihren Texten unzufrieden war, warf sie gelegentlich große Abschnitte aus dem Buch, wenn sie ihren selbst gesetzten Standards nicht entsprachen. An einem Punkt bot sie dem Verlag sogar an, ihren Vorschuss für einen Roman zurückzuzahlen, nachdem er nicht zu ihrer Zufriedenheit ausfiel. Als sie auf dem Höhepunkt ihres Erfolgs in einem Interview gefragt wurde, ob ihr Schreiben »organisch« sei, antwortete sie: »Nein, es ist Arbeit«, und fügte hinzu: »Jedenfalls ist es nicht so, als würde man einfach dasitzen und die Texte würden einem in den Schoß fallen.«[163] Butlers gelegentliche Frustration über ihre eigenen Texte spiegelt sich auch in ihren Tagebucheinträgen wider. Allerdings würde ich sagen, dass es genau diese Neigung war, sich ständig größere Herausforderungen zu suchen, die ihr ermöglichte, ihr literarisches Talent weiterzuentwickeln. Ernest Hemingway kleidete es in die perfekten Worte; er soll gesagt haben, Autoren seien »alle Lehrlinge einer Kunst, in der niemand jemals ein Meister wird«.[164]

In dieser Hinsicht ist das Schreiben keine Ausnahme. Physiker lösen lehrbuchmäßige Probleme, die Studenten ratlos machen, mit links. Sie lösen aber nicht nur idealtypische Probleme schneller als ungeübte Studenten. Sie können auch hoch anspruchsvolle Probleme bewältigen, die sich an den Grenzen der wissenschaftlichen Erkenntnisse bewegen. Schachgroßmeister spielen nicht nur Anfänger an die Wand, sondern führen auch profunde Analysen durch, um schwierige Gegner zu überlisten. Ein automatisiertes Vorgehen findet man vor allem bei Routinefähigkeiten. Autofahren ist für die meisten von uns eine Tätigkeit, die wir ohne großes Nachdenken bewältigen – nicht, weil es keine tiefgründigen Probleme mit Fähigkeiten gäbe, die im Zusammenhang mit dem Autofahren stehen, sondern weil es uns nicht wichtig ist, sie zu lösen. Wenn man ein echter Experte werden möchte, muss man den Schwierigkeitsgrad der Aufgabenstellung kontinuierlich steigern, auch wenn damit eine vorübergehende Leistungsverschlechterung verbunden ist.

Wann ist Schwierigkeit wünschenswert?

Wie wir in den vorhergehenden Kapiteln gesehen haben, sind zusätzliche Schwierigkeiten nicht immer hilfreich. Wenn die Lösung für ein Problem tief im Problemraum versteckt liegt und Ihr Repertoire an starken Suchmethoden nicht ausreicht, bleibt das Problem womöglich ungelöst. Selbst wenn Sie die Lösung finden, kann die zusätzliche kognitive Belastung durch die Mittel-Zweck-Analyse von der Wiedererkennung nutzbarer Muster ablenken. Außerdem ist es schwierig, Experten implizites Wissen zu entlocken, wenn man keinen direkten Zugang zu ihnen hat und ihnen bei der Problemlösung nicht über die Schulter sehen kann. In der ersten Phase ihrer Schriftstellertätigkeit war Butler mit all diesen Schwierigkeiten konfrontiert. »Frustrierend, frustrierend«, sagte sie über ihre Anfänge. »In jenen Jahren sammelte ich viel Frustration und Ablehnungsschreiben.«[165] Es zeugt von ihrem Charakter, dass sie so viele Jahre ohne jede Anleitung oder Orientierung durchhielt. Und es ist auch keine Überraschung, dass sie ihre größten Erfolge erzielte, nachdem sie schließlich Insider-Zugang zur Welt der Science-Fiction-Literatur hatte.

Die Forschung hat jedoch gezeigt, dass nicht alle Schwierigkeiten frustrierende Stolpersteine sind. Die Psychologen Robert und Elizabeth Bjork haben die Bedingungen untersucht, unter denen schwierige Übungen größere Verbesserungen herbeiführen als leichte Übungen.[166] Eine dieser wünschenswerten Schwierigkeiten ist die Anstrengung, Informationen aktiv aus dem Gedächtnis abzurufen, verglichen mit der wesentlich leichteren Übung, sich die Informationen einfach noch einmal durchzulesen. Die erfolgreiche Erinnerung an eine Tatsache, ein Verfahren oder eine Idee stärkt das Gedächtnis mehr als die passive Wiederholung des Erlernten.[167] Aus diesem Grund sind Karteikarten ein hervorragendes Tool zur Vorbereitung auf eine Prüfung. Wenn man einfach die eigenen Notizen noch einmal durchliest, erzielt man nicht eine annähernd vergleichbare Steigerung der Gedächtnisleistung.

Eine ähnlich wünschenswerte Schwierigkeit ist das verteilte Lernen.[168] Die mehrfache Wiederholung derselben Aufgabe führt schon in kurzer Zeit zu einer Verbesserung, aber auch zu einem gleichermaßen schnellen Vergessen. Das erklärt, warum es unter Schülern und Studenten so beliebt ist, sich in kurzer Zeit möglichst viel Wissen einzuhämmern, auch wenn es eine schlechte Lernmethode ist. Mit dieser Art des stumpfsinnigen Paukens kann man sich kurz vor einer Prüfung viel Wissen einhämmern, allerdings hat man das meiste davon wieder vergessen, bevor man überhaupt die Chance hat, es außerhalb der Schule oder Universität anzuwenden. Eine bessere Strategie ist das verteilte Lernen, indem man jeden Tag eine bestimmte Menge lernt oder übt. Die investierte Zeit ist die gleiche, aber das verteilte Lernen hat eine länger anhaltende Wirkung.

Warum sind manche Schwierigkeiten hilfreich? Ein Grund ist, dass das Gehirn eine fantastische Maschine zur Vermeidung von Anstrengung ist. Wenn man durch die reine Problembetrachtung bereits das Lösungsmuster findet, gibt es keinen Grund, die Antwort abzuspeichern. Und wenn man sich in sehr kurzen Abständen immer wieder mit dem gleichen Problem beschäftigt, ist das ein Hinweis an das Gehirn, dass die Antwort womöglich nur für eine begrenzte Zeit benötigt wird und schnell wieder vergessen werden kann. Wenn es keine solchen Hinweise gibt, kann das Gehirn den geistigen Aufwand sparen, der mit einem aktiven Abruf verbunden ist. Der Psychologe John Anderson vertritt die Auffassung, dass sich diese geistigen Regeln, die die Gedächtnisleistung steuern, als eine rationale Anpassung zum Umgang mit Wissen in der realen Welt interpretieren lassen.[169]

Wie Sie eine Übungsschleife erzeugen

Wünschenswerte Schwierigkeiten weisen auf ein Spannungsverhältnis zwischen der Beobachtung und der Ausführung hin. Ohne die Möglichkeit, ein Problemlösungsmuster zu sehen, müssen wir es selbst finden. Bestenfalls kann das zu einer Erhöhung der kognitiven Belastung führen. Schlimmstenfalls lernen wir die erfolgreiche Lösungsstrategie nie kennen. Umgekehrt gilt, dass wir die Lektionen womöglich nie verinnerlichen, wenn uns sofort Lösungshilfen gegeben werden und wir uns gar nicht erst anstrengen müssen. Ein Weg zur Auflösung dieses Spannungsverhältnisses besteht darin, die drei Komponenten Beobachtung eines Lösungsbeispiels, aktive Problemlösung und Feedbackgewinnung zu einer Übungsschleife zu kombinieren. Durch die stete Wiederholung dieser Übungsschleife lässt sich gewährleisten, dass alle drei Komponenten des erfolgreichen Lernens im Lernprozess angemessene Berücksichtigung finden.

Octavia Butler wendete einen ähnlichen Prozess an, wenn sie angehende Schriftsteller beriet. »Zum Beispiel, wenn sie sich schwertun, den Einstieg zu finden. Sie haben wunderbare Geschichten zu erzählen, wissen aber nicht, wo oder wie sie beginnen sollen. Dann sage ich ihnen, sie sollen Geschichten betrachten, die sie gerne lesen … und dann bitte ich sie, ein halbes Dutzend Einstiege zu kopieren; ich bitte sie, diese direkt und Wort für Wort abzuschreiben«, erklärt Butler ihr Vorgehen. »Es geht nicht darum, den Einstieg eines anderen Schriftstellers zu kopieren – deswegen will ich mindestens ein halbes Dutzend –, sondern darum, zu lernen, welche Möglichkeiten es gibt. Ein Problem, das wir Schriftsteller haben, ist, dass wir entweder zu viel wissen oder zu wenig … Wir wissen, dass es eine Flut an Möglichkeiten gibt, und davon fühlen wir uns überwältigt. Wir wissen nicht, wie wir aus dieser Flut an Möglichkeiten die eine passende Lösung herausfischen.«[170] Wenn man untersucht, wie andere Autoren ähnliche Probleme gelöst haben, kann man aus einer Reihe von Optionen die richtige für die eigene Geschichte auswählen. Lösungsbeispiele zu sehen, ist der erste Schritt in der Entwicklung neuer Kompetenzen.

Als Nächstes müssen Sie die Fähigkeit, die Sie üben wollen, praktizieren. Die Beobachtung kann das praktische Tun begleiten, aber nicht ersetzen. Um eine Fähigkeit zu erlernen, muss man die Neigung des Gehirns überwinden, Wissen, das wir hier und jetzt nicht anwenden, wieder zu vergessen. Forscher haben festgestellt, dass sich Schüler nicht mit ausgearbeiteten Lösungsbeispielen beschäftigen, bis sie auf ein Problem stoßen, bei dem sie diese Beispiele brauchen.[171] Indem Sie zwischen dem Studium von Lösungsbeispielen und praktischen Aufgaben hin und her wechseln, sorgen Sie dafür, dass Sie die Lektionen verinnerlichen und nicht nur oberflächlich abspeichern.

Außerdem müssen Sie ein exaktes, konkretes Feedback über die Qualität Ihres Lösungsversuchs einholen. Das ist für bestimmte Fähigkeiten wie zum Beispiel das Schreiben ein echter Stolperstein. Butler mühte sich so viele Jahre ab, weil ihr ein qualitativ hochwertiges Feedback fehlte und sie nicht erfuhr, welche Fehler sie machte. Wenn sie die Gelegenheit hatte, Feedback einzuholen, nutzte sie sie jedoch intensiv. Während ihres Kurses bei der Screen Writers' Guild bat sie Sid Steeple, einen ihrer Lehrer, um Feedback. »Was immer ich schrieb, er las den Text durch und sprach mit mir darüber. Vielleicht ging ich anschließend mit dem Gefühl nach Hause, dass ich ihn nicht besonders mochte, aber das war die Art von Kritik, die ich brauchte«, erklärte Butler.[172]

Mit zunehmenden Fortschritten kann die Übungsschleife anspruchsvoller gestaltet werden. In dem Maße, wie man bei der Lösung eines Problems auf das eigene Wissen zurückgreifen kann, rückt die Beobachtung von Lösungsbeispielen in den Hintergrund. Nun können Sie sich an komplexere

Aufgabenstellungen wagen, da Sie in der Lage sind, die höhere kognitive Belastung, die mit größeren Projekten verbunden ist, erfolgreich zu steuern. Und schließlich kann die Selbsteinschätzung gegenüber dem Feedback von außen ein größeres Gewicht erhalten, weil Sie ein besseres Gespür für die Merkmale erstklassiger Arbeit entwickelt haben. Die Übungsschleife bietet die Chance, den Schwierigkeitsgrad der Aufgabenstellungen zu optimieren.

Sollte man sich zuerst Lösungsbeispiele ansehen oder zuerst einen eigenen Lösungsversuch unternehmen?

Eine Leistungssteigerung besteht immer aus Beobachtung, Ausführung und Feedback. Das Lernen durch eigene Entdeckung, bei dem der Lernende die Lösung ohne Anleitung und Lösungsbeispiele selbst finden muss, führt regelmäßig zu schlechteren Ergebnissen als angeleitete Formen des Lernens. Der Psychologe Richard Mayer schlägt eine sogenannte Three-Strikes Rule gegen das rein entdeckende Lernen vor.[173] Die Psychologen John Sweller, Paul Kirschner und Richard Clark gehen noch weiter. Sie sprechen sich gegen alle Lernformen mit »Minimalanleitung« aus, bei denen die Lernenden zuerst selbst versuchen sollen, Aufgabenstellungen zu lösen, bevor ihnen das nötige Wissen und die entsprechenden Methoden vermittelt werden. »Nach einem halben Jahrhundert der Befürwortung von Lehrmethoden, die mit Minimalanleitung arbeiten, scheint es keine Forschungsergebnisse zu geben, die diese Technik unterstützen. Insoweit als Belege aus kontrollierten Studien existieren, unterstützen diese fast einhellig eine unmittelbare, intensive geführte Anleitung«, schreiben die Autoren.[174]

Auf der anderen Seite scheint es nur wenig Zweifel an der praktischen Übung zu geben. John Anderson, Herbert Simon und Lynne Reder widersprechen der Behauptung, zu viel praktische Übung führe zu einem oberflächlichen Verständnis der Problemstellung und ihrer Lösung. »Nichts widerspricht den Forschungsergebnissen der letzten 20 Jahre mehr als die Behauptung, praktische Übung sei schlecht. Alle Belege, sowohl diejenigen, die unter Laborbedingungen gewonnen wurden, als auch diejenigen, die aus umfassenden professionellen Fallstudien stammen, weisen darauf hin, dass echte Kompetenz nur mit ausgiebiger praktischer Übung entsteht.«[175] Die Vernachlässigung entweder der Beobachtung oder der aktiven Anwendung ist gleichermaßen ineffektiv.

Zwischen den beiden Extremen, das Studium von Lösungsbeispielen oder die praktische Umsetzung auszulassen, liegt jedoch die Frage der richtigen Reihenfolge. Lernen wir besser, wenn wir zuerst mit einer realen Aufgabenstellung konfrontiert werden? Oder sollten wir uns zuerst Lösungsbeispiele ansehen? In anderen Worten: Ist die ideale Übungsschleife eine Abfolge aus »Beobachtung, Ausführung, Feedback« oder aus »Ausführung, Feedback, Beobachtung«? Zum Zeitpunkt der Entstehung des Manuskripts zu diesem Buch wurde diese Frage unter Fachleuten noch heiß diskutiert. Der Psychologe Manu Kapur hat sich dafür ausgesprochen, die aktive Problemlösung an die erste Stelle zu setzen, und zwar mit dem Argument, das Productive-Failure-Paradigma* zeige, dass einige Lernende davon profitieren können, wenn die praktische Problemlösung vor der fachlichen Instruktion erfolgt.[176] In seinen Experimenten wurden Gruppen von Schülern mit schwierigen, aber verständlichen Aufgabenstellungen präsentiert. Da es ihnen an den fachlichen Grundlagen mangelte, gelang es ihnen üblicherweise nicht, die Probleme so zu lösen wie ein Experte. Anschließend wurde ihnen das Lösungsverfahren gezeigt, und ihre ersten Lösungsversuche wurden mit der richtigen Lösungsmethode verglichen. So könnten sie zum Beispiel die Aufgabe erhalten, das Problem eines Baseballmanagers zu lösen, der versucht, den Spieler mit dem konsistenteren Batting Average (in etwa: Schlagdurchschnitt; beste Offensivleistung) aufzustellen. Nachdem die Lernenden mit verschiedenen Berechnungsmethoden experimentiert haben, würde ihnen das Konzept der Varianz vermittelt und dieses mit den Methoden verglichen, die sie in ihren Lösungsversuchen angewendet haben. In einer Meta-Analyse, die Kapur 2021 durchgeführt hat, wurden 160 experi-

* Anm. d. Übers.: Der Productive-Failure-Ansatz basiert auf der Annahme, dass die aktive Auseinandersetzung mit einer Problemstellung, auch wenn zunächst die fachlichen Grundlagen fehlen, die Entwicklung des Problemverständnisses in der anschließenden instruktionalen Phase unterstützt.

mentelle Effekte untersucht.[177] Dabei wurde festgestellt, dass die Lernenden, die unter den Bedingungen des Productive-Failure-Ansatzes gearbeitet hatten, davon profitieren konnten. Daniel Schwartz und Taylor Martin plädieren dafür, die Lernenden zunächst ihre eigenen Methoden finden zu lassen, bevor man ihnen den richtigen Lösungsweg zeigt.[178] Sie gehen davon aus, dass Lernende davon profitieren, ihre eigenen Wissenslücken zu beobachten und zu erkennen, für welche Problemstellungen sie das fehlende Wissen benötigen.

In anderen Studien wurden dagegen völlig andere Muster festgestellt; sie haben ergeben, dass die Präsentation von Lösungsbeispielen vor den eigenen Lösungsversuchen effektiver ist. Greg Ashman, Slava Kalyuga und John Sweller verglichen die beiden Abfolgen der Wissensvermittlung anhand einer wissenschaftlichen Vorlesung über die Effizienz von Glühbirnen.[179] Dabei stellten sie fest, dass die Studenten bessere Ergebnisse erzielten, wenn sie sich zunächst die Beispiellösung ansehen konnten. Eine von Inga Glogger-Frey durchgeführte Studie erzielte ähnliche Ergebnisse; auch hier wurde festgestellt, dass der Lernerfolg größer war, wenn zuerst Lösungsbeispiele präsentiert wurden. Laut den Autoren der Studie stützen die Ergebnisse die Feststellung, ein ausgearbeitetes Lösungsbeispiel sei »effektiver, als eine Lösung zu erfinden, wenn für diese vorbereitende Aktivität die gleiche Zeit zur Verfügung steht«.[180] In einer Studie, die sich mit der Vermittlung der Strategie zur Steuerung von Variablen in einem Experiment beschäftigte, stellten Bryan Matlen und David Klahr fest, dass die Gruppe mit der intensivsten Anleitung die besten Ergebnisse erzielte, fanden aber keine Unterschiede im Zusammenhang mit der zur Verfügung stehenden Zeit. Ihren Worten zufolge »lernten und transferierten die Studenten das erworbene Wissen relativ gut, sofern sie an irgendeinem Punkt der Instruktion intensiv angeleitet wurden«.[181]

Die Forschung sucht noch immer nach den Grenzkonditionen, um feststellen zu können, unter welchen Bedingungen die Lernerfolge größer sind, wenn zunächst ein praktischer Lösungsversuch unternommen wird, und wann es effektiver ist, sich zunächst Lösungsbeispiele anzusehen.

Strategien zur Feinjustierung des Schwierigkeitsgrads

Die Idee, dass man für eine Leistungssteigerung einen optimalen Schwierigkeitsgrad braucht, ist eine zentrale These zahlreicher Lerntheorien. Der einflussreiche russische Psychologe Lew Semjonowitsch Wygotski sprach davon, dass wir in einer entwicklungsproximalen Zone lernen.[182] Das ist die Lücke zwischen dem, was wir mit Unterstützung Dritter leisten können, und dem, was wir auf Basis unseres vorhandenen Wissens leisten können. Auf Basis von Studien über das Textverständnis traf der Psychologe Walter Kintsch die Feststellung, wir würden in sogenannten Lernfähigkeitszonen lernen.[183] Seinen Untersuchungen zufolge lernen Schüler mit einem geringen Vorwissen am besten von gut strukturierten Texten. Überraschend war seine Feststellung, dass Schüler mit einem umfangreichen Vorwissen besser von unstrukturierteren Texten lernten.[184] Ähnlich verhält es sich mit dem Expertise-Umkehr-Effekt aus der kognitiven Belastungstheorie, der zufolge Dinge, die Anfängern das Lernen erleichtern, mit fortschreitenden Lernerfolgen ihren Nutzen verlieren, bis sie am Ende sogar eine negative Wirkung entfalten – nämlich dann, wenn die Lernenden in Kontexten, die von Ungewissheit geprägt sind, vom freien Gedächtnisabruf stärker profitieren als vom Studium weiterer Lösungsbeispiele.[185] Eine progressive Problemlösung ist Voraussetzung für die Beherrschung einer Kompetenz.

Über die Vorteile eines optimalen Schwierigkeitsgrads herrscht zwar weitgehend Einigkeit, aber es ist nicht einfach, diesen zu definieren und herzustellen. Butlers erste Jahre als Schriftstellerin waren von Frustration geprägt. Wegen ihres mangelnden Selbstvertrauens, das sie lange davon abhielt, sich komplexere Herausforderungen zu suchen, verzögerte sich ihr Wechsel von Kurzgeschichten zu Romanen – ein Schritt, der ihren Status als professionelle Schriftstellerin festigte – wahrscheinlich um einige Jahre. Das richtige Anspruchsniveau zu finden, ist keine leichte Aufgabe. Allerdings gibt es dafür einige Strategien.

1. Strategie: Die Workshop-Methode

Butler schrieb der Workshop-Atmosphäre in Clarion und anderen Veranstaltungen einen großen Einfluss auf die Entwicklung ihrer Kunst zu. »Bei einem Workshop hat man eine Art geliehenes Publikum, dem man kommuniziert, was man zu kommunizieren glaubt. Als junger Schriftsteller ist man leicht versucht zu denken, man habe sich glasklar ausgedrückt, obwohl das vielleicht gar nicht der Fall ist.«[186] Ein Workhop, vor allem, wenn er von einem erstklassigen Dozenten geleitet wird, bietet zudem eine ausgezeichnete Möglichkeit für eine Übungsschleife. Indem Butler gezwungen wurde, jeden Tag neue Geschichten zu schreiben, anschließend die Gelegenheit hatte, die Geschichten ihrer Kurskollegen zu hören, anschließend alle Geschichten miteinander zu vergleichen und jede einzelne zu analysieren, konnte sie sich in sehr kurzer Zeit die Muster guter Science-Fiction-Literatur aneignen. Diese Muster waren keine Einschränkung, vielmehr boten sie ihr mehr Raum zur Verfolgung ihrer eigenen Vision, anstatt weiterhin den Stil anderer Autoren nachzuahmen, wie sie es bei ihren ersten Kurzgeschichten getan hatte.

Eine Workshop-Atmosphäre dient auch als ein gewisses Druckmittel. Zwar hatte Butler nie Probleme damit, ihre Texte Verlagen zur Veröffentlichung anzubieten, viele Autoren trauen sich jedoch aus Sorge vor Kritik nicht, Feedback einzuholen. Butler schrieb, »eine Ablehnung war so, als würde man dir sagen, dein Kind sei hässlich. Man wurde böse und glaubte kein Wort.«[187] Zur Vermeidung einer möglichen Ablehnung fängt man womöglich an, für die Schublade zu produzieren, wo die eigenen Kreationen Staub ansetzen. Zwar kann man mit solchen Maßnahmen das eigene Ego schonen und den Schmerz einer Ablehnung vermeiden, aber man wird auch stagnieren.

2. Strategie: Kopieren – vervollständigen – erschaffen

Die Nachahmung eines Lösungsbeispiels ist eine unterschätzte Lernstrategie. Die Kritiker einer gedankenlosen Nachahmung haben natürlich recht: Eine vorgegebene Lösung einfach auf die aktuelle Aufgabenstellung zu übertragen, ohne ihre Funktionsweise zu verstehen, ist ein leichtfertiges Vorgehen. Eine Möglichkeit zur Abhilfe besteht darin, mit Lösungsbeispielen zu arbeiten, die vervollständigt werden müssen.[188] Anstatt ein komplett ausgearbeitetes Lösungsbeispiel zu studieren, versuchen Sie, die leeren Stellen eines Lösungsbeispiels zu füllen, bei dem ein Element oder mehrere Elemente ausgelassen wurden. Jeroen van Merriënboer stellte fest, dass solche Aufgabenstellungen dazu beitragen, Anfängern in kurzer Zeit Programmierfertigkeiten zu vermitteln, weil die Auslassung eines zentralen Lösungsschritts die Lernenden zwingt, sich intensiv mit der Lösung zu beschäftigen, zugleich aber eine Überlastung des Arbeitsgedächtnisses vermeidet, die mit dem Versuch verbunden ist, die vollständige Lösung selbst zu finden. Lückentexte, wie sie von Sprachlernenthusiasten propagiert werden, folgen einer ähnlichen Strategie. In diesem Fall werden Karteikarten erzeugt, auf denen der Sprachlernende aufgefordert wird, die Leerstellen in einem Satz zu füllen. Damit wird das Problem vermieden, dass einzelne Wörter isoliert gelernt werden (wenn der Kontext fehlt, um die Wörter wirklich zu verstehen), ohne dass aber die Notwendigkeit besteht, sich an ganze Sätze erinnern zu müssen.

Am Ende ist das Ziel natürlich nicht, vorgegebene Lösungen zu kopieren oder lückenhafte zu vervollständigen, sondern unter Anwendung des eigenen Wissens selbstständig eine vollständige Lösung zu generieren. Aus diesem Grund sollten unvollständige Lösungsbeispiele auf einem Kontinuum betrachtet werden, bei dem man mit einfachen Beispielen beginnt, dann die Leerstellen ausfüllt und schließlich in unterschiedlichen Kontexten eigene Lösungen erarbeitet.

3. Strategie: Ein Gerüst erstellen

Ein Baugerüst ist eine zeitlich begrenzte äußere Struktur, die die Errichtung eines Gebäudes ermöglicht. Wenn man das auf die Wissensvermittlung überträgt, ist ein Lerngerüst eine Technik zur indirekten Modifizierung einer Aufgabenstellung, mit dem Ziel, Hilfestellungen zu geben. Stationäre Fahrräder sind eine Art Lerngerüst für Fahranfänger, um zu verhindern, dass sie vom

Fahrrad kippen, während sie noch damit beschäftigt sind, das Lenkrad gerade zu halten. Eine stark vereinfachte Babysprache, die frischgebackene Eltern oft verwenden, ist womöglich auch eine Art Lerngerüst, das Babys helfen soll, das Sprechen zu lernen. Im Rahmen ihrer Arbeit über Schreibunterricht stellten Marlene Scardamalia und Carl Bereiter fest, dass Kinder bessere Texte schrieben, wenn sie ihnen Stichworte anboten, aus denen sie auswählen konnten, um ihre eigenen Sätze zu bewerten. Indem die Schüler aufgefordert wurden, nach jedem aufgeschriebenen Satz aus einer Liste von Aussagen wie »Das glaubt möglicherweise niemand« oder »Ich glaube, das kann man klarer formulieren« eine Aussage auszuwählen, mit der sie ihre eigene Textproduktion bewerteten, konnten die Forscher die Schüler zu einem reflektierten Schreibprozess bewegen, der üblicherweise erst bei älteren Schülern zu finden ist.[189]

Lerngerüste wirken durch ihre Vereinfachung einer realen Problemstellung. Sie können allerdings auch additiv sein, wie Scardamalia und Bereiter demonstrieren. Die Unterhaltung in einer Fremdsprache zu üben, mit dem expliziten Ziel, eine bestimmte Formulierung oder ein bestimmtes grammatisches Muster zu verwenden, mag gekünstelt wirken, aber es reduziert die Belastung des Arbeitsgedächtnisses im Vergleich zu dem Versuch, in echten Kommunikationssituationen das vorhandene Wissen abzurufen.

Wie sieht Ihre Übungsschleife aus?

Die Verbesserung unserer Fähigkeiten als Autor, Programmierer, Athlet oder Eltern hängt von der Qualität der praktischen Übung ab. Nur durch die Integration des Studiums von Lösungsbeispielen, der praktischen Umsetzung und der Feedbackgewinnung werden wir unsere Kompetenzen steigern können. Die Feinjustierung des Schwierigkeitsgrads ist ein unverzichtbarer Teil des Lernprozesses. Im nächsten Kapitel werden wir eingehend betrachten, was sich bei der praktischen Übung genau entwickelt. Im Gegensatz zur herrschenden Überzeugung ist unser Gehirn kein Muskel, dessen allgemeine Leistung man durch Training steigern kann. Vielmehr sind die Fähigkeiten, die wir erlernen, überraschend spezifisch.

KAPITEL 6

Das Gehirn ist kein Muskel

Wenn man einen Muskel mit einer bestimmten Übung kräftigt, ist er auch bei anderen Übungen leistungsfähiger. Inzwischen ist mehr als deutlich geworden, dass das Gehirn kein Muskel in diesem Sinne ist.[190]

John Anderson und Mark Singley, Psychologen,
in The Transfer of Cognitive Skill

- Funktioniert Hirntraining?
- Wird man allgemein intelligenter, wenn man Schach, Musik oder Programmieren lernt?
- Welches sind die Bausteine komplexer Fähigkeiten?

Im Januar 2016 einigte sich Lumos Labs mit der Federal Trade Commission (FTC) auf die Zahlung von 2 Millionen Dollar für die irreführende Behauptung, ihr Online-Gehirnjogging-Spiel verbessere die allgemeinen kognitiven Fähigkeiten. Der FTC-Beschwerde zufolge hatte das Unternehmen behauptet, Nutzer, die ihre speziell designten Spiele »drei- bis viermal pro Woche für zehn bis 15 Minuten« spielten, würden ihre Leistungsfähigkeit in der Schule und am Arbeitsplatz steigern und Demenz und anderen altersbedingten geistigen Abbauerscheinungen entgegenwirken.[191] Außerdem wurde dem Unternehmen untersagt, ohne nachweisliche wissenschaftliche Belege den Eindruck zu erwecken, sein Produkt würde »die schulische, berufliche oder sportliche Leistung verbessern« oder es »verzögere das altersbedingte Nachlassen des Gedächtnisses oder anderer kognitiver Funktionen oder schütze dagegen«.[192]

Man kann die Attraktivität von Gehirnjogging-Programmen wie Lumosity leicht verstehen. Die intellektuellen Fähigkeiten korrelieren mit nahezu allen wichtigen Lebensleistungen, die von Psychologen gemessen wurden.[193] Selbst eine minimale Steigerung der Hirnleistung könnte den zeitlichen Aufwand lohnen. Leider gibt es kaum Belege dafür, dass Hirnjogging die gewünschte Wirkung erzielt. In einem sechswöchigen Experiment zu kognitivem Training mit beeindruckenden 11.430 Teilnehmern stellten Adrian Owen und Kollegen fest, dass die Probanden zwar in dem Spiel besser wurden, das sie übten, aber »es wurden keine Belege für Transfereffekte auf Aufgaben gefunden, die nicht im Rahmen des Experiments geübt worden waren, selbst wenn diese Aufgaben kognitiv eng miteinander verwandt waren«.[194] In einer anderen Studie wurden Neuntklässler untersucht, die Gehirnjogging trainierten. Auch nach zwei Jahren kontinuierlicher Praxis hatte keine Übertragung der positiven Wirkung der geübten Aufgaben auf ähnliche Testaufgaben zur Messung der fluiden Intelligenz stattgefunden.[195] Auch eine Präventivwirkung gegen altersbedingte geistige Abbauerscheinungen ließ sich nicht feststellen. Eine Überprüfung der einschlägigen Literatur ergab, dass »bei den meisten [Studien] keine verallgemeinerbare Leistungssteigerung beobachtet werden konnte«.[196] Nach einer Meta-Analyse der Ergebnisse von 87 Studien zu diesem Thema schrieben Monica Melby-Lervåg et al.: »Hirnjogging-Programme scheinen spezifische kurzfristige Trainingseffekte zu erzielen, die sich nicht auf die Messung ›echter‹ kognitiver Fähigkeiten übertragen lassen.«[197] Hirnjogging verbessert die Ergebnisse der Trainingsaufgaben, aber mehr auch nicht.

Die Wirkungslosigkeit von Hirnjogging ist vielleicht keine Überraschung. Zahllose Produkte, die einen leistungsfähigeren Körper und ein leistungsfähigeres Gehirn versprechen, halten einer wissenschaftlichen Überprüfung nicht stand. Anders als Modediäten oder Multivitaminpräparate trifft der Misserfolg des Hirnjoggings den Kern einer der ältesten Debatten in der Psychologie.

Die anhaltende Attraktivität der Theorie der Formal Discipline

Hirnjogging bezieht seine Rechtfertigung aus einer verlockenden Analogie: Das Gehirn ist wie ein Muskel. So wie Hanteltraining die Arme kräftigt, um schwere Einkäufe oder Gepäck besser tragen zu können, so die Analogie, können auch anstrengende geistige Aktivitäten das Gehirn für die unterschiedlichsten Aufgaben leistungsfähiger machen. Zwar sind digitale Spiele zur Stärkung der kognitiven Fähigkeiten neu, der Vergleich des Gehirns mit einem Muskel ist es jedoch nicht. Schon Plato stellte in seinem Werk *Die Republik* die Vermutung an, Unterricht in Arithmetik, selbst wenn die Kenntnisse hinterher nicht angewendet würden, würden das Gehirn auch für andere Arten von Wissen aufnahmefähiger machen.[198] Diese Analogie wurde zur Grundlage für die Doktrin der Formal Discipline, die oft dem englischen Philosophen John Locke zugeschrieben wird. Sie besagt, dass sich die Denkfähigkeit durch formal anspruchsvolle Disziplinen wie zum Beispiel Mathematik, Schach und Latein allgemein steigern lässt.[199] Dieser Überzeugung zufolge verbessert Latein die Merkfähigkeit, und zwar nicht nur für die gelernten Vokabeln, sondern für jede Art von Wissen. Einer ähnlichen Argumentation folgte die Überzeugung, Geometrie verbessere das logische Denken, die Poesie die Sensibilität und Zeichnen die Genauigkeit.

Anfang des Jahres 1901 führten die Psychologen Edward Thorndike und Robert Woodworth eine Reihe von Experimenten durch, mit denen sie untersuchten, inwieweit sich Verbesserungen, die sich mit der Übung einer Fähigkeit erzielen ließen, auf andere Fähigkeiten übertrugen.[200] Thorndike stellte fest, dass Geometrie und Latein die Leistung in anderen Schulfächern auch nicht mehr verbesserten als alltägliche Themen.[201] Laborexperimente ergaben, dass die Testpersonen, die gelernt hatten, die Größe kleiner Rechtecke zu schätzen, nur zu einem Drittel die Größe größerer Rechtecke besser einschätzen konnten.[202] Kinder, die gelernt hatten, Farbtöne zu unterscheiden, erzielten keine Verbesserung in ihrer Genauigkeit, Längen- oder Gewichtsabmessungen zu schätzen.[203] Testpersonen, die ihre Fähigkeit, in einem Text bestimmte englische Wörter zu finden, stark verbessern konnten, erzielten keine nennenswerte Verbesserung ihrer Fähigkeit, andere Textteile wiederzuerkennen.[204] Im Gegensatz zur sich immer weiter durchsetzenden Theorie der Formal Discipline vertrat Thorndike eine Transfertheorie, die auf identischen Elementen beruhte. Dieser Theorie zufolge lassen sich Verbesserungen nur insoweit auf andere Fähigkeiten übertragen, als es zwischen beiden Gebieten Überlappungen gibt. Thorndike schloss daraus, dass »das Gehirn auf eine derart große Vielzahl voneinander unabhängiger Fähigkeiten spezialisiert ist, dass sich die menschliche Natur nur in ganz geringem Ausmaß verändern lässt.«[205]

Heute mutet die Annahme, Latein könne die Merkfähigkeit verbessern, reichlich antiquiert an. Die Doktrin der Formal Discipline ist dagegen kein Relikt aus der Vergangenheit. Vielmehr wird implizit darauf Bezug genommen, wenn dafür plädiert wird, man solle Schach lernen, um die strategische Denkfähigkeit zu stärken, Musik lernen, um die Kreativität zu fördern, oder Programmierung lernen – unabhängig von der Fähigkeit, ein tatsächliches Programm zu schreiben –, um die allgemeine Problemlösungsfähigkeit zu verbessern. Wie zu Thorndikes Zeiten lässt auch heute eine sorgfältige Untersuchung Zweifel an den weitreichenden Nutzen aufkommen, die diesen spezifischen Disziplinen zugeschrieben werden. Giovanni Sala und Fernand Gobet führten Meta-Analysen über die allgemeinen kognitiven Vorteile des Schach- und Musikunterrichts durch.[206] Dabei ließ sich nur eine geringe Wirkung auf die Messung der mathematischen Logik oder der akademischen Fähigkeiten feststellen. »Insgesamt können diese Ergebnisse als ›vorsichtig optimistisch‹ bezeichnet werden«, erklärten die beiden Forscher. »Tatsächlich sind sie es nicht. Das Ausmaß der Effekte stand in umgekehrter

Relation zur Qualität des experimentellen Designs.« Unter der ausschließlichen Betrachtung von Studien, bei denen die Experimente rigoros durchgeführt worden waren, »war die Wirkungsgröße insgesamt betrachtet minimal oder null«. Ähnlich verhält es sich mit der Programmierfähigkeit, aus der sich keine allgemein verbesserten Problemlösungsfähigkeiten ableiten lassen. Die Autoren der Studie erklären dazu: »Die Begründung für den Unterricht in Computerprogrammierung lautet, dass sie die Entwicklung der kritischen Denkfähigkeit, der Problemlösungsfähigkeiten und der Entscheidungsfindung unterstützt. Diese Behauptungen werden von den empirischen Daten nicht unterstützt.«[207] Ob es sich um Hirnjogging, Schach oder Programmierung handelt, die Ergebnisse scheinen immer die gleichen zu sein: Das Training verbessert die konkret geübten Fähigkeiten; für eine substanzielle Verbesserung auf anderen Gebieten fehlen jedoch die Beweise.

Inwieweit unterstützt das Erlernen einer Fähigkeit das Erlernen anderer Fähigkeiten?

Die Übung einer bestimmten Fähigkeit führt mit aller Wahrscheinlichkeit nicht zu weitreichenden Nutzen über diese konkrete Fähigkeit hinaus. Dennoch konnten Thorndikes Experimente die Debatte darüber nicht beenden. Viele Kritiker stürzten sich auf das Wort *identisch* in seiner Theorie über die identischen Elemente und wiesen auf die Absurdität der Annahme hin, das Lernen sei auf exakt die gleichen Konditionen der geübten Fähigkeiten begrenzt. »Man stelle sich nur vor, jemand würde lernen, einen Nagel mit einem gelben Hammer in die Wand zu schlagen, und stelle sich die Hilflosigkeit vor, wenn man sich plötzlich einen Hammer von einem Nachbarn borgen müsste und würde feststellen, dass der Hammer rot ist«, spottete der Pädagoge Alexander Meiklejohn.[208] Thorndikes Experimente widerlegten zwar die Theorie vom Gehirn als Muskel, aber sie zeigten auch, dass größere Transferleistungen möglich waren, als seine Theorie prognostiziert hatte. Nachdem er eine Gruppe von Testpersonen trainiert hatte, ließ er sie im Rahmen von Experimenten alle Wörter in einem Text durchstreichen, die die Buchstaben *e* und *s* enthielten. Dabei stellte sich heraus, dass die Probanden bessere Ergebnisse erzielten, wenn nur ein Buchstabe ersetzt wurde (zum Beispiel sollten sie Wörter mit *e* und *r* durchstreichen), als wenn zwei Buchstaben ersetzt wurden. Allerdings erzielten die Probanden, die die erste Aufgabe machten, immer noch bessere Ergebnisse als die untrainierten Probanden einer Kontrollgruppe.[209] In Experimenten mit mathematischen Gleichungen erzielten die Probanden, denen die Gleichungen so präsentiert wurden, wie sie auch in der Schule vermittelt wurden, bessere Ergebnisse.[210] Wenn ihnen die Gleichungen anders präsentiert wurden, erbrachten sie aber immer noch eine messbare Leistung. Was auch immer die identischen Elemente zwischen zwei unterschiedlichen Fähigkeiten waren, schienen sie allgemeinerer Natur zu sein als eine einfache Paarung von Reiz und Reaktion.

Andere Forscher wiesen darauf hin, dass der Transfer von Leistungsverbesserungen zwischen verschiedenen Fähigkeiten davon abhing, wie die Fähigkeit vermittelt wurde. In einem Experiment ließ Charles Judd Jungen Dartpfeile auf ein Unterwasserziel werfen.[211] Eine Gruppe lernte das Prinzip der Lichtbrechung, die andere Gruppe nicht. Zwar versuchten beide Gruppen ungefähr über die gleiche Zeit, das Ziel zu treffen, als die Tiefe des Unterwasserziels jedoch geändert wurde, konnte sich die Gruppe, die gelernt hatte, wie sich die Richtung des Lichts ändert, wenn es aus dem Wasser austritt, besser an die Herausforderung der neuen Aufgabe anpassen. Der Gestaltpsychologe Max Wertheimer zeigte, dass das Ausmaß der Transferleistung davon abhing, wie ein Problem wahrgenommen wurde.[212] Als Beispiel nannte er die Aufgabe, die Fläche eines Parallelogramms zu bestimmen. Man kann sich die Antwort »Grundseite mal Höhe« merken, wenn ein Student jedoch die Logik hinter der Methode verstanden hat, ist er in der Lage, die Formel auf ein breiteres Formenspektrum anzuwenden. Ein grundlegendes Verständnis der jeweiligen Materie trägt stärker zu flexiblem und gebietsunabhängig anwendbarem Wissen bei als reines Auswendiglernen.

Das Gehirn ist vielleicht kein Muskel, aber die Komponenten, die von einer Fähigkeit auf eine andere übertragen werden, lassen sich nicht auf einfache Muster aus Reiz und Reaktion reduzieren. Das Auswendiglernen einer

Antwort und das Verständnis einer Methode können beide zur Problemlösung führen, mit dem Unterschied, dass nur das Verständnis zu einer flexiblen Problemlösung befähigt. Wertheimer und Judd demonstrierten, dass die Vorhersage über einen Transfer unvermeidlich davon abhängt, wie die jeweilige Fähigkeit in der Wahrnehmung des Lernenden repräsentiert wird.

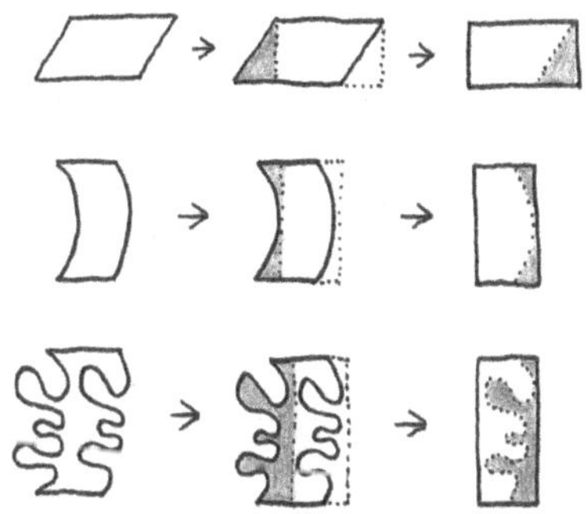

Abbildung 8:
Die Fläche eines Parallelogramms lässt sich bestimmen, indem man es vertikal durchschneidet und die linke abgeschnittene Seite nach rechts schiebt, sodass die Form einem vertrauten Rechteck entspricht, dessen Fläche sich mit der Formel »Länge mal Breite« errechnen lässt. Wenn das Prinzip richtig verstanden wird, lässt sich die Methode auf zahlreiche Formen übertragen, die die gleiche abstrakte Eigenschaft teilen, einschließlich der sehr unregelmäßigen Form in der untersten Reihe.

Welches sind die Bausteine komplexer Fähigkeiten?

Die frühen Psychologen waren in der Diskussion über Transferleistungen gehandicapt, weil es ihnen an einer präzisen Sprache für die Diskussion mentaler Repräsentationen mangelte. Die Konzepte »identische Elemente« oder »gute Gestalt« waren zu vage, um Vorhersagen über den Grad an Transferleistungen zwischen zwei Aufgaben zu treffen. Das änderte sich mit der kognitiven Revolution in der Psychologie, als die Forscher begannen, ihre Theorien in die Sprache der Informationsverarbeitung zu verpacken und Modelle zu entwickeln, die sich auf einem Computer simulieren ließen und einen direkten Vergleich mit der Leistung von Testpersonen erlaubten. Von diesen Theorien ist John Andersons karriereumspannende Arbeit an der ACT-R-Theorie (Adaptive Control of Thought-Rational) der ernsthafteste Versuch der Modellierung des Prozesses des Kompetenzerwerbs gewesen.*

Der ACT-R-Theorie zufolge bestehen Fähigkeiten aus atomischen Einheiten, die als Produktionsregeln bezeichnet werden.[213] Eine Produktionsregel ist ein Wenn-dann-Muster, das eine Kondition mit einer Handlung verknüpft. Wertheimers Parallelogramm-Trick könnte man zum Beispiel als Produktionsregel beschreiben: »WENN die linke Seite mit der rechten kongruent ist, DANN durchschneide die Form und verschiebe die linke Seite, um daraus ein Rechteck zu bilden.« Produktionsregeln besitzen die Einfachheit von Reiz-Reaktionsassoziationen, allerdings mit zwei zentralen Unterschieden. Der erste besteht darin, dass Produktionsregeln abstrakt sein können. Der Verweis auf die »linke Seite« der Form in unserer hypothetischen Produktionsregel muss sich nicht auf eine bestimmte Form beziehen. Das ist vergleichbar mit dem Algorithmus für die schriftliche Division. Wenn man ihn einmal beherrscht, kann man ihn auf alle beliebigen Zahlen anwenden und braucht keine separate Übung mit jeder möglichen Zahlenkombination. Der zweite Unterschied besteht darin, dass Produktionsregeln nicht nur offenkundiges Verhalten betreffen, sondern auch geistige Handlungen. Komplexe Fähigkeiten lassen sich in multiple mentale Schritte herunterbrechen wie die Formulierung von Unterzielen oder die Manipulation von geistigen Inhalten. Das heißt, selbst wenn sich zwei Probleme oberflächlich betrachtet voneinander unterscheiden, kann ein Transfer stattfinden, wenn es in ihrer Lösung gemeinsame psychologische Schritte gibt.

Abstraktion und mentale Handlungen tragen zu der Erklärung bei, wie ein Programmierer, der eine Programmiersprache lernt, in kurzer Zeit eine zweite Programmiersprache lernen kann. Zwar unterscheidet sich das ge-

---

* Anm. d. Übers.: Die ACT-R-Theorie versteht sich als hybride kognitive Architektur. Mit ihrer Hilfe soll erklärt werden, wie Menschen ihr Wissen strukturieren und warum sie in der Lage sind, sich intelligent zu verhalten. (Quelle: https://teachsam.de/psy/psy_kog/psy_kog_5_8_1.htm)

naue Befehlsformat jeder Programmiersprache, allerdings sind mit einer komplexen Fähigkeit wie der Programmierung mehr abstrakte Produktionsregeln verbunden, wie zum Beispiel die Entscheidung, eine Variable oder eine Funktion einzubauen. Ähnlich verhält es sich mit Künstlern und Musikern, die oft wesentlich schneller den Umgang mit neuen Medien und Instrumenten erlernen als ungeübte Anfänger, weil ein Großteil ihres Wissens möglicherweise abstrakt ist. Die Fingerbewegungen beim Klavierspiel unterscheiden sich völlig von den Fingerbewegungen beim Violinenspiel, die Takte, die Melodieführung und die Fähigkeit, Noten zu lesen, bleiben aber unverändert. Produktionsregeln bieten ein Mittelfeld zwischen Thorndikes sehr enger Sichtweise der Transferleistung und der übertrieben optimistischen Sichtweise, die der Betrachtung des Gehirns als trainierbarer Muskel zugrunde liegt. Die Theorie legt die Vermutung nahe, dass Fähigkeiten mit kontinuierlicher Praxis asymmetrisch werden. Produktionsregeln verlaufen von der Bedingung zur Handlung, aber nicht umgekehrt. Um diese Vermutung zu bestätigen, führte Anderson ein Experiment durch, bei dem er Studenten die Regel für Integration und Differenziation in der Integral- und Differenzialrechnung gab.[214] Wie bei Addition und Subtraktion verhalten sich diese Operatoren gegensätzlich zueinander, sodass die Ausgabe für die Differenziation dieselbe ist wie die Eingabe für die Integration für Formelpaare. Diejenigen, die die Anwendung der Regel für die Bildung einer Ableitung wiederholt übten, beherrschten diese Regel besser, allerdings nicht bei der Bildung von Integralen, und umgekehrt.[215] Ähnliche Ergebnisse wurden beim Erlernen einer zweiten Fremdsprache festgestellt. Robert DeKeyser zeigte, dass Studenten, die die Bildung einer bestimmten grammatischen Satzstruktur übten, kaum Verbesserungen erzielten, was das Verständnis betraf, und diejenigen, die das Verständnis übten, erzielten kaum Verbesserungen bei der Bildung der Satzstruktur. Die Asymmetrie der Fähigkeiten hat reale Folgen. Forschungsergebnisse zeigen, dass kanadische Schüler, die vom Kindergarten bis zur zwölften Klasse Französisch lernen, üblicherweise sehr gute passive Sprachkenntnisse erlangen, also Französisch fließend lesen und verstehen können, aber kaum aktive Sprachkenntnisse besitzen, weil es ihnen an der Gelegenheit fehlt, Französisch zu sprechen.[216]

Abgesehen von der Asymmetrie der Fähigkeiten stellt sich die Frage, wie gut Produktionsregeln Transferleistungen vorhersagen. Anderson testete die Theorie anhand von Schülern, die unterschiedliche Fähigkeiten erwarben, die als Produktionsregeln modelliert wurden. Der Theorie zufolge hängt die Geschwindigkeit, mit der eine neue Fähigkeit erlernt wird, von der Zahl der Produktionsregeln ab, die zwei Fähigkeiten gemeinsam haben (und dem Grad des Lernens für jede einzelne Produktion). Insgesamt entspricht die Beziehung zwischen dem beobachteten und dem vorhergesagten Transfer einer fast perfekt geraden Linie. Trotz der beinahe einheitlich linearen Beziehung liegt der beobachtete Transfer allerdings leicht über dem vorhergesagten Transfer. Anderson zufolge könnte der Grund dafür sein, dass das Modell einige der allgemeineren Produktionsregeln unberücksichtigt lässt, die die trainierten Fähigkeiten miteinander teilen.[217]

Produktionsregeln sind eine Komponente der ausgefeilten kognitiven ACT-R-Architektur. Dieser Theorie zufolge stützt sich das Wissen über Fakten, Konzepte und Beispiele auf ein separates Gedächtnissystem. Überschneidungen zwischen den Produktionsregeln sind daher am besten geeignet, den Umfang des Transfers zu erklären, der sich nach wiederholter Übung vorhersagen lässt. Allerdings bauen nicht alle Theorien über Fähigkeiten auf Produktionsregeln auf. Konnektionistische Systeme modellieren Fähigkeiten[218] aus dem Zusammenspiel zahlloser einfacher informationsverarbeitender Einheiten, Schematheorien repräsentieren Wissen[219] in Form von abstrakten Schablonen, und beispielbasierte Darstellungen[220] gründen qualifizierte Leistungen auf der Ansammlung unzähliger erinnerter Vorgänge. Angesichts der zahllosen ungeklärten Fragen im Zusammenhang mit dem menschlichen Gehirn ist es möglich, dass zukünftige Forscher noch sorgfältiger ausgearbeitete Erklärungen finden werden, die noch besser zu den gewonnenen Daten passen. Was man sagen kann, ist, dass die ACT-R-Theorie mit ihren Produktionsregeln von allen bekannten Theorien am meisten überzeugt und dass alternative Theorien, selbst wenn sie Fähigkeiten mit völlig anderen Mechanismen beschreiben, zu all den psychologischen Daten passen müssen, die die ACT-R-Theorie unterstützen.

Macht und Grenzen der Abstraktion

Produktionsregeln liefern eine Darstellung darüber, in welchem Umfang man eine Transferleistung von einer Fähigkeit auf eine andere erwarten kann. Doch selbst wenn es für zwei unterschiedliche Probleme Lösungen gibt, bei denen sich Überschneidungen feststellen lassen, machen wir uns diese Ähnlichkeit nicht immer zunutze. Ein repräsentatives Beispiel liefert ein Experiment, das von Mary Gick und Keith Holyoak durchgeführt wurde.[221] Sie präsentierten ihren Probanden eine Geschichte über einen General, der eine Festung angriff. Die Straßen, die zu der Festung führten, waren mit Sprengfallen in Form von Druckzünderminen versehen. Falls der General mit seinen gesamten Truppen über diese Straßen ziehen und die Festung angreifen würde, würden die Minen detonieren. Kleinere Einheiten wären zwar in der Lage, den Minen auszuweichen, würden mangels Stoßkraft aber von den Verteidigungskräften des Gegners zurückgeschlagen werden. Nach dieser Geschichte wurde den Probanden ein anderes Problem präsentiert, bei dem ein Magentumor bestrahlt werden sollte. Eine hochintensive, konzentrierte Bestrahlung würde den Tumor zerstören, aber auch das gesamte umliegende gesunde Gewebe. Eine Bestrahlung mit niedriger Intensität würde das gesunde Gewebe schonen, aber den Tumor nicht zertrümmern können. Die Lösung für beide Problemstellungen war strukturell die gleiche: eine Aufteilung der Angriffskräfte in kleinere Einheiten, um das Ziel von allen Seiten anzugreifen. Dennoch gab es nur wenige Probanden, die das strukturelle Muster, das beiden auf den ersten Blick völlig unterschiedlichen Problemstellungen zugrunde lag, spontan erkannten und anwenden konnten. Obwohl beide Problemstellungen parallel präsentiert wurden, gelang es nur 20 Prozent, eine Verbindung zwischen ihnen herzustellen, und davon erzielten zwei Drittel eine Teillösung. Wenn die Forscher den Probanden dagegen den Hinweis gaben, die Geschichte über den General lasse sich zur Lösung des Bestrahlungsproblems nutzen, stieg die Lösungsrate auf 92 Prozent.

Ein weiteres Beispiel für die Unfähigkeit, Analogien zu bilden, strukturelle Gemeinsamkeiten zu erkennen und zur Lösung eines ähnlich gelagerten

Problems zu nutzen, ist der Wason-Test – auch bekannt als Wason Selecton Task.[222] Bei diesem Rätsel erhalten die Probanden Karten, auf denen jeweils K, E, 4, 7 steht, und die folgende Regel: »Wenn auf der einen Seite der Karte ein Vokal steht, muss auf der Rückseite eine gerade Zahl stehen.« Welche Karten müssen umgedreht werden, um zu überprüfen, ob die Regel stimmt?

Abbildung 9:

Wason-Test: Welche Karten müssen Sie umdrehen, um zu überprüfen, ob die folgende Regel stimmt: »Wenn auf der einen Seite ein Vokal steht, muss auf der Rückseite eine gerade Zahl stehen.«

In der ursprünglichen Studie gab fast die Hälfte der Probanden eine falsche Antwort: E und 4. Die richtige Antwort lautet E und 7. Zwar würde die Regel verletzt, wenn auf der Rückseite von E eine ungerade Zahl stünde, es gab aber keine Regel, die besagte, dass auf der Rückseite einer geraden Zahl kein Konsonant stehen konnte. Deswegen muss die Karte mit der 7 umgedreht werden, weil ein Vokal auf der Rückseite gegen die Regel verstoßen würde. Nur 7 Prozent der Probanden gaben die richtige Antwort. Faszinierenderweise scheinen Probanden bei dieser Aufgabe auch dann nicht besser abzuschneiden, wenn sie ein formales Training in Logik erhalten hatten.[223]

Und hier das zweite Rätsel: Sie sind ein Inspektor, der in einer Bar prüft, ob Minderjährige Alkohol trinken. Sie sehen einen alten Mann, einen Teenager, eine Person, die Milch trinkt, und eine Person, die Bier trinkt. Wessen Personalausweis oder Getränk müssen Sie prüfen, um feststellen zu können, ob ein Verstoß gegen die Regel »Kein Alkoholausschank an minderjährige Personen« vorliegt? Offensichtlich müssen Sie den Biertrinker und den Teenager überprüfen. Obwohl der Wason-Test und dieses Rätsel die gleiche Struktur und Lösung haben,* erzielten die Probanden bei der Beantwortung unterschiedliche Ergebnisse. Warum taten sich die Probanden so schwer, den Wason-Test auf Anhieb richtig zu beantworten, hatten aber keine Schwierigkeiten mit der Beantwortung der zweiten Frage? Eine Erklärung lautet, dass wir aufgrund unserer Erfahrung im Umgang mit sozialen Normen die Fähigkeit besitzen, Regelverstöße sofort zu erkennen.[224] Dadurch können wir die korrekte Lösung finden, wenn sie als Gesetzesvollzug formuliert wird. Das geschieht jedoch nicht, wenn wir eine strukturell identische Kartensortierungsaufgabe lösen sollen.

Die Schwierigkeit des Transfers zwischen analogen Aufgaben ist nicht auf Probleme begrenzt, die sich Forscher in einem Labor ausgedacht haben. Der Psychologe Stephen Reed untersuchte, welche Ergebnisse Mathematikschüler erzielen würden, die Unterricht in Algebra erhalten hatten, aber Probleme mit Textaufgaben hatten, wenn ihnen eine neue Aufgabenstellung und eine Beispiellösung präsentiert würden.[225] Wenn die Aufgabenstellung und das Beispiel die gleiche Story und Lösungsstruktur aufwiesen, erzielten die Schüler gute Ergebnisse. Wenn der Inhalt der Geschichte jedoch vom Lösungsbeispiel abwich, sank die Erfolgsquote. Wenn die Aufgabenstellung also eine Abwandlung der im Beispiel genannten Lösung erforderte, konnten nur wenige Schüler diesen Transfer leisten. Textaufgaben sind für die meisten Schüler eine Herausforderung, und eine beliebte Strategie scheint zu sein, die verschiedenen Unterformen des Problems und ihre jeweilige Lösung auswendig zu lernen. Das ist weit von den Zielen entfernt, die Mathematiklehrer gerne erreichen würden, nämlich dass ihre Schüler ihre im Unterricht erworbenen Kenntnisse auf reale Probleme übertragen können und nicht nur auf die stereotypen Probleme, die in den Lehrbüchern stehen. Schlimmer noch, die spontane Anwendung von Algebra-Kenntnissen auf reale Lebenssituationen ist üblicherweise schwieriger als auf Textprobleme, denn die Teilnahme an Algebra-Unterricht ist ein sehr deutlicher Hinweis darauf, welche Art von Wissen erforderlich

---

* Um die Verbindung zu erkennen, ersetzen wir im Wortlaut der Regel »Vokal« durch »Teenager« und »gerade Zahl« durch »alkoholfreies Getränk« und tauschen »K« gegen den »Biertrinker« und »E« gegen den »Teenager«, die »4« gegen »Milch« und die »7« gegen »Bier« aus.

ist. Spätere reale Problemstellungen, deren Lösungen Algebra-Kenntnisse voraussetzen, kündigen diese Tatsache selten an. Der Mathematiker und Philosoph Alfred North Whitehead beklagte das Problem des »trägen Wissens« in der Bildung, soll heißen Ideen und Methoden, die potenziell eine breite Anwendung finden könnten, aber ungenutzt bleiben.[226] Selbst wenn das Wissen zur Lösung eines bestimmten Problems potenziell zur Verfügung steht, nutzen wir es oft nicht.

Nicht alle Forschungsergebnisse über Analogiebildung und Transfer geben Anlass zu Pessimismus. Geoffrey Fong, David Krantz und Richard Nisbett stellten fest, dass Schüler, die in statistischen Heuristiken unterrichtet wurden, wie zum Beispiel dem Gesetz der großen Zahlen, dieses Wissen erfolgreich anwenden konnten, wenn sie ein Quiz lösen sollten, das als Telefonumfrage getarnt war.[227] Die Probanden, die die Lösung oberflächlicher Variationen der Türme von Hanoi geübt hatten, hatten zunächst Mühe, ihr Wissen über die Lösung eines Rätsels auf ein anderes, aber strukturell identisches Rätsel zu übertragen.[228] Mit zunehmender Übung nahmen diese Schwierigkeiten ab. Studien, in deren Rahmen untersucht wurde, wie erfahrene Physiker an eine Problemstellung herangehen, haben ergeben, dass die Experten die Probleme zunächst nach ihren zugrunde liegenden Prinzipien unterteilen und nicht nach oberflächlichen Merkmalen.[229] Eine logische Interpretation dieser Ergebnisse lautet, dass Wissen zwar potenziell abstrakt ist, es oft aber einer Menge praktischer Beispiele und umfassender Erfahrung bedarf, um selbst diesen begrenzten Grad an Allgemeingültigkeit nutzen zu können.

Die praktischen Konsequenzen präziser Fähigkeiten

Die Ergebnisse der Forschung über Transferleistungen sollten unsere Erwartungen dämpfen, was eine Verallgemeinerung der Nutzen des Kompetenzerwerbs beziehungsweise einer Leistungssteigerung auf einem konkreten Gebiet betrifft. Die vernünftigste Vorhersage, die man über das Erlernen des Schachspiels treffen kann, ist, dass man dadurch besser Schach spielen kann. Vielleicht bietet Schachkompetenz auch einige Vorteile für die Beherrschung ähnlicher Spiele, zum Beispiel was das Zeitmanagement oder die richtige Einschätzung des Gegners angeht. Der größte Teil des Lernerfolgs wird jedoch auf Schach begrenzt sein. Bei Disziplinen wie Mathematik, deren abstrakte Strukturen bei zahlreichen konkreten Aufgaben breite potenzielle Anwendungsmöglichkeiten bieten, ist der allgemeine Nutzen wahrscheinlich größer. Aber auch hier gilt, dass die Allgemeingültigkeit der Mathematik nicht immer genutzt wird, denn vielen Probanden ist es nicht gelungen, ihre mathematischen Kenntnisse spontan auf Probleme des Alltags zu übertragen.

Wie sieht es mit der Verbesserung der eigenen Lernprozesse aus, also zu lernen, wie man besser lernt? Damit ein Buch wie dieses irgendeine praktische Bedeutung hat, müsste ein Leser wie Sie vermutlich allgemeine Ideen über Lernen daraus ziehen und diese auf seine spezifischen Vorhaben umsetzen können. Hier bin ich vorsichtig optimistisch. Ich glaube, dass es möglich ist, besser zu lernen, und wenn auch nur, weil bisher nur wenige der Erkenntnisse, die aus der Forschung gewonnen wurden, allgemein bekannt sind. In der Breite wissen Lernende nicht, welchen überlegenen Wert der aktive Abruf des erworbenen Wissens im Vergleich zur passiven Wiederholung des Lernstoffs hat oder wie effektiv das verteilte Lernen im Vergleich zu einer geballten Aufnahme einer großen Menge an Lerninhalten in kurzer Zeit ist.[230] Allerdings scheinen sich viele Lernende auch dann nicht für die effektiveren Lernmethoden zu entscheiden, wenn sie die Gelegenheit dazu erhalten – obwohl kontrollierte Experimente wiederholt ihre Überlegenheit bewiesen haben.[231] Ich glaube außerdem, dass die Planung selbst gesteuerter Lernprojekte, die Durchführung von Forschungsprojekten oder Lernbemühungen und Vorbereitung auf den Unterricht gemeinsame Produktionsregeln beinhalten, die sich über die konkreten vermittelten Inhalte hinaus erstrecken. Wir leben in einer Welt, die sich stark von der Welt unserer Vorfahren unterscheidet und schier unglaubliche Anforderungen an den Erwerb von Wissen und Fähigkeiten stellt. Daher wäre es keine Überraschung, wenn uns unsere Instinkte im Hinblick auf das Lernen in unserer modernen Umgebung gelegentlich in die Irre führen würden.

Abgesehen von dieser Ausnahme macht die Forschung über Transfer deutlich, dass die breit angelegten Fähigkeiten, die wir bei anderen Menschen beobachten, auf unzähligen kleineren Elementen basieren. So wie die fließende Beherrschung einer Fremdsprache inhärent auf der Kenntnis zahlreicher Wörter und Redewendungen aufbaut, baut auch intelligentes Denken auf der Verfügbarkeit großer Mengen spezifischer Fakten, Methoden und relevanter Erfahrungen auf. Nachfolgend möchte ich drei praktische Konsequenzen der zuvor skizzierten Forschung darstellen.

1. Lektion: Konzentrieren Sie sich auf die Aufgabe, die Sie verbessern wollen

Breite Fähigkeiten wie die fließende Beherrschung der spanischen Sprache oder der Programmiersprache Python sind in Wirklichkeit eine Sammlung wesentlich kleinerer Wissens- und Kompetenzeinheiten. Zwar beträgt der Transfer zwischen verschiedenen Disziplinen wahrscheinlich mehr als null, aber üblicherweise liegt er auch unter 100 Prozent. Wie wir gesehen haben, führt die Bildung einer grammatisch korrekten Satzstruktur nicht notwendigerweise zu ihrem Verständnis. Es ist daher sinnvoll, große Ziele in spezifischere Teilziele herunterzubrechen, bei denen man eine Verbesserung erzielen möchte. Zu wissen, wie man auf Spanisch nach dem nächsten Supermarkt fragt, ist ein wesentlich bescheideneres Ziel als das Ziel, sich fließend unterhalten zu können. Allerdings gibt es jeden Grund zur Annahme, dass die Erreichung des übergeordneten Ziels, sich fließend unterhalten zu können, einfach das Ergebnis akkumulierter Erfolge bei der Erreichung von kommunikativen Teilzielen ist.

Die Auswahl und Sequenzierung von Aufgaben, deren erfolgreiche Bewältigung man erlernen möchte, ist ein wichtiger Teil jedes Lernplans zum Erwerb praktischer Fähigkeiten, aber sie kann auch auf intellektuelle Fähigkeiten anwendbar sein. Immerhin liegt der Wert von Disziplinen wie Wirtschaftswissenschaften und Physik nicht in ihren allgemein leistungssteigernden Vorteilen, sondern darin, dass sie Ihnen die intellektuellen

Werkzeuge für den Umgang mit konkreten finanziellen oder motorischen Fragestellungen vermitteln. Auch hier sollten wir auf die Auswahl der richtigen Aufgaben achten und sicherstellen, dass wir ausgiebige Gelegenheit zur praktischen Übung haben.

2. Lektion: Abstrakte Fähigkeiten erfordern konkrete Beispiele

Die Forschung über Transferleistungen lässt vermuten, dass die Frage der richtigen Wissensvermittlung mit einer gewissen Spannung behaftet ist. Auf der einen Seite wollen wir Fähigkeiten in ihrer generischsten Form vermitteln, damit sie sich möglichst breit anwenden lassen. Probanden, die bestimmte Gleichungen im Kontext des Algebra-Unterrichts gelernt haben, waren anschließend zum Beispiel besser in der Lage, diese auf den Physikunterricht zu übertragen, als umgekehrt.[232] Eine Erklärung lautet, dass Algebra-Unterricht bewusst abstrakt ist und die Schüler dies als Hinweis für eine breite Anwendungsmöglichkeit des erworbenen Wissens nehmen. Auf der anderen Seite bleiben abstrakte Fähigkeiten womöglich ungenutzt, bis wir erkennen, dass sie auch auf neue Situationen Anwendung finden. Eine zu generische Wissensvermittlung kann jedoch dazu führen, dass viele wichtige Spezifika einer Kompetenz unberücksichtigt bleiben, was ein Grund dafür ist, dass viele frischgebackene Uni-Absolventen oft erst ein spezifisches Training benötigen, bevor sie einen echten beruflichen Wertbeitrag leisten können.

Eine Lösung könnte darin bestehen, Lernenden möglichst viele unterschiedliche Beispiele für dasselbe Prinzip zu geben, damit sie eine Allgemeingültigkeit verstehen und nicht in konkreten Einzelheiten stecken bleiben. Anstatt einer einzigen Demonstration brauchen die meisten Lernenden wahrscheinlich viele unterschiedliche Beispiele, um das gesamte Anwendungsspektrum einer Methode oder Idee zu erkennen. Ähnlich verhält es sich mit abstrakten Fähigkeiten, die wahrscheinlich eines weitergehenden praxisbezogenen Trainings bedürfen, bevor sie einen praktischen Nutzen bieten. Jemand, der im Rahmen seines Studiums der Computerwissenschaft Konzepte lernt, braucht wahrscheinlich weiteres Wissen und zusätzliche praktische, berufsbezogene Kompetenzen, die für die erfolgreiche Durchführung konkreter Softwareprojekte nötig sind. Die Schwierigkeiten in der Anwendung könnten überwunden werden, indem die Verbindung zwischen vorhandenem und neuem Wissen aufgezeigt und der Lernprozess auf diese Weise beschleunigt wird.[233]

3. Lektion: Erwerben Sie Fähigkeiten um ihrer selbst willen

Fähigkeiten, deren Erwerb sich wirklich lohnt, benötigen keine falschen Versprechungen über eine allgemeine Steigerung der geistigen Leistung. Schach ist ein großartiges Spiel mit einer reichen Geschichte. Die Beherrschung seiner Tricks und Kniffe kommt ohne die Rechtfertigung aus, sie fördere die allgemeine strategische Denkfähigkeit und erleichtere die Formulierung von Geschäftsstrategien. Die Motivation, musikalische Kompetenzen zu erwerben, braucht kein zusätzliches Versprechen, als Musikexperte könne man nebenbei bessere Marketingkampagnen brainstormen. Und die Nützlichkeit, programmieren zu können, hängt nicht davon ab, ob diese Fähigkeit zu einer allgemeinen Intelligenzsteigerung beiträgt. Anstatt Kenntnisse wegen ihrer fragwürdigen intrinsischen Vorteile zu erwerben, können wir uns bestimmte Fähigkeiten und Themen erarbeiten, weil sie uns einfach interessieren.

Wie sich die Metapher ersetzen lässt, dass das Gehirn ein Muskel ist

Die Geschichte über die Interpretation des Gehirns ist eine Geschichte der Metaphern. Plato verglich die Seele mit einem Streitwagenfahrer, der von zwei Pferden gezogen wird: der rechtschaffenen Tugend und der irrationalen Leidenschaft. René Descartes betrachtete die Nerven als ein hydraulisches

System. Die Assoziationspsychologen vertraten die Auffassung, Gewohnheiten organisierten das Gehirn, und die Gestaltpsychologen betrachteten das Denken durch die Linse der Wahrnehmung. In jüngster Zeit hat sich die Computer-Metapher durchgesetzt, sowohl in der seriellen Maschinenformulierung der klassischen Kognitionswissenschaft als auch dem Netz aus informationsverarbeitenden Einheiten der Neurowissenschaften. Alle Metaphern treffen zu einem gewissen Grad zu, führen aber auch in die Irre. Das gilt auch für die Metapher, dass das Gehirn ein Muskel ist. Natürlich werden Fähigkeiten durch Übung gestärkt; in dieser Hinsicht trifft die Metapher zu. Sie irrt jedoch, wo sie nahelegt, die Stärkung der Fähigkeiten zur Lösung einer bestimmten konkreten Aufgabe würde auch zur Lösung anderer, völlig anders gelagerter Problemstellungen befähigen. Vielleicht lautet eine bessere Metapher, dass das Gehirn einer Werkzeugsammlung gleicht, die auf vielfältigem Wissen beruht.[234] Jedes Werkzeug hat seinen spezifischen Anwendungsbereich, und alle zusammen können zu breiten Kompetenzen führen.

»Es mag den Lehrer entmutigen, denken zu müssen, dass sich verbesserte arithmetische, grammatische oder translatorische Fähigkeiten nicht auf alle anderen Fähigkeiten übertragen lassen«, schrieb Edward Thorndike vor mehr als einem Jahrhundert. »Die Feststellung dieser Fakten bietet jedoch keinen echten Grund zur Entmutigung. Das Lernen wird so viel disziplinarischen Wert besitzen wie zuvor; eigentlich sogar mehr, denn weil nun festgestellt wurde, wie gering der Transfer ist und wie dieser geringe Transfer möglich wird, wird Lehre und Wissensvermittlung wahrscheinlich ein höherer allgemeiner Wert beigemessen werden als zuvor, als wir noch darauf vertrauten, dass die Disziplinen selbst das Gehirn auf geheimnisvolle Weise insgesamt leistungsfähiger machen würden. Das, was Lehrern wirklich Anlass zu Entmutigung geben sollte, wäre die Auswahl der falschen Disziplinen und unklugen Methoden auf Grundlage der fehlgeleiteten Vorstellung über den Vorteil, den die Verbesserung einer geistigen Funktion für die Verbesserung einer anderen geistigen Funktion bietet.« Der Wert des Lernens wird nicht geschmälert, wenn wir uns von der Vorstellung verabschieden, dass das Gehirn wie ein Muskel funktioniert. Stattdessen bietet es Klarheit über die Beschaffenheit der vorliegenden Aufgabe. Die Problemlösungsfähigkeit verbessert sich insgesamt, wenn man gelernt hat, viele unterschiedliche Probleme zu lösen. Kritisches Denken ist das Ergebnis einer breiten Wissensbasis, die die betreffende Person in die Lage versetzt, zweifelhafte Annahmen zu hinterfragen. Die Genauigkeit wird durch ein sorgfältiges Vorgehen bei allen Aufgaben verbessert. Thorndikes Fazit: »Das Gehirn gibt nichts umsonst, aber es betrügt nie.«[235]

Das Gehirn mag kein Muskel sein, aber wir wollen trotzdem, dass die Fähigkeiten, die wir uns aneignen, eine möglichst breite Anwendungsbasis haben. Im nächsten Kapitel werden wir uns mit der Erkenntnis beschäftigen, dass variable Übungsformen der aussichtsreichste Ansatz zum Erwerb flexibel einsetzbarer Fähigkeiten sind.

KAPITEL 7

Erst wiederholen, dann variieren

Ich dachte immer: »Wie können Jazzmusiker Noten aus dem Nichts spielen?« Ich hatte keine Vorstellung, wie viel Vorwissen das erfordert. Auf mich wirkte es damals wie ein Wunder.[236]

Calvin Hill, Jazzbassist

- Wie kann man Improvisation lernen?
- Wie führen variable Übungsformen zu flexiblem Denken?
- Wann sind variable Übungsformen besser als sture Wiederholung?

Anfang der 1940er-Jahre wurde in der zweiten Etage des Minton's Playhouse in Harlem ein neuer Musikstil geboren. Musiker wie Thelonious Monk, Charlie Christian, Dizzy Gillespie und Charlie »Bird« Parker traten immer montagabends im Rahmen der üblichen Jam-

Sessions auf. Bebop, wie der neue Musikstil hieß, war eine Reaktion auf den Swing, der zu jener Zeit die Tanzhallen im ganzen Land füllte. Swing wurde von großen Bigbands in vorarrangierten Melodien gespielt, zu denen man sich leicht bewegen konnte. Im Gegensatz dazu beschränkte sich Bebop auf einige wenige Instrumente, wobei die Betonung auf improvisierten Soli mit komplexen Akkorden und Rhythmen lag. Frei von den Anforderungen an einen bezahlten Auftritt, konnten die Musiker sich gegenseitig mit zunehmend virtuosen Vorführungen ihrer technischen Fähigkeiten und ihrer Kreativität herausfordern. In Erinnerung an die Zeit im Minton's sagte der junge Miles Davis: »Du hast einfach deine Trompete mitgebracht und gehofft, Bird oder Dizzy würden dich einladen, mit ihnen auf der Bühne zu spielen. Und wenn das geschah, tat man gut daran, es nicht zu vermasseln. Die Leute achteten genau auf die Reaktionen von Bird oder Dizzy; wenn sie lächelten, nachdem du deinen Part zu Ende gespielt hattest, dann hieß das, dass du gut warst.«[237] Genauso oft konnten die neuen Anforderungen an die spontane Leistung zum Scheitern führen. Einer Episode zufolge putzte der Stand-up-Bassist und Minton's-Veteran Charles Mingus einen Saxofonisten nach dessen Solo herunter, bis diesem die Tränen in den Augen standen: »Mann, spiel etwas anderes, etwas anderes. Das ist Jazz, Mann. Du hast das gestern Abend und am Abend zuvor schon gespielt.«[238] Man kann den Einfluss, den Bebop auf den Jazz gehabt hat, und die Bedeutung der Improvisationsfähigkeit bei komplexen Arrangements gar nicht genug betonen.

In der afroamerikanischen Musikkultur, die als Wiege des Jazz gilt, hat die Improvisationsfähigkeit eine lange Tradition. In seiner fantastischen Untersuchung über Jazz-Improvisation *Thinking in Jazz* schildert der Musikethnologe Paul Berliner eine Anekdote über eine Gospelsängerin, die die Reaktion einer klassisch ausgebildeten Pianistin beschrieb, die eines Tages in ihrem Kirchenchor auftrat:

> Nach der Vorstellung des Chors bat die Pianistin den Chorleiter um ihre »Musik«. Der Chorleiter erklärte ihr, dass sie ohne »Notenblatt« arbeiteten und die Pianistin sich die Freiheit nehmen solle, passend zum

> Chor zu improvisieren. Befremdet und verlegen erwiderte die Pianistin, »[ohne] Musik« könne sie den Chor nicht begleiten. Sie hatte derartige künstlerische Anforderungen noch nie erlebt. Die Mitglieder des Chors waren gleichermaßen erstaunt über ihre Antwort, da sie noch nie einen Musiker oder eine Musikerin erlebt hatten, die auf ein Notenblatt angewiesen war.[239]

Diese kulturelle Betonung der Improvisationsfähigkeiten fand unmittelbaren Eingang in den neuen Jazz. Bereits 1944 improvisierte Charlie Parker eine Vielzahl von einzigartigen Soli für unterschiedliche Aufnahmen desselben Songs im Rahmen der Aufnahmen für Tiny Grimes' Quintett.[240] Miles Davis stellte seine Improvisationskünste unter Beweis, als sich während eines Solos ein Trompetenventil verklemmte. Unbekümmert spielte er einfach weiter und behandelte die nicht spielbaren Töne als eine neue musikalische Einschränkung, die seine Kreativität herausforderte.[241] »Angesteckt von seiner Vitalität, stellten sich die Zuhörer vielleicht vor, Jazz sei vor der Darbietung bis auf die letzte Note niedergeschrieben und geprobt worden. Die Künstler spielen üblicherweise jedoch ohne Notenblätter und ohne Dirigenten, der ihr Spiel koordiniert«, schreibt Berliner.[242]

Spontaneität sollte nicht mit mangelnder Disziplin verwechselt werden. »Jazz ist nicht einfach: ›Hey, das ist, was ich gerade spielen möchte‹«, erklärte der Trompeter Wynton Marsalis. »Es ist vielmehr etwas sehr Strukturiertes, das einer langen Tradition entstammt und viel Nachdenken und Studium voraussetzt.«[243] Erfahrene Jazzspieler vergleichen Jazz mit einer Sprache. Beide Disziplinen bieten unendliche Ausdrucksmöglichkeiten, aber auch strenge Vokabel- und Syntaxregeln, die verhindern, dass der Ausdruck in sinnentleertes Kauderwelsch entgleitet. Der Saxofonist James Moody verglich im falschen Kontext gespielte Noten mit »einem Schrei inmitten einer friedlichen Straßenszene«.[244] Miles Davis stauchte einmal einen jungen Lonnie Hillyer zusammen, nachdem dieser während eines improvisierten Solos mit der Band in Streit geraten war, weil er seine Akkorde nicht beherrschte. Der Eindruck des »Alles ist erlaubt«, den die Jazzimprovisation vermittelt, wird am besten von der fantastischen Präzision entkräftet, die das spontane

Spiel erfahrener Jazzmusiker prägt. »Mein Lehrer ließ uns zu einem Song improvisieren«, erinnert sich ein Schüler. »Und wenn man es versucht hat, saß er an einem anderen Klavier und spielte deine improvisierten Noten mit einer Verzögerung von einem Bruchteil einer Sekunde nach. Es war zum Verrücktwerden.«[245]

Zu lernen, wie man improvisiert, stellt für angehende Jazzmusiker eine große Herausforderung dar. Wie entwickelt man die Fähigkeit, fehlerfrei komplexe Akkord- und Rhythmuswechsel zu vollziehen und gleichzeitig die Flexibilität zu wahren, ständig neue Melodien zu spielen und sich nicht ständig zu wiederholen? Jahrzehnte nach den berühmten Jazzabenden in Minton's Playhouse wenden angehende Jazzmusiker eine Reihe von Techniken an, um ihre Improvisationskünste zu perfektionieren. Ein zentrales Merkmal vieler dieser Techniken ist die Variabilität, um die Übungseffekte zu vertiefen. Die gleichen Fertigkeiten in unterschiedlicher Reihenfolge zu üben, die gleichen Konzepte in unterschiedlichen Beispielen zu sehen und mithilfe unterschiedlicher Repräsentationen über Musik nachzudenken, sind Techniken, die nicht nur für eine fehlerfreie Wiedergabe, sondern auch für den kreativen Ausdruck unverzichtbar sind.

Kontextinterferenz: wie man der praktischen Übung die Vorhersehbarkeit nimmt

Eine erste Quelle für Variabilität ist einfach die Mischung der Übungen innerhalb einer Lerneinheit. Zwar verkörpern Improvisationssessions im Jazz eindeutig diese Art von Abwechslung, viele Jazzmusiker haben jedoch eine systematische Variabilität in ihre strukturierten Übungen eingebaut. Eine einfache Tonleiter lässt sich in zahllosen Variationen spielen, nicht nur, indem man sie umgekehrt spielt, sondern auch durch das Ausloten aller möglichen Intervalle und Akkord-Kombinationen. Ein Schüler des Pianisten Barry Harris merkte an, er hasse Tonleiterübungen, weil die Lehrer die Klavierschüler immer dazu drängen würden, »die ganze Oktave rauf und runter zu spielen«.

Als er mit Harris arbeitete, lernte er jedoch, wie man mit Tonleitern improvisiert, und sagte: »Ich werde nie müde, mit ihnen zu spielen.«[246] Ein anderer Schüler, der an einem Workshop des Posaunisten Jimmy Cheatham teilnahm, beschrieb seinen Rat, durch die Veränderung der Reihenfolge einzelner Abschnitte und ihre Neukombination »alle Möglichkeiten auszuschöpfen«.[247] Ein weiteres Beispiel stammt von dem Trompeter Henry »Red« Allen, der angeblich lernte, in allen Tonarten zu spielen, indem er Schallplatten in verschiedenen Geschwindigkeiten laufen ließ und dazu spielte.[248] Jede Geschwindigkeit entsprach einer anderen Tonlage, wodurch er mit demselben grundlegen Quellenmaterial mehr Variabilität erzielte. Die Übung mehrerer Fähigkeiten innerhalb derselben Lerneinheit trägt zu ihrem flexiblen Einsatz bei.

Der Psychologe William Battig war einer der Ersten, die die Verbindung zwischen Lernen und variabler Übung untersuchten. In seinem Beitrag aus dem Jahr 1965 zu einer Konferenz über den Kompetenzerwerb beobachtete er »das etwas paradoxe Prinzip«, dass Lernbedingungen, die Interferenzen – also eine gegenseitige Störung – zwischen den untersuchten Items erzeugten und damit die Leistung beeinträchtigten, dennoch oft das Lernen für neue Aufgaben beschleunigten.[249] Psychologen, die sich mit Gedächtnisleistung befassen, betrachteten Interferenzen als ein signifikantes Lernhindernis. Die Beobachtung, dass eine zunehmende Interferenz beim Lernen einer Aufgabe die Leistung bei einer anderen Aufgabe steigerte, war für viele eine Überraschung. John Shea und Robyn Morgan dehnten Battigs Beobachtungen auf das Erlernen von Bewegungsabläufen aus.[250] Im Rahmen eines Experiments sollten die Probanden als Reaktion auf drei unterschiedliche Lichtsignale in Rot, Blau und Weiß mit einem Tennisball in kurzer Zeit eine Abfolge an Holzbarrieren umstoßen. Zwar war der Bewegungsablauf absichtlich ungewöhnlich (ansonsten hätten einige Probanden möglicherweise schon Erfahrung damit gehabt), aber er unterscheidet sich nicht grundsätzlich von der Schwierigkeit, mit der Musiker konfrontiert sind, die durch die Betätigung bestimmter Tasten oder Ventile Noten und Akkorde erzeugen. Die Forscher unterteilten die Probanden in zwei Gruppen. Die erste Gruppe führte geblockte Übungen durch und übte immer nur eine

Sequenz. Die zweite Gruppe führte willkürlich ausgewählte Übungen durch und probte alle drei Sequenzen. Im Einklang mit Battigs Theorie war die Gruppe, die die geblockten Übungen durchführte, schneller als die Gruppe, die unter den Bedingungen einer höheren Kontextinterferenz übte. Als die beiden Gruppen später jedoch zwei neue Sequenzen – angezeigt durch die Lichtsignale Schwarz und Grün – übten, war die Gruppe schneller, die zuvor die willkürlichen Übungen durchgeführt hatte. Dieser Effekt blieb sogar nach einem Retentionstest, der nach zehn Tagen durchgeführt wurde, stabil, was darauf hindeutet, dass die Vorteile variabler Übungsformen relativ lange anhalten.

Eine Erklärung für die Nutzen der Kontextinterferenz lautet, dass sie dem Lernenden hilft, Steuerungsprozesse für die Entscheidung zu entwickeln, welche Handlung als Nächstes folgen muss. Die Durchführung geblockter Übungen erleichtert das Erlernen des individuellen Bewegungsmusters. Da die Übung jedoch sehr vorhersagbar ist, wird der Entscheidungsprozess, welche Bewegung als Nächstes folgen soll, nicht entwickelt. Belege für diese Annahme liefern Studien, die zeigen, dass der Nutzen willkürlicher Übungen größer ist als der Nutzen geblockter Übungen.[251] Das ist der Fall, wenn eine Übung die Auswahl zwischen verschiedenen Bewegungen beinhaltet (zum Beispiel, wenn man beim Musizieren zwischen verschiedenen Noten abwechselt), anstatt die gleichen Bewegungen mit unterschiedlicher Intensität zu wiederholen (zum Beispiel, wenn man immer dieselbe Note, aber mit unterschiedlicher Lautstärke spielt). Diese Ergebnisse unterstützen die Annahme, dass variable Übungsformen den Entscheidungsprozess über die nachfolgende Handlung fördern und nicht die Feinjustierung der Bewegungen als solche. Derartige Steuerungsprozesse spielen bei der Jazzimprovisation, bei der ein erheblicher Teil der Schwierigkeit darin besteht, zu entscheiden, welche Note man als Nächstes spielen will, eine überaus wichtige Rolle.

Der Wert der variablen Übungsformen ist nicht auf motorische Fähigkeiten begrenzt. Jeroen van Merriënboer, Marcel de Croock und Otto Jelsma stellten einen ähnlichen Effekt bei der Schulung von Studenten der Ingenieurwissenschaften in der Fehlerbehebung eines computersimulierten Chemiewerks fest.[252] Bei diesem Experiment arbeitete ein halbes Dutzend

Studenten an vier unterschiedlichen Formen der Betriebsstörung, wobei jeweils zwölf Probleme einer Form der Betriebsstörung als Block präsentiert wurden, bevor die nächste Form behandelt wurde. Der zweiten Gruppe wurden die gleichen 48 Probleme in zufälliger Reihenfolge präsentiert. Auch hier schnitt die Gruppe mit der willkürlichen Problemstellung während des Experiments schlechter ab. Bei einem späteren Retentionstest, bei dem die zuvor studierten Betriebsstörungen abgefragt wurden, ließen sich dagegen keine Unterschiede zwischen beiden Gruppen feststellen. Wenn eine neue Betriebsstörung in einem Test abgefragt wurde, erzielte die Gruppe, die unter willkürlichen Bedingungen geübt hatte, sogar bessere Ergebnisse. Ähnliche Effekte wurden auch beim Erlernen einer zweiten Fremdsprache festgestellt: Die Übung verschiedener spanischer Konjugationen führte zu einer besseren Retention, wenn sie über viele unterschiedliche Lerneinheiten geübt wurde (allerdings nicht, wenn die Konjugationen erstmalig eingeführt wurden).[253] Eine andere Studie ergab, dass japanische Sprachschüler, die englische Grammatik lernten, in Nachfolgetests bessere Ergebnisse erzielten, wenn sie zuvor variable Übungssequenzen absolviert hatten.[254]

Trotz ihrer potenziellen Vorteile werden variable Übungsformen nicht ausreichend genutzt. Bei den meisten Hausaufgaben wird die Kontextinterferenz durch eine sorgfältige Trennung der Fragen, die in jeder Unterrichtseinheit behandelt werden, minimiert. Bei einigen Prüfungen werden die Fragen sogar in der gleichen Reihenfolge gestellt, in der der Lernstoff vermittelt wurde. Variable Übungsformen sind womöglich nicht weitverbreitet, weil sie in die nicht intuitive Kategorie der erwünschten Schwierigkeiten fallen, über die wir in Kapitel 5 gesprochen haben. Erinnern Sie sich, dass es dabei um die Einführung einer zusätzlichen Anstrengung ging, zum Beispiel die Verteilung von Lerninhalten über einen bestimmten Zeitraum oder die Aufforderung an die Lernenden, den freien Abruf des erworbenen Wissens zu üben, anstatt den Lernstoff passiv zu wiederholen, was zunächst zwar den Lernfortschritt bremste, langfristig aber zu einer Leistungssteigerung führte. Die Übung mehrerer Fertigkeiten innerhalb einer Lerneinheit wird vielleicht deswegen vernachlässigt, weil sie auf den ersten Blick den Lernfortschritt zu bremsen scheint.

Abstraktion erzeugen: Gleichheit und Unterschiede hören

Die Jazzimprovisation erfordert, dass die Musiker innerhalb der grundlegenden Konventionen etwas Neues erschaffen. Die unmittelbare Nachahmung ist zwar ein wichtiger Meilenstein, kann aber nicht die letztendliche Interpretation sein, weil der betreffende Musiker sonst als reiner Plagiator gilt. Umgekehrt würde ein Musiker, der jede Konvention infrage stellt, keinen Jazz spielen. Die Beachtung dieser widersprüchlichen Einschränkungen verlangt von Musikern, dass sie eine abstrakte Repräsentation der Musik selbst entwickeln, mit ihren Einschränkungen und ihren Möglichkeiten.

Die Konzeptbildung ist der Prozess zur Feststellung, welche Merkmale unterschiedliche Beispiele teilen und was sie von ähnlichen Fällen unterscheidet, die dennoch nicht als Beispiele zählen. Ein Kind, das das Konzept »rot« lernt, zählt zunächst vielleicht Dinge dazu, die erwachsene Personen als »braun« oder »orange« bezeichnen würden. Wenn das Konzept »rot« nur im Kontext eines Feuerwehrwagens vermittelt würde, wäre es für das Kind unmöglich einzuschätzen, ob das Rot einer Tomate oder einer Rose ebenfalls dazuzählt. Der Kontakt mit einem breiten Spektrum an Reizen, die unter die gleiche Klassifizierung fallen, hilft bei der Verallgemeinerung einer Abstraktion. Der Trompeter Tommy Turrentine erinnerte sich, dass ein Lehrer während seiner frühen Musikerziehung ein b auf dem Klavier spielte und ihn bat, sich diese Note einzuprägen. Als sie nach dem Unterricht nach Hause gingen, schlug sein Musiklehrer gegen Eisenpfähle, um sie zum Klingen zu bringen.[255] Dann fragte er Turrentine, welcher Note die Klänge entsprachen, und forderte ihn auf, sie mit der Note zu vergleichen, die er zuvor auf dem Klavier gespielt hatte. Eine derartige sensorische Unterscheidung spielt für den Lernprozess, Noten und Akkorde wiederzuerkennen, eine wichtige Rolle. Der Musiker Howard Levy ist der Ansicht, eine der besten Methoden sei, Musik, die man gehört habe, zu transkribieren. Dass man dabei zunächst Fehler macht, ist unvermeidlich.[256] Das intensive Zuhören schärft jedoch die Fähigkeit zur Wahrnehmungsunterscheidung. »Anfangs konnte ich die Akkorde nicht hören«, erklärte ein junger Musikschüler. »Ich spürte nicht, an welcher Stelle eines Stücks sich die

Akkorde veränderten. Inzwischen kann ich zwar vielleicht nicht alle Akkorde einer Melodie identifizieren, aber ich höre, wenn sie sich verändern, und das ist ein großer Schritt.«[257]

Das Erlernen von Gleichheit und Unterschiedlichkeit der sensorischen Qualitäten ist nur der Anfang der Fähigkeiten, die für eine fließende Improvisation erforderlich sind. Den Worten des Komponisten Chuck Israels zufolge ist »die Fähigkeit, einen gleich gelagerten Fall zu erkennen, wenn man ihn vor sich hat, ein wesentlicher Bestandteil des Lernprozesses, um ein Musiker zu werden«.[258] In der Highschool spielte Israels Spiele mit seinen Klassenkameraden, bei denen es darum ging, einen Song allein an seiner Akkordfolge zu erkennen. Transpositionsübungen, bei denen der Musikschüler eine vertraute Phrase in eine andere Tonart überträgt, können nicht nur eine nützliche Übungsvariabilität bieten, sondern dienen auch dem Erlernen der versteckten Verbindung zu scheinbar unterschiedlichen Musikstücken. »Die Entdeckung, dass bestimmte scheinbar unterschiedliche Phrasen aus unterschiedlichen Soli eine gemeinsame Basis haben, ist für Musikschüler immer wieder eine Offenbarung«, schreibt Paul Berliner.[259] Auch die Fähigkeit, feinere Unterscheidungen zu treffen und nicht nur versteckte Gemeinsamkeiten zu entdecken, ist eine Komponente der Entwicklung der eigenen Wissensbasis. Die Sängerin Carmen Lundy berichtete, anfangs habe sie nur »Jazz-Licks« erkennen können, aber mit zunehmender Erfahrung habe sie »Bebop-Licks« und sogar »Charlie-Parker-Licks« und »Sonny-Rollins-Licks« auseinanderhalten können.[*,260]

Die Forschung zum Thema Interleaving hat den Wert des gemeinsamen Erlernens ähnlicher, aber doch unterschiedlicher Konzepte im Vergleich zum traditionelleren Ansatz, jedes Konzept isoliert zu vermitteln, bestätigt. Rose Hatala und Co-Autoren haben festgestellt, dass Medizinstudenten, die EKG-Messwerte interpretieren sollten, bessere Ergebnisse erzielten, wenn die Muster für unterschiedliche Krankheiten gemeinsam vorgestellt wurden und nicht jedes für sich allein.[261] Ähnliche Ergebnisse wurden festgestellt, wenn es darum ging zu lernen, Molekülkategorien in der organi-

* Anm. d. Übers.: Als »Licks« werden in der Jazzmusik instrumentale Phrasen bezeichnet.

schen Chemie[262], unterschiedliche Malstile verschiedener Künstler[263] und unterschiedliche Vogel- und Schmetterlingsarten[264] wiederzuerkennen. Die aufeinanderfolgende Präsentation von Beispielen für unterschiedliche Konzepte scheint die Fähigkeit zur Einprägung der Unterscheidungsmerkmale zu stärken, während die Präsentation scheinbar unterschiedlicher Beispiele für dasselbe Phänomen den Lernenden offenbar hilft, die Gemeinsamkeiten wiederzuerkennen.[265] Die Direkte Instruktion, eine erfolgreiche Lehrmethode, die von Siegfried Engelmann in Zusammenarbeit mit Wesley Becker entwickelt wurde und über die wir bereits in Kapitel 3 gesprochen haben, macht sich diesen Effekt zunutze, indem Konzepte durch eine sorgfältige Sequenzierung von Beispielen und scheinbar ähnlichen Nichtbeispielen illustriert werden.[266] Um Kindern zum Beispiel beizubringen, den Buchstaben *d* wiederzuerkennen und von anderen, ähnlichen Buchstaben zu unterscheiden, würde die Lehrkraft ihnen nicht einfach die Druckbuchstabenversion in einem bestimmten Schrifttyp zeigen, sondern das gesamte Spektrum an möglichen Formen, die ein lesekundiger Erwachsener wiedererkennen würde: d, d, d, d et cetera. Anschließend würde die Lehrkraft unter die verschiedenen d-Versionen ähnliche, aber andere Buchstaben mischen. Das *a* hat zum Beispiel eine ähnliche Form wie das *d*, heißt und klingt aber anders. Das *t* heißt ähnlich, hat aber eine andere Form. Das *p* heißt ähnlich und hat eine ähnliche Form, aber es sind alles unterschiedliche Buchstaben. Übungen zur Unterscheidung von Buchstaben mögen trivial wirken, aber das liegt im Wesentlichen daran, dass wir erfahrene Leser sind. Wenn Sie keine chinesischen Schriftzeichen lesen können, dann versuchen Sie, 已 (zum Beispiel 已, 已, **已**, 已) von dem sehr ähnlichen Zeichen 己 (zum Beispiel 己, 己, **己**, 己) in verschiedenen Schrifttypen zu unterscheiden. Sie werden sofort erkennen, dass Übungen zur Wiedererkennung von Buchstaben eine erhebliche Praxis voraussetzen! Durch die Juxtaposition maximal unterschiedlicher Beispiele für dasselbe Konzept und minimal unterschiedlicher Beispiele anderer Konzepte können Lernende schneller die genauen Grenzen einer Idee erkennen.

Multiple Repräsentationen: mehr Möglichkeiten, Dinge zu betrachten

Eine letzte Quelle für Variabilität, die Jazzimprovisateure nutzen, ist die Entwicklung multipler Systeme, um über Musik nachzudenken. »Je mehr Möglichkeiten man kennt, über Musik nachzudenken, desto variantenreicher kann man seine Soli spielen«, erklärte Barry Harris.[267] Eine Quelle für repräsentationale Vielfalt ist die Schulung des Gehörs und des Auges, um Musik zu verstehen. Viele große Jazzimprovisateure, die keine formale Musikausbildung besaßen, hatten aber ein hervorragendes Gehör und konnten nur durch Zuhören den richtigen Sound erzeugen. Die Posaunistin Melba Liston sagte, sie »wusste, welche Noten nicht zu den Akkorden passten«, und so habe sie die Noten, die nicht passten, »umgangen«.[268] Dieses Wissen hat bei komplexeren Songs allerdings oft seine Grenzen. Der Saxofonist Gary Bartz hatte bei Jam-Sessions große Mühe, wenn er allein auf der Basis seines Gehörs zu Melodien wie »You Stepped on a Dream« improvisieren sollte.[269] Erst als der Posaunist Grachan Moncur ihm die theoretischen Prinzipien der Harmonie im Jazz beibrachte, konnte er verstehen, wie Musik funktionierte. Umgekehrt stellen Künstler mit umfassender formaler Ausbildung oft fest, dass ihre übermäßige Abhängigkeit von einem visuellen Musikverständnis ein Handicap ist. Paul Berliner schreibt über einen Musikschüler, der seine Ausbildung ursprünglich in klassischer Musik erhalten hatte:

> Erst als er intensiv in Jazz geschult wurde, entdeckte er, dass seine ausschließliche Abhängigkeit von Notenblättern die Entwicklung seines Gehörs behindert hatte. Das führte dazu, dass seine Merkfähigkeit für Material, das er von Aufnahmen gelernt hatte, deutlich geringer war als bei den Musikern, die in der Jazztradition aufgewachsen waren. Es bedurfte vieler Jahre der praktischen Erfahrung mit den Methoden der Jazz-Community, bis er diese Lücke schließen konnte.[270]

So wie die Fähigkeit, einen Song von einer Aufnahme oder einem Notenblatt zu verstehen, den Musikern eine größere Flexibilität bietet, gilt das auch für vielfältige mnemonische Systeme. Akkorde, Tonleitern und Intervalle bieten Möglichkeiten zur Darstellung von Tonhöhenbeziehungen in der Musik. Allerdings teilen sie die musikalischen Möglichkeiten auf unterschiedliche Weise auf. »Für Musikschüler ist die Entdeckung von Skalen und ihre theoretische Beziehung zu Akkorden ein großer konzeptioneller Durchbruch mit unmittelbarer Anwendungsmöglichkeit«, schreibt Berliner. Der Musiker Greg Langdon hatte angeblich eine »Erleuchtung«, als er entdeckte, dass die »harmonische Molltonleiter g aufwärts von der fünften Stufe«[271] das gleiche Muster hatte wie »Es-Dur Arpeggio* mit Halbtonschritten«,[272] die unter jeder Stufe hinzugefügt werden. Die Fähigkeit, dieselbe Musik auf unterschiedliche Weise zu betrachten, eröffnet Improvisateuren mehr Möglichkeiten.

Der Wert variabler Repräsentationen ist nicht auf Jazz beschränkt. Der Physiker und Nobelpreisträger Richard Feynman sagte über die außergewöhnlichen Vorteile der Fähigkeit, ein Phänomen auf unterschiedliche Weise betrachten zu können:

> Nehmen wir an, Sie hätten zwei Theorien, A und B, die psychologisch völlig unterschiedlich wirken, unterschiedliche Ideen beinhalten und so weiter, aber alle Folgen, die daraus berechnet werden, seien exakt gleich …
>
> [In diesem Fall] sagen die Wissenschaftler üblicherweise, dass man nicht weiß, wie man sie unterscheiden soll. Aus psychologischen Gründen … sind diese beiden Theorien aber alles andere als Äquivalente, weil die eine völlig andere Ideen liefert als die andere …
>
> Daher müssen wir psychologisch betrachtet alle Theorien kennen. Jeder Physiktheoretiker, der etwas taugt, kennt mindestens sechs oder sieben unterschiedliche theoretische Repräsentationen für identische physikalische Phänomene.[273]

---

* Anm. d. Übers.: Ein Dur- oder Moll-Arpeggio ist ein bestimmter Dreiklang-Gitarrengriff aus Grundton, großer beziehungsweise kleiner Terz und reiner Quinte.

Multiple Repräsentationen entsprechen der Fähigkeit, dasselbe Problem in unterschiedlichen Problemräumen zu formulieren. Herbert Simon und Allen Newell liefern mit dem Zahlen-Scrabble eine hilfreiche Demonstration. Das Zahlen-Scrabble wird von zwei Spielern gespielt, und zwar mit Spielsteinen, auf denen die Zahlen von 1 bis 9 stehen.[274] Jeder Spieler wählt einen Stein, und wer als Erstes drei Steine besitzt, die zusammen 15 ergeben, hat gewonnen. Wenn der erste Spieler zum Beispiel die 2, die 7 und die 6 zieht (2 + 7 + 6 = 15), hat er gewonnen. Interessanterweise hat sich gezeigt, dass das Zahlen-Scrabble strukturell identisch ist mit dem Tic-Tac-Toe-Spiel. Die Entsprechung findet man, wenn man die Steine einfach so wie in der nachfolgenden Abbildung mit den Zahlen 1 bis 9 beschriftet. Das Ziehen eines Spielsteins entspricht der Platzierung eines X oder O auf dem Stein. Man erhält nur dann drei Steine, die zusammen 15 ergeben, wenn man eine entsprechende Reihe, Spalte oder Diagonale auf dem beschrifteten Tic-Tac-Toe-Brett gelegt hat. Nur weil zwei Repräsentationen formal einander entsprechen, heißt das nicht, dass sie psychologisch gleich sind, und was in einem Format offensichtlich erscheint, setzt im anderen Format womöglich intensives Nachdenken voraus.

2	7	6
9	5	1
4	3	8

Abbildung 10:
Indem jedem Feld in diesem Gitternetz die oben aufgeführten Zahlen zugeordnet werden, verwandelt sich das Zahlen-Scrabble in das vertrautere Tic-Tac-Toe-Spiel.

Der Psychologe Kurt Lewin tat den berühmten Ausspruch: »Es gibt nichts Praktischeres als eine gute Theorie.«[275] In unserer Kultur werden theoretisches und praktisches Wissen oft als unterschiedliche Gebiete oder, schlimmer noch, als Gegensätze dargestellt. Zwar stimmt es, dass Theoretiker und Praktiker oft unterschiedlichen Gruppierungen angehören, unterschiedliche Bedürfnisse haben und unterschiedliche Ziele verfolgen, aber die Theorien selbst sind nichts anderes als Werkzeuge. Mit einem besser ausgestatteten Werkzeugkoffer, der an die realen Notwendigkeiten angepasst ist, in denen wir uns bewegen, können wir ein breiteres Spektrum an Problemen lösen.

Wann ist Variabilität hilfreich?

Vielfältige Fertigkeiten innerhalb derselben Lerneinheit zu üben, ein breites Spektrum an unterschiedlichen Beispielen zu beobachten, die Überschneidungen, aber auch Unterschiede aufweisen, und zu lernen, wie man eine Idee auf unterschiedliche Weise repräsentiert, sind alles sehr lernfördernde Aktivitäten. Dennoch liegt es auf der Hand, dass der Nutzen der Variabilität seine Grenzen hat. Wie wir im vorhergehenden Kapitel gesehen haben, ließ sich nur schwer nachweisen, dass eine Steigerung der Kompetenz auf einem Gebiet auch zu einer Leistungsverbesserung auf einem anderen Gebiet führt, wenn die beiden Gebiete keine strukturellen Ähnlichkeiten aufweisen oder ihnen nicht die gleichen Prinzipien zugrunde liegen. Die meisten Vorteile variabler Übungsformen beziehen sich auf die Übung von Mustern innerhalb der gleichen übergeordneten Fähigkeit. Die Juxtaposition unterschiedlicher Beispiele oder Übungen ist insoweit nützlich, als die Gefahr besteht, die unterschiedlichen Probleme miteinander zu verwechseln. Wir würden nicht erwarten, dass die Verschränkung von mathematischen Fragen mit Geschichtslektionen den gleichen Nutzen bieten würde (wenngleich das verteilte Lernen einen separaten Nutzen bieten könnte, wie in Kapitel 5 erwähnt). Und während Abstraktionen, die aus vielfältigen Beispielen generiert werden, lernförderlich sein können, haben sie wahrscheinlich auch ihre Grenzen. Ab einem bestimmten Grad der Abstraktion besteht die Gefahr, dass das jeweilige Konzept nicht mehr auf eine konkrete Problemstellung angewendet werden kann. Zwar weisen Schach- und Geschäftsstrategien womöglich einige gemeinsame Konzepte auf, der Erfolg auf jedem der beiden Gebiete erfordert jedoch umfangreiches spezifisches Wissen, das keine wirkliche Entsprechung auf dem jeweils anderen Gebiet hat, selbst wenn wir für beide den Begriff *Strategie* verwenden.

Ein weiterer Faktor, der die lernfördernde Wirkung der Variabilität bestimmt, ist die Frage, wie viel Variation die angestrebte Fähigkeit letztlich verlangt. Ein klassischer Pianist, der nicht improvisieren muss, könnte von einem eher repetitiven Übungsformat durchaus profitieren, da er davon ausgehen kann, dass die Noten aus Beethovens Neunter Symphonie immer in der gleichen Reihenfolge gespielt werden. Unter den Bedingungen eines variablen Übungsformats verläuft der Lernprozess langsamer, und die Vorteile werden erst sichtbar, wenn die erlernte Fähigkeit nach Variation verlangt. Ein Linguist, der romanische Sprachen studiert, entwickelt womöglich ein abstrakteres und flexibleres Verständnis der Sprache Latein, wenn er Französisch, Spanisch und Portugiesisch in eng beieinanderliegenden Lerneinheiten übt. Eine Person, die sich ausschließlich in Frankreich aufhält, braucht wahrscheinlich länger, um drei Sprachen zu lernen, als wenn sie sich auf eine Fremdsprache konzentriert. Die variable Übung zeigt jedoch, dass ein Sprachschüler von Lerneinheiten, in denen zwischen allen drei Sprachen hin und her gewechselt wurde, profitiert, falls er einmal alle drei Sprachen anwenden muss.

Eine letzte Frage im Zusammenhang mit variablen Übungsformen lautet, unter welchen Bedingungen Variabilität sinnvoll ist. Gabriele Wulf und Charles Shea merken dazu an, dass Personen, die komplexe motorische Fähigkeiten erwerben wollen, und Lernende mit wenig Vorerfahrung anfangs oft mehr von geblockten als von willkürlich gewählten Übungen profitieren.[276] Eine einfache Methode, um den scheinbaren Widerspruch zu verstehen, ist die Betrachtung aus der Perspektive der Theorie der kognitiven Belastung. Variable Übungsformen erzeugen eine größere kognitive Belastung. Wenn eine Aufgabe zu schwierig ist, um sie unter optimalen Bedingungen korrekt auszuführen, wird eine zusätzliche kognitive Belastung sie noch schwieriger machen. In dem Maße, wie die Lernenden aber mit den zugrunde liegenden Bewegungen vertraut werden, werden diese automatisiert, und dann werden Übungsformen, die die Fähigkeit zur Unterscheidung verschiedener Muster fördern, nützlicher. Belege für diese Sichtweise liefert die Forschung, die festgestellt hat, dass fortgeschrittene Englisch-Sprachschüler stärker von Übungen profitierten, bei denen sie mehreren verschiedenen Sprechern zuhören, wohingegen weniger fortgeschrittene Sprachschüler stärker von Übungen mit einem einzigen Sprecher profitierten.[277] Ähnliche Ergebnisse ließen sich im Zusammenhang mit variablen Übungsformen in der Mathematik feststellen: Schüler mit eher geringen Mathematikkenntnissen profitierten stärker von Übungen, in denen Fragen gestellt wurden, die nur minimale Unterschiede aufwiesen, wohingegen Schüler mit einem soliden mathematischen Vorwissen stärker von Übungen mit deutlich unterschiedlichen Fragen profitierten.[278]

Diese Perspektive legt nahe, dass Variabilität eine Übungsausprägung ist, die im Verlauf des Lernprozesses zunehmen, sich aber nicht von Anfang an auf dem höchstmöglichen Niveau bewegen sollte. Bei Fähigkeiten, deren korrekte Anwendung schwer zu erlernen ist, ist eine konsistente Wiederholung derselben Abläufe wahrscheinlich besser als Variabilität. Das wird auch aus Berliners Studie über die Jazzimprovisateure deutlich. Üblicherweise begannen die Musiker damit, viele Stunden lang Musikstücke notengetreu nachzuspielen, anstatt sich sofort in Improvisation zu versuchen. »Woodshedding«, eine Übungspraxis, bei der die Künstler sich zurückziehen, um allein für sich immer wieder dieselben schwierigen Parts zu üben, war unter erfahrenen Musikern weitverbreitet. Die diskordanten Anstrengungen zur Replizierung der veröffentlichten Soli herausragender Jazzgrößen können alleine schon zu genialen Ergebnissen führen. Der Bassist George Duvivier entwickelte eine ungewöhnliche Fingertechnik, um ein komplexes Solo zu beherrschen, das er auf einer Aufnahme gehört hatte.[279] Er wiederholte es unzählige Male, bis er es aus dem Effeff beherrschte. Erst als er die Band live spielen hörte, entdeckte er, dass das, was er ursprünglich für ein Solo gehalten hatte, tatsächlich von zwei Musikern auf demselben Instrument gespielt wurde! Selbst Charlie Parker, einer der Erfinder des

Bebops, zog sich angeblich zu langen Übungssitzungen zurück, nachdem ihn ein Musiker bei einer der ersten Sessions in Minton's Playhouse übertroffen hatte.[280] Wie wir in den vorhergehenden Kapiteln gesehen haben, sind Wiederholung und Imitation kein Gegensatz zu spontaner Kreativität, sondern notwendige Vorläufer.

Ein Grund, warum ich für diese Maxime die Überschrift »Erst wiederholen, dann variieren« und nicht »Variieren statt wiederholen« gewählt habe, lag in der Anerkennung dieses Spannungsverhältnisses zwischen Imitation und Improvisation, das mit dem Erlernen komplexer Fähigkeiten wie Jazz verbunden ist. Variable Übungsformen sind unverzichtbar, um Fähigkeiten später variabel einsetzen zu können. Diese Variabilität erwächst aber aus der kontinuierlichen Wiederholung der maßgeblichen Komponenten einer Fähigkeit, die eine fließende Beherrschung gewährleistet.

Strategien zur Nutzung variabler Übungsformen

Variable Übungen sind eine der besten Strategien, die Forscher gefunden haben, um Transferleistungen auf andere Kontexte zu fördern. Leider wird auch diese Methode zu wenig genutzt. Traditionelle Unterrichtsformen bieten Variabilität; meistens beschränken sich die Fragen auf das aktuell behandelte Kapitel oder auf Übungen, deren Reihenfolge exakt dem gleichen Muster folgt. Nachfolgend sind vier Strategien aufgeführt, die Sie anwenden können, um Ihre eigenen Lernbemühungen variabler zu gestalten.

1. Strategie: Wechseln Sie zwischen verschiedenen Lerninhalten

Der einfachste Weg, um Ihre Übungen variabel zu gestalten, besteht darin, dass Sie zwischen verschiedenen Übungen innerhalb einer Lerneinheit abwechseln. Da die meisten Lernmaterialien sorgfältig in verschiedene Themen untergliedert sind, kann das ein wenig zusätzliche Arbeit bedeuten.

Wenn Sie zum Beispiel mit Karteikarten lernen, können Sie Ihr Wissen in einer zufälligen Reihenfolge überprüfen, anstatt Thema für Thema durchzugehen. Wenn Sie Übungsaufgaben für eine Prüfung lösen, können Sie die Aufgaben mischen, sodass Sie nicht genau sagen können, welche Aufgaben zu welcher Lerneinheit gehören. Wenn Sie auf dem Tennisplatz trainieren, können Sie abwechselnd Vor- und Rückhandschläge üben, anstatt sich nur auf die Vorhand oder nur auf die Rückhand zu konzentrieren.

Ein Weg, um von willkürlich ausgesuchten Übungen zu profitieren, besteht darin, mit einer Liste an unterschiedlichen Aufgabenstellungen zu beginnen, die Sie für eine bestimmte Fähigkeit üben wollen, und jeder Aufgabe eine Karte aus einem Satz Spielkarten zuzuordnen. Ein Spanischschüler könnte eine Liste mit verschiedenen Konjugationsübungen erstellen und jeder Übung eine Spielkarte zuordnen. Ein ähnlicher Ansatz lässt sich auch beim Erlernen bestimmter Programmierfunktionen, bestimmter Gitarrenakkorde, Badminton-Schläge oder physikalischer Fragestellungen anwenden. Das Einzige, worauf es ankommt, ist, dass keine dieser Übungen so viel Zeit in Anspruch nimmt, dass Sie die gesamte Lerneinheit damit beschäftigt sind. Mischen Sie dann die Spielkarten, die Sie den verschiedenen Aufgaben zugeordnet haben, ziehen Sie nacheinander eine Karte und machen Sie die jeweilige Übung dazu.

2. Strategie: Üben Sie in der Gruppe

Die willkürliche Anordnung der Übungsabfolge ist eine hochstrukturierte Methode zur Erzielung von Variabilität. Eine organischere Methode wäre, die Zahl der Menschen zu erhöhen, von denen Sie lernen und mit denen Sie üben. Jazzmusiker arbeiteten oft mit vielen unterschiedlichen Musikern und improvisierten, wenn sie mit verschiedenen Bands auf der Bühne standen, die sie erst am selben Abend kennengelernt haben. Da alle Musiker ihre eigene Art haben zu spielen, bot die ständige Rotation die Gelegenheit, die unterschiedlichste Musik und die unterschiedlichsten Stile auszuprobieren, anstatt immer mit derselben Band zu spielen.

Was berufliche Kompetenzen betrifft, sollten Sie nach Jobs Ausschau halten, die Sie mit möglichst vielen verschiedenen typischen Aufgabenstellungen innerhalb Ihres Berufsfeldes in Kontakt bringen. Nach seiner Untersuchung über Feuerwehrleute, über die wir in Kapitel 4 gesprochen haben, sagte der Psychologe Gary Klein: »Im Rahmen unserer Untersuchungen über Feuerwehrleute konnten wir beobachten, dass zehn Jahre bei der freiwilligen Feuerwehr in einer ländlichen Gemeinde für die Kompetenzentwicklung nicht so wertvoll waren wie ein oder zwei Jahre in der heruntergekommenen Innenstadt einer Metropole. Die städtische Feuerwehr musste wesentlich mehr und auch sehr viel unterschiedlichere Brände bekämpfen als die Feuerwehr auf dem Land.«[281] Ähnlich verhält es sich mit der Kompetenzentwicklung in vielen Berufen; am Beginn der Karriere arbeitet man oft in stressigen und sehr unterschiedlichen Umgebungen, bevor man sich in einer Position einrichtet, die stärker von Routineaufgaben geprägt ist. Wirtschaftsprüfer und Rechtsanwälte verdienen sich ihre Sporen zunächst in großen Kanzleien mit einem breit gefächerten Mandantenportfolio, bevor sie sich auf ein Gebiet spezialisieren. Ärzte sammeln zuerst in medizinischen Einrichtungen Erfahrung, bevor sie sich niederlassen und eine eigene Praxis eröffnen. Wenn Ihr Berufsfeld keine Möglichkeit bietet, zunächst an verschiedenen Stationen möglichst viele unterschiedliche Erfahrungen zu sammeln, sollten Sie sich als Berufsanfänger vielleicht eine Stelle suchen, die möglichst viel Abwechslung bietet.

3. Strategie: Lernen Sie die Theorien

Wie wir gesehen haben, fördert theoretisches Wissen die Entwicklung multipler Repräsentationen zum Umgang mit einer Problemstellung. Theoretisches Wissen kann man nicht durch Experimentieren erwerben; man findet es in Büchern. Der Erwerb profunder theoretischer Kenntnisse ist oft eine lohnende Investition, da eine solide theoretische Grundlage üblicherweise die Wissenserweiterung fördert und erleichtert, wenngleich die Theorie allein keine Ergebnisse hervorbringt. Ein Musiker, der sich intensiv mit Musiktheorien beschäftigt, ist deshalb noch kein besserer Musiker. Ein profundes Verständnis der Harmonien wird aber dazu beitragen, dass er sich schneller neue Muster aneignen kann. Miles Davis, der das Konservatorium Juilliard School besucht hatte, äußerte sich oft kritisch über die mangelnde Bereitschaft anderer Musiker, sich mit Musiktheorie zu beschäftigen:

> Ich ging in die Bibliothek und lieh mir haufenweise Noten der großen Komponisten wie Strawinsky, Alban Berg, Prokofiev. Ich wollte einfach sehen, was es alles gab. Wissen ist Freiheit, und Ignoranz ist Sklaverei. Ich konnte einfach nicht glauben, dass jemand der Freiheit so nahe war und die Gelegenheit nicht nutzte.[282]

Natürlich sind nicht alle Theorien akademisch. Praktische Theorien, berufliche Faustregeln und Branchenstandards sind genauso nützliche Denkmethoden, selbst wenn sie nicht von einer wissenschaftlichen Quelle abgeleitet sind. Gespräche mit Praktikern und die Beobachtung, mit welchen Werkzeugen und Theorien sie arbeiten, bieten eine Orientierung, welche Werkzeuge man sich selbst aneignen sollte.

4. Strategie: Erst die korrekte Ausführung lernen, dann die Übungen variieren

Wie wir gesehen haben, ist Variabilität eine Übungsausprägung, die auf Wiederholung aufbaut, aber kein Gegensatz. Mitunter ist es nicht leicht, die exakte Grenze zu bestimmen, ab der eine größere Variabilität lernfördernd wirkt. Die meisten der hier zitierten Studien haben sich auf eine Momentaufnahme des Lernens konzentriert, sodass es schwierig ist, eine Trennlinie zwischen dem Lernstadium zu ziehen, in dem Lernende stärker von geblockten Übungen profitieren, und dem Lernstadium, in dem willkürlich gewählte Übungen hilfreicher sind. Dazu kommt, dass variable Übungsformen in die nicht intuitive Kategorie der wünschenswerten Schwierigkeiten fallen, daher ist es nicht leicht, einzuschätzen, wann sie besonders lernfördernd wirken. Die Psychologen Nate Kornell und Robert Bjork stellten fest, dass die Probanden im Allgemeinen davon überzeugt waren, sie würden mit geblockten Übungen mehr lernen als mit zufälligen Übungen – ähnlich wie bei den Studien über aktiven Abruf und verteiltes Lernen –, obwohl spätere Retentionstests diese Annahme widerlegten.[283] Die Probanden glaubten auch dann noch, dass geblockte Übungen den willkürlich gewählten Übungen überlegen waren, nachdem sie bei einer Abschlussaufgabe mit der Interleaving-Methode bessere Ergebnisse erzielt hatten.

Die Forschung über variable Übungsformen entwickelt sich ständig weiter. Aktuell ist mir keine wissenschaftliche Leitlinie zu der Frage bekannt, wo die Grenze zwischen geblockten und zufällig gewählten Übungen zu ziehen ist. Fairerweise kann man aber wohl sagen, dass eine größere Variabilität wahrscheinlich nicht lernfördernd sein wird, solange Sie die angestrebte Fähigkeit nicht isoliert und korrekt anwenden können. Wenn Sie in der Lage sind, die Fähigkeit meistens korrekt anzuwenden, wird eine größere Variabilität Ihre Lernfortschritte zwar verlangsamen, aber wahrscheinlich werden Sie davon profitieren. Jazzsolisten beginnen oft damit, die Aufnahmen von Soli herausragender Jazzgrößen nachzuspielen und ihre Version mit dem Original zu vergleichen. Erst wenn sie die Soli fehlerfrei nachspielen können, beginnen sie damit, ihre eigene Soloversion auszuschmücken und mit neuen Interpretationen oder neuen Sequenzen anzureichern. Variation ist die Krönung der Wiederholung.

Von der Improvisation zur Erfindung

Variable Übungsformen leisten einen wichtigen Beitrag zur Entwicklung flexibler Fähigkeiten. Die Improvisation, auch wenn sie noch so virtuos sein mag, bewegt sich aber immer innerhalb der Grenzen der bestehenden Konventionen. Die Erfindung, also der Prozess, etwas ganz Neues zu erschaffen, das mit der Tradition bricht, so wie die Entwicklung des Bebops, reicht noch weiter. Im nächsten Kapitel werden wir über die Entwicklung flexibler Fähigkeiten hinausblicken und uns mit den Wurzeln der erfinderischen Kreativität beschäftigen.

KAPITEL 8

Qualität kommt von Quantität

Nun, man hat viele Ideen und verwirft einfach die schlechten![284]

Linus Pauling über das Geheimnis seiner wissenschaftlichen Erkenntnisse

- Sind Genies besonders produktiv?
- Welche Rolle spielt der Zufall bei einer Erfindung?
- Wie kann man ohne Abstriche an der Qualität den eigenen kreativen Output steigern?

Nur wenige Menschen in der Geschichte können mit der erfinderischen Produktivität von Thomas Edison mithalten. Zu seinen Erfindungen gehören die akustische Telegrafie (das erste praktische System zur Sendung multipler Signale über einen einzigen Telegrafendraht), das Pedoskop (das erste Gerät zur Messung der Passgenauigkeit von Schuhen), das Kinetoskop (eine der ersten Bewegtbildkameras), das Tasimeter (ein Instrument für genaue thermometrische Beobachtungen), das

Kohlemikrofon (eine praktische Notwendigkeit für Telefone), wiederaufladbare Batterien und – schier unglaublich für jemanden, der fast komplett taub war – der Phonograph, das erste Gerät, das Töne aufnehmen konnte. Sein Labor in Menlo Park, New Jersey, wurde zu einem Modell für Unternehmensinnovation und inspirierte später die Einrichtungen für Industrieforschung von Bell Labs, General Electric und DuPont. Abergläubische Einwohner hielten seinen Erfindergeist für Hexerei. Es schien kein Gerät zu geben, dass der »Zauberer von Menlo Park« nicht erfinden konnte, und das zu massentauglichen Kosten.

Die berühmteste seiner Erfindungen, die Glühbirne, war streng genommen gar nicht seine Erfindung. Die Lichtbogenbeleuchtung, deren blendendes Licht von einem kontinuierlichen Funken stammte, der in der Lücke eines Hochstromkreises entstand, gab es bereits, als Edison seine Beleuchtungsexperimente durchführte. Weiß glühende Glühbirnen gab es auch schon, auch wenn sie schnell verglühten und zu viel Energie verbrauchten, um kommerziell nutzbar zu sein. In gewisser Hinsicht stellt es eine Untertreibung von Edisons Leistung dar, ihm die Erfindung der Glühbirne zuzuschreiben. Denn es war nicht nur seine Erkenntnis, einen hochohmigen Glühdraht zu finden, der die Glühbirne praktisch nutzbar machte, sondern seine gleichzeitige Erfindung der zugehörigen Infrastruktur, einschließlich paralleler Stromkreisverbindungen, hocheffizienter elektrischer Dynamos und des Konzepts eines zentralen Elektrizitätswerks, das nicht nur die Beleuchtung ermöglichte, sondern die gesamte moderne Elektroindustrie entstehen ließ. Im Verlauf seines Lebens erwarb Edison beeindruckende 1903 Patente, was ihn zu einem der erfinderischsten Menschen in der Menschheitsgeschichte macht.[285]

Als Edison im Jahr 1931 starb, wurde kurz überlegt, den gesamten Strom für zwei Minuten abzuschalten, um dem verblichenen Erfinder Respekt zu zollen.[286] Schnell war jedoch klar, dass eine Unterbrechung der Stromversorgung zu einem Chaos führen würde. Edisons Vermächtnis berührte alle zentralen Lebensbereiche; die Welt konnte es sich nicht leisten, darauf zu verzichten – nicht einmal für einen kurzen Augenblick.

Da Vinci oder Picasso: Sind Genies besonders produktiv?

Edison verkörpert das kreative Genie, das vor Produktivität geradezu birst. Seine Erfindungen waren so einflussreich wie zahlreich. Edisons Beispiel wirft jedoch eine allgemeinere Frage über die kreative Produktivität auf: Produzieren die besten Erschaffer eher mehr oder weniger Werke als ihre weniger berühmten Kollegen? Vergleichen wir Leonardo da Vinci und Pablo Picasso. Beide gelten als herausragende Künstler, wenngleich mehrere Jahrhunderte zwischen ihnen liegen und ihre Stile ganz unterschiedlich sind. Dennoch hinterließen beide ein völlig unterschiedliches Œuvre. Da Vinci stellte in seinem Leben weniger als zwei Dutzend Arbeiten fertig[287]; viele andere blieben unvollendet. Picasso hinterließ mehr als 13.000 Originalgemälde, und wenn man seine Drucke und Stiche hinzuzählt, erstreckt sich sein künstlerisches Schaffen auf mehr als 100.000 Werke[288]. Beide Zahlen erscheinen als plausible, konkurrierende Modelle der Kreativität: der hingebungsvolle Künstler, der eine Handvoll Werke mit der Gesamtheit ihrer Vision ausstattet, und der überschäumende Erschaffer, der ohne Pause Ideen versprüht. Dennoch legen die Daten nahe, dass Edison und Picasso typischere Beispiele für kreativen Erfolg sind als da Vinci. Die erfolgreichsten Wissenschaftler, Künstler und Erneuerer der Welt sind auch die produktivsten.

Einer der ersten Forscher, die sich mit dieser Frage beschäftigten, war der belgische Soziologe Adolphe Quetelet.[289] In seiner Abhandlung aus dem Jahr 1835 zählte er die Zahl der veröffentlichten Werke französischer und englischer Dramatiker. Dabei stellte er fest, dass der kreative Output stark mit der literarischen Bedeutung der Publikationen korrelierte. Fast zwei Jahrhunderte später hat der Psychologe Dean Simonton Forschungsergebnisse zusammengetragen, die Quetelets zuvor getroffene Beobachtung bestätigten. Wenn man die Kreativität im Verlauf einer individuellen Karriere betrachtet, so Simonton, sind die Schaffensperioden, in denen ein Künstler seine besten Werke herstellt, tendenziell auch die, in denen er die meisten Werke produziert.[290] Wenn man die Zahl der Werke, die als Meisterwerke gelten, durch die Gesamtzahl der produzierten Werke teilt, erhält man eine

Art Qualitätsquotienten. »Das Verhältnis zwischen Meisterwerken und der Gesamtzahl der Werke verändert sich mit dem Alter eher nicht«, erklärt Simonton. »Der Quotient bleibt im Wesentlichen gleich. Dieses bemerkenswerte Ergebnis legt die Vermutung nahe, dass Qualität eine Funktion der Quantität ist.« Simonton spricht von der sogenannten »Equal-Odds Baseline«.[291] Soll heißen: Sobald ein Künstler beginnt, eigene Werke zu erschaffen, hat jeder Versuch ungefähr das gleiche Potenzial, einen weltverändernden Einfluss auszuüben.[292] Zwar können wir ehrfürchtig Edisons Errungenschaften im Zusammenhang mit dem elektrischen Licht betrachten und über sein gescheitertes Vorhaben erstaunt sein, Elektromagneten für die Eisengewinnung einzusetzen, das sein gesamtes Vermögen verschlang, Edison selbst konnte aber nicht voraussehen, welche seiner Erfindungen sein Vermächtnis bestimmen würde.

Die Equal-Odds Baseline besagt, dass sich das kreative Potenzial einer Person im Verlauf ihres Lebens nicht verändert. Und wie sieht es aus, wenn man verschiedene kreative Erschaffer miteinander vergleicht? Gibt es Belege, die die Vorstellung unterstützen, dass einige Menschen regelmäßig mittelmäßige Arbeiten abliefern, während Genies unermüdlich daran arbeiten, wenige herausragende Ideen zu perfektionieren? Zwar gibt es Perfektionisten, die nur eine Handvoll herausragender Werke produzieren, und Menschen, die am laufenden Band mittelmäßige Dinge hervorbringen, die historischen Daten unterstützen jedoch die Idee, dass produktive Erfinder auch zugleich den größten Einfluss haben. Price's Law, das nach dem britischen Physiker und Wissenschaftshistoriker Derek John de Solla Price benannt ist, besagt, dass die Hälfte der wissenschaftlichen Produktionen auf eine Gruppe an Forschern zurückgeht, deren Zahl ungefähr der Quadratwurzel aller Forscher entspricht.[293] In einer Teildisziplin mit 100 Autoren, die Aufsätze veröffentlichen, geht ungefähr die Hälfte aller Veröffentlichungen auf das Konto von nur zehn Forschern. Harriet Zuckermans Arbeit über amerikanische Nobelpreisträger ergab, dass die meistzitierten Wissenschaftler fast zweimal so viele Aufsätze veröffentlichten wie ihre weniger einflussreichen Kollegen.[294] Richard Davis hat festgestellt, dass die Neurochirurgen, die am häufigsten zitiert werden, auch die sind, die die meisten Aufsätze veröffentlichen.[295] Ganz im Einklang mit der Equal-Odds Baseline hing die Zahl der Zitate pro Aufsatz wiederum nicht von der allgemeinen Produktivität des Autors ab. Da die produktiveren Autoren aber mehr Aufsätze schrieben, war auch die Wahrscheinlichkeit höher, dass ihre Werke oft zitiert wurden.

Trotz des zufälligen Charakters des kreativen Erfolgs sind nicht alle kreativen Erschaffer gleich. Wie wir gesehen haben, war Edison besonders produktiv; die Zahl seiner Erfindungen übertraf die Erfindungen der meisten Erfinder seiner Zeit bei Weitem – ganz zu schweigen von den Millionen Menschen, die nie irgendetwas erfanden. Um dieses Produktivitätsmuster und seine Bedeutung für die Kultivierung unseres eigenen kreativen Erfolgs zu verstehen, müssen wir drei verschiedene Erklärungen für kreative Leistung betrachten: Expertise, Umgebung und Zufall.

1. Erklärung: Kreativität als Produkt der Expertise

»Kreativität bedeutet, ›in Großschrift zu denken‹«, schrieb der Kognitionswissenschaftler Herbert Simon.[296] Dieser Sichtweise zufolge hängt kreativer Erfolg von den gleichen Mechanismen ab wie das Nachdenken über alltägliche Problemlösung. Was eine bahnbrechende Erfindung von gewöhnlicher Problemlösung unterscheidet, ist nicht die Art des Denkens, sondern der Grad an Schwierigkeit und sozialer Bedeutung. Kreativität hängt von der gleichen Suche in einem Problemraum ab, die trivialere Problemlösungsversuche charakterisieren. Dieser Sichtweise, dass Kreativität »nichts Besonderes« ist, schloss sich auch Albert Einstein ein, der einst bemerkte, Wissenschaft sei nichts anderes als »eine Verfeinerung des Alltagsdenkens«.[297]

Die Untersuchung von Edisons erfinderischer Erfolgsbilanz unterstützt die Theorie der Kreativität als Produkt der Expertise. Dieser Theorie zufolge konzentriert sich der kreative Erfolg auf ein bestimmtes Gebiet. Trotz seiner Aura eines brillanten Universalgelehrten galt das auch für Edison. Zwar hatten seine Erfindungen Einfluss auf zahlreiche unterschiedliche Gebiete, dennoch konzentrierte sich sein innovatives Wirken im Wesentlichen auf neue Anwendungen für elektrische Schaltkreise. Seine Entscheidung, sich auf die elektrische Glühbirne zu konzentrieren, ging auf seine Kenntnisse des Ohm'schen Gesetzes zurück, demzufolge ein hochohmiger Glühdraht weniger Strom verbrauchen würde als ein niederohmiger Glühdraht. Während sich viele seiner Konkurrenten auf widerstandsfähige Materialien konzentrierten, die hitzebeständig waren und eine hohe Stromlast aushielten, suchte Edison für seine Glühbirne nach immer feineren Glühdrähten. Durch die Reduzierung ihres Durchmessers stieg der Widerstand, sodass sie weniger Strom verbrauchten und somit wirtschaftlich nutzbar wurden. Auf Basis seiner mehr als zehnjährigen praktischen Erfahrung mit elektrischen Schaltkreisen konnte Edison den Problemraum auf einen Bereich eingrenzen, in dem er mit hoher Wahrscheinlichkeit das erwünschte Ergebnis erzielen würde.

Edisons Misserfolge, aber auch seine Erfolge, sind Belege für die Theorie der Kreativität als Produkt der Expertise. Bei seinen Experimenten mit Glühbirnen bemerkte Edison, dass sich das Innere der Glühbirne mit der Zeit schwarz färbte, bis auf einen »Schatten« am positiven Ende des Glühdrahts. Daraus schloss er richtig, dass aus dem negativen Ende Kohlepartikel austraten. Indem er einen zweiten Draht in der Glühbirne anbrachte, gelang es ihm sogar, dass Strom durch das Vakuum floss. Diese »Edison-Effekt«-Lampe, die der Erfinder als reine Kuriosität betrachtete, war tatsächlich der erste Schritt zum Bau von Vakuum-Röhrenelektronik, der zentralen Komponente der Computer der ersten Generationen. Hätte Edison mehr theoretisches Wissen besessen, hätte er diese Entwicklung womöglich weiterverfolgt, hätte das Elektron entdeckt und das elektronische Zeitalter eingeläutet. Diesen Pfad betrat er allerdings nicht und konzentrierte sich stattdessen auf kommerzielle Anwendungen für seine Glühbirne.

Einen weiteren Beleg für die Theorie der Kreativität als Produkt der Expertise liefern die langen Ausbildungszeiten. Der Psychologe John Hayes untersuchte 76 berühmte Komponisten und stellte fest, dass von den 500 bemerkenswerten Werken, die sie erschufen, nur drei vor dem zehnten Jahr ihrer Musikausbildung entstanden waren (und zwar im achten und neunten Jahr).[298] Eine ähnliche Untersuchung führte er an 131 Kunstmalern durch und stellte fest, dass es mindestens sechs Jahre dauerte, bis ein Gemälde den Status eines Meisterwerks erlangte, wobei die Zahl der Meisterwerke in den nachfolgenden sechs Jahren stetig zunahm. Eine ähnliche Untersuchung von Dichtern ergab, dass kein Dichter vor dem fünften Jahr seiner Dichterkarriere ein bemerkenswertes Gedicht geschrieben hatte; 55 der 66 untersuchten Dichter brauchten sogar zehn Jahre, bis sie ein herausragendes Gedicht geschrieben hatten. Zwar besaß Edison keine höhere Schulbildung, aber er war ein leidenschaftlicher Leser und liebte es zu experimentieren. »Mein Refugium war die Stadtbibliothek Detroit Public Library. Ich begann bei dem ersten Buch im untersten Regal und las mich dann durch das ganze Regal, ein Buch nach dem anderen. Ich habe nicht ein paar Bücher gelesen, ich habe die ganze Bibliothek verschlungen«, schilderte Edison seine Jugend.[299] Aber erst mit 22 Jahren erhielt er sein erstes Patent für eine elektrische Wahlmaschine, und erst mit 27 Jahren machte er seine erste weithin gefeierte Erfindung in der akustischen Telegrafie.

Die Bedeutung des angesammelten Wissens für den kreativen Erfolg könnte auch die Veränderungen erklären, die seit der Zeit Edisons in der wissenschaftlichen Innovation stattgefunden haben. Edison lebte in einer Übergangszeit vom »heroischen« Zeitalter der amerikanischen Innovation, die vom einsamen Tüftler geprägt war, der versucht, mit einem neuartigen Gerät Geld zu verdienen, zu einem institutionellen Modell, bei dem Innovationen in Industrielaboren und akademischen Forschungsabteilungen entstehen. Wenn Erfindung ein Prozess der Suche in einem Problemraum ist, dann könnte man erwarten, dass heutige Innovationen mehr Training und eine größere Spezialisierung erfordern, weil die Suche nach einer Lösung profunder wird. Edisons Fähigkeit, mit einer begrenzten akademischen Bildung nützliche Dinge zu erfinden, war womöglich ein Nebeneffekt des damals noch relativ geringen Wissens über Elektrik. Heutige elektrotechnische Innovationen drehen sich um die Weiterentwicklung integrierter Chips mit Milliarden von Transistoren pro Quadratzoll oder die Suche nach supraleitenden Materialien bei ultrakalten Temperaturen. Diese geheimnisvollen Fortschritte setzen ein höchst abstraktes Wissen voraus, was den Trend zu großen Teams aus hoch qualifizierten Spezialisten erklärt.

Trotzdem liefert die Theorie der Kreativität als Produkt der Expertise keine vollständige Erklärung. Sie kann zwar erklären, warum einige Kreative erfolgreicher sind als andere, aber sie erklärt nicht die Equal-Odds Baseline. Wenn sich kreativer Erfolg ausschließlich mit einer kontinuierlich zunehmenden Expertise erklären ließe, sollte man erwarten, dass auch die Qualität der kreativen Beiträge mit der zunehmenden Expertise steigt und nicht gleich bleibt. Die Gleichsetzung von Kreativität und Expertise lässt auch die Frage offen, warum einige Experten außergewöhnlich kreativ und andere nur mittelmäßig kreativ sind. Die Expertise mag eine Voraussetzung für kreative Leistung sein, aber sie allein reicht als Erklärung nicht aus.

2. Erklärung: Kreativität als Produkt der Umgebung

Francis Bacon, Wegbereiter der Wissenschaftlichen Revolution, schrieb einst, sein Beitrag sei »eine Geburt der Zeit und weniger des Geistes«.[300] Auf seine Weise lieferte er eine weitere herausragende Erklärung für wissenschaftliche Kreativität, nämlich die Theorie, dass Ideen ein Produkt ihres kulturellen Moments sind und nicht allein der individuellen Genialität. Der Zeitgeist besagt, dass der kulturelle Kontext den Boden bereitet, auf dem Ideen keimen können. Dieser Kontext bestimmt nicht nur, wo Innovatoren nach neuen Ideen Ausschau halten, sondern auch, welche dieser Ideen eine breite Akzeptanz finden. Selbst die brillanteste Idee verblasst und gerät in Vergessenheit, wenn die Umgebung nicht empfänglich für sie ist.

Belege für die Theorie der Kreativität als Produkt der Umgebung liefert die lange und überraschende Liste an vielfältigen Entdeckungen.[301] Die Evolutionstheorie wurde gleichzeitig und unabhängig voneinander von Charles Darwin und Alfred Russel Wallace entwickelt. Sowohl Isaac Newton als auch Gottfried Wilhelm Leibniz erfanden die Differenzial- und Integralrechnung. Alexander Bell und Elisha Gray sind dafür berühmt, dass sie mit wenigen Stunden Unterschied beide Patente für das Telefon einreichten. Vier verschiedene Wissenschaftler entdeckten die Sonnenflecken – alle im Jahr 1611. Und nicht weniger als neun verschiedene Erfinder nehmen für sich in Anspruch, das optische Teleskop erfunden zu haben. Selbst das Konzept der multiplen Entdeckungen, das oft den Soziologen William Ogburn und Dorothy Thomas zugeschrieben wird, die eine ausführliche Liste an Beispielen veröffentlichten, wurde zahllose Male neu erfunden. Der Soziologe Robert Merton zählt allein aus dem 18. und 19. Jahrhundert 18 Fälle, in denen das Konzept der multiplen Entdeckungen unabhängig voneinander vorgetragen wurde.[302] Die Unvermeidlichkeit bestimmter Entdeckungen ist buchstäblich in die Mentalität arbeitender Wissenschaftler eingebrannt. Erbitterte Debatten über Prioritäten – mit versiegelten und nachdatierten Manuskripten, die Belege über den Zeitpunkt wichtiger Entdeckungen liefern – wären unnötig, es sei denn, die wissenschaftlichen Innovationen lagen vor ihrer exakten Ausformulierung bereits »in der Luft«.

Der Sozialpsychologe Mihaly Csikszentmihalyi vertritt die Auffassung, dass sich Kreativität nicht in einem Vakuum beurteilen lässt.[303] Zwar haben zahlreiche Psychologen die Kreativität als rein mentale Funktion untersucht, Csikszentmihalyi hält jedoch dagegen, dass solche Studien Gebiete unberücksichtigt lassen, auf denen die jeweiligen Experten kollektiv entscheiden, was als kreativ gilt. Seinen Worten zufolge gibt es auf dem Gebiet der modernen Kunst ungefähr 10.000 Experten, deren Akzeptanz ein junger Nachwuchskünstler braucht, damit sein Werk als innovativ gilt. Computeranalysen von Musikkompositionen unterstützen seine Argumente, wobei die Kompositionen mit moderater »melodischer Originalität« besondere Popularität genießen.[304] Originalität ist wichtig für künstlerische Kreativität; geht die Originalität zu weit, kann das Werk jedoch zu Unverständnis führen. Ähnliche soziale Gatekeeper findet man auch in der Wissenschaft, in der kleine Expertengemeinschaften die Standards für Peer-Reviews setzen, die darüber entscheiden, ob ein Aufsatz veröffentlicht wird. Intellektuelle Moden können die Attraktivität bestimmter Arten von Ideen bestimmen: In der Psychologie schwankte die Diskussion über Geisteszustände von wilden Vermutungen seitens der Verfechter der Introspektion bis zum Tabu unter dem Einfluss der Behavioristen, bis sie von den Kognitionspsychologen wiedererweckt wurde. Dass wissenschaftliche Ideen gelegentlich rehabilitiert werden, je nachdem, welche intellektuelle Mode gerade vorherrscht, deutet darauf hin, dass viele potenzielle Entdeckungen im Keim ersticken. Auch die Akzeptanz seitens der Konsumenten ist nicht auf das Urteil geschlossener Expertengruppen beschränkt. Kommerzielle Produkte und Massenmedien müssen sich der öffentlichen Meinung stellen, die bestimmt, ob sie ein Hit oder ein Flop sind.

Thomas Edison war sich der Bedeutung einer empfänglichen Umgebung sehr bewusst. Er wusste, dass es bei seinen Erfindungen nicht allein auf die technischen Möglichkeiten ankam. »Ich will nichts erfinden, das sich nicht verkauft. Der Verkauf ist der Beweis der Nützlichkeit, und Nützlichkeit ist Erfolg.«[305] Allerdings war diese Überzeugung nicht von Gier motiviert. »Mein Hauptlebenszweck besteht darin, genug Geld zu verdienen, um noch mehr Erfindungen zu tätigen«, sagte er einst.[306] Edison hätte sich mit den Gewinnen aus seinen frühen Erfindungen ohne Weiteres in den Ruhestand zurückziehen können. Stattdessen investierte er sein gesamtes Geld in neue Vorhaben, was ihn und seine Familie wiederholt an den Rand des Bankrotts brachte, bevor er einen neuen Erfolg erzielte. Edison schien den Unterschied zwischen Erfindung und Innovation genau zu kennen. Eine Erfindung ist ein kreatives Werk, das nach seinen technischen Verdiensten beurteilt wird. Eine Innovation wird dagegen nach seiner sozialen Wirkung bewertet. Als unverbesserlicher Pragmatiker wollte Edison nützliche Dinge erfinden und keine rein technischen Kuriositäten. Sein Fokus auf einem hochohmigen Glühdraht für seine Glühbirne fußte nicht auf technischen Überlegungen, sondern auf einer sorgfältigen Analyse der Kosten des elektrischen Lichts. Eine Glühbirne, die viel Strom verbrauchte, wäre nicht ökonomisch gewesen, selbst wenn sie technisch machbar gewesen wäre.

Eine empfängliche Umgebung für Erfindungen erklärt auch viele kuriose Beispiele bahnbrechender Erfindungen, die am Ende nie genutzt wurden. Das Rad wurde viele Jahrhunderte vor der Ankunft der Europäer von den Maya in Mesoamerika erfunden, allerdings scheint es nur in Kinderspielzeug Verwendung gefunden zu haben, aber nicht in der Landwirtschaft. Eine Erklärung für diese verpasste Chance könnte lauten, dass es keine Zugtiere gab, die man vor einen Karren hätte spannen können.[307] Bewegliche Lettern wurden viele Hundert Jahre vor Gutenbergs berühmter Druckerpresse in Korea erfunden. Die Literatursprache wurde jedoch in chinesischen Schriftzeichen geschrieben. Das bedeutete, dass der Buchdruck viele Tausend einzigartige Symbole benötigt hätte, was hohe Materialkosten bedeutete. »Die allgemeine Überzeugung lautet, dass Kreativität selten ist«, so Csikszentmihalyi, »weil das Angebot so knapp ist; in anderen Worten: weil es nur wenige Genies gibt. Die Wahrheit scheint aber zu sein, dass die Kreativität ihre Grenzen auf der Nachfrageseite findet. Wenn es so wenig Kreativität gibt, liegt das daran, dass wir als Individuen und als Kollektiv unsere kognitiven Strukturen nicht schnell genug verändern können, um neue Ideen zu erkennen und zu übernehmen.«[308]

3. Erklärung: Kreativität als Zufallsprodukt

Sowohl die Expertise als auch die Umgebung legen nahe, dass Kreativität ein deterministischer Prozess ist. Eine demütigere Erklärung könnte lauten, dass der Zufall eine weitaus größere Rolle spielt, als die kognitive oder die soziologische Theorie eingestehen wollen. Ähnlich dem Prozess, der Darwins Theorie der natürlichen Selektion zugrunde liegt, stellte der Psychologe Donald Campbell im Jahr 1960 die Vermutung an, das kreative Denken lasse sich als ein Prozess der blinden Variation mit selektiver Retention verstehen. Die biologische Evolution ist enorm kreativ, wie die schier unglaubliche Biodiversität beweist. Darwin zeigte jedoch, dass dazu nichts weiter nötig war als eine zufällige Genmutation, in Kombination mit einer vererbbaren Akkumulation an überlebenswichtigen Anpassungen. Vielleicht sind Kreativitätstheorien, die auf komplizierte Mechanismen abheben, einfach erschöpft. Kreativität, so Campbell, lässt sich vielleicht besser als ein simpler Prozess der Generierung vieler potenzieller Ideen und der Bewahrung derjenigen Ideen verstehen, die sich bewähren.[309] Wie zu Beginn des Kapitels zitiert, schrieb Linus Pauling seine nobelpreisgekrönten chemischen Erkenntnisse einem ähnlichen Prozess der Generierung vielfältiger Ideen zu, von denen nur einige bewahrt wurden.

Belege für die Rolle, die der Zufall spielt, findet man in der langen Geschichte der zufälligen Erfindungen.[310] Penizillin wurde zufällig entdeckt, nachdem der schottische Arzt Alexander Fleming Schimmelwuchs feststellte, der die umgebenden Bakterienproben zu unterdrücken schien. Der russische Chemiker Constantin Fahlberg stieß zufällig auf Sacharin, nachdem er versehentlich die Produkte einer seiner Experimente verzehrt hatte. Die Rezeptur für Sekundenkleber wurde zufällig entdeckt, nachdem Harry Coover nach einer Methode gesucht hatte, um billige Plastik-Zielfernrohre herzustellen. Auch die Entdeckung von Teflon, Dynamit, vulkanisiertem Gummi, Sicherheitsglas und Viagra geht auf glückliche Fügung zurück. »Le principle de l'invention est le hasard«,* schrieb der französische Philosoph Paul Souriau.[311] Zufall, keine Notwendigkeit, ist der Motor der Erfindung.

Edison kannte die Rolle, die der Zufall für Entdeckungen spielt, sehr genau. »Bei meinen Experimenten finde ich viele Dinge, nach denen ich gar nicht gesucht habe«, sagte er.[312] Edison testete unzählige Materialien für seine weiß glühende Glühbirne, bevor er mit karbonisierten Papierstreifen ein funktionierendes Material gefunden hatte. Nachdem er diese Beobachtung gemacht hatte, testete er Tausende von anderen Pflanzenfasern, bis er sich am Ende für Bambus als ideales Material entschied. Bei seiner späteren Suche nach einem Ersatz für Gummi untersuchte er 14.000 verschiedene Pflanzen, um herauszufinden, ob eine mit einem entsprechend hohen Latexgehalt dabei war, die man in einem temperierten Klima züchten konnte. Seine Bemühungen, eine leistungsstarke wiederaufladbare Batterie herzustellen, folgten einem ähnlichen Muster. Sein Freund Walter Mallory sprach ihm sein Mitgefühl aus, nachdem er erfahren hatte, dass Edison trotz monatelanger Arbeit keine Ergebnisse erzielt hatte. Edison erwiderte darauf: »Nun ja, ich habe viele Ergebnisse erzielt. Ich kenne nun mehrere Tausend Dinge, die nicht funktionieren!«[313] Für Edisons Vertrauen in den Zufall und seine Bereitschaft, Tausende von Kombinationen auszuprobieren, um eine Antwort zu finden, hatte sein ehemaliger Mitarbeiter und späterer Rivale Nikola Tesla eher verächtliche Worte: »Wenn Edison eine Nadel im Heuhaufen finden müsste, würde er sofort mit Bienenfleiß darangehen, Strohhalm für Strohhalm zu untersuchen, bis er irgendwann

---

* Anm. d. Übers.: »Das Prinzip der Erfindung ist der Zufall.«

den Gegenstand seiner Suche gefunden hat.«[314] Seine Vorliebe für Versuch und Irrtum war aber womöglich nicht so albern, wie sie klingt. Die chemische Forschung befand sich noch in den Kinderschuhen, und es gab nur wenige verlässliche Vorhersagen über geeignete Materialien, sodass man auf Versuche angewiesen war. Selbst heute gehen Innovationen zu einem großen Teil auf reinen Zufall zurück. Trotz der beeindruckenden Fortschritte in der biologischen und chemischen Theorie hängen pharmazeutische Entdeckungen immer noch zu einem großen Teil von glücklichen Fügungen ab, da die Wirkung von Medikamenten oft ein Zufallsfund ist und weniger ein Ergebnis theoretischer Prognosen. Die Abnehmpille mit dem Wirkstoff Semaglutid, die unter dem Namen Ozempic verkauft wird, wurde ursprünglich zur Behandlung von Diabetes entwickelt[315], und der in Viagra enthaltene Wirkstoff Sildenafil wurde ursprünglich zur Behandlung von Bluthochdruck entwickelt[316]. Zufall, und keine Planung, führte zu ihrer Entdeckung.

Die Kombination aus den drei Erklärungen

Die drei Erklärungen für Kreativität – Expertise, Umgebung und Zufall – schließen sich nicht gegenseitig aus. Ein einfaches Kreativitätsmodell beinhaltet alle drei. Bei diesem Modell bestimmt das vorhandene Wissen, welche Innovationen möglich sind. Expertise ist Voraussetzung, denn mit der Ausnahme, dass man sich im Grenzgebiet des Wissens bewegt, sind neue Erkenntnisse möglicherweise individueller Natur, aber nicht im sozialen Sinne kreativ. Die Anekdote über einen sechsjährigen Jungen namens Carl Gauß verdeutlicht den Unterschied.[317] Auf die Aufforderung hin, die Summe von 1 + 2 + 3 … bis 10 zu nennen, antwortete er wie aus der Pistole geschossen: »55!« Der Lehrer fragte ihn, wie er das so schnell errechnet hatte. Der Junge antwortete, er habe beobachtet, dass sich die Zahlen in fünf Zahlenpaare unterteilen lassen, die zusammengerechnet jeweils 11 ergeben (1 + 10, 2 + 9, 3 + 8 …), daher müsse die Antwort 55 lauten. Zwar kann man die Cleverness des Jungen bewundern, doch ein solcher Trick war den Mathematikern nicht unbekannt. Die einfallsreiche Lösung hatte also keinen gesellschaftlichen Einfluss, selbst wenn sie Beweis für einen besonders kreativen mathematischen Kopf war.

Neben dem Grenzgebiet des Wissens spielt der Zufall zwei wichtige Rollen für den kreativen Erfolg. Die erste Rolle liegt im Problemlösungsprozess selbst. Wie wir in Kapitel 1 gesehen haben, verwenden Menschen zur Orientierung im Problemraum sowohl allgemeine Strategien wie die Mittel-Zweck-Analyse und die Generate-and-Test-Methode als auch gebietsspezifische Heuristiken. Doch selbst bei noch so intensiver Suche bleiben im Problemraum noch viele unerforschte Möglichkeiten übrig. Andernfalls, wenn sich der Problemraum auf eine einzige offensichtliche Lösung verengen würde, würden wir nicht jenseits der derzeitigen Wissensgrenzen suchen. Daher sind zufällige, ungezielte Erkundungsprozesse nötig, die selbst die intelligentesten und sachkundigsten Experten verfolgen müssen, um sich über die bekannten Bereiche des Problemraums hinauszuwagen. Die zweite Rolle, die der Zufall spielt, hat mit der empfänglichen Umgebung zu tun. Selbst die cleversten Technologen, Investoren oder Wissenschaftsprognostiker können nur in sehr bescheidenem Umfang vorhersagen, welche Arbeiten von bahnbrechender Bedeutung sein werden und welche einfach im Sande verlaufen. Die Erschaffer selbst können die langfristigen Auswirkungen ihrer Arbeit kaum einschätzen. Diese mangelnde Vorhersehbarkeit bedeutet, dass jede Erfindung, jeder Aufsatz, jedes Produkt oder jede wissenschaftliche Abhandlung zu einem Teil immer ein Glücksspiel ist.

Der Unterschied zwischen routinierten und kreativen Experten lässt sich an der Entscheidung ablesen, sich mit riskanten Problemen zu beschäftigen. Wichtige Arbeit kann vollständig innerhalb der bestehenden Wissensgrenzen geleistet werden. Selbst wenn Kreativität vom Zufall abhängt, werden einige Experten lieber zu bewährten Methoden greifen, während andere Risiken wagen, um neue Bereiche des Problemraums zu erforschen. Die Idee des kreativen Erschaffers als Glücksspieler kommt am deutlichsten in Robert Sternbergs und Todd Lubarts Investmenttheorie der Kreativität zum Ausdruck.[318] In ihrem Modell verhalten sich kreative Erschaffer wie Börsenspekulanten, die auf Einzelaktien setzen. Sie spekulieren einfach darauf, dass bestimmte Ideen, Methoden oder Forschungsgebiete an Wert gewinnen werden. Wie bei Börsenspekulationen hängt dieser Prozess stark von Zufällen ab: Einige kreative Erschaffer werden berühmt, und andere geraten in Vergessenheit. Der Unterschied zwischen Experten, die bei ihrer Routine bleiben, und kreativen Experten liegt im Wesentlichen in ihrem Wagemut. Edison geriet wegen seiner riskanten Experimente des Öfteren in wirtschaftliche Turbulenzen. »Zumindest habe ich mich nicht gelangweilt«, resümierte er später über das wilde Auf und Ab zwischen Fortüne und Misserfolg in seiner Erfinderkarriere.[319] Eine Investmenttheorie trägt auch zur Erklärung bei, warum einige Menschen im Vergleich zu ihren gleichermaßen sachkundigen Kollegen ungewöhnlich erfinderisch sind. Der Historiker Anton Howes hat festgestellt, dass Erfinder mit hoher Wahrscheinlichkeit vor einer eigenen Erfindung Kontakt zu einem anderen Erfinder hatten, was Anlass zu der Vermutung gibt, dass der Wunsch, riskante Vorhaben zu verfolgen, möglicherweise kulturell übertragen wird und über die reine Expertise hinausreicht, die für eine erfolgreiche Erfindung nötig ist.[320]

Dieses Kreativitätsmodell trägt zur Erklärung des scheinbaren Widerspruchs zwischen Simontons Equal-Odds Baseline* der kreativen Leistung und der Seltenheit von Innovatoren auf Weltklasseniveau bei. Das Ausloten von Grenzen ist schwierig und setzt viele Jahre Studium und Praxis voraus. Sobald man die Wissensgrenzen erreicht hat, hängt die kreative Leistung von der Bereitschaft zum Risiko ab, weil weitere Entwicklungen zu einem großen Teil auf Zufällen beruhen.

Führt die Steigerung des kreativen Outputs auch zu einer Qualitätssteigerung?

Simontons Forschung und die Equal-Odds Baseline besagen nicht, dass jede Anstrengung zur Steigerung des Outputs automatisch die Wahrscheinlichkeit eines kreativen Erfolgs steigert. Immerhin könnte ich mehr Bücher

* Anm. d. Übers.: Der Equal-Odds Baseline zufolge ist die Wahrscheinlichkeit, dass ein Wissenschaftler einen bahnbrechenden Aufsatz publiziert, genauso hoch wie die Wahrscheinlichkeit, dass er einen durchschnittlichen Aufsatz schreibt, der schon bald wieder in Vergessenheit gerät.

schreiben, wenn ich einfach auf die Tasten hauen und jeden Unsinn, der dabei herauskommt, veröffentlichen würde. Aber das kann man wohl kaum als zuverlässige Strategie für eine angesehene und respektable Autorenschaft bezeichnen. Die enge Verbindung zwischen Qualität und Quantität könnte sich zum Beispiel darin manifestieren, dass sich kreative Erschaffer innere Standards für die Veröffentlichung ihrer Arbeit setzen. Einem Autor, der sich in einer kreativen Schaffenskrise befindet, gelingt es vielleicht, etwas zu Papier zu bringen, aber es gelingt ihm nicht, etwas zu schreiben, das er selbst für publizierbar hält. Eine solcher Ideenmangel würde sich als Schaffenskrise manifestieren, auch wenn man ihn genauso gut als Problem der kreativen Qualität bezeichnen könnte. Das Gleiche gilt, wenn kreative Erschaffer einen dominanten Stil oder eine bestimmte Methode verfolgen, mit der eventuelle Kompromisse zwischen Quantität und Qualität künstlich verschleiert werden. Dass Picassos Œuvre wesentlich umfangreicher ist als da Vincis, liegt zum Teil daran, dass sich der Kubismus, den er kultivierte, für ein produktives Schaffen anbietet. Es gibt keine Daten über ein kontrafaktisches Szenario, in dem der Spanier jahrelang arbeitete, um einige ausgesuchte hyperrealistische Werke zu erschaffen oder der Renaissance-Künstler Gemälde am Fließband produzierte. Aber innerhalb der normalen Grenzen der kreativen Akzeptanz und unter Berücksichtigung der üblichen Variationen in Stil und Methode herrscht in Künstlerkarrieren eine enge Korrelation zwischen Quantität und Qualität.

Eine geradlinige, wenn auch unattraktive Implikation der Equal-Odds Baseline lautet, dass erfolgreiche kreative Erschaffer dazu neigen, Workaholics zu sein. Edison ist ein auffälliges Beispiel. Einer Anekdote zufolge befand er sich eines Nachts gedankenversunken in seinem Labor. Auf die Frage, warum er so lange arbeite, erkundigte er sich nach der Uhrzeit. »Mitternacht«, lautete die Antwort. Edison erwiderte: »Mitternacht! Tatsächlich. Dann muss ich nach Hause gehen, ich habe heute geheiratet.«[321] Das ist wahrscheinlich eine Übertreibung, allerdings klingt es im Lichte seiner Gewohnheit, über Wochen ununterbrochen in seinem Labor zu grübeln und nur nach Hause zurückzukehren, um seine schmutzige Kleidung zu wechseln, ziemlich glaubhaft. Eines der berühmtesten Porträtfotos zeigt ihn, wie er nach einem 72-stündigen Marathon, in dem er ununterbrochen an der Verbesserung der Tonqualität gebastelt hat, zerzaust und derangiert vor seinem Phonographen hockt.

Diese extreme Hingabe an die Arbeit lässt sich auch bei zahllosen anderen herausragenden kreativen Erschaffern feststellen. Herbert Simon, der für seine wirtschaftswissenschaftliche Arbeit mit dem Nobelpreis ausgezeichnet wurde, arbeitete in seinen produktivsten Schaffensperioden angeblich 100 Stunden pro Woche.[322] Albert Einstein konzentrierte sich während seiner Arbeit an der Relativitätstheorie so intensiv, dass er Magenprobleme bekam.[323] Honoré de Balzac schrieb seine 85 Romane, indem er 20 Jahre lang 15 Stunden pro Tag arbeitete.[324] Forschungsergebnisse legen nahe, dass sich diese Arbeitsethik auszahlt: Herausragende Forscher auf den Gebieten Physik und Sozialwissenschaften arbeiten 60 bis 70 Stunden die Woche und machen kaum Urlaub.[325] Andere Untersuchungen haben ergeben, dass Psychologen, die dem Hochleistungsprofil »Typ A« entsprechen, mit höherer Wahrscheinlichkeit häufiger zitiert werden als ihre entspannteren »Typ B«-Kollegen.[326] Angesichts dieses Musters ist es keine Überraschung, dass Edison behauptete, Genialität sei »zu einem Prozent Inspiration und zu 99 Prozent Transpiration«.[327] Diese intensiven Arbeitszeiten haben aber oft hohe Kosten. Edison war ein abwesender Vater und Ehemann, denn sein Erfinderehrgeiz ließ ihm kaum Zeit für irgendetwas anderes.

Strategien für die Steigerung der kreativen Produktivität (ohne Qualitätseinbußen oder Mehrarbeit)

Der Schlüssel zu kreativem Erfolg ist eine phänomenale Produktivität. Wenn wir für einen Augenblick annehmen, dass Sie bereits so viele Stunden arbeiten, wie Sie können (oder gerne würden), stellt sich die Frage, ob es noch andere Wege gibt, um den eigenen kreativen Output zu steigern, ohne offensichtliche Opfer im Hinblick auf die Arbeitsqualität oder das Privatleben erbringen zu müssen. Nachfolgend vier Strategien, mit denen Sie eine größere Wirkung erzielen können.

1. Strategie: Die Fließbandmethode

Wenige Bilder bilden einen derartigen Gegensatz zum populären Verständnis der Kreativität wie das Fließband. Mechanisch produzierte Einheitlichkeit wirkt oberflächlich betrachtet wie das Gegenteil von Einfallsreichtum. Wenn man die Idee der Kreativität als Produkt der Produktivität jedoch ernst nimmt, könnte man womöglich mehr von der Fließbandarbeit lernen, als man glaubt. Mit der Standardisierung der nicht kreativen Aspekte der kreativen Arbeit lässt sich die Produktion rationalisieren. Für seine beliebte Fernsehsendung *Seinfeld* organisierte der Komiker Jerry Seinfeld die Entwicklung neuer Folgen, indem er die verschiedenen Phasen des kreativen Prozesses unterschiedlichen Autorenteams zuwies: eines für die Vorstellung neuer Ideen, eines für Skizzierung und Gliederung und eines für die Editierung.[328] Unter Berücksichtigung der Rolle, die der Zufall in der kreativen Entwicklung spielt, wurden Ideen und Storylines von den realen Erfahrungen der Comedy-Autoren inspiriert. Der Workflow stellte dabei sicher, dass nur perfekt ausgearbeitete Folgen ausgestrahlt wurden und keine halbgaren Ideen.

Routinen, Checklisten und systematische Phasen für die verschiedenen Aspekte Ihrer kreativen Arbeit sind einige Wege, über die Sie den regelmäßig wiederkehrenden Teil des Schaffensprozesses für eine neue Arbeit automatisieren können. Vielleicht haben Sie keine Kontrolle über den Inhalt der Ideen und Erkenntnisse, aber mit der Systematisierung einiger anderer Aspekte sorgen Sie dafür, dass Sie neue Chancen beständig wahrnehmen können. Ein Wissenschaftler weiß vielleicht nicht immer, welcher Forschungsweg am aussichtsreichsten ist, aber er kann seinen Prozess für die Beantragung von Zuschüssen und das Einreichen von Aufsätzen rationalisieren, um mehr Zeit für seine Forschungsarbeit zu haben. Eine innere Einstellung, die für eine fließbandähnliche Organisation sorgt, kann auch dazu beitragen, Ihre kreativen Hürden abzubauen, wenn Nervosität oder Perfektionismus Sie von einer regelmäßigen Publikation Ihrer Beiträge abhalten. Wenn die Entstehung und Veröffentlichung neuer schöpferischer Arbeit einem automatisierten Prozess folgen, bleibt kaum Zeit für eine lähmende Selbstzensur.

2. Strategie: Ideen reifen lassen

Der Problemlösungsaspekt der Kreativität lässt vermuten, dass einige Ideen »reif« für eine Umsetzung sein könnten, während andere wichtige Bedingungen für eine Realisierung nicht erfüllen. Ein Erfinder steckt womöglich bei einer bestimmten technischen Hürde fest, die er nicht glaubt, überwinden zu können. Ein Romanschriftsteller hat vielleicht eine großartige Idee für eine Figur, aber keinen Plot. Unreife Ideen zu verfolgen, nimmt mehr Zeit in Anspruch, weil der kombinatorische Prozess des Ausprobierens von Alternativen dahin entwickelt werden muss, dass er die Hürden überwindet. Das gefeierte Image des kreativen Genies fokussiert oft auf die Beharrlichkeit, mit der sich die Genies durch schwierige Projekte kämpfen, allerdings ist es auch so, dass erfolgreiche kreative Erschaffer vermeiden, sich mit Dingen zu beschäftigen, die noch nicht reif für ihre Entdeckung sind. In seiner ausführlichen Schilderung der illustren Johns-Hopkins-Forschungsdynastie weist Robert Kanigel darauf hin, dass der mit dem Lasker Award ausgezeichnete Neurowissenschaftler Solomon Snyder »fast einen sechsten Sinn für wissenschaftliche Fragen hatte, bei deren Verfolgung er sich lediglich eine blutige Nase holen würde – daher machte er einen Bogen um sie«.[329]

Edison umging dieses Problem, indem er viele verschiedene Erfindungsprojekte gleichzeitig verfolgte. Dadurch, dass er stets mehrere Eisen im Feuer hatte, wendete er sich einfach einem anderen Projekt zu, wenn er irgendwo feststeckte. Außerdem wusste er zufällige Entdeckungen zu nutzen, wenn sich eine neue Möglichkeit auftat und einen Weg eröffnete, der zuvor im Dunkeln lag. Viele Schriftsteller haben eine umfangreiche Notizensammlung über potenzielle Storys, die darauf warten, dass eine ausreichende Menge an Elementen zusammenkommt, bis sie sich daran wagen, daraus ein neues Buch zu machen. Vielleicht ist es unmöglich, kreative Lösungen zu antizipieren, aber oft kann man sehen, wie groß die vorhandenen Wissenslücken sind und was zu ihrer Schließung nötig ist.

3. Strategie: Risiken senken

Die Rolle des Zufalls in der Kreativität weist noch auf einen weiteren Grund hin, aus dem es Menschen nicht gelingt, inspirierte Dinge zu erschaffen: Ihnen fehlt die nötige Risikobereitschaft. Diejenigen, die die größten kreativen Erfolge erzielen, haben auch einige kreative Misserfolge einstecken müssen. Zwar können ein profundes Fachwissen und Produktivität die durchschnittliche Qualität der Ergebnisse steigern, aber die Volatilität, die mit kreativer Arbeit verbunden ist, kann viele Menschen davon abhalten, eine innovative Karriere einzuschlagen. Edison gelang es, die Risiken zu stemmen, die mit seiner Erfindertätigkeit verbunden waren, indem er sich sagte, im schlimmsten Fall könne er immer noch als Telegrafist arbeiten. Möglicherweise hatten ihn auch seine entbehrungsreichen frühen Jahre davon überzeugt, dass ein möglicher Verlust seines Vermögens kein so großer Schicksalsschlag wäre, wie es jemand empfinden würde, der zeit seines Lebens im Wohlstand gelebt hat.

Alle die, die nicht über Edisons stoische Ruhe verfügen, können ihre Risikobereitschaft erhöhen, indem sie dafür sorgen, dass sie verlässliche Arbeit und ein verlässliches Einkommen haben, auf das sie im Falle eines Misserfolgs zurückgreifen können. Kreative Projekte sind wie hochriskante Aktieninvestitionen: Entweder sie zahlen sich auf spektakuläre Weise aus, oder wir verlieren unser gesamtes Geld. Um diese Investitionen schmackhafter zu machen, wollen wir sie mit der intellektuellen Entsprechung einer Schatzanleihe kombinieren: Investitionen mit einem geringen Risiko, auf die wir in einer Krise zurückgreifen können.

4. Strategie: Weniger Zeit mit nicht kreativer Arbeit verbringen

Nicht jede Arbeitsstunde wird mit Arbeit an neuen Entwicklungen verbracht. Ein Großteil unserer Zeit geht für Meetings, E-Mails, administrative Tätigkeiten und andere Kleinigkeiten drauf. So gaben viele der von Harriet

Zuckerman befragten Nobelpreisträger an, ihre Forschungskarriere habe sich nach dem Nobelpreis deutlich verlangsamt.[330] Das mag zum Teil einer gesunkenen Motivation geschuldet sein. Viele Wissenschaftler sagten jedoch, sie fühlten sich von der plötzlichen, großen medialen Aufmerksamkeit überfordert. Als sie noch im Verborgenen gearbeitet hatten, konnten sie viele Stunden im stillen Kämmerlein an ihren Projekten arbeiten. In dem Moment, in dem sie berühmt wurden, trafen ständig Interviewanfragen, Einladungen zu öffentlichen Veranstaltungen und Angebote zur Übernahme des Postens als Präsident prestigeträchtiger Ausschüsse ein. Edisons Produktivität ließ außerdem mit zunehmendem Alter nach, auch weil seine Geschäftsinteressen mehr Raum einnahmen und er immer größere Ingenieursteams leitete.

Kreativität erfordert Agilität und die Fähigkeit, viele Stunden Arbeit in Projekte mit ungewissem Ausgang zu investieren. Beides wird womöglich schwieriger, wenn die mit dem Erfolg verbundenen Verpflichtungen wachsen. Kreativität verlangt daher auch, die nicht kreative Arbeit einzudämmen. Der nobelpreisgekrönte Physiker Richard Feynman erweckte zum Beispiel gerne den Eindruck, er sei unzuverlässig, um zu vermeiden, dass seine Fakultät ihm zeitaufwendige Aufgaben übertrug.[331] Der Autor und Professor für Computerwissenschaften Cal Newport plädiert für eine strikte Abgrenzung zum Schutz der eigenen »fokussierten Arbeit«.[332] Nur so sei die nötige ununterbrochene Denkzeit gewährleistet, die unabdingbar sei, wenn man bei schwierigen Projekten Fortschritte erzielen wolle. Egal welche Strategie Sie verwenden, nur wenn Sie einen großen Teil Ihrer Gesamtarbeitszeit an kreativen Projekten arbeiten, können Sie eine produktive Karriere verfolgen, ohne Ihr Privatleben völlig zu opfern.

Von der praktischen Übung zum Feedback

In den letzten vier Kapiteln haben wir über die Schwierigkeit gesprochen, den idealen Schwierigkeitsgrad zu bestimmen. Wir haben uns mit der Frage beschäftigt, warum das Gehirn nicht wie ein Muskel funktioniert. Wir haben die Wirksamkeit variabler Übungsformen zur Entwicklung flexibler Fähigkeiten untersucht und über die überraschend enge Verbindung zwischen Quantität und Qualität in der kreativen Leistung gesprochen. In den folgenden vier Kapiteln werden wir uns die Rolle des Feedbacks für den Lernerfolg ansehen. Wir werden mit dem Lernen in Umgebungen beginnen, die von einem hohen Maß an Ungewissheit geprägt sind und in denen der unmittelbare Kontakt mit realen Anwendungssituationen für die Beherrschung praktischer Fähigkeiten sowohl notwendig als auch belastend ist. Anschließend untersuchen wir die Rolle, die das Verlernen von Fehlannahmen und ineffektiven Methoden spielt, und beschäftigen uns mit der Frage, warum die Korrektur unserer Fehler und Fehlannahmen mit zunehmender Expertise eine wachsende Bedeutung gewinnt. Und schließlich untersuchen wir, wie Ängste unsere Lernfortschritte behindern, und beschäftigen uns mit der Tatsache, dass unmittelbares Feedback aus der Situation, die uns Angst einflößt, eine der effektivsten Methoden zur Überwindung unserer Ängste ist.

TEIL III

FEEDBACK

LERNEN AUS ERFAHRUNG

KAPITEL 9

Erfahrung ist keine Gewähr für Expertise

Echte intuitive Expertise erwirbt man durch lange Erfahrung und ein gutes Feedback auf Fehler.[333]

Daniel Kahneman, Psychologe

- Wie lauten die Voraussetzungen für intuitive Expertise?
- Wie kann man seine Leistung in Umgebungen steigern, die von einem hohen Maß an Ungewissheit und undifferenziertem Feedback geprägt sind?
- Wann sollten Sie Ihrem Bauchgefühl vertrauen und wann sollten Sie sich an Zahlen und Fakten halten?

Am 17. September 2007, einen Tag vor ihrem 19. Geburtstag schrieb Annette Obrestad Geschichte, als sie zur jüngsten Siegerin eines WSOP-Turniers* gekrönt wurde.[334] Bei einem Turnier in Europa hatte die junge Norwegerin, die damals noch zwei Jahre warten musste, bis sie das Mindestalter zur Teilnahme an den WSOP-Turnieren in Las Vegas erreicht hatte, zuvor bereits einen Preis in Höhe von einer Million Pfund Sterling kassiert. Sie hatte 362 andere Pokerspieler, die jeweils 10.000 Pfund für die Teilnahme an dem Turnier bezahlt hatten, geschlagen. Poker mag ein Glücksspiel sein, aber Obrestads Sieg war keine Eintagsfliege. Sie war zuvor bereits eine versierte Online-Pokerspielerin. Noch während sie die Highschool besuchte, gewann sie mit Poker mehr Geld, als ihre Mutter mit ihrem Vollzeitjob verdiente.[335] Nur wenige Monate vor den WSOP-Turnieren nahm sie an einem Online-Turnier mit 179 anderen Spielern teil. Aus Spaß beschloss sie zu sehen, wie weit sie mit einem Klebeband auf ihrem Bildschirm kommen würde, das verhinderte, dass sie ihre eigenen Karten sehen konnte. Sie gewann.[336]

Obrestad hatte mit dem Pokerspiel begonnen, nachdem sie einen Werbespot einer Website für Online-Poker gesehen hatte, während sie im Fernsehen ein Bowling-Turnier verfolgte.[337] Schon als junges Mädchen hatte sie gerne mit ihrem Vater Karten gespielt, und so dachte sie, Poker könnte ihr Spaß machen. Mit 15 Jahren war sie zu jung, um mit echten Geldeinsätzen zu spielen, daher spielte sie online mit Spielgeld. Zu ihrer Überraschung stellte sie fest, dass sie Talent für Poker hatte. »Ich hatte irgendwie ein Händchen dafür«, sinnierte sie später. »Wissen Sie, wenn man etwas beginnt und plötzlich erkennt, dass man richtig gut darin ist, und alles andere plötzlich öde wirkt? So ging es mir mit Poker.« Bei einem Online-Turnier mit Spielgeld gewann sie 9 Dollar. Ausgehend von diesen bescheidenen Anfängen konnte sie daraufhin ihr Bankkonto stetig füllen. Obwohl sie nie eigenes Geld investiert hatte, trat sie nun mit echten Geldeinsätzen gegen andere Pokerspieler an und gewann. In den folgenden vier Jahren gewann sie online viele Hundert-

* Anm. d. Übers.: Die World Series of Poker ist eine Serie an Pokerturnieren, die einmal im Jahr in Las Vegas stattfindet.

tausend Dollar. Sobald sie alt genug war, um legal in einem Casino spielen zu können, begann sie auch live zu spielen. Am Ende ihrer Pokerkarriere hatte Obrestad allein mit Live-Spielen mehr als 3,9 Millionen Dollar verdient.[338]

Obrestad steht für eine neue Generation an Pokerspielern. Weit entfernt vom Stereotyp des aufschneiderischen Glücksspielers, der in verrauchten Casinos um hohe Summen spielte, lernte diese neue Generation die Beherrschung des Pokerspiels zu Hause am heimischen Computer. Um zu verstehen, wie Obrestad und ähnliche Spieler so viel in so kurzer Zeit erreicht haben, müssen wir uns ansehen, wie sich das Pokerspiel im Verlauf der Zeit weiterentwickelt hat.

Eine kurze Geschichte des Pokerspiels

In der ersten Zeit bedeutete, ein guter Pokerspieler zu sein, gut betrügen zu können. Spezielle Glücksspielboote fuhren mit den Spielern und ihrem Geld über den Mississippi und verbreiteten Poker im gesamten amerikanischen Süden. Aus dieser Zeit stammen die Erzählungen über Leute wie George Devol, der in seiner Autobiografie *Forty Years a Gambler on the Mississippi* mit seinen Poker-Schwindeleien prahlte.[339] Ein weitverbreiteter Trick bestand darin, einen gezinkten Satz Spielkarten zu verwenden – die Karten hatten unscheinbare Flecken auf der Rückseite –, die dem skrupellosen Pokerspieler verrieten, wer das bessere Blatt hatte. Devol prahlte damit, dass er einen anderen Spieler dabei erwischt hatte, wie er gezinkte Karten verwendete, und wie es ihm gelang, das Blatt zu wenden und den Betrüger auszutricksen. In einer anderen Anekdote fühlte sich ein Investor von Devols Ruf als cleverem Pokerspieler angezogen. Im Gegenzug für eine Gewinnbeteiligung streckte er Devol 4000 Dollar vor. Devol verlor umgehend das ganze Geld an einen Verschwörer und konnte den größten Teil der Investition einheimsen, ohne seinem Geldgeber das Geld zurückzahlen zu müssen. »Damals herrschte die Überzeugung, wer sich auf ein Dampfschiff auf dem Mississippi begebe, um Poker zu spielen, flehe förmlich darum, betrogen zu werden«, schreibt der Pokerspieler und Autor Màrton Magyar.[340]

Trotz dieser zweifelhaften Anfänge erwarb sich Poker aber auch den Ruf als ein Spiel der strategischen Fähigkeiten und nicht nur der Täuschung. Mark Twain war ein leidenschaftlicher Anhänger des Pokerspiels. »Es gibt nur wenige Dinge in diesem Land, die so unverzeihlich vernachlässigt werden wie Poker«, schrieb er.[341] Diese Vernachlässigung sollte aber nicht lange dauern. Franklin Delano Roosevelt spielte während seiner vierjährigen Amtszeit im Weißen Haus regelmäßig Poker, und auch Dwight Eisenhower bezeichnete sich selbst als Pokerspieler.[342] Richard Nixon gelang es sogar, einen Teil einer frühen Wahlkampagne für den Kongress mit Gewinnen aus Pokerspielen zu finanzieren.[343] Das Spiel ermöglichte den Spielern nicht nur, ihre eigenen Chancen einzuschätzen, sondern auch ihre Kontrahenten zu taxieren. »Poker ist ein Spiel der Menschen«, schrieb der professionelle Glücksspieler und Autor eines der ersten populären Bücher über Pokerstrategien Doyle Brunson. »Beim Pokerspiel treten die wahren Gefühle eines Mannes zutage.«[344] In seinem Buch mischte Brunson eine sorgfältige strategische Logik auf Basis von Wahrscheinlichkeiten mit abstrusen Konzepten, wie zum Beispiel seinem Glauben an eine außersensorische Wahrnehmung und der Bedeutung des Vertrauens in das eigene Bauchgefühl anstelle einer rationalen Analyse. Brunsons Buch fing eine populäre Wahrnehmung des Pokerspiels ein, die bis heute vorherrscht: dass das versierte Pokerspiel im Wesentlichen eine Frage der Psychologie ist und nicht der Wahrscheinlichkeit.

Die nächste Pokerrevolution fand 2003 statt, als Chris Moneymaker (so heißt er wirklich) einen Platz im WSOP-Turnier gewann, nachdem er ein Online-Turnier über 39 Dollar für sich entschieden hatte.[345] Moneymaker, der im bürgerlichen Leben Buchhalter und Amateurpokerspieler war, schlug 839 Kontrahenten aus dem Feld, die jeweils 10.000 Dollar Startgebühr bezahlt hatten, und räumte den großen Preis in Höhe von 2,5 Millionen Dollar ab. Sein Überraschungssieg über erfahrene Profis löste ein explosionsartiges Interesse an Online-Poker aus. Unter dem Schlagwort »Moneymaker-Effekt« wurden Websites für Online-Poker plötzlich unglaublich bekannt und beliebt und lockten Zehntausende von neuen Spielern an.

Poker auf einem Computer zu spielen ist etwas völlig anderes, als Poker in einem Casino zu spielen. Beim Online-Poker gibt es keine Möglichkeit zur Psychoanalyse. Das Einzige, was man von seinen Kontrahenten sieht, ist ihr Username. Das heißt, die sorgfältige Beobachtung eines Spielgegners nach Zeichen für einen Bluff, weicht hinter einer grundlegenderen Analyse der Kartenverteilung zurück. Weniger offensichtlich ist die Tatsache, dass Online-Poker das Tempo, mit dem ein Spieler Erfahrung im Poker gewinnen kann, dramatisch beschleunigt hat. »Früher war es so, dass jemand, der nicht in Las Vegas bei den Spielen mit den wirklich hohen Einsätzen gesehen wurde, wahrscheinlich nicht sehr gut war«, erklärt der Pokerprofi Daniel Negreanu. Seinen Worten zufolge gewinnt die neue Generation an Pokerspielern »so schnell Erfahrung, weil man online an mehreren Tischen spielen kann. Einige Spieler spielen zwölf Pokerrunden gleichzeitig. Ein Typ wie Doyle Brunson, der 84 Jahre alt ist, spielt seit 50 oder 60 Jahren jeden Tag und hat trotzdem nicht so viele Hände gespielt wie diese 23-jährigen Jungs.«[346] Was vielleicht noch wichtiger ist als ausführliches Feedback, ist das verbesserte Feedback, das man beim Online-Poker erhält. Die Spieler der alten Schule mussten sich zum größten Teil auf ihr Gedächtnis verlassen, um sich zu erinnern, wie Schlüsselblätter gespielt wurden. Online-Poker ermöglicht den Spielern, das fehleranfällige menschliche Gedächtnis durch eine Festplatte zu ersetzen und ihre eigene Blatthistorie sowie die ihrer bisherigen Kontrahenten nachzuverfolgen. Obrestad, die ihre Pokerkarriere zu Beginn der Moneymaker-Ära begann, konnte sich diesen Vorteil zunutze machen, um auf eine Weise Erfahrung zu sammeln und Feedback einzuholen, wie es sich kein Gelegenheitsspieler und nur wenige casinoerfahrene Profis hätten vorstellen können.

Poker und die Kunst, in einem von Ungewissheit geprägten Umfeld zu lernen

Um die Schwierigkeit der Beherrschung eines Spiels wie Poker zu verstehen, ist es hilfreich, Poker mit einem anderen berühmten intellektuell fordernden Spiel zu vergleichen: Schach. Beim Schach ist das Spiel vollkommen deterministisch. Die gleichen Spielzüge werden jedes Mal zum gleichen Ergebnis führen. Poker ist dagegen ein Glücksspiel. Selbst wenn Sie zwei Asse haben – das beste Startblatt bei der Pokervariante Texas Hold'em –, stehen Ihre Chancen, gegen ein zufälliges Blatt zu verlieren, immer noch 1 : 6. Diese Zufälligkeit macht es wesentlich schwerer, aus den eigenen Fehlern zu lernen. Haben Sie verloren, weil Sie einfach kein Glück hatten oder weil Sie kein guter Pokerspieler sind? Ein wirksames Gegenmittel ist einfach mehr Erfahrung. Spielen Sie so oft wie möglich, und irgendwann gleicht sich das Glück aus. Viele Spieler der ersten Generationen, die nichts von Wahrscheinlichkeiten verstanden, erwarben ihre Intuition wahrscheinlich einfach durch reine Wiederholung. Wenn Sie das gleiche Blatt Dutzende Male sehen, wird sich Ihr durchschnittliches Gespür für sein Potenzial allmählich dem wahren Wert annähern. Angesichts der Vielzahl der möglichen Pokerhände wird allerdings klar, dass diese Methode zur Beherrschung des Pokerspiels große Schwächen hat.

Glücklicherweise gibt es eine Alternative: Nutzen Sie die Wahrscheinlichkeitstheorie, um den richtigen Zug zu kalkulieren, und achten Sie nicht auf das tatsächliche Ergebnis. Heute lernen alle angehenden Pokerspieler sehr schnell die grundlegende Mathematik hinter dem Spiel. Die Spieler zählen die Zahl der »Outs« oder Karten, die sie zur Vervollständigung ihres Blatts brauchen, und sie zählen die Zahl der Hände, die ihre eigenen schlagen könnten. Durch die Berechnung der Chancen und den Abgleich mit der Höhe des Wetteinsatzes lässt sich feststellen, ob es sich um einen Value Bet handelt (soll heißen, ob der Spieler glaubt, dass die Gewinnchancen den Einsatz wert sind) oder einen Bluffbet. Poker mag ein Glücksspiel sein, aber da die Karten den Gesetzen der Wahrscheinlichkeit gehorchen, ist die Berechnung eine bessere Spielstrategie als das reine Bauchgefühl.

Glück ist aber nicht das Einzige, das Poker von anderen Spielen unterscheidet. Im Vergleich zu Schach ist Poker ein Spiel der verborgenen Informationen. Ein Schachspieler muss sich nie darüber Sorgen machen, ob ein Kontrahent eine Königin im Ärmel hat und ihn überraschend schachmatt setzt. Beim Poker kann man sich dagegen nie sicher sein, welches Blatt der Gegenspieler hat, bevor man seine Wette macht. Das bedeutet, dass die optimale Strategie nicht nur auf der reinen Chance beruht, dass Ihr Blatt gegen ein anderes, zufälliges Blatt gewinnt, sondern auf der Chance, gegen ein vermutetes Blatt Ihres Gegenspielers zu gewinnen. Das macht Poker zu einem Spiel der sorgfältigen Abwägung. Wenn Sie nur dann eine Wette eingehen, wenn Sie gute Karten haben, wird Ihr Kontrahent schnell Ihren Spielstil erkennen und jedes Mal aussteigen, wenn Sie den Einsatz stark erhöhen. Wenn Sie dagegen häufig bluffen, werden Ihre Kontrahenten auch das merken und Sie öfter herausfordern. Die Pokerstrategie verlangt eine sorgfältige Ausbalancierung, damit Ihr Spielstil keine Muster verrät, die Ihre Kontrahenten ausnutzen können.

Sowohl die intrinsische Zufälligkeit der Pokerergebnisse als auch die sorgfältige Abwägung, die für die Entwicklung einer guten Strategie nötig ist, sind beim Online-Poker einfacher. Während sich die Casino-Spieler der alten Schule vielleicht für eine spätere Analyse eine Handvoll Blätter notiert haben, kann die neue Generation an Spielern jedes Blatt, das sie jemals gespielt haben, herunterladen und durch eine Softwareanalyse jagen. So lassen sich nicht nur Fehler in der Wahrscheinlichkeitsberechnung aufdecken, sondern auch Muster im eigenen Spielstil aufdecken, die andere Spieler ausnutzen können.

Die gestiegene Bedeutung analytischer Tools hat bereits die nächste Stufe der Weiterentwicklung des Pokerspiels eingeleitet. Die Spieler stellen immer raffiniertere Berechnungen aus der Spieltheorie an – das ist ein Zweig der Mathematik, der sich mit strategischen Auswahlmöglichkeiten in Spielen mit versteckten Informationen beschäftigt. Diese »spieltheoretisch optimalen« Strategien versuchen, die exakte Austarierung von Bluffs und Bets für jede Blattkombination zu bestimmen, sodass der Gegenspieler keine Möglichkeit hat, ein Muster in Ihrer Spielweise zu entdecken und für sich zu nutzen. Viele Spieler überlassen ihre Entscheidungen heute dem Zufall – zum Beispiel, indem sie auf den zweiten Zeiger ihrer Uhr blicken und sich für einen Spielzug entscheiden, wenn die Zahl gerade ist, und für einen anderen, wenn sie ungerade ist, um der Fähigkeit des Gedankenlesens von Veteranen wie Doyle Brunson zu entgehen. Das Massachusetts Institute of Technology bot an seiner Sloan School of Management sogar einen Kurs in

Pokertheorie an, worin sich die Wertschätzung für die mathematische Raffinesse des modernen Pokerspiels widerspiegelt. Unabhängig davon, welche neuen Richtungen Poker einschlägt, ist klar, dass es nicht aufhören wird, sich weiterzuentwickeln, weil die Spieler eine immer ausgefeiltere Theorie entwickeln und von einem immer detaillierteren Feedback lernen, um ihr Spiel zu verbessern.

Wann sollten Sie Ihrem Bauchgefühl vertrauen?

Poker macht die Schwierigkeiten deutlich, die auftreten, wenn man in einer Umgebung lernt, die von einem hohen Maß an Ungewissheit gekennzeichnet ist. Pokerspieler nutzen die Wahrscheinlichkeitstheorie und ein verbessertes Feedback, um ihre Entscheidungen exakt auszutarieren, etwas, das sich mit reiner Erfahrung nicht ohne Weiteres erreichen lässt. Doch was ist mit Situationen, in denen es an einer starken Theorie oder korrektivem Feedback mangelt? Wie entwickeln Experten in diesen Situationen eine nützliche Intuition? Die überraschende Antwort könnte sein, dass sie oftmals keine Intuition entwickeln.

Im Jahr 1954 schrieb der Psychologe Paul Meehl einen schmalen Band mit dem Titel *Clinical versus Statistical Prediction: A Theoretical Analysis and Review of the Evidence.* In diesem Band wollte er zwei Modi der Entscheidungsfindung miteinander vergleichen. Der erste Modus, den er »klinisch« nannte, bezog sich auf den subjektiven Eindruck, den Ärzte, Therapeuten, Lehrer oder Bewährungsrichter haben, wenn sie einen Fall überprüfen oder eine Prognose über die zukünftige Entwicklung eines Menschen treffen. Den zweiten Modus bezeichnete er als »statistische« oder »aktuarische« Methode. Diese Methode arbeitet nach einer einfachen Formel: Auf Basis von grundlegenden Daten über die betreffende Person wird eine Antwort berechnet. Trotz der Einwände zahlreicher Experten, ihre professionelle Einschätzung könne niemals von einer mechanischen Formel ersetzt werden, stellte Meehl fest, dass die statistische Methode der klinischen Beurteilung tendenziell überlegen war. Die Formeln mussten auch nicht besonders ausgefeilt sein, um das Bauchgefühl zu schlagen. Bei einem Experiment untersuchte der Soziologe Ernest Burgess 3000 Bewährungsurteile von Straftätern, um deren Rückfallquote zu prognostizieren.[347] Dafür erstellte Burgess eine Liste mit 21 Faktoren über jeden Straftäter (zum Beispiel Alter, Vorstrafen, Art der Straftat et cetera). Anschließend addierte er die Faktoren, die zugunsten des Betroffenen sprachen, und zog davon die Faktoren ab, die gegen ihn sprachen. Diese ungewichtete Summe verglich er mit der Experteneinschätzung von drei Psychiatern. Das Ergebnis? Burgess' einfache Arithmetik erzielte ein nur unwesentlich schlechteres Ergebnis als die Einschätzung der drei Psychiater, was die positive Prognose betraf. Im Hinblick auf eine negative Prognose war seine Berechnung der Experteneinschätzung jedoch weit überlegen. Und das selbst unter den Bedingungen eines etwas unfairen Vergleichs, denn die aktuarische Bewertung wurde in jedem Fall vorgenommen, während sich die Psychiater bei einigen komplizierteren Fällen einer Stellungnahme enthielten. Kurzum: Bei einem direkten Vergleich zwischen der Intuition eines Experten und einer simplen Berechnung schnitt Letztere besser ab.

Zum Zeitpunkt der Veröffentlichung von Meehls Buch gab es weniger als zwei Dutzend Studien über die relative Wirksamkeit der intuitiven Bewertung im Vergleich zu einer statistischen Berechnung. Daher war sich Meehl nicht sicher, welche Methode langfristig überlegen war. Vielleicht gab es bestimmte Gebiete, auf denen die subjektive Einschätzung der kalten Zahlenverarbeitung überlegen war? In seinem Buch zeigte sich Meehl gegenüber den potenziellen Vorteilen der klinischen Methode aufgeschlossen:

> Nehmen wir zum Beispiel an … wir würden versuchen vorherzusagen, ob ein bestimmter Professor an einem bestimmten Abend ins Kino geht. Auf der Basis [einer hypothetischen Berechnung] gelangen wir zu einer Wahrscheinlichkeit von 0,90, dass er das Kino in seinem Viertel besucht, und zwar am Freitagabend. Der Kliniker weiß neben diesen Fakten jedoch außerdem, dass sich Professor A vor Kurzem das Bein gebrochen hat. Dieser eine Fakt reicht aus, um die Wahrscheinlichkeit von 0,90 auf nahezu null zu senken.[348]

Beinbrüche kommen selten vor, aber wenn sie vorkommen, besitzen sie einen hohen Informationswert. Solche Hinweise, so Meehls Vermutung, könnten dem Kliniker einen besonderen Vorteil verschaffen, da sie in keinem Algorithmus auftauchen. Ihre Kenntnis versetzt den Kliniker jedoch in die Lage, eine bessere Einschätzung zu treffen. Meehl war hoffungsvoll, dass es eine Nische für die klinische Bewertung geben würde, auch wenn die ungefähr 20 Studien, die damals existierten, die Überlegenheit der aktuarischen Methode ergeben hatten.

Leider bewahrheitete sich Meehls vorsichtiger Optimismus nicht. In den nachfolgenden Jahrzehnten kamen mehr als 100 Studien dazu, die ein breites Spektrum an Entscheidungen untersuchten, die unter den Bedingungen einer von hoher Ungewissheit geprägten Umgebung getroffen worden waren. Auch diese Studien ergaben eine deutliche Überlegenheit einfacher Berechnungsformeln über die intuitive Bewertung. Vier Jahrzehnte später schrieb Meehl: »Mit zunehmender Zahl der Belege, die über die anfängliche Serie an Forschungsvergleichen hinauswuchs, wurde deutlich, dass es fast unmöglich war, eine Untersuchung durchzuführen, bei der die informelle klinische Bewertung bessere Ergebnisse erzielte als die rechnerische Gleichung.« Er fügte hinzu: »In rund zwei Fünftel der Studien [Vergleich zwischen der klinischen und aktuarischen Methode] lagen die Methoden ungefähr gleichauf, was die Genauigkeit betraf, und in rund drei Fünftel der Fälle war die aktuarische Methode deutlich überlegen.«[349] Interessanterweise *verschlechterten* sich die Ergebnisse der klinischen Methode, wenn längere Patientenbefragungen hinzugefügt wurden, die eine reiche Quelle an narrativen Informationen darstellen und sich nicht ohne Weiteres in eine Gleichung einpassen lassen. Meehl regt an, die intuitive Einschätzung in zahlreichen Fachgebieten durch einfache Regeln und Modelle zu ersetzen. Psychiatrische Diagnosen sollten sich zum Beispiel auf die Ergebnisse einer Checkliste an Symptomen stützen und nicht auf das Bauchgefühl des Therapeuten. Auf Gebieten, auf denen die Berechnungen der Intuition regelmäßig überlegen sind, könnte das die Genauigkeit der Entscheidungsfindung verbessern. Auf Gebieten, auf denen sich mit der klinischen und der aktuarischen Methode vergleichbare Ergebnisse erzielen lassen, könnten mit

Letzterer enorme Einsparungen realisiert werden, wenn man bedenkt, dass die klassische Methode langwierige Abwägungen hoch bezahlter Experten beinhaltet, wohingegen die einfachen Berechnungsmodelle bereits mit dem Eintrag weniger Daten in eine Tabellenkalkulation effektiv arbeiten. Die von Meehl untersuchten Kliniker stellen einen deutlichen Gegensatz zu versierten Pokerspielern dar, die bis zu den jüngsten Fortschritten auf dem Gebiet Deep Learning und der hochausgefeilten Computeralgorithmen selbst die raffinierteste Pokersoftware schlagen konnten.

Warum schneiden Kliniker im Vergleich mit einfachen Berechnungen so schlecht ab? Eine Hypothese lautet, dass die Intuition ähnlich funktioniert wie der von Versicherungsmathematikern verwendete Ansatz der gewichteten Summe, allerdings ist sie weniger genau. Dieser Hypothese zufolge nehmen die Psychiater bei Bewährungsentscheidungen die gleiche Gewichtung verschiedener Faktoren vor, sind aber weniger präzise als die Berechnungsformeln, was zu den festgestellten Ungenauigkeiten führt. Zur Überprüfung dieser Hypothese untersuchte der Forscher Eric Johnson die Transkripte der Entscheidungen von Krankenhausmitarbeitern, welche Medizinstudenten zu ihrem Assistenzprogramm zugelassen wurden, und befragte sie zu ihren Gedanken, während sie ihre Entscheidungen trafen.[350] »Anstatt fehleranfälliger Annäherungen an ein lineares Modell, scheinen diese Beurteiler Informationen auf ganz andere Weise zu verwenden«, merkte Johnson an. Die Beurteiler schienen sich auf hochspezifische Informationen zu stützen, die aufgrund ihrer mangelnden Häufigkeit höchstwahrscheinlich nicht in statistischen Methoden abgebildet waren. Um Meehls Beispiel zu verwenden: Das ist, als würden intuitive Experten in erster Linie nach Beinbrüchen Ausschau halten und banalere Fakten wie den Umstand, dass der Professor tendenziell jeden Freitag ins Kino geht, ignorieren.

Um zu sehen, wie Intuitionen versagen, die auf der Konstruktion einer Geschichte basieren, wollen wir ein berühmtes Beispiel für eine fehlgeleitete Intuition betrachten, die von Daniel Kahneman und Amos Tversky demonstriert wurde.[351] Lesen Sie zunächst diese kurzen Informationen über Linda:

> Linda ist 31 Jahre alt, Single, offenherzig und sehr intelligent. Sie hat Philosophie studiert. Als Studentin beschäftigte sie sich intensiv mit Themen der Diskriminierung und sozialen Gerechtigkeit und nahm auch an Anti-Atomkraft-Demonstrationen teil.

Überlegen Sie sich nun, welche der beiden folgenden Aussagen wahrscheinlicher ist:

1. Linda ist Bankangestellte.
2. Linda ist Bankangestellte und in der feministischen Bewegung aktiv.

Viele Menschen halten die zweite Antwort für wahrscheinlicher. Tatsächlich ist sie weniger wahrscheinlich als die erste Antwort. Die Gruppe an Menschen, die Bankangestellte sind und sich gleichzeitig in der feministischen Bewegung engagieren, ist ein Teilsegment der Gesamtheit der Bankangestellten. Wenn man sich das als Venn-Diagramm vorstellt, geht das Teilsegment vollständig in der Gesamtheit auf. Daher muss die Wahrscheinlichkeit der ersten Antwort logischerweise größer oder gleich der zweiten Antwort sein. Dennoch gibt uns unsere Intuition die zweite Antwort vor, weil die Beschreibung von Lindas Persönlichkeit den Eindruck erweckt, als gehöre sie zum Teilsegment der Bankangestellten, die in der feministischen Bewegung aktiv sind. Die subjektive Bewertung erzielt tendenziell schlechtere Ergebnisse als statistische Berechnungen, weil unsere Intuition ein großartiger Storyteller ist, der auf Basis unserer bisherigen Erfahrungen sehr lebendige Bilder entstehen lässt, aber nicht in der Lage ist, banale Informationen zu berücksichtigen, auch wenn sie eine höhere prädiktive Aussagekraft besitzen.

Intuitive Expertise: Kompetenz oder Selbstüberschätzung?

In Kapitel 4 haben wir darüber gesprochen, wie eine profunde Expertise einen Teil des Wissens unsichtbar macht und es so aussieht, als würden die Experten ohne großes Nachdenken kluge Entscheidungen treffen. Hier betrachten wir allerdings Situationen, in denen sich auch mit großem Fachwissen kaum bessere Ergebnisse erzielen lassen als mit einer simplen Berechnung. Wie kann das sein? Ist Expertise echtes Fachwissen oder eine Seifenblase? Sind schnelle Einschätzungen verlässlich zutreffende Bewertungen oder Ausdruck von Selbstüberschätzung? Mit diesen Fragen beschäftigten sich Gary Klein und Daniel Kahneman in ihrem gemeinsamen Aufsatz »Conditions for Intuitive Expertise: A Failure to Disagree«.* Klein, dessen Arbeit in Kapitel 4 erwähnt wurde, arbeitete mit Feuerwehrleuten in realitätsgetreuen Szenarien und stellte dabei fest, dass die Brandbekämpfer oft sehr schnelle Entscheidungen trafen, die auf geradezu unheimliche Weise vorauswissend waren. Kahneman hat seine Forschungskarriere dagegen dem Studium der intuitiven Beurteilung und ihres häufigen Versagens gewidmet. Trotz ihrer jeweiligen Forschungsschwerpunkte, die sie an den entgegengesetzten Positionen der Forschungsdebatte über die Meriten der Experteninuition platzierten, stellten die beiden Forscher fest, dass sie sich über die Bedingungen, die für die Entwicklung einer echten Expertise nötig sind, einig waren:

> Zwei Bedingungen müssen für eine intuitive Bewertung (Wiedererkennung) erfüllt sein, damit es eine kompetente intuitive Bewertung ist: Erstens muss die Umgebung adäquate valide Hinweise auf die Natur der Situation bieten. Zweitens müssen die Betroffenen die Gelegenheit haben, die relevanten Hinweise zu lernen.[352]

Die klinische Methode erzielt tendenziell immer dann schlechtere Ergebnisse als die statistische Methode, wenn sich die Prognose auf eine Kombination aus vielen unterschiedlichen Hinweisen stützt, die jeder für sich genommen schwach sind. »Wenn es einfache, valide Hinweise gibt, werden Menschen sie finden, vorausgesetzt, sie verfügen über die entsprechende Erfahrung und erhalten ein schnelles Feedback«, schreiben Klein und Kahneman. »Die statistische Analyse bietet eine höhere Wahrscheinlich-

* Anm. d. Übers.: Ungefähr: »Bedingungen für intuitive Expertise: Uneinigkeit in der Sache«. Der Aufsatz ist nicht auf Deutsch verfügbar.

keit, schwache valide Hinweise zu identifizieren; ein prädiktiver Algorithmus wird mithilfe dieser Hinweise eine überdurchschnittliche Genauigkeit erzielen.« In anderen Worten: Wenn eine Entscheidung getroffen werden muss und die Umgebung stabile, hochprädiktive Merkmale aufweist, lassen sich mit der Expertenintuition relativ gute Ergebnisse erzielen. Wenn eine kluge Entscheidung jedoch die stetige Kombination vieler unterschiedlicher Merkmale voraussetzt, die nur schwach mit den Ergebnissen korrelieren, sind einfache Regeln tendenziell besser geeignet.

Natürlich muss die Expertise nicht auf intuitive Einschätzungen begrenzt sein. Pokerspieler entwickeln eine wiedererkennungsgesteuerte Intuition, die sie im Rahmen ihrer Spielerfahrung mit vielen Tausend Pokerhänden erworben haben. Gute Spieler kennen sich aber auch mit der Mathematik aus und sind in der Lage, sich gegen eine verführerische Intuition zu entscheiden, wenn die Wahrscheinlichkeit dagegenspricht. Das Wissen, wann eine Intuition womöglich ihre Grenzen hat, kann einem echten Experten einen erheblichen Vorteil gegenüber seinen Kontrahenten verschaffen, weil er sich gegebenenfalls auf die Daten beziehen kann. Bankkredite werden heute auf Basis versicherungsmathematischer Formeln gewährt und nicht auf Basis der Intuition der Kreditgeber. Damit fahren Banken allemal besser. Die Verwendung von Formeln hat den Bedarf an Kreditsachbearbeitern nicht gesenkt, aber sie hat eine potenzielle Quelle für Verzerrungen und Irrtümer in der Kreditvergabe minimiert.

Lassen sich tückische Lernumgebungen zähmen?

Poker charakterisiert sich zwar durch eine größere Ungewissheit als Schach oder Dame, weist aber dennoch viele der Merkmale auf, die laut Klein und Kahneman eine lernfreundliche Umgebung kennzeichnen. Die Hinweise sind äußerst valide, das Feedback erfolgt unmittelbar, und es gibt überzeugende mathematische Theorien für die Interpretation der Ergebnisse. Die meisten Fähigkeiten, die wir uns gerne aneignen würden, bieten nicht annähernd so günstige Bedingungen. Viele von uns befinden sich in einer

Situation, deren Bedingungen den von Meehl untersuchten ähneln und in der eine lebenslange Erfahrung zu einem ausgeprägten Selbstvertrauen geführt hat, dem aber die Vorhersagekraft fehlt. Angesichts dieses Gegensatzes lohnt es sich, die Frage zu stellen, ob sich unsere praktischen Übungen ein wenig mehr an Poker und etwas weniger an der Vorgehensweise der von Meehl untersuchten Experten orientieren sollten.

Die Vorhersage wichtiger politischer Ereignisse ist gewiss eine Aufgabe in einer tückischen Lernumgebung. Ereignisse haben komplexe Ursachen; keine Ursache und kein Faktor allein kann die Geschehnisse hinreichend erklären. Die Geschichte wiederholt sich nicht auf identische Weise und bietet keine Gelegenheit, die gleiche Situation ein ums andere Mal zu wiederholen, um aus unseren Fehlern zu lernen. Schon kleine Veränderungen können eine gewaltige Wirkung haben. Wer hätte vorhersagen können, dass ein tunesischer Gemüsehändler, der sich aus Protest selbst anzündete, der Auslöser für den Arabischen Frühling sein würde? Oder dass der Ausbruch eines Virus in der chinesischen Stadt Wuhan dazu führen würde, dass amerikanische Schüler ein Jahr später ihre Highschool-Abschlussprüfungen zu Hause schreiben würden? Auch wenn es sehr schwierig ist, zutreffende Prognosen zu treffen, sind Prognosen unverzichtbar. Politiker, Unternehmensführer, Börsenhändler und Gelehrte sind allesamt darauf angewiesen, die Zukunft etwas klarer zu sehen.

Wie gut können Experten Ereignisse vorhersagen, angesichts der großen Bedeutung von Prognosen und der ebenso großen Schwierigkeiten, möglichst zutreffende Prognosen abzugeben? Dieser Frage ging der Psychologe Philip Tetlock in seinem Expert Political Judgment Project nach, das sich über eine Dekade erstreckte.[353] An dieser Untersuchung nahmen Experten aus unterschiedlichen Disziplinen teil. Sie wurden gebeten, die Eintrittswahrscheinlichkeit verschiedener möglicher zukünftiger Ereignisse zu nennen: das Ende des Apartheidsregimes in Südafrika, die Auflösung der Sowjetunion oder die mögliche Abspaltung der Provinz Quebec vom übrigen Kanada. Das Ergebnis: Die Experten lagen mit ihren Einschätzungen leicht über Zufallsschätzungen.[354] Zwar hatten sie aufgrund ihres Fachwissens ein enormes Selbstvertrauen in ihre Prognosefähigkeit, allerdings übersetzte sich dieses nicht in akkuratere Prognosen. Tetlock zufolge »stand die Selbsteinschätzung der Prognostiker auf kuriose Weise in einer umgekehrten Beziehung zu den tatsächlichen Ergebnissen ihrer Vorhersage«.[355] Im Einklang mit anderen Studien über Expertise unter ungewissen Bedingungen schnitten die Experten besser ab als Nichtexperten (sie lagen weit vor Psychologiestudenten der University of California, Berkeley), versagten aber deutlich im Vergleich mit einfachen Modellen, die Trends aus der Vergangenheit extrapolierten. Die Experten, die an Tetlocks Studie teilnahmen, schnitten sogar schlechter ab als clevere Nichtexperten, die Fragen außerhalb ihres Fachgebiets beantworteten.

Zwar traf der typische Experte keine besseren Prognosen als der Zufall, aber Tetlock konnte Teilsegmente an Prognostikern identifizieren, deren Vorhersagen überraschend gut waren. Ein großer Unterschied zwischen guten und sehr schlechten Prognostikern bestand insbesondere darin, dass Erstere in der Lage waren, vielfältige, miteinander in Widerspruch stehende Perspektiven zu integrieren. Schlechte Prognostiker neigten dazu, jede Situation in eine einzige, alles überspannende Weltsicht hineinzupressen. Dieses Selbstvertrauen und die Kohärenz mögen hilfreich sein, wenn es darum geht, entschiedene Meinungsartikel und viel zitierte akademische Aufsätze zu schreiben, für den erfolgreichen Umgang mit der Komplexität der realen Welt sind sie eher ungeeignet. Gute Prognostiker verhielten sich dagegen eher wie die Experten, über die sich der frühere US-Präsident Harry Truman einst beschwerte, als er sagte, er sei die »Einerseits-Ökonomen« leid.[356] Damit meinte er Wirtschaftsexperten, die mit ihren ständigen Abwägungen »einerseits … andererseits …« den Eindruck erweckten, als wollten sie sich nie festlegen. Dieses bedächtige Für und Wider mag ärgerlich sein, aber es führte dazu, dass die betreffenden Prognostiker die unterschiedlichen Perspektiven besser integrieren und damit bessere Vorhersagen treffen konnten. Das Selbstvertrauen in die eigenen intellektuellen Fähigkeiten mag zwar eine große Gefolgschaft erzeugen, es hat aber den Anschein, als führe intellektuelle Demut eher zu richtigen Prognosen über zukünftige Ereignisse.

Auf der Basis seiner Forschungsergebnisse über die politische Urteilsfähigkeit von Experten wollte Tetlock sehen, ob sich gute Prognostiker identifizieren und trainieren ließen. Im Rahmen eines üppig finanzierten Prognosewettbewerbs, der von der Forschungsförderungsagentur IARPA (Intelligence Advanced Research Projects Activity) ausgerichtet wurde, um bessere Methoden zur Optimierung der politischen Prognosen des US-Geheimdienstes zu finden, gelang es Tetlocks Team aus sogenannten Superforecastern, die Kontrollgruppe um 60 bis 78 Prozent zu übertreffen; es war sogar den Teams überlegen, die Zugang zu geheimen Daten hatten.[357] Im Verlauf dieses Projekts identifizierte Tetlock einige Strategien, die seinen Forecastern ermöglichten, zutreffende Prognosen zu treffen:

1. **Herunterbrechen von umfangreichen Prognosen in kleinere Teilprognosen.** Intuitionen funktionieren oft so, dass man die gestellte Frage durch eine ähnlich klingende Frage ersetzt, die leichter zu beantworten ist. Die guten Prognostiker widerstanden dieser Verführung, indem sie die Frage in kleinere Teilfragen herunterbrachen.[358] Auf die Aufforderung, eine Prognose über die Feststellung eines radioaktiven Gifts in den sterblichen Überresten des Palästinenserführers Jassir Arafat zu treffen, könnte ein naiver Prognostiker reagieren, indem er diese Frage durch seine Meinung über die Wahrscheinlichkeit, dass Arafat von israelischen Spionen vergiftet wurde, ersetzt. Ein cleverer Prognostiker würde damit beginnen, die Frage in kleinere Teilfragen herunterzubrechen: Wie lange ist das Gift nachweisbar? Wie wahrscheinlich wäre es, Überreste des Gifts noch nach vielen Jahren festzustellen? Wie ließe es sich in Arafats sterblichen Überresten nachweisen? Durch die Zerlegung einer komplexen Frage in vielzählige Teilfragen widerstanden die guten Prognostiker der Versuchung, die Frage durch eine andere zu ersetzen, die sich »richtig anfühlt«.

2. **Nutzung von Basisraten.** Ein wesentlicher Grund, aus dem einfache Formeln der Macht der menschlichen Intuition überlegen sind, lautet, dass Menschen das Vorhandensein sehr an-

schaulicher Informationen zu stark gewichten und die banaleren Hinweise im Vergleich dazu eher vernachlässigen. Tetlocks Superforecaster setzten dieser Tendenz etwas entgegen, indem sie ausdrücklich versuchten, die allgemeine Eintrittswahrscheinlichkeit für ähnliche Ereignisse zu bestimmen. Wie oft kommt es zu erfolgreichen Militärputschen? Wie oft schließt die NASDAQ ein Jahr später bei einem höheren Wert? Durch den Vergleich häufig auftretender Referenzklassen stellen wir sicher, dass sich unsere Antworten in der richtigen Größenordnung bewegen, bevor wir Feinjustierungen vornehmen.

3. **Bildung von Diskussionsgruppen für konstruktive Streitgespräche.** Tetlock stellte fest, dass Forecaster im Team bessere Ergebnisse erzielten als allein.[359] Insbesondere wenn die Gruppen debattieren und Informationen austauschen können, werden mehr Perspektiven zusammengetragen, und es wird verhindert, dass man auf Basis einer einzigen Sichtweise voreilige Schlüsse zieht.

4. **Ergebnisse notieren und nachjustieren.** Die Vorhersage anhand einer präzisen Wahrscheinlichkeitsskala ist unnatürlich. Selbst Experten, die regelmäßig Prognosen treffen, beziffern die Eintrittswahrscheinlichkeit eines Ereignisses nicht mit genauen Prozentzahlen. Tetlock zieht einen aufschlussreichen Vergleich: »Stellen Sie sich eine Welt vor, in der die Menschen gerne laufen, aber nicht wissen, wie schnell ein durchschnittlicher Mensch läuft oder wie schnell der Beste laufen kann, weil sich die Läufer nie auf grundlegende Regeln geeinigt haben – bleib einfach auf deiner Spur, lauf los, sobald der Startschuss fällt, und beende den Lauf nach einer bestimmten Distanz – und es weder unabhängige Schiedsrichter noch jemanden gibt, der die Zeit stoppt. Wie wahrscheinlich ist es, dass sich die Laufzeiten auf dieser Welt verbessern? Nicht sehr wahrscheinlich.«[360] Nur wenn Prognostiker das übliche vage Gerede vermeiden, können sie

wertvolles Feedback einholen und ihre zukünftigen Prognosen feinjustieren.

Tetlocks Superforecaster sind keine Propheten. Selbst gute Prognostiker können kaum sagen, was in zehn Jahren passiert.[361] Die Welt ist wahrscheinlich zu unberechenbar, als dass ein Lernerfolg möglich wäre, selbst mit verbessertem Feedback und einer disziplinierten Methode zur Vermeidung eines übertriebenen Selbstvertrauens in die eigenen Fähigkeiten. Tetlocks Experiment lässt jedoch vermuten, dass wir möglicherweise in der Lage sind, zumindest einen Teil der Lernunfreundlichkeit vieler Lernumgebungen zu überwinden und eine echte, wenn auch nicht perfekte, Expertise zu entwickeln.

Strategien für das Lernen unter ungewissen Bedingungen

Erfahrung allein garantiert keine echte Expertise. Selbst die relativ lernfreundliche Umgebung eines Pokerspiels kann zu Aberglauben und Fehlurteilen führen, wenn sie nicht mit einem guten Verständnis der Wahrscheinlichkeiten und einem kalibrierten Feedback diszipliniert wird. Auf weniger präzisen Gebieten können die Ergebnisse desaströs sein. Trotz jahrzehntelanger praktischer Erfahrung kann es passieren, dass sogenannte Experten schlechtere Prognosen treffen als einfache Kalkulationsmethoden. Wie Tetlocks Forecasting-Experiment jedoch zeigt, ist die Situation nicht hoffnungslos. Mit der richtigen Methode können wir unsere Denk- und Entscheidungsprozesse verbessern. Nachfolgend wollen wir uns vier Strategien ansehen, mit denen man unter ungewissen Bedingungen besser lernen kann.

1. Strategie: Verwenden Sie ein Modell

Die offensichtlichste Strategie zur Vermeidung der Schwächen der intuitiven Einschätzung ist, einfach darauf zu verzichten. Es gibt keinen Grund, warum man ergründen sollte, ob eine bestimmte Bet angemessen erscheint oder nicht, wenn man die Chancen, die eigene Hand erfolgreich auszuspielen, einfach berechnen und mit den Quoten vergleichen kann, die man für eine Bet in Höhe des Pots braucht. Auf vielen beruflichen Gebieten würde unsere Expertise wahrscheinlich zunehmen, wenn wir intuitive Einschätzungen durch statistikbasierte Modelle ersetzen könnten. Diese Modelle müssen nicht kompliziert sein. Die Faktoren für oder wider eine Entscheidung zu zählen, ist nicht kompliziert, führt aber oft zu besseren Ergebnissen als die subjektive Einschätzung. Tragen Sie die Informationen in eine Excel-Tabelle ein, und Sie erhalten ohne Probleme eine gewichtete Summe, die am besten zu den Daten passt.

Selbst wenn Sie das Modell nicht als ultimativen Gebieter über Ihre Entscheidungen nutzen, kann es Ihnen trotzdem eine gute Ausgangsbasis für weitere Analysen bieten. Wie erwähnt, neigt die menschliche Intuition dazu, sich auf seltene Merkmale der Umgebung zu konzentrieren, versäumt aber oft, die zahlreichen schwach prädiktiven Informationen zu sammeln und zu integrieren. Ein Modell kann für Sie diese Arbeit leisten und Ihnen eine gute Ausgangsbasis für eine informierte Einschätzung bieten, die Sie nach oben oder nach unten korrigieren können, wenn Sie glauben, dass Sie zusätzliche Informationen besitzen, die relevant sein könnten.

2. Strategie: Begnügen Sie sich nicht mit einem Ergebnisfeedback, sondern holen Sie ein exaktes Feedback ein

Ergebnisfeedback reicht oft nicht aus, um akkurate Intuitionen zu entwickeln. Der Unterschied zwischen einer Bet, die zu 55 Prozent zu Ihren Gunsten oder Ungunsten ausgehen kann, setzt womöglich Hunderte von Pokerhänden voraus, bevor die richtige Entscheidung offenbar wird. Das kann Konsequenzen haben: Es kann langfristig den Unterschied zwischen einem häufigen Sieger und einem häufigen Verlierer ausmachen. In vielen Berufen ist das Ergebnisfeedback unregelmäßig. Personaler klopfen sich für die großartigen Talente, die sie rekrutiert haben, auf die Brust. Aber wie oft denken dieselben Manager über die Juwelen nach, die sie nach einem glanzlosen Bewerbungsgespräch abgewiesen haben? Die Forschung zeigt, dass das Ergebnisfeedback für eine Verbesserung der Prognosefähigkeit nicht ausreicht.[362] Bei einem Experiment erzielten die Probanden mit zunehmender Erfahrung sogar schlechtere Ergebnisse.

Um uns zu verbessern, müssen wir die Qualität des Feedbacks, das wir einholen, erhöhen. Das beginnt damit, dass wir unsere Entscheidungen nachverfolgen, damit unser fehleranfälliges Gedächtnis die Ereignisse nicht verzerrt. Als Nächstes müssen wir unser Selbstvertrauen justieren. Tetlocks Forecaster wurden nicht nur nach der Richtung ihrer Entscheidungen beurteilt (soll heißen, traten die prognostizierten Ereignisse tatsächlich meistens ein?), sondern auch danach, ob ihr Selbstvertrauen angemessen war (zum Beispiel, tritt die Kategorie an Ereignissen, die sie mit einer 99-prozentigen Wahrscheinlichkeit prognostiziert haben, tatsächlich zu 99 Prozent der Zeit ein?). Ob es sich um die Prognose über medizinische Behandlungsergebnisse, zukünftige Absatzzahlen oder Weltereignisse handelt. Das Feedback auf unsere Justierung ist wichtig, weil ein überhöhtes Selbstvertrauen zu Entscheidungen verleiten kann, die keinen Raum für Irrtümer bieten.

3. Strategie: Bilden Sie einen Braintrust

Mehr Köpfe sind besser als einer. Gruppen, die konstruktive Diskussionen ermöglichen, bieten zwei besondere Vorteile in Bezug auf die Steigerung der Qualität Ihrer Entscheidungen. Der erste Vorteil besteht darin, dass Sie auf diese Weise mehr Informationen erhalten und zusammenfügen können. Francis Galton wurde erstmalig Zeuge der Macht dieses Effekts, als er auf einem Jahrmarkt ein Ratespiel beobachtete, bei dem das Gewicht eines Ochsen geschätzt werden sollte.[363] Keiner der Teilnehmer erriet die richtige Antwort, aber der Durchschnittswert ihrer gesammelten Einschätzungen war beinahe perfekt. Diskussionen bieten Ihnen die Möglichkeit, Informationen zu gewinnen und zusammenzufügen, die Sie bei Ihrer Entscheidung womöglich zunächst nicht berücksichtigt hätten. Der zweite Vorteil besteht darin, dass die Diskussion Ihre Denkprozesse schärft. Die Soziologen Dan Sperber und Hugo Mercier vertreten die Auffassung, der menschliche Verstand sei stärker an den sozialen Akt der Rechtfertigung der eigenen Handlungen und Überzeugungen angepasst als auf die individuelle Kunst, die richtigen Lösungen für Probleme zu finden.[364] Bei einem faszinierenden Experiment gaben die Psychologen David Moshman und Molly Geil den Probanden den Wason-Test, der in Kapitel 6 bereits erwähnt wurde.[365] Weil die Aufgabe so knifflig war, gelang es nur 9 Prozent der Probanden, sie zu lösen. Das änderte sich jedoch, als Gruppen gebildet wurden, die die Aufgabe gemeinsam besprechen durften. Bei Kleingruppen sprang die Erfolgsquote auf 75 Prozent. Wenn die Diskussion lediglich ein Prozess der Durchschnittsbildung war, wie bei Galtons Ochsenwette, setzte sich im Anschluss an die Diskussion die Antwort durch, die am häufigsten genannt wurde. Da die Frage in der Gruppe besprochen wurde, konnten die Teilnehmer, die die richtige Lösung gefunden hatten, üblicherweise andere Teilnehmer überzeugen, selbst wenn sie in der Minderheit waren. Interessanterweise gelangten bei dem von Moshman und Geil durchgeführten Experiment einige Gruppen zur richtigen Lösung, obwohl kein individueller Teilnehmer diese zuvor genannt hatte. Die Autoren dazu: »[Diese] Ergebnisse legen die Vermutung nahe, dass Verständnisebenen, die in einer Situation der individuellen Leistungserbringung nur schwer zugänglich sind, im Kontext der kollaborativen Abwägungen womöglich erschlossen werden können.«

Zwar garantieren Diskussionen keine Einigung auf die korrekte Lösung – Ideologie, Gruppendenken und dominierende Gruppenmitglieder können die Debatte aus dem Gleis bringen –, dennoch ist die Wahrscheinlichkeit höher, dass die richtige Lösung von einer Gruppe gefunden wird als von einer Person allein. Indem man mit einer Gruppe von Gleichgesinnten ein Problem aus unterschiedlichen Blickwinkeln betrachtet, kann man eher den agilen, multiperspektivischen Denkstil pflegen, der Tetlock zufolge der Schlüssel zum Erfolg seiner Superforecaster war.

4. Strategie: Lernen Sie, wann Sie Ihrem Bauchgefühl vertrauen sollten (und wann nicht)

Vielleicht besteht die wertvollste Lektion, die die Forschung über Intuition liefert, in der Fähigkeit zu unterscheiden, in welchen Situationen Sie Ihrer intuitiven Einschätzung vertrauen können und wann sie nichts anderes ist als ein Ausdruck der Selbstüberschätzung. Die Intuition bewährt sich am besten, wenn klar erkennbare Hinweise verlässlich auf bestimmte Ereignisse hinweisen und die Betroffenen die Fähigkeit besitzen, von einem schnellen Feedback zu lernen. Wenn diese günstigen Konditionen nicht gegeben sind, sollte man mit Bedacht vorgehen. Echte Expertise erfordert in diesem Fall, das Bauchgefühl zu ignorieren und sich auf einfache Berechnungen auf Basis historischer Daten und explizite Logik zu verlassen. Damit vermeiden wir, uns zu einem Rückgriff auf leichter zu beantwortende Ersatzfragen verleiten zu lassen, mit denen wir uns nur selbst täuschen.

Erfahrung und Realität

Feedback spielt eine Rolle in der Feinjustierung unserer Einschätzungen. Eine noch größere Rolle spielt es für die Entwicklung zahlreicher dynamischer Fähigkeiten. Die physische und soziale Interaktion mit der Umgebung ist ein unverzichtbarer Teil des Lernprozesses. Sie sorgt dafür, dass wir durch ausgiebige praktische Übung die angestrebte Fähigkeit irgendwann beherrschen und auf reale Problemstellungen anwenden können.

KAPITEL 10

Praxis erwirbt man nur in realen Anwendungssituationen

Wir lernen, uns als Anwälte, Soldaten, Kaufleute oder etwas anderes zu verhalten, indem wir Anwälte, Soldaten und Kaufleute sind. Das Leben, nicht der Pfarrer, lehrt das Gebaren.[366]

Oliver Wendell Holmes, Jr.

- Wie wichtig sind realitätsnahe Übungen?
- Warum übersetzen sich theoretisch erworbene Fähigkeiten oft nicht in praktische Kompetenz?
- Wie erhalten Sie Zugang zu realen Anwendungssituationen?

Am Spätnachmittag des 27. März 1977 senkte sich der Nebel von den Bergen hinter dem Flughafen Los Rodeos auf der Ferieninsel Teneriffa. Der holländische Pilot Jacob Veldhuyzen van Zanten wollte möglichst schnell wieder starten. Die Zwischenlandung auf dem Flughafen Los Rodeos war außerplanmäßig. Eigentlich hätte der Flug nach Gran Canaria gehen sollen, aber die kanarischen Separatisten hatten am Flughafen von Gran Canaria eine Bombe hochgehen lassen, sodass der gesamte Flugverkehr nach Teneriffa umgeleitet worden war. Nach stundenlangem Warten wurde der Flughafen von Gran Canaria wieder geöffnet, und Veldhuyzen van Zanten rollte mit seinem Flugzeug Richtung Startbahn, um die Reise fortzusetzen.

Der holländische Pilot gab Gas, als sein Erster Offizier ihn daran erinnerte, dass sie noch keine Startfreigabe hatten. »Nein, ich weiß«, antwortete er frustriert. Der Nebel konnte jederzeit dichter werden und die Sicht unter das vorgeschriebene Minimum für eine Starterlaubnis senken. Das würde bedeuten, dass Veldhuyzen van Zanten, seine Crew und alle 235 Fluggäste in Teneriffa übernachten mussten. »Fragen Sie«, wies er seinen Ersten Offizier an.[367] Dieser nahm Funkkontakt zum Tower auf und teilte den Fluglotsen mit den Worten »ready for takeoff« mit, dass das Flugzeug startklar war. Die Fluglotsen aus dem Tower funkten zurück: »OK … stand by for takeoff, I will call you« – »Machen Sie sich bereit zum Start, wir sagen Ihnen Bescheid.« In genau diesem Moment benutzte ein anderes Flugzeug der Fluggesellschaft Pan Am, Flugnummer 1736, dieselbe Funkfrequenz, um dem Tower zu antworten: »No … we're still taxiing down the runway« – »Nein … wir rollen noch über die Startbahn.« Die Folge war, dass das Cockpit der holländischen Maschine nur das »OK« vom Tower hörte, gefolgt von Störgeräuschen. In dem Irrglauben, sie hätten die Startfreigabe erhalten, beschleunigte ein ungeduldiger Veldhuyzen van Zanten mit aller Kraft sein Flugzeug, um Richtung Gran Canaria abzuheben. Als er die Boeing 747 bemerkte, die in entgegengesetzter Richtung über die Startbahn rollte, war es zu spät, um zu bremsen. Mit aller Kraft zog er das Flugzeug nach oben, konnte aber nicht verhindern, dass das Heck über den Asphalt schleifte. Sein Notmanöver half jedoch nichts mehr. Die beiden Flugzeuge stießen zusammen, und 538 Menschen fanden den Tod. Bis heute ist dieses Unglück die schlimmste Flugzeugkatastrophe in der Geschichte.

Die Flugzeugkatastrophe von Teneriffa war eine Tragödie. Um von ihr zu lernen, müssen wir zunächst eine andere Frage betrachten: Warum ist das Fliegen im Allgemeinen so sicher? Flugzeugunglücke beschäftigen uns deswegen so sehr, weil Fliegen eigentlich eine Routineangelegenheit ist.[368] Bei der gleichen zurückgelegten Strecke ist die Wahrscheinlichkeit, Opfer eines Autounfalls oder eines Bus- oder Zugunglücks zu werden, wesentlich höher. Das Fliegen war aber nicht immer so sicher. In früheren Zeiten gingen Piloten stets große Gefahren ein, wenn sie sich in den Himmel schwangen. Unsere heutige Sicherheit verdanken wir zu einem großen Teil der Qualität der Pilotenausbildung und dem Mann, der den Weg fand, das nötige Wissen zu vermitteln.

Der Mann, der der Welt das Fliegen beibrachte

Zum Guten wie zum Schlechten beweisen sich viele Technologien auf dem Schlachtfeld. Die Erfindung des Steigbügels veränderte die europäische Gesellschaft und ermöglichte den aristokratischen Rittern den Sieg über eine Bauerninfanterie.[369] Mit Schießpulver befeuerte Kanonen ermöglichten den Ottomanen, Konstantinopel zu plündern und 1500 Jahre nach dem Tod von Julius Cäsar die Herrschaft des letzten römischen Kaisers zu beenden.[370] Auch das Flugzeug brachte bahnbrechende Veränderungen. Von dem Augenblick seiner Erfindung setzte ein Wettrennen um die Vorherrschaft am Himmel ein.[371] Die Welt musste nicht lange warten, um die neue Technologie in Aktion zu erleben. Nur ein knappes Jahrzehnt nach Orville und Wilbur Wrights legendärem Flug war der Erste Weltkrieg ausgebrochen.

England hatte sich für den Schutz seiner Küsten und die Kontrolle der Kolonien in Übersee lange auf seine mächtige Seeflotte verlassen. Im Kampf um den Himmel war England jedoch unterlegen. Das hatte zum Teil technische Gründe. Mit der Entwicklung von Anthony Fokkers *Eindecker* hatte Deutschland bei den Jagdflugzeugen die Oberhand gewonnen. Das innovative Synchronisationsgetriebe ermöglichte dem Kampfpiloten, das

Maschinengewehr direkt durch die sich drehenden Propellerblätter abzufeuern. Frühere Versuche, Maschinengewehre auf den Tragflächen zu montieren, hatten sich nicht bewährt, und die Panzerung, die den Propeller vor dem Kugelhagel schützen sollte, setzte den Piloten der Gefahr von Querschlägern aus.[372] Die neue Erfindung erlaubte die Nutzung der Flugzeuge nicht nur zu Aufklärungsflügen, sondern auch als Kampfflugzeuge. Der Luftkampf wurde zu einer Notwendigkeit, um die Lufthoheit zu erlangen, und auf diesem Gebiet waren die Briten weit abgeschlagen. Im Jahr 1916 hatte England mehr als ein Drittel seiner Piloten des Royal Flying Corps verloren – eine der höchsten Opferraten aller britischen Streitkräfte.[373]

Die technische Überlegenheit machte nur einen kleinen Teil der deutschen Vormachtstellung aus. Der weitaus gewichtigere Grund für Englands Unterlegenheit war die miserable Ausbildung. Der Lehrplan, der in Friedenszeiten entwickelt worden war, legte den Schwerpunkt auf die mechanische Steuerung des Flugzeugs, seine Konstruktion und die Flugtheorie. Die praktische Flugerfahrung wurde dagegen sträflich vernachlässigt. Die Fluglehrer nahmen die Flugschüler mit zu Testflügen, bei denen sie ihnen die Bedienung der Steuerelemente zeigten. Wenn ein zweiter Sitz fehlte, musste sich der Flugschüler während der Vorführung an den Flügelholmen festhalten.[374] Theoretisch sah es so aus, dass einfach die Plätze getauscht wurden, wenn ein Flugschüler als »flugbereit« eingestuft wurde. In der Praxis wollten viele Fluglehrer die Flugschüler aus Sorge vor einem Absturz jedoch nicht ans Steuer lassen. Die Folge war, dass viele ausgebildete Piloten an die Front geschickt wurden, ohne jemals selbst ein Flugzeug gesteuert zu haben. Allein im April 1916 schrieb Hugh Trenchard, Kommandeur des Royal Flying Corps, sechs Briefe ans Luftfahrtministerium und das Kriegsministerium, um sich über die schlechte Ausbildung zu beschweren.[375] Ein anderer Offizier schrieb Anfang 1916, er habe in einer Woche bereits den dritten Piloten in Empfang genommen, der »noch nie irgendeines der Flugzeuge, die ich in diesem Lande habe, geflogen hat«.[376] Viele Nachwuchspiloten überlebten ihren ersten Einsatz nicht.

Ein harscher Kritiker dieser Situation war Major Robert Smith-Barry. Als Überlebender eines Flugzeugabsturzes im Jahr 1914, bei dem er sich beide Beine gebrochen hatte und als Folge hinkte, setzte er sich für die schlecht ausgebildeten Piloten ein.[377] »Sie haben nur sieben Flugstunden absolviert – und das ist gemeiner Mord«, schrieb er 1916. »Sie haben kaum gelernt zu fliegen, vom Kämpfen ganz zu schweigen.«[378] Smith-Barry schrieb eine Reihe von Briefen an Trenchard, in denen er klagte, bei den vorherrschenden Ausbildungsmethoden seien die neuen Rekruten nichts weiter als »Fokker-Futter«.[379] Ein ungehaltener Trenchard schrieb zurück: »Belästigen Sie uns nicht weiter mit Ihrem Lamento. Wenn Sie glauben, Sie machen es besser, dann tun Sie es«, und übertrug Smith-Barry die Verantwortung für die Ausbildung an der Flugschule von Gosport.[380]

Smith-Barry nahm radikale Änderungen an der Ausbildung vor. Er führte das Dual-Control-System ein, das Flugschülern ermöglichte, das Flugzeug zu steuern, und den Fluglehrern die Möglichkeit bot, im Notfall einzugreifen. Anstatt reibungslose Testflüge unter Idealbedingungen durchzuführen, ließen die Fluglehrer das Flugzeug ganz bewusst trudeln oder schickten es in den Sturzflug und zwangen die Flugschüler, es aufzufangen. Die Kommunikation zwischen Fluglehrer und Flugschüler während des Flugs wurde durch das »Gosport-Tube« gewährleistet – ein spezielles Sprachrohr, das die Kopfhörer des Flugschülers mit einem Sprechtrichter verband, den der Fluglehrer über den Mund zog. Auf diese Weise konnte der Fluglehrer während des Flugs Kommandos an den Flugschüler übermitteln, die andernfalls im ohrenbetäubenden Motorenlärm untergegangen wären. Smith-Barry überprüfte auch den theoretischen Lehrplan und strich ihn zugunsten einer größeren Zahl an praktischen Flugübungen zusammen. Er war davon überzeugt, dass die Flugschüler »immer auf dem Pilotensitz« sitzen sollten.[381] Die beste Methode, um zu lernen, wie man ein Flugzeug steuert, bestand darin, es zu steuern, und Smith-Barry hatte die Mittel gefunden, um diese Kenntnisse auf sichere Weise zu vermitteln.

Seine Reformen waren ein beeindruckender Erfolg. Vor Einführung des Gosport-Systems endete jeder zehnte Trainingsflug mit einem Unfall.[382] Smith-Barry konnte diese Quote auf rund 3 Prozent reduzieren und gleichzeitig die Schwierigkeit der Flugmanöver steigern, die die Flugschüler lernten. Die verbesserte Ausbildung resultierte in höheren Überlebensraten der Piloten. Die aggressive Aufrüstung im Jahr 1918 führte zu einer Vergrößerung der Flugzeugflotte um 354 Prozent; die Opferzahlen stiegen dagegen nur um 65 Prozent.[383] Die Kampffliegerei war sicherer geworden, während die Briten die Offensive in deutsches Territorium trugen. Wenn es zu Flugzeugabstürzen kam, dann endeten sie meist nicht tödlich. Vor der Ausbildungsreform »endete die Mehrheit der Abstürze, die zumeist auf Pilotenfehler zurückgingen, tödlich«, schreibt der Historiker Robert Morley. Dagegen ereigneten sich spätere Unfälle »fast immer während der Landung und endeten zumeist nicht tödlich. In vielen Fällen waren sie nicht einmal schwer genug, um das Flugzeug zu zerstören.«[384]

Im Anschluss an den Ersten Weltkrieg wurden die von Smith-Barry initiierten Ausbildungsreformen in fast allen englischsprachigen Ländern übernommen. »Die Philosophie des Dual-Control-Systems und des Flugschülers am Steuerhebel sind bis heute grundlegende Prinzipien der Pilotenausbildung, sowohl in der zivilen Luftfahrt als auch in der Ausbildung von Kampfpiloten«, schreibt Morley.[385] Trotz seines anfänglichen Ärgers über Smith-Barry erkannte Trenchard später dessen Beiträge zur Pilotenausbildung ausdrücklich an, indem er ihn als den Mann bezeichnete, »der den Luftstreitkräften dieser Welt das Fliegen beibrachte«.[386]

Die Nachwirkungen der Tragödie von Teneriffa

Stetige Verbesserungen sowohl in der Flugzeugtechnik als auch in der Pilotenausbildung haben Flugreisen zu einer der sichersten Reiseformen gemacht. Diese Fortschritte bedeuteten aber auch, dass »die bare Fähigkeit, ein Flugzeug zu steuern, bei Flugzeugunglücken keine große Rolle mehr spielte«, schrieben die Piloten und Ausbilder Timothy Mavin und Professor Patrick Murray.[387] Zum Zeitpunkt der Tragödie von Teneriffa war Jacob Veldhuyzen van Zanten der Chefausbilder von KLM und besaß mehr als 11.000 Stunden Flugerfahrung. Unmittelbar im Anschluss an die Katastrophe schlugen Führungskräfte von KLM in Unkenntnis, dass es sein Flugzeug gewesen war, das den Zusammenstoß ausgelöst hatte, sogar vor, ihm die Leitung der Ermittlungen zu übertragen.[388]

Die Tragödie von Teneriffa löste ein Umdenken über die Pilotenausbildung aus. Neben den individuellen Kompetenzen als Pilot wurde nun ein Schwerpunkt auf die interpersonellen Aspekte des Fliegens gelegt. Die Ermittler hatten Kommunikationsversagen für das Unglück verantwortlich gemacht. Die Worte des holländischen Co-Piloten (»ready for takeoff«) und die Antwort des Fluglotsen (»OK«) entsprachen beide nicht dem Standard und waren nicht eindeutig, was zu einem Missverständnis geführt hatte. Das Flugzeug der Pan Am wiederum hatte die Start- und Landebahn nicht an der angezeigten Ausfahrt verlassen, was zu Verwirrung über den genauen Standort des Flugzeugs geführt hatte. Vor allem aber wurde Veldhuyzen van Zantens katastrophale Entscheidung, zu starten, ohne die Freigabe zu bestätigen, für das Unglück verantwortlich gemacht. Zwar hatte der holländische Flugkapitän mit seiner Crew einen kollegialen Ton gepflegt, aber seine Autorität innerhalb der Fluggesellschaft machte es seinem Co-Piloten wahrscheinlich schwerer, seine Zweifel über die tatsächliche Startfreigabe zu äußern. Nach diesem tragischen Unfall wurde in der Pilotenausbildung besonderer Wert auf standardisierte Kommunikationsprotokolle gelegt, die keinen Raum für Missverständnisse ließen. Ein weiterer Schwerpunkt lag auf interpersonellen Schulungen, um Piloten nachgeordneter Hierarchieebenen zu ermutigen, ihre Zweifel offen anzumelden, wenn sie Risiken wahrnahmen.

Wie Smith-Barrys Erfahrung zeigte, ist Flugzeugführung eine Kompetenz, die man nur im Cockpit selbst lernen kann und nicht durch theoretischen Unterricht. Einer der Hauptgründe ist, dass es sich dabei um dynamische Kompetenzen handelt – ein Denken, das von einem ständigen Dialog zwischen dem Piloten und dem Flugzeug bestimmt wird. Diesen Dialog kann man für sich allein nicht effektiv üben. Zugleich zeigt die Tragödie von Teneriffa die Gefahren einer Ausbildung, die wesentliche Elemente der Interaktion unberücksichtigt lässt. Flugzeugführung ist nicht nur ein Dialog zwischen Mensch und Maschine, sondern auch zwischen einem Piloten und seiner sozialen Umgebung. Wie Veldhuyzen van Zantens Beispiel deutlich macht, kann man den Gipfel der professionellen Beherrschung der Flugzeugführung erklommen haben und dennoch gefährliche blinde Flecken aufweisen.

Wie wichtig sind realitätsnahe Übungen?

Realitätsnahe Übungen mögen für das Erlernen dynamischer Fähigkeiten nötig sein, aber das ist nicht immer leicht. Die Fluglehrer, die vor Smith-Barrys Reformen Piloten ausbildeten, waren vielleicht zu nachlässig, aber sie waren nicht irrational. Es war sicher kein beruhigendes Gefühl, einem Flugschüler den Steuerknüppel zu überlassen, wenn man wusste, dass jeder zehnte einen Absturz verursachte. Auch die Kosten kann man nicht ignorieren. Die intensive theoretische Vorbereitung machte aus den Flugschülern vielleicht keine versierten Piloten, aber sie schonte die Fluggeräte. Keines dieser Probleme ist auf die Luftfahrt beschränkt. Ärzte stehen vor dem gleichen Dilemma. Der Mangel an medizinischen Fachkräften ist eher der knappen Zahl an Assistenzplätzen in Universitätskliniken geschuldet als mangelnden Plätzen im Auditorium.[389] In vielen Ländern wird auf fließende Englischkenntnisse Wert gelegt, allerdings sind Muttersprachler Mangelware. Die Folge ist, dass die immersive Strategie, die sich bei Kleinkindern so gut bewährt, für viele Sprachlernende nicht praktikabel ist. Angesichts des Umstands, dass realitätsnahe Übungen oft gefährlich, teuer oder rar sind, haben viele Forscher versucht, zu verstehen, wann genau sie unerlässlich sind. Ein Gebiet, auf das in der Pilotenausbildung ein großes Augenmerk gelegt wird, ist der Flugsimulator.

Flugsimulatoren wurden kurz nach der Entwicklung von Flugzeugen erfunden. Der Antoinette Trainer, auch Antoinette Barrel genannt, bestand aus einem Fass, das der Länge nach aufgeschnitten wurde, sodass sich die Flugschüler hineinsetzen konnten.[390] Die Fluglehrer rüttelten daran, um eine reale Flugsituation zu simulieren, und die Flugschüler mussten die Kontrollinstrumente, die an einem Flaschenzug befestigt waren, entsprechend einstellen. Bis 1929, als Edward Link den sogenannten Link Trainer erfand, gab es jedoch keine echte Flugsimulator-Industrie.[391] Link, der sich Gedanken über die Kosten der Pilotenausbildung gemacht hatte, entwickelte einen Flugsimulator, der mit Druckluft und Blasebälgen arbeitete, die aus der Fabrik seines Vaters stammten. Ursprünglich vertrieb er das Gerät als münzbetriebenes Spielgerät. Erst als die US-Streitkräfte sein Potenzial für die Ausbildung von Kampfpiloten erkannten und begannen, Tausende dieser Simulatoren zu kaufen, wurden sie zu einem großen Geschäft.[392] Heute sind Flugsimulatoren eine milliardenschwere Industrie, und die Simulatoren sind mit Computergrafiken, einer originalgetreuen Cockpit-Nachbildung und Bewegungssteuerungen ausgestattet.

Wie nützlich sind Flugsimulatoren? Die Forschung zeichnet ein konsistentes Bild. In der Anfangsphase der Pilotenausbildung sind Simulatoren tendenziell besser geeignet als echte Flugzeuge.[393] Sobald die angehenden Piloten über eine gewisse Erfahrung verfügen, sind Simulatoren immer noch nützlich, allerdings nicht so nützlich wie Übungsflüge in echten Flugzeugen. Angesichts der Kosten für einen Simulator, die zwischen 5 und 25 Prozent eines echten Flugzeugs betragen, kann selbst die geringere Effizienz noch kosteneffektiv sein. Einige Studien haben gezeigt, dass Simulatoren ab einem bestimmten Punkt eher eine negative Wirkung haben, weil sich die Flugschüler dann zu stark auf Merkmale verlassen, die es in echten Flugzeugen nicht gibt. Der Psychologe Stanley Roscoe, der sich auf die Verwendung von Flugsimulatoren in der Pilotenausbildung spezialisiert hat, stellte die Hypothese auf, der Nutzen eines fortgesetzten Trainings im Simulator gleiche einer abnehmenden Kurve. Über den Einsatz von Simulatoren schrieb er 1971: »Die erste Ausbildungsstunde in einem Simulator kann mehr als eine Stunde Ausbildung in Pre-Solo-Flugtraining einsparen. Die 15. Stunde in einem Simulator kann das sicher nicht.«[394]

Die weiteren Untersuchungen dazu unterstützen diesen Kurvenverlauf, selbst wenn es Zweifel an den genauen Zahlen gibt. Eine Meta-Analyse, die John Jacobs, Carolyn Prince, Robert Hays und Eduardo Salas im Jahr 1990 durchführten, ergab, dass mehr als 90 Prozent der untersuchten Studien zugunsten einer kombinierten Ausbildung aus Simulatortraining und echten Übungsflügen anstelle einer reinen Ausbildung in echten Übungsflügen sprachen.[395] Eine andere Studie von Thomas Carretta und Ronald Dunlap aus dem Jahr 1998 ergab, dass Simulatoren nützlich waren, dieser Nutzen nach 25 Sitzungen aber nicht mehr nachweisbar war.[396] Eine 2005 von Esa Rantanen und Donald Talleur durchgeführte Analyse ergab einen ähnlichen Kurvenverlauf, wobei die Vorteile des Simulatortrainings in den ersten Ausbildungsstunden die Vorteile echter Übungsflüge überwogen, danach aber an Effektivität einbüßten (aber trotzdem noch nützlich waren) und schließlich im Vergleich zu realen Übungsflügen gar keine Vorteile mehr boten.[397]

Warum könnte ein Flugtraining am Simulator nützlicher sein als in einem echten Flugzeug? Zu Beginn der Ausbildung ist das Fliegen eine Belastung und Überforderung. Der Simulator, der eine vereinfachte Version der komplexen Abläufe bietet, erleichtert das Verständnis der Grundlagen der Flugzeugführung. Die Forscher William und Brian Moroney schreiben: »Obwohl ein großer Wert auf Originaltreue und ›Realität‹ gelegt wird, *sind Simulatoren nicht realistisch*. In gewisser Hinsicht trägt ihr Mangel an Realitätsnähe wahrscheinlich zu ihrer Effektivität bei.«[398] Belege für die positiven Effekte, die vereinfachte Abläufe für die Lernfortschritte von Fluganfängern haben, liefert eine Studie aus dem Jahr 1990, in deren Rahmen Landungen in einem Simulator trainiert wurden. Eine Gruppe trainierte mit Seitenwind und eine Gruppe ohne Seitenwind. Obwohl der Test mit Seitenwind stattfand, schnitt die Gruppe, die ohne Seitenwind trainiert hatte, besser ab.[399] Es scheint, als habe die von den Seitenwinden ausgelöste Verzerrung das Verständnis erschwert, wie die Steuerungselemente die Flugzeugbewegungen beeinflussen.

Auch die Art der hergestellten Realitätstreue ist von Bedeutung. Nachwuchspiloten wünschen sich oft eine Erfahrung, die der echten Flugerfahrung möglichst nahekommt. Forscher fanden jedoch heraus, dass die funktionale Entsprechung zwischen dem Simulator und einem echten Flugzeug wichtiger ist. William und Brian Moroney schreiben dazu: »Die präzise Nachbildung der Displays, der Steuerungselemente und der Umgebungsdynamiken basiert auf dem ungestützten Glauben, dass möglichst realitätsgetreue Simulationen zu besseren Transferleistungen vom Simulator auf ein echtes Flugzeug beitragen.«[400] Es kommt jedoch nicht auf hochmoderne Grafiken an, sondern darauf, dass die Informationen, die für die Entscheidungsfindung und Umsetzung im Simulator ausschlaggebend sind, genau die gleichen sind wie in einem echten Flugzeug.

Wie wir gesehen haben, ist die Führung eines Flugzeugs mehr als die simple Bedienung von Kontrollinstrumenten. Die soziale Umgebung sollte nicht ignoriert werden. So schwierig es auch ist, ein mechanisches Flugzeug zu simulieren, ist es fast unmöglich, eine Arbeitsplatzkultur zu simulieren. Standardverfahren lassen sich zwar theoretisch vermitteln, aber wie sie umgesetzt werden, ist immer ein Prozess, der organisch aus dem Zusammenspiel der Beteiligten entsteht. Ihre Beherrschung setzt eine soziale Umgebung voraus, die lernfördernd ist und zugleich den Zugang einschränkt.

Situierte Kognition und Lernkultur

Zu dem Zeitpunkt, da die Luftfahrtindustrie allmählich die Bedeutung der breiteren Interaktion für eine professionelle Flugzeugführung erkannte, begannen einige Psychologen, die Abgehobenheit ihrer Disziplin vom Alltagsdenken infrage zu stellen. Ulric Neisser, dessen Buch *Kognitive Psychologie* die sogenannte Kognitive Wende in der Psychologie einleitete, schrieb ein zweites Buch mit dem Titel *Kognition und Wirklichkeit*, in dem er zahlreiche Glaubenssätze des neuen Ansatzes in der Psychologie infrage stellte. Insbesondere hatte er Bedenken, dass Studien über Problemlösung, die in einer exklusiven Laborumgebung durchgeführt werden, dazu führen könnten, dass wichtige Aspekte des realen Denkens übersehen werden. Die Situierte Kognition begann als eine Bewegung, die sich nicht nur damit beschäftigte, wie Menschen als Individuen denken, sondern wie ihr Denken von der physischen und sozialen Welt, die sie umgibt, gefördert, aber auch eingeschränkt wird.

Ein einfaches Beispiel für Situierte Kognition ist, zu lernen, wie man einen Baseball im Flug fängt. Die genaue Flugbahn des Balls lässt sich nur schwer berechnen. Dafür muss man Differenzialgleichungen verstehen, in die die Schwerkraft, der Wind und sogar der Drall des Balles einfließen. Die exakte Bestimmung des Aufprallpunktes ist eine Fähigkeit, die außerhalb der geistigen Möglichkeiten der meisten Menschen liegt. Wie spielen wir also Baseball? Die Antwort lautet, dass wir eine Abkürzung nehmen können. Indem wir hinter dem Ball herlaufen und einen konstanten Winkel zwischen uns und dem fliegenden Projektil wahren, können wir den Ball kurz vor seinem Aufprall auf der Erde fangen, ohne langwierige Berechnungen anstellen zu müssen. Diese Fähigkeit setzt eine konstante Feedbackschleife zwischen dem Catcher und der Umgebung voraus. Der angehende Physiker kann im Vorlesungssaal üben, die Flugbahn des Balls zu berechnen. Der Catcher auf dem Baseballfeld kann das nicht. Die Verfechter der Situierten Kognition argumentieren, dieses interaktive Crossover, bei dem das Denken ein ständiges Feedback von der Außenwelt erfordert, beschränke sich nicht auf Flugzeugführung und das Auffangen von Bällen. Der Automechaniker, der den Fahrzeugmotor laufen lässt, um auf ein merkwürdiges Geräusch zu achten, der Unternehmer, der ein Testprodukt entwickelt, bevor er die Produktion anfahren lässt, und der Küchenchef, der die Sauce probiert, bevor er beschließt, ob sie noch weitere Gewürze braucht, befinden sich alle in einem Improvisationsprozess. Dieser Sichtweise zufolge können wir nicht verstehen, was der Mechaniker, der Unternehmer oder der Küchenchef weiß, ohne die soziale Umgebung zu kennen, in der er sich bewegt und arbeitet. Das Wissen, über das sie verfügen, gleicht womöglich weniger der vom Physiker berechneten Flugbahn und mehr dem Trick des Catchers auf dem Baseballfeld: Sie stützen sich auf die reale Umgebung und weniger auf explizite Theorien.

Der Improvisationsprozess erweitert unsere Interaktionen mit anderen Menschen. Wenn der Sachbearbeiter aus der Schadensabteilung einer Versicherung entscheiden muss, ob ein heikler Fall von der Versicherung abgedeckt ist, holt er sich Rat bei seinen Kollegen.[401] Im Verlauf der Zeit werden diese Gespräche zu einer kollektiven Interpretation, wie die bestehenden Verfahren angewendet werden müssen. Wenn ein neuer Sachbearbeiter in die Abteilung kommt, muss er sich nicht nur an die Standardverfahren halten, sondern auch an die Auslegung dieser Verfahren durch die älteren Kollegen. Dieser Prozess findet in allen Berufszweigen statt, von Wissenschaftlern, die sich dem Urteil ihrer Peers unterwerfen müssen, damit ihre Ergebnisse als Fakten anerkannt werden, bis zu Rechtsanwälten, die die Auslegung unbestimmter Rechtsbegriffe wie den der »vernünftigen Person« aushandeln.[*,402] Die Tatsache, dass es sich hier um eingebettetes Wissen han-

* Anm. d. Übers.: In Deutschland ist die Auslegung unbestimmter Rechtsbegriffe zum Teil situations- beziehungsweise kontextabhängig (zum Beispiel »Sorgfalt«) und geschieht durch Rechtsprechung oder andere rechtliche Auslegungsmethoden.

delt, macht es oft besonders schwierig, es aus den Kontexten herauszulösen, in denen es entstanden ist.

Legitime periphere Partizipation

Die Anthropologin Jean Lave entwickelte gemeinsam mit ihrem Schüler Étienne Wenger eine Theorie der legitimen peripheren Partizipation für den Prozess, durch den Menschen in eine Praxisgemeinschaft eingegliedert werden.[403] Auf Basis ihrer Feldforschung mit westafrikanischen Schneidern stellte Lave fest, dass Lehrlinge selten durch explizite Anweisungen ihrer Lehrmeister lernten, sondern dass sie durch die schrittweise Heranführung an die praktische Arbeit des Schneiderhandwerks »mit bemerkenswert wenigen Ausnahmen zu fähigen und respektierten Schneidermeistern wurden«.[404]

Legitimität und Transparenz sind zentrale Bausteine dieses Prozesses. Die Legitimität bezieht sich auf die Akzeptanz des Wegs zur vollen Partizipation seitens der Mitglieder der jeweiligen Gemeinschaft. Ein nicht akkreditierter Forschungsassistent und ein Doktorand mögen in einem Labor ähnliche Arbeit leisten, aber nur Letzterer befindet sich auf einem legitimen Weg, um ein anerkannter Wissenschaftler zu werden. Dem vergleichbar können auch noch so große Rechtskenntnisse in den Augen eines Gerichts das Fehlen eines juristischen Staatsexamens nicht aufwiegen. Entsprechende formale Qualifikationen sind jedoch nur eine besonders sichtbare Manifestation der Legitimität. Ein Unternehmen, das eine informelle Beförderungspolitik verfolgt, der zufolge nur Mitarbeiter aus den eigenen Reihen ins Management aufsteigen können, trifft damit eine implizite Feststellung über die Legitimität alternativer Pfade an die Unternehmensspitze.

Die Transparenz bezieht sich auf die Möglichkeit, die kulturellen Praktiken der jeweiligen Gemeinschaft zu beobachten und zu verstehen. In einem aufschlussreichen Beispiel dokumentierten Lave und Wenger, wie Fleischzerleger in einem Supermarkt an der Verpackungsstation eingesetzt wurden, während die erfahreneren Metzger in einem separaten Teil der Fleischstation arbeiteten. Ein Metzgerlehrling sagte: »Ich gehe nicht gerne in den Hinterraum, weil ich mich dort völlig fehl am Platz fühle. Ich bin schon lange nicht mehr dort gewesen, weil ich einfach nicht weiß, was ich dort zu tun habe.«[405] Ohne Einblick in die realen Arbeitsabläufe waren die Lehrlinge auf ihre formale Ausbildung zurückgeworfen, die den Schwerpunkt oft auf Fähigkeiten legte, die in der Praxis selten verlangt wurden.

Lave und Wenger zufolge kann man den Lernprozess nicht als etwas betrachten, das nur in unserem Kopf stattfindet. Lernen ist vielmehr eine gemeinschaftliche Aktivität, die sowohl die kulturelle Eingliederung neuer Mitglieder als auch die Weiterentwicklung von Praktiken umfasst, die sowohl von Interaktionen innerhalb der Gruppe als auch von Interaktionen der Gruppe mit der Außenwelt bestimmt werden. Gemäß dieser Logik ist eine Ausbildung im Sinne eines begleiteten Wegs in die Praxis sinnvoller als ausgiebiger theoretischer Unterricht, so Lave und Wenger.

Die Fallstricke des informellen Lernens

Es fällt leicht, Learning by Doing zu romantisieren. Das Lernen durch praktische Anwendung hat aber genauso viele Schwächen wie realitätsferner theoretischer Unterricht. Wie wir gesehen haben, sind Experten oft miserable Lehrkräfte, da sie die Grundlagen ihrer Kompetenzen häufig nicht artikulieren können. Und selbst wenn sie es können, haben sie oft keine Zeit zum Unterrichten. In großen Unternehmen werden Praktikanten oft als billige Arbeitskräfte ausgenutzt. Nur selten erhalten sie die Chance, an realen Aufgabenstellungen zu lernen und so ihren Weg ins Berufsleben zu finden. Hochrangige Vertreter der jeweiligen Berufsgruppe errichten womöglich Barrieren, die Nachwuchskräften den Weg versperren, um sich auf diese Weise vor Wettbewerb zu schützen und ihre Pfründe zu verteidigen. Diese Barrieren treiben tendenziell die Preise in die Höhe und beschränken den Zugang zu grundlegenden Dienstleistungen, die das jeweilige Berufsfeld bietet. Die Ökonomen Morris Kleiner und Evgeny Vorotnikov schätzen, dass die Belastungen, die durch Berufszulassungen entstehen, die US-

Wirtschaft zwischen 183 und 197 Milliarden Dollar pro Jahr kosten.[406] In George Bernard Shaws 1906 erschienenem Theaterstück *The Doctor's Dilemma* heißt es dazu ironisch: »Alle Berufe sind Verschwörungen gegen den Laienstand.«[407]

Die informelle Kultur, die aus gemeinschaftlichen Interaktionen hervorgeht, ist nicht immer gutartig. Mobbing und Belästigung sind ebenso wahrscheinliche Folgen wie gegenseitige Teamarbeit und Unterstützung. Schlampige Kommunikationsnormen und eine hierarchische Cockpitkultur führten zu Jacob Veldhuyzen van Zantens verhängnisvoller Entscheidung auf Teneriffa. Verbesserungen ergaben sich aus einem stärkeren Vertrauen in die formale Pilotenausbildung und nicht einfach aus der Hoffnung, dass sich die Kultur der Luftfahrt von selbst regeln würde.

Trotz dieser Bedenken scheint es klar zu sein, dass die soziale Welt nicht ignoriert werden kann, weder für Neulinge, die in eine Praxis eintreten wollen, noch für die Behörden und Erzieher, die sicherstellen wollen, dass diese Praktiken dem Gemeinwohl dienen. Als Berufsanfänger müssen wir nicht nur auf den Inhalt der Fähigkeiten achten, die wir beherrschen wollen, sondern auch auf das soziale Umfeld, das den Zugang zur Praxis ermöglicht. Als Ausbilder und Arbeitgeber müssen wir auch erkennen, dass formale Lektionen und Standardarbeitsanweisungen in der Praxis erst nach einem Prozess der Verhandlung und Anpassung durch die Menschen, die die Arbeit letztendlich ausführen, entstehen werden.

Lektionen für das Lernen in realen Anwendungssituationen

Situiertes Lernen legt nahe, dass Lernen in einem realitätsbezogenen Kontext stattfinden sollte. Theoretischer Unterricht und Simulationen können zu Beginn der Ausbildung nützlich sein, am Ende müssen aber alle Fähigkeiten im Rahmen realer Anwendungssituationen erworben werden. Nachfolgend einige Lektionen, die beim Umgang mit den sozialen und physischen Hindernissen im Zusammenhang mit praktischen Übungen berücksichtigt werden sollten.

1. Lektion: Untersuchen Sie, wie der Eintritt in die Praxis wirklich funktioniert

Die Legitimität beschränkt die möglichen Wege des Eintritts in die Praxis. In einigen Fällen sind diese Beschränkungen sehr sichtbar: zum Beispiel das Medizinstudium, um Arzt zu werden, oder die verschiedenen militärischen Dienstgrade, die ein Offizier durchlaufen muss, um General zu werden. In anderen Fällen ist der Weg zur uneingeschränkten Partizipation weniger klar. Jason Brennan, Philosophieprofessor an der Georgetown University, beschäftigte sich in seinem Buch *Good Work If You Can Get It* mit den Daten über Erfolg in Forschung und Lehre. Dabei stellte er fest, dass das akademische Ranking bei der Auswahl der richtigen Universität fast alle anderen Kriterien schlägt:

> Wenn Sie in der akademischen Welt Erfolg haben wollen, dann wählen Sie das beste Graduiertenprogramm mit den besten Berufsaussichten. Das ist beinahe wichtiger als alles andere, einschließlich der fachlichen Ausrichtung, also der Frage, ob Sie die gleichen Forschungsinteressen wie die potenzielle Fakultät haben, oder der Höhe des Stipendiums oder des Standorts der Universität.[408]

Brennan rät, sich nicht so sehr auf die Lehre zu konzentrieren: »Die Nachwuchsakademiker, die die meiste Zeit damit verbringen, ›ihre Lehrmethoden zu perfektionieren‹, scheitern oft an ihren Programmen und werden nie Karriere in der akademischen Lehre machen. Das mag unfair sein, aber so ist es.«[409] Außerdem betont Brennan die Bedeutung eines angesehenen akademischen Beraters. »Eine gute Faustregel lautet: Sie bekommen keinen Job, den Ihr Berater nicht bekommen hat. Wenn Ihr Berater für einen Job in Princeton nicht infrage kommt, dann werden Sie es auch nicht.«[410]

Brennans Rat bezieht sich zwar auf Forschung und Lehre, ähnliche Geschichten findet man aber auch über den Eintritt in fast alle anderen Eliteberufe. Ob Schauspiel, Unternehmertum, Journalismus, Musik oder Spitzenmanagement – für alle diese Karrieren gibt es erstaunlich schmale

Erfolgspfade. Wenn Sie zu den wenigen Auserwählten gehören wollen, die es ganz nach oben schaffen, dann müssen Sie Ihre Hausaufgaben machen und herausfinden, nach welchen Regeln Ihr Spezialgebiet funktioniert. Vielleicht gefällt Ihnen nicht immer, was Sie hören, aber ein Hindernis, das Sie nicht einmal sehen können, können Sie kaum umgehen.

2. Lektion: Trennen Sie Fähigkeiten von Signalen

Da es oft nur wenige Gelegenheiten zur praktischen Übung gibt, ist es ganz natürlich, dass diese Gelegenheiten den bestmöglichen Kandidaten vorbehalten bleiben sollen. Das erzeugt eine Spannung, nämlich wenn die Fähigkeiten, die man benötigt, um einen Job zu bekommen, nicht die sind, die man benötigt, um einen guten Job zu machen. Die Signaltheorie der Bildung besagt, dass ein Großteil unserer umfassenden Schulbildung nicht darauf ausgelegt ist, nützliche Fähigkeiten für das Berufsleben zu entwickeln oder uns zu bewussteren Bürgern zu machen. Vielmehr sollen sie als Filter dienen, damit die begrenzten Plätze für gute Positionen und On-the-Job-Trainings den besten Kandidaten vorbehalten bleiben.

Bryan Caplan schrieb in seinem Buch *The Case Against Education* eine geistreiche Verteidigung der Signaltheorie. Seinen Worten zufolge passen ökonomische Daten besser zur Signaltheorie als die alternativen Theorien über das Humankapital (die Vorstellung, die Schule würde uns nützliche Fähigkeiten und Wissen vermitteln und uns auf diese Weise produktiver machen) und den sogenannten Ability Bias (die Vorstellung, intelligente Menschen würden studieren und selbst dann noch hohe Einkommen erzielen, wenn sie das College ohne Abschluss verlassen). Eine Quelle, auf die er sich stützt, ist der sogenannte Sheepskin-Effekt, dem zufolge die Rendite eines zusätzlichen College-Jahrs für Studenten im Abschlussjahr dramatisch ansteigt. Würden wir an die Theorie des Humankapitals glauben, würden wir davon ausgehen, dass die Studenten mit jedem Studienjahr produktiver werden (und somit höhere Einkommen erzielen). Wenn wir dagegen glauben, dass ein Studium nur dazu dient, die eigene Intelligenz, Arbeitsethik oder soziale Konformität zur Schau zu stellen, wird der größte Teil des Wertes eines Studiums mit dem Abschluss erzielt. Eine weitere Quelle der Belege bildet der General-Educational-Development-Test, eine Art Zulassungstest für ein Universitätsstudium, mit dem man auch einen Highschool-Abschluss nachholen kann. Studenten, die diese Prüfung abgelegt haben, sollten die gleichen akademischen Fähigkeiten besitzen wie Highschool-Absolventen. Allerdings gilt der GED-Abschluss weitaus weniger als ein echter Highschool-Abschluss.[411]

Völlig nutzlose Aktivitäten, deren Wert allein darin liegt, allgemeine Fähigkeiten zu attestieren, sind ein Extrem. In der Praxis sind die meisten Möglichkeiten zur Verbesserung eine Mischung aus Leistungssteigerung und der glaubwürdigen Kommunikation der erworbenen Fähigkeiten. Der Programmierer, der ein Zertifikat über die Beherrschung einer neuen Technologie erwirbt, hat vielleicht das Gleiche gelernt wie eine Person, die sich das gleiche Wissen auf informelle Weise angeeignet hat, aber nur der zertifizierte Programmierer kann den Nachweis in seinem Lebenslauf nennen. Ähnlich verhält es sich mit dem Manager, der sein Team bei einem umfangreichen Projekt zum Erfolg führt und dabei einige nützliche Ideen über Führung gelernt hat. Die Sichtbarkeit seines Erfolgs ist eher für eine potenzielle Beförderung wichtig. Die Signaltheorie bedeutet, dass es nicht ausreicht, Kompetenzen zu erwerben. Man muss auch einen Weg finden, dies der Außenwelt mitzuteilen.

3. Lektion: Eignen Sie sich das überlieferte Wissen der Gemeinschaft an

In Kapitel 4 haben wir darüber gesprochen, dass zur Ausübung einer Fähigkeit oft die Kenntnis des überlieferten oder informellen Wissens einer Gemeinschaft nötig ist. Überliefertes Wissen dient auch noch einem anderen Zweck: Es wird als Ausweis der Zugehörigkeit zu einer bestimmten Gruppe gewertet. Der Vater der Pharmakologie, Bernard Brodie, berichtete über die Heuristik, derer er sich bediente, als er sich entscheiden musste, welchen Forschungsarbeiten er auf dem neu entstehenden Gebiet der Neurotransmitter Aufmerksamkeit schenken sollte: »Wenn die Experimente gut waren, nannten wir es Sero*tonin*«, erinnerte sich Brodie. »Wenn ich hörte, dass es Sero*to*nin ausgesprochen wurde, wusste ich, dass die Experimente schlecht waren, und blieb zu Hause.«[412]

Dem Pädagogen E. D. Hirsch zufolge erfüllen Schulen in einer Bildungsgesellschaft die wichtige Funktion der Vermittlung von überliefertem Wissen.[413] Gehobene Publikationen wie die *New York Times* oder die Zeitschrift *Atlantic* gehen davon aus, dass ihre Leser über ein Mindestmaß an kulturellem Wissen verfügen. Dieses Hintergrundwissen ermöglicht eine reibungslose Kommunikation zwischen gebildeten Menschen, denn die jeweiligen Redaktionen können davon ausgehen, dass ihre Leser wissen, was die Emanzipationsproklamation* ist oder warum die Magna Charta wichtig war. Ohne dieses überlieferte Wissen ist es oft nicht möglich, den informellen Diskussionen über diese Themen zu folgen. Überliefertes Wissen ist jedoch nicht einfach ein Merkmal der Allgemeinbildung, da jedes Spezialgebiet seinen eigenen Sprachgebrauch pflegt, der den Austausch ermöglicht.

Im Umgang mit schriftlichen Texten besteht eine Lösung darin, dass man einfach langsam liest und jeden unbekannten Begriff oder jede Redewendung nachschlägt. Das ist anfangs sehr mühselig, aber irgendwann hat man die grundlegenden Konzepte verinnerlicht, und man kann die Texte fließend lesen. Wenn man in einer Gesprächssituation die Person ist, die »dumm nachfragen« muss, was ein bestimmter Begriff bedeutet, kann das zunächst peinlich sein, aber das sind oft nur kurzfristige Kosten, die man auf sich nehmen muss, um der Diskussion folgen zu können.

Die Zusammenführung des theoretischen Wissens mit praktischer Erfahrung ist notwendig, reicht für eine Beherrschung der Materie aber selten aus. Will man seine Leistung verbessern, muss man seine Fehler und Fehlannahmen korrigieren. Im nächsten Kapitel beschäftigen wir uns mit der Bedeutung von Feedback, und zwar nicht nur für das Erlernen neuer Dinge, sondern auch für das Verlernen von Fehlannahmen und ineffektiven Methoden.

---

* Anm. d. Übers.: Mit der Emanzipationsproklamation schaffte Abraham Lincoln 1863 die Sklaverei in den Südstaaten der Konföderierten Staaten von Amerika ab.

KAPITEL 11

Verbesserung ist kein linearer Prozess

Weisheit bedeutet nicht, dass man mehr neue Dinge, sondern weniger falsche Dinge weiß.[414]

Henry Wheeler Shaw

- Wann muss sich unsere Leistung zunächst verschlechtern, bevor sie besser wird?
- Welches sind die Risiken des Verlernens?
- Warum wird unsere Leistung ohne korrektives Feedback irgendwann stagnieren?

Wenige Athleten haben ihre Disziplin so beherrscht wie Tiger Woods das Golfspiel. Schon mit zehn Monaten kletterte Woods von seinem Kinderstuhl, um mit einem Plastikschläger den schwungvollen Golfschlag seines Vaters nachzuahmen.[415] Mit zwei hatte er sein Debüt im nationalen Fernsehen und führte dem ungläubigen Publikum der Sendung *The Mike Douglas Show** Lob-Shots** vor.[416] Mit 15 war er der jüngste Sieger des Turniers U.S. Junior Amateur Golf Championship in der Geschichte, das er dreimal hintereinander für sich entschied. Nachdem er die Universität von Stanford verließ, um sich seiner Karriere als Golfprofi zu widmen, gewann er das Masters-Turnier mit rekordträchtigen zwölf Schlägen Vorsprung vor dem Zweitplatzierten. Im Rahmen seines kometenhaften Aufstiegs tat Woods etwas, das kaum jemand erwartet hatte: Er beschloss, seine Schlagtechnik komplett zu verändern.

Woods, der für seinen langen, kraftvollen Langstreckenschlag – in der Golfsprache Drive oder Tee-Shot genannt – bekannt war, hatte sich auf einen peitschenartigen Abschlag konzentriert, damit der Ball eine Fluggeschwindigkeit von 200 Meilen pro Stunde (circa 328 km/h) erreichte.[417] Dafür drehte er seine Hüfte so schnell, dass seine Arme nicht immer mithalten konnten. Diese verzögerte Kraftübertragung bedeutete, dass Woods' Schlägerblatt nach außen zeigte. Ohne eine Korrektur würde der Ball damit nach rechts abdriften und weit außerhalb des Fairways landen. Woods' kinästhetische Intuition erlaubte ihm, diese Diskrepanz mitten im Abschlag zu korrigieren: Mit einer leichten Drehung seiner Hände konnte er das Schlagblatt in die richtige Position bringen und den Ball mittig treffen, wenn seine Arme mal wieder »nicht mitkamen«. Diese Improvisation hing jedoch von Glück und Präzision ab. »Ich habe mit perfektem Timing gewonnen«, bemerkte er nach der Analyse seines Rekordsiegs beim Master-Turnier. »Wenn mir das nicht gelingt, habe ich keine Chance.«[418] Zumindest theoretisch konnte Woods durch die Veränderung seiner Schlagtechnik seine geniale sportliche Leistung durch konsistente Ausführung perfektionieren.

Diese Entscheidung war jedoch nicht ohne Risiken. Andere Golfspieler mussten erleben, wie ihre professionellen Ambitionen durch eine Veränderung der Schlagtechnik zunichtegemacht wurden. David Gossett, der

---

* Anm. d. Übers.: Tägliche US-Talkshow, die von 1961 bis 1982 ausgestrahlt wurde.

** Anm. d. Übers.: Bei einem Lob-Shot wird der Ball hoch aufs Grün gespielt, ohne dass er nach der Landung noch weiter rollt.

mit 19 Jahren die U.S.-Amateur-Meisterschaften gewonnen hatte, galt als Golfwunder. Nach Erreichen des Profistatus beschloss er, dass seine Schlagtechnik nicht gut genug war. Die misslungene Änderung seines Golfschlags brachte seine Karriere aus dem Gleis. »Den allmächtigen, perfekten Schlag erreichen zu wollen, ist unrealistisch«, sagte er später den Reportern. Chip Beck gewann viermal die PGA Tour, fand aber, er müsse eine neue Schlagtechnik finden, um den Ball höher zu schlagen. Einige Jahre später gab er das Golfspiel auf, um Versicherungen zu verkaufen. David Duval, Ian Baker-Finch und Seve Ballesteros beschlossen ebenfalls, ihre Schlagtechnik zu verändern. Keiner von ihnen nahm danach jemals wieder an einem Turnier teil. »Die Vorstellung, dass jeder Mensch einen ›angeborenen, natürlichen‹ Golfschlag besitzt, gehört zu den fest verankerten Überzeugungen im Golfsport«, schreibt der Sportjournalist Scott Eden. »Den eigenen natürlichen Golfschlag ändern zu wollen, gilt als Versuch, die eigene Seele zu manipulieren.« Woods' Entschluss, einen derart radikalen Schritt zu unternehmen, und zwar nicht angesichts einer erbitterten Konkurrenzsituation, sondern nach rekordträchtigen Siegen, galt als purer Wahnsinn. Ein Kommentator sagte damals, das sei so, als würde Michael Jordan einfach aus Spaß beschließen, seine Jumpshots plötzlich mit links zu machen.[419]

Trotz der Risiken wollte Woods keine halben Sachen. Anstatt die Änderungen, die sein Coach Butch Harmon vorgeschlagen hatte, schrittweise vorzunehmen, wollte er alle auf einmal umsetzen. »Es wird nicht leicht werden, diese Veränderungen ohne Abstriche an der Spielqualität vorzunehmen«, warnte Harmon. »Das ist mir egal«, erwiderte Woods.[420] Er wollte der beste Golfspieler aller Zeiten werden. Wenn das bedeutete, dass er seine Schlagtechnik von Grund auf neu ausrichten musste, dann war es so. Nach 18 Monaten mühseliger Übung und einer Turniersaison, in der er wegen seiner ungewohnten neuen Schlagtechnik nicht so erfolgreich war wie zuvor, fand Woods mit diesem neuen Abschlag seinen Groove.[421] Im darauffolgenden Jahr konnte er acht Turniersiege einfahren, eine Leistung, die seit 1974 kein Golfspieler mehr geschafft hatte. In den nachfolgenden Jahren wurde er der jüngste Golfspieler, der einen Career Grand Slam gewann und sich damit überlegen als Nummer eins der weltweiten Rangliste etablierte.

Seit seinen goldenen Jahren, in denen er mit Harmon arbeitete, hat Woods seine Schlagtechnik noch mindestens drei weitere Male verändert. Einigen Kritikern zufolge haben diese wiederholten Veränderungen Woods in seiner besten Zeit mehrere Jahre gekostet und verhindert, dass er Jack Nicklaus' ungebrochenen Rekord von 18 großen Turniersiegen (Woods brachte es auf 15) übertraf. Eine andere Sicht ist, dass Woods' Fähigkeit, seine Schlagtechnik zu verändern, seine langfristige Karriere im Golfsport gesichert hat. Die geschmeidige Drehbewegung seines Golfschlags in seinen Teenagerjahren hätte bei einem 30-jährigen muskulösen Woods nicht mehr funktioniert, der zudem immer öfter mit Knieproblemen und Rückenverletzungen zu kämpfen hatte, sodass eine signifikante Veränderung seiner Schlagtechnik unvermeidlich wurde. Ob man Woods' Entscheidung als nützlich oder hinderlich und Zeichen eines ungesunden Perfektionismus oder eines übertriebenen, riskanten Selbstvertrauens wertet, nichts kann Woods' Erfolgsbilanz als einer der herausragendsten Golfspieler aller Zeiten infrage stellen.

Verlernen: eine Verschlechterung herbeiführen, um danach noch besser zu werden

Zwar steht kaum jemand von uns unter der gleichen öffentlichen Beobachtung und dem gleichen Leistungsdruck wie Tiger Woods, aber das Leben verlangt von uns oft Veränderungen, die zunächst zu einer Verschlechterung unserer Situation führen, diese aber langfristig deutlich verbessern: Der Berufswechsel, der eine größere finanzielle Stabilität verspricht, aber zunächst bedeutet, dass wir uns in einer anderen Branche von null auf neu zurechtfinden müssen. Die Suche nach einer erfüllenden Beziehung, für die wir unsere bestehende Beziehung, die in eine Sackgasse geraten ist, beenden müssen. Ein Strategiewechsel zur erfolgreichen Bekämpfung eines neuen Konkurrenten, was aber mit einer völligen Neuausrichtung unserer bisherigen Geschäftsfelder verbunden ist. In jedem Fall verlangt der langfristige Erfolg, dass wir zunächst vom Gipfel absteigen und das Risiko eingehen müssen, dass wir es nie wieder aus dem Tal herausschaffen.

Die Schwierigkeiten, die mit dem Verlernen verbunden sind, lassen sich leicht an motorischen Fähigkeiten ablesen. Im Jahr 1967 entwickelten die Psychologen Paul Fitts und Michael Posner eine einflussreiche Theorie zur Entwicklung intellektueller und motorischer Fähigkeiten.[422] Dieser Theorie zufolge verläuft der Lernprozess in drei Phasen:

1. **Die kognitive Phase.** In dieser Phase versucht die betreffende Person, die Aufgabe, die damit verbundenen Anforderungen und die korrekte Bewegungsausführung zu verstehen. Dabei führt sie den Bewegungsablauf langsam, bewusst und kontrolliert aus, um herauszufinden, welches die richtige Technik ist.

2. **Die assoziative Phase.** Wenn die Person die Fähigkeit grundsätzlich verstanden hat, probiert sie verschiedene Dinge aus. In dieser Phase werden größere Fehler schrittweise korrigiert, und die Bewegungsausführung wird fließender.

3. **Die autonome Phase.** Nach der Eliminierung der Fehler wird die Ausführung immer müheloser. In dieser Phase sind die ausdrücklichen Anweisungen, die die ausführende Person in der ersten Phase erhalten hat, möglicherweise sogar vergessen. Die Bewegungsausführung geschieht instinktiv und unterliegt keiner bewussten Kontrolle mehr.

Ein Golfanfänger befindet sich in der kognitiven Phase. Ein guter Coach kann ihm die Grundlagen einer guten Schlagtechnik vermitteln. In dieser Phase denkt der Golfanfänger wahrscheinlich bewusst an die Regeln, die seinen Golfschlag leiten, und versucht, nach einem Abschlag nicht zu früh aufzublicken beziehungsweise vor dem Abschlag die Hüfte richtig zu drehen. Wenn der Golfanfänger unter unterschiedlichen Bedingungen übt, tritt er in die assoziative Phase ein. Er passt seine Bewegungen den unterschiedlichen Bedingungen an, weiß, wie er mit einem Golfschläger aus Holz und einem Eisenschläger umgehen muss und wie er seine Schlagkraft anpassen muss, um den Ball auf dem Fairway und dem Rough gleichermaßen gut abzuschlagen. Wenn er die Abschläge entsprechend oft geübt hat, wandern die Details der Bewegungsausführung ins Unterbewusstsein, und der Golfspieler führt die Bewegung automatisch aus. Wenn der Golfspieler in dieser Phase anfängt, bewusst über die Bewegungsausführung nachzudenken, wird der automatische, das heißt instinktiv ausgeführte Bewegungsablauf gestört. Die beste Leistung erzielt der Golfspieler in dieser Phase, wenn er sich auf das externe Ziel des Golfschlags konzentriert und nicht auf die Mechaniken seiner Ausführung.[423]

Fitts' und Posners Theorie trägt zum Verständnis der Risiken bei, die mit Woods' signifikanten Änderungen seiner Schlagtechnik verbunden waren. Durch diese Neuausrichtung kehrte er nämlich in die kognitive Phase des Fähigkeitserwerbs zurück. Um weiterhin erfolgreich zu sein, musste er anschließend erneut die assoziative Phase durchlaufen, Fehler in der Bewegungsausführung unter verschiedenen Bedingungen ausmerzen und den neuen Bewegungsablauf so lange üben, bis er ihn so verinnerlicht hatte, dass er nicht instinktiv wieder in das alte Bewegungsmuster zurückfallen würde, vor allem unter dem zusätzlichen Druck eines wichtigen Turniers.

Die Phasen des Fähigkeitserwerbs geben aber auch Aufschluss darüber, warum signifikante Veränderungen oft nötig sind. Keine antrainierte Bewegung wird bei jeder Ausführung mit der gleichen maschinenähnlichen Präzision ausgeführt.[424] Ansonsten wären sportliche Leistungen gar nicht möglich. Eine Veränderung der Windgeschwindigkeit oder Windrichtung oder eine Veränderung des Untergrunds würde einen Golfschlag so stark verändern, dass eine konsistente Schlagleistung unmöglich wäre. Alle Fähigkeiten sind bis zu einem gewissen Grad flexibel und ermöglichen der ausführenden Person, sie an veränderte Bedingungen anzupassen. Diese Flexibilität hat jedoch ihre Grenzen. Eine Person kann mit dem Zwei-Finger-Suchsystem von einer großen zu einer kleinen Tastatur wechseln. Allerdings wird sie auch mit noch so viel Übung nicht zu einem Schreibprofi, der das Zehn-Finger-Blindschreiben beherrscht. Neue Wege der Ausübung einer Fertigkeit zu finden, erfordert mehr als eine Optimierung der vorhandenen Bewegungsabläufe. Vielmehr müssen neue Bewegungsabläufe von null auf erlernt werden.

Einstellung und funktionale Fixierung: Steht altes Wissen neuen Ideen im Weg?

Motorische Fähigkeiten sind nicht die einzigen Lernaspekte, bei denen vorhandene Ausführungsmuster mit neuen Ausführungsmustern in Konflikt geraten. Abraham Luchins untersuchte die Frage, wie die bisherige erfolgreiche Problemlösung eine zukünftige erfolgreiche Problemlösung möglicherweise behindert.[425] Dafür führte er ein Experiment durch, bei dem die Teilnehmer aufgefordert wurden, eine bestimmte Menge Wasser in einen Eimer zu füllen, wofür ihnen nur Krüge mit einem bestimmten Fassungsvermögen zur Verfügung standen. Zum Beispiel konnte die Aufgabe lauten, 20 Liter Wasser in den Eimer (Gefäß B) zu füllen, wobei nur zwei bestimmte Krüge benutzt werden durften: einer mit 29 Litern Fassungsvermögen (Gefäß A) und einer mit 3 Litern (Gefäß C). Die Lösung: Man schüttet zunächst einen vollen 29-Liter-Krug in den Eimer und entnimmt anschließend mit dem 3-Liter-Krug dreimal 3 Liter. Zu diesem Zweck präsentierte Luchins eine Reihe von Aufgaben, die sich durch die Anwendung desselben Lösungsprinzips lösen ließen: einmal das Gefäß A hinzufügen und dreimal das Gefäß C entfernen. Nach mehrfachen Wiederholungen dieses Musters gab er den Versuchspersonen ein Rätsel vor, das mit dem erlernten komplizierteren Muster (das heißt B + A – 3C) oder mit einer einfacheren Lösung (A – C) gelöst werden konnte. In ihrem ersten Experiment bemerkte keiner der Probanden die einfachere Lösung. Luchins bezeichnete diese Beibehaltung einer gewohnheitsmäßigen Art der Problemlösung als »Einstellung« oder die Denkweise, »die einen Organismus für eine Art von motorischer oder bewusster Handlung prädisponiert«.

Das Festhalten an alten Gewohnheiten ist nicht auf Problemlösungsabläufe beschränkt. Der Gestaltpsychologe Karl Duncker prägte den Begriff *funktionale Fixierung*, um zu beschreiben, wie die Wahrnehmung eines Objekts in einer bestimmten Rolle das Denken über alternative Verwendungen behindern kann.[426] Bei einem berühmten Experiment bekamen die Probanden die Aufgabe, Kerzen an einer Wand zu befestigen. Dafür erhielten sie Schachteln, Reißzwecken und Kerzen. Bei anderen Probanden waren die

Hilfsmittel dieselben, aber die Reißzwecken lagen bereits in der Schachtel. Während alle Probanden beim ersten Versuch die Lösung fanden, die darin bestand, die Schachtel mit den Reißzwecken an der Wand zu befestigen und die Kerze daraufzustellen, fand beim zweiten Versuch weniger als die Hälfte der Testpersonen die Lösung, weil sie die Schachtel nur als Behältnis wahrnahmen, aber nicht als potenzielles Podest.

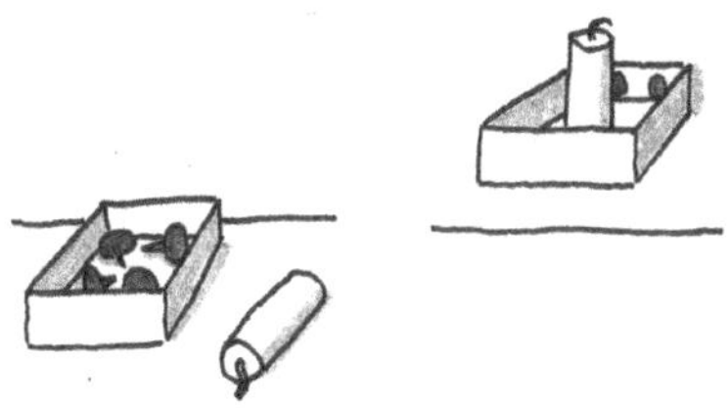

Abbildung 11:
Probanden erhielten eine Schachtel, Reißzwecken und eine Kerze. Die Aufgabe lautete, die Kerze an der Wand zu befestigen. Wenn die Reißzwecken bereits in der Schachtel lagen, kamen weniger Probanden auf die Idee, die Schachtel als Podest zu benutzen.

Die Notwendigkeit, fehlgeleitete Problembetrachtungen zu verlernen, ist ein großes Thema in der Bildung. In Fächern wie Wirtschaft, Physik und Psychologie werden Studenten mit sehr unterschiedlichen Betrachtungsmöglichkeiten alltäglicher Problemstellungen konfrontiert. Die Forschung zeigt jedoch, dass viele Studenten die Logik, die sie im Unterricht lernen, nicht erfolgreich auf reale Alltagsprobleme übertragen können.[427] Physikstudenten lernen, Kräfte und Dynamiken zu berechnen wie Newton, aber denken außerhalb des Vorlesungssaals wie Aristoteles.[428] Wirtschaftsstudenten lernen Theorien über wohlstandsfördernden Handel, aber denken wie Merkantilisten, wenn sie die öffentliche Politik bewerten sollen.[429] Und wie wir in Kapitel 6 gesehen haben, ist die volkstümliche psychologische Vorstellung, das Gehirn sei mit einem Muskel vergleichbar, weitverbreitet, auch wenn es überzeugende Belege dafür gibt, die dagegensprechen.

In einigen Fällen sind die Dinge, die verlernt werden müssen, populäre Fehlannahmen. Für die Vorstellung, dass Menschen unterschiedliche Lernstile haben (zum Beispiel visuell, akustisch oder kinästhetisch) und dass sie am besten lernen, wenn die Lehrmethoden zu ihrem bevorzugten Lernstil passen, gibt es kaum Belege, dennoch geistert diese Vorstellung durch die Populärkultur.[430] Es ist unwahrscheinlich, dass jemand spontan auf die Lernstiltheorie gestoßen ist. Wahrscheinlich hält sich diese Vorstellung nur, weil sie intuitiv plausibel erscheint und nur wenige Leute die Forschungsergebnisse kennen, die ihr widersprechen.

Manchmal liegen die Fehlannahmen jedoch tiefer. Womöglich spiegeln sie ein grundlegendes, intuitives Element für den Umgang mit der Welt wider, das sich außerhalb expliziter Instruktionen entwickelt hat und deswegen möglicherweise schwieriger zu überwinden ist. Die Impetustheorie, die von einer unkörperlichen Bewegungsursache (dem Impetus im Sinne einer spirituellen Kraft) ausgeht, die sich auf einen Körper überträgt und diesen zu einer Bewegung veranlasst, ist zum Beispiel keine besonders gute Physik. In unserer reibungsreichen Welt ist sie für alltägliche Zwecke aber womöglich eine nützliche Annäherung. Angehende Physiker ersetzen ihre ursprünglichen, intuitiven Erklärungsansätze nicht durch formale, aus der Wissenschaft abgeleitete Systeme, sondern lernen die rigorosen Systeme parallel dazu.[431] Schließlich verfügen sie über ein so profundes Fachwissen, dass sie naive Intuitionen erfolgreich unterdrücken können, wenn sie mit Problemen konfrontiert sind, die echtes physikalisches Wissen erfordern. Der Pfad zu Expertise ist jedoch verschlungen. Bei einem Experiment präsentierten die Forscher ein simuliertes »Wettrennen« zwischen zwei Bällen, die unterschiedliche Bahnen nahmen. Beide begannen und endeten auf derselben Höhe, wiesen unterwegs aber unterschiedliche Höhen und Täler auf. Bei einer Simulation wurde einer der beiden Bälle schneller, als er eine Anhöhe hinaufrollte, und holte den zweiten Ball ein. Kaum ein Student, der sich nicht mit Physik auskannte, hielt diese Bewegung für realistisch. Diejenigen, die Physik studierten, gaben irritierenderweise jedoch an, diese ungewöhnliche Bewegung sei realistisch![432] Sie begründeten ihre Einschätzung irrtümlicherweise mit der Konservierung mechanischer Energie, die zwar voraussetzt, dass beide Bälle mit der gleichen Geschwindigkeit rollen, wenn sie die finale Höhe erreichen, aber nicht voraussetzt, dass beide Bälle gleichzeitig das Ziel erreichen. Unerfahrene Physikstudenten sind zwar in der Lage, Konzepte anzuwenden, die sie im Unterricht gelernt haben, aber sie wissen nicht immer genau, wann diese Konzepte anwendbar sind. So wie es für einen Golfspieler schwierig sein kann, eine verinnerlichte Schlagtechnik durch eine andere Technik zu ersetzen, kann es auch erhebliche Anstrengungen kosten, die Intuitionen zu ersetzen, zu deren Entwicklung uns die Natur ein Leben lang ermutigt.

Gewöhnen Sie sich ineffektive oder fehlerhafte Methoden gar nicht erst an

Die einfachste Methode, eine schlechte Technik zu verlernen, besteht darin, sie sich gar nicht erst anzueignen. Ein guter Coach oder Tutor kann dazu beitragen, dass sich schlechte Gewohnheiten gar nicht erst herausbilden und einprägen. Wenn man gleich die beste Methode erlernt, erspart man sich oft die Mühe, von vorne anzufangen und sich eine andere Methode anzugewöhnen.

Wie wichtig das ist, lässt sich an dem Prozess ablesen, mit dem Kinder mathematische Verfahren lernen, zum Beispiel die mehrstellige Subtraktion. Die Kognitionswissenschaftler John Seely Brown und Kurt VanLehn stellten fest, dass viele der Fehler, die Kinder machen, wenn sie diesen Algorithmus lernen, wie ein fehlerhaftes Computerprogramm sind: Die Kinder verstehen nicht genau, wie der Algorithmus funktioniert, daher verwenden sie ein Verfahren, das vom korrekten Verfahren abweicht.[433] Ein häufiger fehlerhafter Algorithmus bei Subtraktionsproblemen besteht darin, immer die größere von der kleineren Zahl abzuziehen. Denken Sie an einen Schüler, der diesen fehlerhaften Algorithmus auf die Frage »22 - 14 = ?« anwendet. Anstatt das richtige Verfahren anzuwenden und die 1 aus der Zehnerspalte zu nehmen, um die Aufgabe »12 - 4 = 8« zu lösen, würde der Schüler einfach die Zahlen austauschen und die Antwort »4 - 2 = 2« in die Einerspalte schreiben. Wenn

Schüler mit fehlerhaften Algorithmen arbeiten, sind weitere Übungen eher schädlich, weil sie dazu führen könnten, dass sich das inkorrekte Verfahren weiter einprägt. Es wäre besser, die Lehrkraft würde den Schüler stoppen, ihm seinen Fehler erklären und dafür sorgen, dass er die korrekte Methode verwendet.[434] Korrektives Feedback ist wichtig, um von Anfang an zu vermeiden, dass Lernende sich fehlerhafte Methoden einprägen.

Bei vielen Fähigkeiten gibt es kein »korrektes« Verfahren, aber es gibt Verfahren, die besser sind als andere. Erfahrene Lehrkräfte können ihren Schülern erfolgreichere Methoden zur Programmierung, zum Schwingen eines Golfschlägers oder zur Strukturierung eines Aufsatzes zeigen. Wenn diese Methoden entsprechend oft geübt werden, werden sie irgendwann automatisch angewendet. Wenn stattdessen weniger effektive Methoden geübt und verinnerlicht werden, sind später womöglich größere Anstrengungen nötig, um sie wieder zu verlernen. Da ein Umlernen aufwendig und mühevoll ist, empfiehlt sich, gleich die richtige Methode zu lernen.

Das Verlernen beziehungsweise Umlernen lässt sich allerdings nicht immer vermeiden. Zwar ist die Anwendung der richtigen Technik bei Subtraktionsproblemen nur eine Frage der Befolgung von Instruktionen, viele andere Fähigkeit werden allerdings nur über Umwege erworben. Wenn englischsprachige Schüler die Grammatik ihrer Muttersprache lernen, beginnen sie zunächst mit den unregelmäßigen Verben, die sie von Erwachsenen hören (zum Beispiel: »I went there« oder »I did it«).[435] Nach einer Weile lernen sie, dass in der Vergangenheitsform an viele Verben (die regelmäßigen) einfach die Endung *-ed* angehängt wird. Unter Umständen führt das dazu, dass sie diese Regel plötzlich auch auf unregelmäßige Verben anwenden (zum Beispiel: »I goed there«). Schließlich lernen die Kinder, regelmäßige von unregelmäßigen Verben (zum Beispiel *go/went, do/did*) zu unterscheiden, und bilden die jeweils richtige Vergangenheitsform. Diese Art des Lernfortschritts wird als nicht monoton* bezeichnet, denn Kinder

* Anm. d. Übers.: Als »Nichtmonotonie« wird in der Psychologie das Phänomen beschrieben, dass die Aufnahme neuer Informationen dazu führen kann, dass man vorübergehend weniger weiß als vorher und sich die bisherige Leistung verschlechtert, bevor die neuen Informationen in die vorhandenen integriert werden und ein echter Wissenszuwachs erfolgt.

durchlaufen beim Spracherwerb normalerweise eine Phase, in der sie grammatikalisch vorübergehend inkorrekt sprechen, bevor ihre Ausdrucksfähigkeit besser wird. Kleine Kinder verhalten sich zudem oft gleichgültig gegenüber Korrekturen, wie viele Eltern bestätigen können, die versucht haben, ihren Kindern dabei zu helfen, korrekte Sätze zu bilden.

Kinder lernen die Grammatik automatisch und brauchen keine Instruktionen, um richtig zu sprechen, außer unter ungewöhnlichen Umständen.[436] Das Einzige, was sie brauchen, ist regelmäßiger Kontakt mit der gesprochenen Sprache und Möglichkeiten, sich zu äußern. Nichtmonotonie wurde aber auch in anderen Bereichen des Lernens beobachtet. Vimla Patel, eine auf medizinische Kognition spezialisierte Psychologin, weist darauf hin, dass die Argumentation von Medizinstudenten häufig ähnliche Qualitätsveränderungen durchläuft.[437] In der Medizin, zum Beispiel, neigen sowohl Studienanfänger als auch erfahrene Experten dazu, sich bei der Diskussion über ein Krankheitsbild auf wenige Angaben zu beschränken. Studenten in höheren Semestern ziehen dagegen oft weitläufige Rückschlüsse und berufen sich auf eine Vielzahl medizinischer Informationen. Dieser sogenannte Zwischeneffekt tritt auf, weil unerfahrene Schüler nur wenig Wissen abrufen können und daher nicht viel ausarbeiten, wenn sie bei Problemen stecken bleiben. Experten hingegen gehen aus einem anderen Grund nicht weiter darauf ein: Sie kennen die wahrscheinliche Antwort und konzentrieren sich daher nur auf wichtige Informationen, die für das Problem relevant sind, und ignorieren irrelevante Aspekte des Problems. Auf ähnliche Weise spricht der Entwicklungspsychologe Robert Siegler von einer »mittleren Erfahrungshypothese«, der zufolge Menschen auf das größte Repertoire an Strategien (gute und schlechte Strategien) zurückgreifen können, wenn sie auf einem bestimmten Gebiet über eine mittlere Erfahrung verfügen.[438] In dieser Phase wissen sie genug, um mehrere Lösungswege nennen zu können, aber nicht so viel, dass die optimale Methode alle weniger optimalen Alternativen verdrängt hat. Nichtmonotonie bedeutet, dass der Pfad zur Beherrschung einer Fähigkeit nicht immer linear verläuft, sondern unvermeidbar holprig ist und über Umwege führt.

In anderen Fällen ist das Verlernen notwendig, weil sich das Wissen weiterentwickelt und bestehende Methoden mit der Zeit von noch besseren Methoden und neuen Perspektiven abgelöst werden. Die neue Generation an Nachwuchswissenschaftlern wird mit höherer Wahrscheinlichkeit eine Revolution auf einem wissenschaftlichen Gebiet anführen, weil sie mit neuem Wissen groß geworden ist und Fragestellungen möglicherweise aus einer völlig anderen Perspektive betrachtet als die etablierten »alten Hasen«. Max Planck, einer der Physiker, die die Quantenrevolution anführten, machte einmal die kluge Bemerkung: »Die Wissenschaft schreitet von Beerdigung zu Beerdigung voran.«[439] Oft tut sich die alte Garde der Experten, die ein Leben lang unter einem bestimmten Paradigma gearbeitet hat, damit schwer, eine neue Perspektive einzunehmen, selbst wenn die Belege für deren Überlegenheit nicht mehr zu übersehen sind. Albert Einstein kämpfte erbittert gegen die nicht deterministischen Aspekte der Quantenmechanik, obwohl er für die Entdeckungen, die zu ihr geführt haben, mit dem Nobelpreis ausgezeichnet worden war.[440] Die Anpassung an neue Entwicklungen in unserem Beruf erfordert oft eine unbequeme Umstellung.

Fehlannahmen korrigieren

Wie verhindern wir, dass wir in alten Methoden verhaftet bleiben? Eine Methode für das Verlernen besteht darin, die Fehler in unserer Denkweise durch direktes Feedback aufzudecken. Anders Ericsson zufolge ist ein Schlüssel zur sogenannten Deliberate Practice – das von ihm erdachte Modell zur Kompetenzentwicklung – das unmittelbare Feedback, ergänzt durch angeleitete Übungssitzungen mithilfe eines Coaches.[441] Seiner Theorie zufolge ist das Problem der Stagnation ein Ergebnis des Übergangs zu Fitts' und Posners autonomer Phase der Verarbeitung.[442] Der »bewusste« (»deliberate«) Teil der Deliberate Practice bezieht sich auf die Rückkehr des Lernenden in die kognitive Phase, in der viele Aspekte der angestrebten Fähigkeit unter direkter, bewusster Beobachtung stehen und neu erlernt werden müssen. Durch die Kombination dieser mühevollen Verarbeitung mit unmittelbarem Feedback von außen kann der Lernende bewusste Anstrengungen zur Anpassung unternehmen. Tiger Woods' Entschluss, seine Schlagtechnik zu verändern, ist ein perfektes Beispiel für Deliberate Practice. Woods war nicht nur berühmt für seine hohe Arbeitsethik, die ihn zu unermüdlicher Übung anhielt, er ging an viele Aspekte seiner Schlagtechnik auch ganz bewusst heran, indem er intensiv darüber nachdachte und auf Basis des Feedbacks ganz bewusst bestimmte Anpassungen vornahm.

Feedback kann auch dazu dienen, Fehlannahmen in akademischen Disziplinen, zum Beispiel in der Physik, zu korrigieren. Traditionelle Instruktionen konzentrieren sich oft auf die Beherrschung von Formeln für gut definierte Problemarten. Diese Art Training ist zwar nötig für die Beherrschung einer Disziplin, aber sie ist womöglich nicht geeignet, um einem Studenten die Schwächen seiner intuitiven Annahmen vor Augen zu führen. Der nobelpreisgekrönte Physiker Carl Wieman plädiert dafür, mehr praktische Physiksimulationen in das Studium zu integrieren.[443] Dadurch würden die Studenten in die Lage versetzt, Vorhersagen über die Bewegung von Objekten in idealisierten Experimenten zu treffen, was die korrekten geistigen Modelle des physikalischen Prozesses deutlicher hervortreten lassen würde. Andere Forscher haben festgestellt, dass interaktive Simulationen das konzeptionelle Wissen stärker fördern, als es traditionelle Instruktionen allein könnten.[444] Die ausschließliche Verwendung von Simulationen kann wahrscheinlich kein wissenschaftliches Verständnis eines Themas erzeugen. In Kombination mit traditionellen Übungen, die mit Gleichungen arbeiten, kann ein erweitertes Repertoire an Aktivitäten dazu beitragen, die Diskrepanz zwischen dem theoretischen Physikunterricht und der Betrachtung von Objekten im Alltag zu überwinden, mit der viele Studenten kämpfen.

Leider reicht das unmittelbare Feedback über die Fehler und Schwächen einer vertrauten Methode möglicherweise nicht aus, um diese Fehler zu korrigieren. Ein Grund dafür ist, dass die neue, bessere Methode möglicherweise noch nicht verinnerlicht wurde und man im Zweifelsfall in alte Muster zurückfällt. Das ist einer der Gründe, warum Golfspieler so große Schwierigkeiten haben, sich eine neue Schlagtechnik zuzulegen: Unter dem Druck eines wichtigen Turniers kehren sie oft instinktiv zu ihrer alten Schlagtechnik zurück. Selbst wenn sie intuitiv wissen, dass ihre Schlagtechnik Schwächen hat, funktioniert die neue Methode oft nicht viel besser! Ähnlich verhält es sich mit vielen Physikneulingen, die außerhalb des Vorlesungssaals an ihrer intuitiven Argumentation festhalten, weil ihre Argumentation auf Basis harter physikalischer Fakten noch zu lückenhaft, fehlerbehaftet und mühselig ist.[445] Ihr intuitives System arbeitet dagegen schnell und mühelos, selbst wenn es nicht immer zur korrekten Antwort führt. Experten fällt es wesentlich leichter, auf Basis ihres Fachwissens zu handeln. Erstens wissen sie aus Erfahrung, dass Alltagsintuitionen trügerisch sein können, und zweitens haben sie ihr Fachwissen so verinnerlicht, dass sie es praktisch automatisch anwenden. Um schlechte Strategien zu verlernen, müssen wir uns nicht nur mit unseren Fehlern auseinandersetzen, sondern auch sicherstellen, dass wir eine geeignete Alternative mühelos anwenden können.

Strategien für das Verlernen

Etwas zu verlernen, ist nicht einfach. Das erfordert nicht nur eine erhebliche Investition in die Übung neuer Methoden, bis man sie so weit verinnerlicht hat, dass sie sich gegen alte Gewohnheiten durchsetzen, sondern auch die emotionale Belastung, ein vorübergehendes Einbrechen der eigenen Leistung zu akzeptieren. Trotz dieser Schwierigkeiten stehen wir oft vor Situationen, die ein Verlernen nötig machen. Schlechte Gewohnheiten haben sich vielleicht schon frühzeitig eingeschlichen und eingeschliffen und bedürfen nun einer Korrektur. Eine Veränderung der Umgebung, der Branche oder unseres eigenen Körpers erfordert womöglich, dass wir die Dinge anders machen, als wir es bisher gewohnt sind. Und manchmal verläuft der Weg zur Beherrschung einer Fähigkeit nicht monoton, soll heißen, dass unsere Leistung vorübergehend nachlässt, nämlich wenn wir die unangenehmen Übergangsphasen vom Anfänger- zum Expertentum durchlaufen. Nachfolgend einige Taktiken, die Ihnen dabei helfen werden, alte Denkmuster und Gewohnheiten zu verlernen.

1. Methode: Führen Sie neue Einschränkungen ein

Alte Denkmuster können erhebliche Beharrungskräfte entwickeln, die sich auf Ihre Leistung auswirken. Sie fallen zurück in Routinen, selbst wenn Sie versuchen, die Dinge anders zu machen. Das können Sie vermeiden, indem Sie Handlungseinschränkungen beziehungsweise Handlungsauflagen – in der Psychologie und den Kognitionswissenschaften auch *Constraints* genannt – formulieren, sodass die Ausführung einer Aufgabe nach traditionellem Muster unmöglich wird. Manchmal können diese Constraints die Form von Handlungsverboten annehmen. Zum Beispiel könnte die Aufgabe lauten, einen Aufsatz zu schreiben, ohne Adverbien zu verwenden, oder ein Bild ohne Farben zu malen. In anderen Fällen können die Constraints in Handlungsauflagen bestehen: Tennisschläge zu üben, indem man mit einem zu kleinen Schläger spielt, kann Sie dazu zwingen, die Bälle stets in der Mitte des Schlägers abzuschlagen. Einschränkungen sind ein Markenzeichen guter Designpraktiken. Das liegt zum Teil daran, weil der Raum für mögliche nützliche Lösungen so groß ist, dass ein Fehlen solcher Constraints zu einer Flut von uninspirierten Ideen führen könnte, die die Suche nach originellen Optionen erschwert.

Wenn die Constraints oder Einschränkungen von einem Coach designt werden, können sie dazu dienen, eine unerwünschte Tendenz in Ihrer Leistung zu eliminieren. Bewusste Handlungsanweisungen, wie Sie Ihren Körper bewegen sollen, mit denen Sie in die kognitive Phase zurückgeführt werden, können unerwünschte Nebenwirkungen auf den fließenden Bewegungsablauf haben. Im Golfsport sind die sogenannten Yips ein weitverbreitetes Phänomen.[446] Yips sind plötzliche unwillkürliche Muskelzuckungen, die insbesondere beim Putten auftreten und die eigene Leistung ruinieren können. Gute Constraints können den Lernenden dagegen von seinen alten Gewohnheiten wegführen, ohne die Aufmerksamkeit auf sie zu lenken.

2. Methode: Suchen Sie sich einen Coach

Eine Schwäche der selbst gesteuerten Verbesserungsinitiativen besteht darin, dass es oft unmöglich ist, gleichzeitig die eigene Leistung zu beobachten und die Fähigkeit auszuüben. »Feel is not real« ist eine überlieferte Weisheit aus dem Golftraining, die auf die Tatsache hinweist, dass Golfer ihre eigene Körperbewegung während eines Abschlags falsch einschätzen. Ein Putter glaubt vielleicht, er halte den Schläger ganz locker, während er ihn in Wahrheit umklammert. Ein Golfspieler, der einen Tee-Shot schlägt, glaubt womöglich, er vollziehe eine vollendete Drehung, während er den Schläger nur halb so weit schwingt, wie er eigentlich sollte. Unser verzerrtes Selbstbild macht eine Verbesserung schwierig.

Die Arbeit mit einem Coach oder Tutor kann viel bewirken, auch wenn die Person, die Sie engagieren, nicht besser spielt als Sie. Tiger Woods arbeitete viel mit Coaches, die viel schlechtere Golfspieler waren als er. Weil ein Coach Ihre Bewegungen beobachten kann, ohne die geistige Arbeit leisten zu müssen, den Schlag selbst auszuführen, kann er Ihnen wertvolle Erkenntnisse über Ihre Leistung liefern.

3. Methode: Schrittweise erneuern statt einreißen und neu aufbauen

Eine völlige Neuausrichtung verinnerlichter Fähigkeiten ist wahrscheinlich eher die Ausnahme als die Regel. Kaum ein Golfspieler hätte auf Profiebene spielen können, wenn er seine grundlegenden Bewegungsabläufe immer wieder verändert hätte. Es zeugt von Woods' athletischen Fähigkeiten und seiner hohen Arbeitsethik, dass er diese Risiken erfolgreich meistern konnte. Meistens ist es jedoch ratsamer, die Grundlagen, die wir uns erarbeitet haben, zu modifizieren oder zu optimieren, anstatt sie komplett einzureißen und ganz von vorne anzufangen. Ob es sich um Golf oder eine wissenschaftliche Anschauung handelt, wahrscheinlich besteht die sicherste Option darin, reibungslose, fließende Änderungen vorzunehmen und den Kamm zwischen zwei Bergen zu suchen, anstatt den leichtsinnigen Abstieg in das dazwischenliegende Tal zu beginnen. Wie Theseus' Schiff, dessen Holzplanken Planke für Planke erneuert wurden, bis vom ursprünglichen Schiff nichts mehr übrig war, sind radikale Veränderungen der Perspektive einfacher, wenn sie schrittweise erfolgen und nicht das gesamte Fundament auf einmal eingerissen wird.

Die Notwendigkeit, vorhandenes Wissen und Verfahren zu verlernen, ist nicht auf intellektuelle Konzepte oder sportliche Fähigkeiten begrenzt. Oft sind es jedoch unsere Gefühle, die die größten Hindernisse für eine Verbesserung darstellen: Unsere Versagensängste verhindern Lernfortschritte. Auch hier spielt das Feedback eine wichtige Rolle, denn es dient nicht nur der Korrektur unseres Irrglaubens, sondern auch der Überwindung unserer Befürchtungen.

KAPITEL 12

Angstabbau durch Exposition

Eine der größten Schwächen aller psychologischen Theorien ist die Annahme, alle Menschen seien höchst verwundbar gegenüber Stress und Gefahren. Diese Theorien sind für Lebewesen gemacht, die wesentlich ängstlicher sind als Menschen.[447]

Stanley Rachman, Psychologe

- Warum wirken viele unserer Strategien zur Angstvermeidung eher angstverstärkend?
- Wie können wir unsere Komfortzone verlassen?
- Ist Mut dasselbe wie Angstlosigkeit?

In den Jahren vor dem Zweiten Weltkrieg, als ein Krieg gegen Deutschland bereits unausweichlich schien, begannen politische Führer die Möglichkeit einer neuen Gefahr in Betracht zu ziehen: Bombenangriffe auf große Ballungszentren. Im Ersten Weltkrieg waren Luftangriffe noch eher die Ausnahme gewesen.[448] Während des gesamten Kriegs waren nur etwa 300 Tonnen an Bomben über London abgeworfen worden. In den Zwischenkriegsjahren hatte sich die Technologie jedoch weiterentwickelt und brachte eine neue Dimension der Zerstörung mit sich. Die Kriegsplaner rechneten damit, dass Deutschland einen plötzlichen Blitzkrieg beginnen und in den ersten 24 Stunden eines Überfalls 3500 Tonnen an Bomben und danach über mehrere Wochen täglich Hunderte weitere Bomben abwerfen würde.[449] Man ging von mehreren Hunderttausend Opfern aus. Innerhalb weniger Wochen würden ganze Städte zerstört sein.

Politiker und andere Führungspersönlichkeiten und Psychologen waren sich einig, dass es neben der physischen Zerstörung zu einer Massenpanik kommen würde. Der frühere britische Premierminister Stanley Baldwin verlieh diesen Ängsten im Unterhaus mit den folgenden Worten Ausdruck: »Ich glaube, dass auch der einfache Mann von der Straße erkennen muss, dass es keine Macht der Welt gibt, die ihn vor dem Bombenhagel schützen kann. Was immer die Leute ihm erzählen mögen, die Bomber werden immer durchkommen.«[450] In einer öffentlichen Rede prognostizierte Winston Churchill, dass drei bis vier Millionen Menschen nach einem Luftangriff aus den großen Städten flüchten würden.[451] Mehrere Zehntausend Polizisten wurden angefordert, um zu verhindern, dass sich die Massen bei einem unausweichlichen Exodus gegenseitig tottrampeln würden.[452] Eine Gruppe angesehener Psychiater aus London bereitete einen Bericht vor, dem zufolge die Zahl der psychologischen Opfer dreimal so hoch ausfallen würde wie die Zahl der physischen Opfer. Der Konsens unter den Experten fand seinen besten Ausdruck in den Worten eines bekannten Direktors einer Londoner Klinik, der sagte, es sei »allen klar, dass es mit der Kriegserklärung zu einer unmittelbaren Flut von Neurosefällen kommen wird – und ganz gewiss nach dem ersten Luftangriff«.[453]

Bei Kriegsausbruch und auch nach den ersten Bombenangriffen blieb die befürchtete Massenpanik jedoch aus. »Zur nicht geringen Überraschung fast aller gab es wenig psychologische Opfer, und das trotz Tod und Zerstörung, die die Bombenangriffe mit sich brachten«, schrieb der Psychologe Stanley Rachman.[454] Einem Bericht zufolge litten von den 578 Opfern, die nach einem schweren Bombenangriff ins Krankenhaus eingeliefert worden waren, nur zwei in erster Linie unter psychologischen Symptomen. Einem anderen Bericht zufolge zeigten nur 15 von 1100 Patienten einer Klinik offensichtliche psychologische Auffälligkeiten.[455] Die Zahl der Patienten, die im Jahr 1940 in Nervenheilanstalten eingeliefert wurden, lag unter der Zahl von 1938 und nahm 1941 weiter ab.[456] »Ein Punkt wird sehr deutlich«, schreibt der Psychologe Irving Janis: »Im Zuge der fortgesetzten Luftangriffe war ein definitiver Rückgang der manifesten Angstreaktionen zu verzeichnen, obwohl die Bombenangriffe an Intensität und Zerstörungskraft zunahmen.«[457]

Augenzeugen aus dem Blitzkrieg bestätigten die Resilienz der normalen Bevölkerung. Philip Vernon, der Dutzende von Ärzten und Psychologen befragte, die während des Kriegs im Einsatz waren, machte die Beobachtung, dass »zu Beginn des Kriegs allein das Aufheulen der Sirenen ausreichte, damit die Menschen in Scharen in die Bunker strömten«. Als die Luftangriffe in immer kürzeren Abständen erfolgten, »kümmerten sich die Londoner nicht mehr um die Sirenen, es sei denn, sie hörten die Tiefflieger kommen, oder sie vernahmen Schüsse oder Bombeneinschläge, und in einigen Gebieten galt es als unschicklich, die Tatsache, dass die Sirenen erklungen waren, überhaupt zu erwähnen«.[458] Ein anderer Autor bemerkte damals: »Das ruhige Verhalten der durchschnittlichen Einwohner ist bemerkenswert. Pendler aus den Londoner Vororten, die noch bis gestern schlimmere Luftangriffe erlebt haben als die Menschen, die in der Londoner Innenstadt leben, berichten Mitreisenden in den morgendlichen Zügen in aller Seelenruhe von der Größe der Bombenkrater in ihrem Viertel, so wie sie in einem friedlichen Sommer über ihre Rosen und Kürbisse gesprochen hätten.«[459]

Die stoische Ruhe der Engländer war keine Ausnahmeerscheinung. Auch unter den Überlebenden der Atombombenabwürfe über Hiroshima und Nagasaki gab es relativ wenig Menschen mit psychischen Störungen.[460] Ähnliche Berichte kamen aus den bombardierten deutschen Städten: In einer Umfrage gab die Mehrheit der Befragten an, sie hätten nach mehreren aufeinanderfolgenden Bombenangriffen weniger Angst gehabt.[461] Ein anderes Beispiel datiert aus der jüngeren Vergangenheit: Im Jahr 1982 führte Philip Saigh zufällig in Beirut eine Studie über Angst durch. Kurz danach wurde die Stadt zehn Wochen lang von israelischen Truppen eingekesselt. In einer Follow-up-Befragung der Studienteilnehmer konnte er keinen Unterschied im Angstempfinden vor und nach der Invasion feststellen. Und bei denjenigen, die nicht evakuiert worden waren, wurde ein deutlicher Rückgang der Angstreaktionen auf kriegsbedingte Reize festgestellt.[462] Dass bei einer Katastrophe eine Massenhysterie ausbricht, geschieht eher in der populären Vorstellung als in der Realität. Wie Lee Clark in seinem Artikel »Panic: Myth or Reality?« schreibt, beruht das Hollywood-Image von Menschen, die sich in einer Krisensituation gegenseitig niedertrampeln, nicht auf Fakten. »Nach fünf Jahrzehnten der Untersuchung unterschiedlichster Katastrophen wie Überschwemmungen, Erdbeben und Tornados hat sich sehr deutlich gezeigt, dass die Menschen eher selten die Kontrolle verlieren.«[463]

Die Erfahrungen der Engländer während des Blitzkriegs verdeutlichen ein wichtiges psychologisches Prinzip: Die Angst nimmt mit der Häufigkeit der angstauslösenden Reize immer weiter ab. Einer angstauslösenden Situation ausgesetzt zu sein, ohne unmittelbaren Schaden zu erleiden, senkt das Angstempfinden in zukünftigen ähnlichen Situationen. Selbst angesichts des Terrors allabendlicher Bombenangriffe war die typische Reaktion nicht steigende Angst, sondern Gewöhnung.

Angst und Sicherheit lernen

Die Angst vor dem Versagen ist oft größer als jede intellektuelle Schwierigkeit, auf die Menschen im Rahmen ihrer Lernbemühungen treffen. Die Person, die jahrelang Französisch lernte, aber es während einer Reise nach Paris kaum wagt, den Mund aufzumachen. Der Student mit Prüfungsängsten, dessen Magen vor Prüfungsbeginn regelmäßig Karussell fährt. Der Stellenbewerber, der eine Stelle ablehnt, weil er sich ihr »nicht gewachsen« fühlt, auch wenn er perfekt dafür qualifiziert ist. Wie viele von uns machen einen großen Bogen um das Erlernen bestimmter Fähigkeiten oder um bestimmte Themen, weil wir Angst haben, zu versagen? Trotz dieser Schwierigkeiten gelingt es uns oft nicht, unsere eigenen Ängste zu verstehen. Vor allem erkennen wir nicht, dass unsere Strategien zur Vermeidung von angstauslösenden Situationen oft angstverstärkend wirken.

Die Ursachen unserer Ängste sind in der Psychologie seit Langem eine populäre Quelle der Spekulation. Sigmund Freud ist unter anderem für seine These berühmt, Ängste seien infantile, ins Unterbewusstsein verdrängte Ängste. William James hielt Ängste für angeboren und glaubte, sie würden mit der entsprechenden Erfahrung reifen.[464] John Watson, der Vater des Behaviorismus, vertrat die Auffassung, Ängste seien das Ergebnis eines einfachen Konditionierungsprozesses. In seinem berüchtigten Little-Albert-Experiment zeigte er dem elf Monate alten Kleinkind wiederholt eine weiße Ratte, während er hinter dem Jungen mit einem Hammer auf eine Eisenstange schlug, um ein lautes Geräusch zu erzeugen. Als das Kind begann, den Lärm mit der Ratte zu assoziieren, fürchtete es sich nicht nur vor Mäusen, sondern vor allen haarigen weißen Dingen. Die konditionierte Angstreaktion trägt zur Erklärung der unterschiedlichen Reaktionen auf Bombenangriffe während des Blitzkriegs bei. Diejenigen, die Einschläge in unmittelbarer Nähe erlebten, während sie sich in einem Gebäude aufhielten, das bombardiert wurde, oder die tödlichen Folgen eines Bombeneinschlags unmittelbar miterlebt hatten, hatten oft mit wiederkehrenden Angstzuständen zu tun. Bei denjenigen, die Bombeneinschläge nur aus der Ferne mitbekommen, aber keinen persönlichen Schaden erlebt hatten, begann die Angst zu schwinden.[465] Ob sich die Ängste mit zunehmendem Kontakt zum angstauslösenden Reiz verstärkten oder abnahmen, hing zum Teil von der Unmittelbarkeit der Gefahr ab.

Die Konditionierungstheorie kann aber nicht alle Ängste erklären. Im Einklang mit William James führte der Psychologe Martin Seligman an, wir seien prädisponiert, um bestimmte Ängste zu entwickeln und andere nicht.[466] Es gibt mehr Menschen, die eine Schlangenphobie haben, als Menschen, die Angst vor Steckdosen haben, auch wenn mehr Menschen einen Stromschlag erleiden als einen Schlangenbiss. Ängste können auch ohne eine offensichtliche Konditionierung und stellvertretend auftreten, zum Beispiel durch die Beobachtung der ängstlichen Reaktion einer dritten Person oder durch Verbalisierung, zum Beispiel wenn man befürchtet, in einem bestimmten Stadtviertel überfallen zu werden, weil man zuvor gewarnt wurde, das sei eine gefährliche Gegend. Angst zu vermeiden, ist ein evolutionärer Imperativ. Angst vor Gefahr sicherte unseren Vorfahren das Überleben. Daher ist es sinnvoll, dass es außer der unmittelbaren Erfahrung auch noch andere Angstauslöser gibt. Ein Tier, das erst dann lernt, was eine Gefahr ist, wenn es einmal knapp dem Tod entronnen ist, wird wahrscheinlich nicht lange genug leben, um viele Nachkommen zu produzieren. Moderne Angsttheorien sehen die Ursachen in einer Mischung verschiedener Faktoren, darunter spezifische Erfahrungen, allgemeine Stressoren und eine angeborene Prädisposition.[467]

Zwar liefert die Konditionierungstheorie keine eindeutige Erklärung für die Ursachen der Angst, aber sie ist ein guter Ausgangspunkt für die Betrachtung, welche Dinge angstfördernd wirken. Laut Orval Mowrers einflussreicher Zwei-Faktoren-Theorie werden Ängste durch den Versuch, sie zu vermeiden, eher noch verstärkt.[468] Wenn wir mit einer wahrgenommenen Gefahr konfrontiert sind, ist unsere natürliche Reaktion, einen Weg zu ihrer Neutralisierung zu suchen. Wer Angst vor öffentlichen Auftritten hat, findet eine Ausrede, um im beruflichen Kontext nicht vor großen Gruppen sprechen zu müssen. Der Student, der sich unsicher in der Anwendung von Gleichungen fühlt, meidet Fächer, in denen mathematische Berechnungen angestellt werden müssen. Ein ängstlicher, introvertierter Mensch meidet Partys. Die Vermeidung von angstauslösenden Reizen hat jedoch zwei Nebeneffekte, die die Überwindung der Angst erschweren: Erstens erhalten wir durch die Vermeidung potenziell bedrohlicher Reize keine neuen Informationen darüber, ob die imaginierte Bedrohung in Wahrheit überhaupt eine Bedeutung hat. Indem das Feedback vermieden wird, lässt sich die konditionierte Assoziation zwischen einem gefürchteten Stimulus und der Bedrohung nicht eliminieren. Wie ein Insekt, das am Honigtopf festklebt, verfestigen sich unsere Ängste, weil wir uns nicht erlauben, uns mit Hinweisen zu beschäftigen, die unserer Gefahrenwahrnehmung widersprechen. Der zweite Nebeneffekt ist, dass die Vermeidungshaltung selbstverstärkend wirkt. Stellen Sie sich eine Situation vor, vor der Sie Angst haben (zum Beispiel eine Prüfung, einen Vortrag oder ein Bewerbungsgespräch). Weil Sie sich davor fürchten, tun Sie alles, um die wahrgenommene Bedrohung zu beseitigen (zum Beispiel brechen Sie einen Kurs ab, lassen sich beim Vortrag von einer anderen Person vertreten oder verzichten auf eine Stellenchance). Kurzfristig ist die Angst weg, und Sie fühlen sich erleichtert. Allerdings kann diese Erleichterung als psychologische Belohnung wirken und die Vermeidungshaltung in Zukunft verstärken. Diese Art der Konditionierung wird als negative Verstärkung bezeichnet, weil sie die Eliminierung potenzieller Schmerzen bedeutet und als positives Signal an Ihr zentrales Nervensystem aufgenommen wird. Vermeidung wirkt verhaltensstabilisierend und verstetigt die Angst.

Vermeidung bedeutet keine Flucht im buchstäblichen Sinne. Eine Zwangsstörung zeichnet sich durch komplexe Rituale zur Vermeidung befürchteter Konsequenzen aus. Sich die Hände zu waschen, wenn sie schmutzig sind, ist gut. Aber sich jede Viertelstunde die Hände zu waschen, ist übertrieben. In diesem Fall ist das ritualisierte Händewaschen eine Vermeidung: Die betroffene Person hat Angst davor, schmutzig zu sein, und steht unter dem inneren Zwang, sich ständig die Hände zu waschen, damit die wahrgenommene Gefahr schwindet. Dadurch wird das zwanghafte Händewaschen als Verhalten verstärkt. Durch die fortgesetzte Vermeidungshaltung wird jedes Feedback verhindert, das der betroffenen Person signalisieren könnte, dass keine reale Gefahr besteht. Natürlich ist nicht jede Vermeidungshaltung schädlich. Der gleiche Prozess findet statt, wenn wir aus Angst vor einer wichtigen Prüfung noch intensiver lernen. Eine Person, die vermeidet, sich zu nah an einer Klippe aufzuhalten, handelt natürlich vernünftig und leidet deswegen nicht an Höhenangst. Angst und Vermeidung sind keine Defekte des menschlichen Verhaltens, sondern grundsätzlich sehr nützliche Empfindungen. Eine Vermeidungshaltung wird nur dann zu einem Problem, wenn sie unseren Alltag bestimmt. Wenn Sie übertriebene Dinge tun, um eine wahrgenommene Gefahr zu beseitigen, oder wenn die Kosten präventiver Maßnahmen in keinem Verhältnis zu den realen Gefahren stehen, ist Angst keine hilfreiche, sondern eine störende Empfindung.

Durch den wiederholten Kontakt mit einem angstauslösenden Reiz, auch »Exposition« genannt, wird die Angst aufgrund des Gewöhnungseffekts schwächer, bis sie vollständig gelöscht wird. Der Begriff *Löschung* stammt aus der Forschung über Lernverhalten bei Tieren. Läuten Sie eine Glocke, und ein Hund wird lernen, allein auf dieses Geräusch hin Speichel abzusondern. Wenn Sie die Glocke aber oft läuten, ohne dass der Hund Futter erhält, wird die Konditionierung schwächer und irgendwann gelöscht. Der Konditionierungstheorie zufolge sind unsere Ängste erlernte Assoziationen zwischen Signalen und einer Gefahr. Indem wir uns wiederholt den Signalen aussetzen, ohne eine Gefahr zu erleben, können wir unsere Erwartungen korrigieren. Die Folge ist, dass das Erlernen der Angst unterdrückt wird. Der zweite Mechanismus der Konfrontationsstrategie wirkt über die Gewöhnung, und zwar wenn ein Reiz auf natürliche Weise eine bestimmte Reaktion hervorruft, die sich bei wiederholtem Auftreten des Reizes aber immer weiter abschwächt. Womöglich lässt Sie ein lautes Geräusch instinktiv zusammenzucken. Wenn Sie das gleiche Geräusch aber immer wieder hören, wird der Zuckreflex nachlassen. Um den Unterschied zwischen Löschung und Gewöhnung zu verstehen, stellen Sie sich vor, Sie würden Ihre Angst vor einem Auftritt als Stand-up-Comedian bei einer offenen Comedy-Nacht überwinden. Löschung würde bedeuten, dass Sie auf die Bühne gehen und erkennen, dass Ihre Sorge, gedemütigt zu werden, eigentlich gar nicht gerechtfertigt war. Gewöhnung würde bedeuten, dass negative Reaktionen auf Ihre Performance an Ihnen abprallen, nachdem Sie ein paarmal auf offener Bühne ausgebuht wurden.

Eine wiederholte Exposition, ohne dass eine reale Gefahr eintritt, führt dazu, dass die betroffene Person Sicherheit gewinnt. Eine verlockende Annahme wäre, dass erlernte Sicherheit das Ergebnis einer Löschung der Angstkonditionierung ist. Dieser Annahme zufolge ist das Verschwinden der Angst ein schrittweises »Vergessen« der erlernten Assoziation – eine Art umgekehrter Konditionierungsprozess, in dem ursprünglich ein neutraler Reiz mit Angst verknüpft wurde. Leider scheint das nicht der Fall zu sein. Die Entwicklung eines Sicherheitsempfindens scheint eher ein Prozess zu sein, bei dem ein neuer Gedächtnisinhalt aufgebaut wird. Dies geschieht über separate neuronale Schaltkreise, die die Angstreaktion hemmen. Belege für die Existenz zweier separater Gedächtnisinhalte liefert die Forschung, der zufolge der wiederholte Kontakt mit dem angstauslösenden Reiz zwar die Angst reduziert, erworbene Ängste aber allgemeiner und stabiler zu sein scheinen als die erlernte Sicherheit.[469] Daraus folgt, dass gelöschte Ängste zurückkehren können, entweder wenn sie in einem neuen Kontext auftreten, wenn die Abstände zwischen den Kontakten mit dem angstauslösenden Reiz zu groß sind, oder aufgrund von allgemeinen Stressoren, die nichts mit der ursprünglichen Angst zu tun haben.[470] Im Einklang mit dieser Theorie beobachtete Vernon, dass die Angst vor Bombenangriffen nach einer längeren Bombenpause wieder auftrat, als ob die »Immunisierung« gegen die Angst ihre Wirkung verloren hätte.[471] Die Konfrontationsstrategie zeigt eine größere Wirkung, wenn der Kontakt mit dem angstauslösenden Reiz häufig und in vielen unterschiedlichen Kontexten stattfindet. Es gibt sogar Forschungsergebnisse, die darauf hinweisen, dass eine gelegentliche Verstärkung, das heißt, wenn die befürchteten Konsequenzen *tatsächlich* eintreten, dauerhaftere Nutzen bietet als eine wiederholte Exposition ohne Konsequenzen. Die gelegentliche Verstärkung mache die erlernte Sicherheit widerstandsfähiger gegen eine negative Erfahrung.[472]

Lassen sich Ängste allein mit Exposition überwinden?

Die therapeutischen Nutzen der Exposition sind seit Langem anerkannt, auch wenn sie nicht immer verstanden wurden. Der englische Philosoph John Locke empfahl in seiner Abhandlung *Some Thoughts Concerning Education** eine schrittweise Eskalierung der Begegnungen zur Behandlung von Tierphobien.[473] Johann Wolfgang von Goethe überwand als junger Student seine Höhenangst, indem er sich in einer örtlichen Kathedrale wiederholt auf einen schmalen Sturz stellte.[474] Nach seiner Selbsttherapie konnte er es endlich genießen, Berge zu erklimmen und ohne Angst hohe Gebäude zu besteigen. Aber erst als Joseph Wolpe in den 1950er-Jahren seine Theorie der Systematischen Desensibilisierung entwickelte, wurde die Konfrontations-

---

* Anm. d. Übers.: Titel der deutschen Ausgabe: *Einige Gedanken über Erziehung.*

strategie zu einem integralen Bestandteil der klinischen Behandlung von Angststörungen.[475]

Gemeinsam mit seinen Patienten erarbeitete Wolpe eine Angsthierarchie. Dabei handelte es sich um eine abgestufte Liste an angstauslösenden Situationen. Auf der untersten Stufe standen Situationen, die bei dem jeweiligen Betroffenen ein leichtes Unbehagen auslösten, und auf der höchsten Stufe befanden sich Situationen, die extreme Angstreaktionen erzeugten. Durch eine schrittweise Konfrontation mit angstauslösenden Situationen, begleitet von Entspannungstechniken, konnten seine Patienten ihre Ängste allmählich abbauen. Wolpes Theorie zufolge hemmen sich Angst und Entspannung gegenseitig, daher würden Atemübungen zur Entspannung der Patienten während des Kontakts mit angstauslösenden Reizen dazu beitragen, den belastenden Assoziationen entgegenzuwirken. Diese Verhaltenstherapie erwies sich zwar als nützlich, aber die Theorie der reziproken Hemmung* war noch nicht ausgereift. Spätere wissenschaftliche Studien ergaben, dass die Entspannung zwar potenziell hilfreich, aber keine Voraussetzung für die erwünschte Wirkung war. Die Exposition wirkte sogar bei einem unverändert hohen Stresslevel.[476]

Ungefähr zur gleichen Zeit, als Wolpe seine Theorie der Systematischen Desensibilisierung entwickelte, arbeiteten auch die Überflutungs- und die Implosionstherapie** mit Exposition.[477] Anstatt den Kontakt mit einem angstauslösenden Reiz schrittweise zu steigern, wurde der Patient von Anfang an massiv dem Maximalreiz ausgesetzt, ohne die Möglichkeit, sich zu entziehen. Eine Person mit Hundephobie könnte zu diesem Zweck mit einem bellenden Hund in einen Raum eingeschlossen werden, in dem sie so lange ausharren muss, bis ihre Ängste nachlassen. Die Im-

---

* Anm. d. Übers.: Reziproke Hemmung bedeutet, dass zwei gegensätzliche Reaktionen gleichzeitig auftreten (hier: Angst und Entspannung), die sich gegenseitig hemmen, wobei sich die stärkere Reaktion durchsetzt.

** Anm. d. Übers.: Überflutungstherapie: Angsttherapie mittels »massierter In-vivo-Reizung« (Quelle: https://dorsch.hogrefe.com/stichwort/angstueberflutung); Implosionstherapie: Verhaltenstherapie, bei der die Konfrontation in der Vorstellung des Patienten stattfindet. Angestrebt wird die innere »Explosion« von Ängsten. Beide Verhaltenstherapien setzen in der Angsthierarchie beim Maximalreiz an.

plosionstherapie arbeitete ebenfalls mit Maximalreizen, allerdings handelte es sich dabei um maximale Angstszenarien, die unter Anleitung eines Therapeuten ausschließlich in der Fantasie des Patienten erzeugt wurden. Beide Verhaltenstherapien beruhten auf der Annahme, dass für eine Bekämpfung der Angststörung ihre vollständige Aktivierung nötig sei und dass mildere Expositionsformen nicht die gewünschte therapeutische Wirkung erzielen würden. Auch hier bestätigten die Forschungsergebnisse den allgemeinen Wert der Exposition für Verhaltenstherapien, ergaben jedoch auch, dass extreme Angstreaktionen nicht nötig waren. Die Exposition galt als aktiver Bestandteil der Therapie, wobei darüber debattiert wurde, ob Maximalreize oder eine graduelle Konfrontation besser geeignet seien.[478]

Als die kognitiven Ansätze in der Psychologie allmählich den Behaviorismus ablösten, wurde die reine Verhaltenstherapie von Therapien, die auf der Untersuchung der Gedanken und Überzeugungen basierten, verdrängt. Die kognitive Therapie legte den Schwerpunkt nicht nur auf das Verhalten der Betroffenen unter dem Blickwinkel von Reiz und Reaktion, sondern auf den Inhalt ihrer Gedanken. Die Aversion gegen Partys, die ein Sozialphobiker empfindet, ist nicht nur eine habituelle Vermeidung, sondern basiert auch auf einer verzerrten Weltsicht, wie zum Beispiel der Überzeugung des Betroffenen, er werde wahrscheinlich von anderen Menschen abgelehnt. Trotz ihrer theoretischen Grundlagen und ihres Appells an den gesunden Menschenverstand sind die Belege für die verstärkte Wirksamkeit der kognitiven Therapie über die Exposition hinaus oft schwach. Kognitive Verhaltenstherapien, die üblicherweise Exposition und Gesprächstherapie beinhalten, zeigen keine besseren Ergebnisse als die reine Exposition.[479] In letzter Zeit gewinnt die Achtsamkeitsbasierte Kognitive Therapie (Mindfulness-Based Cognitive Therapy, MBCT)* an Popularität.[480] Aber auch hier bleibt abzuwarten, ob sie eine größere Wirkung zeigt als die reine Exposition.

---

* Anm. d. Übers.: Die MBCT wurde zur Rückfallprophylaxe bei Depressionen entwickelt. In mehrstündigen Sitzungen finden Achtsamkeitsübungen zur frühzeitigen Wahrnehmung von Gedanken, Gefühlen, Körperempfindungen und Verhaltensimpulsen statt, die ein Aufschaukeln einer negativen Gefühlsspirale verhindern sollen.

Eine Erklärung für den überraschenden Mangel an Effektivität von Therapien, die versuchen, ohne Exposition Überzeugungssysteme zu korrigieren, Entspannung zu fördern oder eingefahrene Denkmuster zu verändern, liegt darin, dass wahrgenommene Gefahren von anderen neuralen Schaltkreisen verarbeitet werden als denen, die unseren bewusst abrufbaren Erinnerungen und Überzeugungen zugrunde liegen. »Die Gesprächstherapie erfordert den bewussten Abruf von Erinnerungen und das Nachdenken über ihre Ursprünge und/oder ihre Implikationen, und das basiert auf den Schaltkreisen des Arbeitsgedächtnisses im lateralen Präfrontalkortex. Expositionsbasierte Therapien hängen dagegen vom präfrontalen medialen Kortex ab, der zur Löschung beiträgt, also dem Prozess, mit dem die Exposition modelliert wird«, erklärt der Neurowissenschaftler Joseph LeDoux. »Die Tatsache, dass die Bereiche des frontalen medialen Kortex mit der Amygdala verbunden sind, was Letztere nicht sind, könnte erklären, warum es einfacher und schneller ist, Angststörungen, Phobien und nervöse Anspannung mittels expositionsbasierter Ansätze zu therapieren.«[481] In anderen Worten: Die Analyse des eigenen Überzeugungssystems ist womöglich nicht hilfreich, wenn Ihre Ängste von neuronalen Schaltkreisen gesteuert werden, die sich in einem anderen Bereich Ihres Gehirns befinden. Trotz dieser neuroanatomischen Unterscheidung merkt LeDoux an, dass die Beziehung zwischen der Exposition, wie sie im therapeutischen Kontext praktiziert wird, und den Studien über die Löschung von Konditionierungen, die an Tieren durchgeführt wurden, kompliziert ist. Einen Angstpatienten zu bewegen, sich freiwillig einem angstauslösenden Reiz auszusetzen, erfordert im Allgemeinen Gespräche. Dabei könnte sich herausstellen, dass die Erklärung für die Wirksamkeit der Exposition von bewusst zugänglichen Überzeugungen und Erwartungen abhängt, die beste Methode zu ihrer Korrektur aber die unmittelbare Erfahrung ist und kein Gespräch darüber.[482] Die Korrektur bewusster Überzeugungen ist womöglich auch für die Nachhaltigkeit der therapeutischen Nutzen wichtig, die vor einer Rückkehr der Ängste schützt. Auf Basis der Überzeugung, dass Angst zum Teil durch unbewusste neuronale Schaltkreise gesteuert wird, haben Forscher jedoch herausgefunden, dass eine unterschwellige Exposition, bei der der angstauslösende Reiz so maskiert wird, dass er bewusst nicht wahrnehmbar ist, zu einer Reduzierung des Vermeidungsverhaltens führen kann.[483] Eine reine Gesprächstherapie reicht zur Überwindung von Ängsten selten aus.

Trotz der Schwierigkeiten bei der Suche nach einer konsistenten Aufwertung der Exposition bleibt das grundlegende Protokoll erstaunlich erfolgreich. Im Rahmen einer Meta-Analyse, die sich mit der Anwendung von Expositionstherapien zur Behandlung spezifischer Phobien beschäftigte, wurden im Vergleich zu Placebo-Therapien und einer Nichtbehandlung umfangreiche Effekte festgestellt.[484] Die Autoren stellten außerdem fest, dass Therapien mit Exposition alternativen Therapien ohne Exposition überlegen waren. Andere Meta-Analysen kommen bei Sozialphobien, Angststörungen[485], Paniken[486] und Zwangsstörungen[487] zu den gleichen Schlussfolgerungen[488], wobei die Effekte ungefähr mit denen vergleichbar sind, die mit pharmakologischen Interventionen erzielt werden. Die Exposition wurde sogar bei der Behandlung von posttraumatischen Belastungsstörungen erfolgreich eingesetzt, was angesichts der weitverbreiteten Annahme, dass eine Exposition traumaverstärkend wirkt, durchaus bemerkenswert ist.[489] Ein Anstieg der Wahrscheinlichkeit eines Therapieabbruchs bei Behandlungen, die eine Exposition beinhalten, ließ sich nicht feststellen; viele Patienten finden Expositionen eher glaubhaft und effektiv.[490] Trotz der überzeugenden experimentellen Belege für den Nutzen der Exposition berichten die Forscher Jonathan Abramowitz, Brett Deacon und Stephen Whiteside, dass »die Mehrheit der Patienten, die von einer Angststörung betroffen sind, keine evidenzbasierte Psychotherapie erhalten. Tatsächlich erhalten sie genauso oft eine psychodynamische Therapie wie [eine kognitive Verhaltenstherapie].«[491] Exposition ist wirksam, auch wenn sie zu selten eingesetzt wird.

Angst und ihre Überwindung im Lernprozess

Angst behindert den Lernprozess auf zweifache Weise. Erstens, weil der natürliche Impuls darin besteht, eine angstauslösende Situation zu vermeiden. Das bedeutet, dass wir die Fähigkeit, vor der wir uns fürchten, nicht genügend üben. Der verzagte Autofahrer, der unsichere Präsentator oder der Schüler, der Angst vor Mathematik hat, nimmt oft große Mühen auf sich, um Situationen aus dem Weg zu gehen, in denen er die gefürchteten Fähigkeiten unter Beweis stellen müsste. Mangelnde Übung ist allerdings der Garant dafür, dass die Anwendung dieser Fähigkeiten unvollkommen und mühevoll bleibt. Das wiederum verstärkt den Wunsch, sie zu vermeiden. Außerdem nimmt die Angst dann einen solchen Raum ein, dass das Nachdenken über eine Problemstellung und ihre Lösung umso schwieriger wird. Der Erwerb komplexer Fähigkeiten wird umso mühseliger, wenn man innerlich aufgewühlt ist, weil die ablenkenden Ängste die begrenzten Kapazitäten unseres Arbeitsgedächtnisses absorbieren.

Die Überwindung dieser Ängste ist nicht einfach, aber zumindest weist die Konfrontationsstrategie auf eine mögliche Lösung hin. Wenn es uns gelingt, uns unseren Ängsten in Situationen zu stellen, mit denen nur ein geringes Risiko verbunden ist, werden die Angstreaktionen allmählich nachlassen, und das Lernen und die praktische Umsetzung werden leichter. Mit der Übung verbessert sich unsere Leistung, und der Lernaufwand sinkt. Auf diese Weise können wir das Spektrum der Situationen erweitern, in denen die betreffende Fähigkeit Anwendung findet. So lässt sich der selbstverstärkende Kreislauf aus Angst und Vermeidung allmählich durch einen positiven Kreislauf aus Enthusiasmus und zunehmendem Selbstvertrauen ersetzen.

Die Schwierigkeit besteht darin, bei einer Person, die bereit ist, sich ihren Ängsten zu stellen, eine Änderung der Denkhaltung herbeizuführen, also von der eingeübten Vermeidungshaltung zu einer positiven, optimistischen Denkhaltung zu wechseln. Der Expositionsprozess kann eine große Herausforderung sein. Dennoch glaube ich, dass die vollständige Akzeptanz und das Verständnis seiner theoretischen Begründung einen guten Beitrag zu dem Entschluss leisten können, sich den eigenen Ängsten zu stellen. Ängste erscheinen vollkommen rational, wenn man sich in ihrem Klammergriff befindet. Öffentliche Auftritte *sind* angsteinflößend, und die Furcht davor ist nicht unbedingt eine subjektive Reaktion auf eine uneindeutige Situation.

Aus dieser Position ist es schwierig, zu erkennen, wie einfach und natürlich es wäre, vor fremden Menschen zu sprechen, wenn man es nur oft üben würde.

Auch wenn man die Logik der Exposition akzeptiert, ist immer noch Mut nötig. Wie wir gesehen haben, reichen Gespräche allein nicht aus, um Ängste abzubauen. Wenn wir jedoch erkennen, dass selbst in objektiv angsteinflößenden Situationen wie den Bombenangriffen während des Blitzkriegs durch das wiederholte Erleben eine gewisse Gewöhnung eintritt, können wir vielleicht den Mut aufbringen, Schritte zu unternehmen, um die weitaus geringeren Ängste zu bekämpfen, die uns im Alltag ausbremsen.

Strategien zur Überwindung der Angst

Mut ist nicht die alleinige Domäne von Überlebenden kriegerischer Auseinandersetzungen. Das Leben fordert uns mit zahllosen profanen Ängsten und Befürchtungen heraus. Wir haben immer die Wahl, wie wir darauf reagieren wollen: Erfahrungen zu suchen, die die Realität unserer Ängste auf die Probe stellen, oder jede angstauslösende Situation zu vermeiden und im Klammergriff unserer unbearbeiteten Ängste zu verharren. Für die Überwindung von Ängsten ist Feedback nötig – nicht nur die rationale Erkenntnis, dass die Ängste übertrieben sind, sondern das viszerale Feedback aus dem direkten Kontakt mit dem angstauslösenden Reiz.

Nachfolgend einige Strategien, mit denen wir unsere Ängste konfrontieren können.

1. Strategie: Erstellen Sie Ihre persönliche Angsthierarchie

Wolpes Methode, die Patienten eine persönliche Angsthierarchie erstellen zu lassen, wird in kognitiven Verhaltenstherapien zur Behandlung von Angststörungen heute noch eingesetzt. Zwar hat sich die Debatte über die Überflutungs- beziehungsweise die Implosionstherapie versus eine schrittweise Exposition als theoretisch irrelevant erwiesen, aber es könnte immer noch praktische Gründe geben, die für eine schrittweise Exposition sprechen. Bei sehr ausgeprägten Angststörungen könnte die Arbeit mit Maximalreizen eine Überforderung darstellen. Das gilt aber womöglich eher für eine selbst gesteuerte Konfrontation, wenn die autoritative Stimme eines Therapeuten fehlt, der Sie beständig ermutigt, einen Schritt weiterzugehen.

Abramowitz betont die Notwendigkeit, die situativen, kognitiven und physiologischen Aspekte der Angst so genau wie möglich zu spiegeln. »Die Bedeutung der genauen hierarchischen Anpassung der angstauslösenden Reize an die Ängste der Patienten kann gar nicht genug betont werden. Wenn jemand Angst vor Hunden hat, muss er sich den Hunden aussetzen, vor denen er Angst hat. Wenn eine Person Angst vor Krankenhauskeimen hat, muss sie sich mit Gegenständen *in einem Krankenhaus* auseinandersetzen. Jemand, der Angst hat, einen Brand zu entfachen, weil er das Licht im Haus angelassen hat, muss viele Lichter einschalten und das Haus verlassen und so weiter.«[492] Die Anpassung der situativen Aspekte der Exposition bedeutet, genau zu identifizieren, welche Szenarien die betreffende Person als angsteinflößend antizipiert. Die Konfrontation mit Situationen, die eine oberflächliche Ähnlichkeit aufweisen, aber keine Angstreaktion auslösen, funktioniert nicht.

Die Erstellung einer Angsthierarchie kann auch als erster Schritt dienen, um die Sinnhaftigkeit der Annahmen zu hinterfragen, auf denen die Ängste basieren. Ähnlich wie bei schlimmen Albträumen, die oft albern wirken, wenn man sie laut ausspricht, erscheint die Grundlage der Ängste oft wenig plausibel, wenn man aufschreibt, welche Konsequenzen man konkret befürchtet und warum. Zwar haben wir gesehen, dass die Korrektur des Überzeugungssystems allein wahrscheinlich nicht ausreicht, um unsere unbewussten Schaltkreise für Gefahrenerkennung zu unterbrechen, allerdings kann sie dazu beitragen, uns zur Exposition zu ermutigen. Die mäßige Wirksamkeit der kognitiven Therapie ohne Exposition könnte teilweise darauf zurückzuführen sein, dass sich die Betroffenen einer Selbstexposition unterziehen, nachdem sie mit Zweifeln an der Gültigkeit ihrer Überzeugungen über wahrgenommene Gefahren konfrontiert wurden.

2. Strategie: Sagen Sie nicht: »Alles ist gut«

Wenn man Angst hat, ist es natürlich, dass man von anderen beruhigt werden möchte. Leider kann das die gleichen Folgen haben wie die zuvor erwähnte Vermeidungshaltung. »Es ist wichtig, darauf hinzuweisen, dass der Zweck der Expositionstherapie nicht darin besteht, den Patienten in absoluter Sicherheit zu wiegen, dass die befürchteten Konsequenzen auf gar keinen Fall eintreten werden«[493], schreibt Abramowitz und fügt später hinzu: »Unter keinen Umständen sollte der Therapeut dem Patienten versichern, ›dass alles gut ist‹.«[494] Die Anwesenheit eines Therapeuten kann paradoxerweise die Effektivität der Exposition beeinträchtigen, nämlich wenn der Patient glaubt, dass er nur in Sicherheit ist, wenn der Therapeut bei ihm ist.[495]

So wie die Erstellung einer Liste mit Ängsten kann auch eine Liste mit häufigen Vermeidungstaktiken hilfreich sein. Dazu gehören sowohl tatsächliche Vermeidungstaktiken wie zum Beispiel, eine Ausrede zu finden, um nicht öffentlich präsentieren zu müssen, als auch jeder andere Behelf, der das wahrgenommene Gefühl der Sicherheit steigert. Eine Person, die die Peinlichkeit einer übermäßigen Transpiration fürchtet, verwendet womöglich zwanghaft starke Deodorants. Zwar »funktioniert« diese Methode, weil sie zunächst die Angst reduziert, aber sie kann dazu führen, dass die betroffene Person abhängig von diesem Sicherheitsverhalten wird, selbst wenn es in vielen Situationen nicht praktikabel ist. Mit der Absicht zu einer Party zu gehen, so viel wie möglich zu schwitzen, könnte besser funktionieren, um die Überzeugung zu korrigieren, dass eine sichtbare Transpiration zu heftiger sozialer Ablehnung führt.

Letztlich geht es bei dem Prozess der Exposition darum, unsere angsterfüllten Erwartungen auf die Probe zu stellen. Das geht nicht, wenn wir das Experiment unterminieren, indem wir Wege zur Neutralisierung jeder potenziellen Gefahr suchen. Jemand, der Angst davor hat, öffentlich aufzutreten, wird auf der Bühne vielleicht verlegen. Das Ziel der Exposition ist nicht, zu beweisen, dass eine demütigende Erfahrung unmöglich ist, sondern zu erkennen, dass sie weniger wahrscheinlich ist, als wir glauben, und dass wir besser damit umgehen können, als wir uns vorstellen, sollte sie tatsächlich einmal eintreten. Seine eigenen Ängste auf die Probe zu stellen, setzt voraus, dass man akzeptable Risiken eingeht, und nicht, dass man zu Extremen greift, indem man entweder leichtsinnig handelt oder vergeblich versucht, jede mögliche Gefahr zu vermeiden.

3. Strategie: Stellen Sie sich Ihren Ängsten nicht allein

Mut ist in der Gemeinschaft leichter aufzubringen als allein. »Es gibt konsistente Hinweise, dass die Zugehörigkeit zu einer kleinen Gruppe mit einem engen Zusammenhalt eine wichtige Rolle bei der Steuerung von Ängsten spielt«, schreibt der Psychologe Stanley Rachman.[496] »Die meisten Menschen scheinen anfälliger für Ängste zu sein, wenn sie allein sind.« Die Verfolgung eines gesellschaftlichen Zwecks immunisierte Feuerwehrleute, Rettungskräfte und Krankenschwestern gegen einige der schlimmsten psychologischen Effekte des Blitzkriegs. Vernon zufolge waren es die allein lebenden Menschen, die nach wiederholten Bombenangriffen die höchste Wahrscheinlichkeit eines Traumas aufwiesen.[497] Die bemerkenswerte Resilienz vieler Menschen, die Opfer einer Katastrophe wurden, könnte zum Teil damit zusammenhängen, dass sie mit ihren Ängsten nicht allein waren.

Für die Präsentationskompetenz der meisten Menschen ist die Angst vor öffentlichen Auftritten wahrscheinlich wichtiger als rhetorische Fähigkeiten. Dennoch haben die meisten von uns kaum Gelegenheiten zum Üben. Wenn die Übungsgelegenheiten zu selten sind, bleibt das Lampenfieber üblicherweise hoch. Organisationen wie Toastmasters können hier Abhilfe schaffen, denn abgesehen von den vielfältigen Möglichkeiten, öffentliche Auftritte zu üben, finden diese stets in einer Atmosphäre der wohlwollenden Gemeinschaft statt. Die Teilnahme an Studiengruppen für Mathematik oder

Konversationsklubs zum Üben einer Fremdsprache kann ähnliche Vorteile bieten: Sie ermöglichen, sich in Anwesenheit Dritter angstauslösenden Situationen auszusetzen.

4. Strategie: Lernen Sie, Mut von Angstlosigkeit zu unterscheiden

Mut ist nicht dasselbe wie Angstlosigkeit. »Angst ist kein pauschaler Zustand«, erklärt Rachman.[498] Seinen Worten zufolge lässt sich Angst am besten als ein Zusammenspiel aus mindestens drei verschiedenen Komponenten betrachten: einer physiologischen Komponente der Stimulierung (zum Beispiel ein erhöhter Puls, schweißnasse Hände), einer subjektiven Komponente der Überzeugungen und Gefühle und einer Verhaltenskomponente der Vermeidung und Suche nach Sicherheit. Zwar weisen diese drei Systeme im Allgemeinen in die gleiche Richtung, aber sie sind nicht identisch. Menschen finden sich regelmäßig in Situationen wieder, in denen die physiologischen und subjektiven Angstzustände sehr ausgeprägt sind, es ihnen aber dennoch gelingt, ihre Aufgabe zu meistern. Mut bedeutet nicht, dass man angstfrei handelt, sondern dass man trotz Angst handelt.

Die Exposition führt wahrscheinlich nicht zu einer allgemeinen Reduzierung von Ängsten. Wie erwähnt, ist das Erlernen von Sicherheit stärker situationsbezogen als das Erlernen von Ängsten. Daher muss die Exposition in möglichst vielen unterschiedlichen Kontexten erfolgen und regelmäßig wiederholt werden, um einen nachhaltigen Effekt zu bewirken. Mut als Lebenseinstellung und Lebensphilosophie zu betrachten, ist wahrscheinlich die bessere Alternative. »Ängstliche Menschen zeigen eine starke Neigung, ihre eigene Angstreaktion zu überschätzen, wenn sie auf eine angsteinflößende Sache oder Situation stoßen«, erklärt Rachman.[499] Eine Betrachtung der Forschungsergebnisse aus zahlreichen unterschiedlichen Gebieten ergab, dass die Menschen ihre Angstreaktion auf Ereignisse überschätzen und ihre Fähigkeit, Ruhe zu bewahren, unterschätzen. Letztlich geben uns die Informationen, die wir erhalten, wenn wir uns unseren Ängsten stellen, nicht nur Aufschluss über die Realität der Gefahr, sondern auch über die Realität unseres Selbst.

Der Weg zur Verbesserung

Die Beobachtung von Beispielen, die praktische Umsetzung und das Einholen von Feedback sind Schlüsselelemente zur Verbesserung der eigenen Leistung auf jedem gewünschten Gebiet. Lernen ist allerdings mehr als ein intellektueller Prozess. Emotionen, von Angst bis Enthusiasmus, spielen bei der Entscheidung, welche Fähigkeiten wir verbessern wollen, mindestens eine genauso große Rolle. Im nachfolgenden Fazit werden die verschiedenen Perspektiven, die in diesem Buch vorgestellt wurden, zusammengeführt, und am Ende erhalten Sie einige praktische Empfehlungen, wie Sie Ihren persönlichen Weg zur Verbesserung skizzieren können.

FAZIT

So gestalten Sie Ihren Lernprozess möglichst effektiv

Es gibt eine alte Geschichte über einen Holzfäller, dem eine Axt ausgehändigt wurde, mit der er innerhalb von drei Stunden einen großen Baum fällen sollte. Der Holzfäller beschloss, die ersten zweieinhalb Stunden damit zu verbringen, die Axt zu schärfen. So wie der Holzfäller aus dieser Geschichte verbringen wir zahllose Stunden unseres Lebens mit Dingen, die wir gut machen wollen. Wir wollen bessere Eltern, berufliche Profis, Künstler und Athleten sein. Im Vergleich zu der Zeit, die wir in all diese Tätigkeiten investieren, verbringen wir oft nur einen Bruchteil davon mit dem Versuch, unsere »Axt« zu schärfen. Als ich dieses Buch schrieb, hatte ich einen bestimmten Leser im Sinn: Sie sind jemand, der wissen möchte, wie Lernen funktioniert. Sie möchten sich auf irgendeinem Gebiet verbessern, sei es, dass Sie eine Prüfung mit einer herausragenden Note abschließen, in Ihrem Berufszweig ein Experte werden oder dass Sie eine bestimmte Sportart oder ein Hobby beherrschen wollen. Vielleicht wollen Sie aber auch anderen dabei helfen, sich zu verbessern. Sie sind ein Coach, eine Lehrkraft, ein Arbeitgeber oder Elternteil und möchten wissen, wie Sie den

Menschen in Ihrem Umfeld dabei helfen können, wertvolle Kompetenzen zu erwerben. Zwar ist es ein Wagnis, als Autor pauschale Aussagen über die eigenen Leser zu treffen, aber ich bin ziemlich sicher, dass es Ihnen wichtig ist, Ihre Axt zu schärfen, wenn Sie bis hierhin gelesen haben.

Im Verlauf dieses Buches habe ich Geschichten und Forschungsergebnisse über die Frage präsentiert, wie Lernen funktioniert. Wir haben über die Bedeutung von Beispielen gesprochen und darüber, dass unsere Problemlösungsbemühungen auf dem Wissen anderer aufbauen. Wir haben über das Arbeitsgedächtnis als mentalen Engpass gesprochen und darüber, wie er den Weg zur Beherrschung einer Fähigkeit blockiert; wir haben über die Bedeutung des Erwerbs einer Fähigkeit auf Basis einer erfolgreichen Grundlage gesprochen und erfahren, wie man Experten, die oft vergessen haben, wie es einem Anfänger ergeht, implizites Wissen entlockt. Wir haben uns mit der Wirksamkeit praktischer Übungen beschäftigt: der Bedeutung der progressiven Problemlösung und der Feinjustierung des Schwierigkeitsgrads unserer Lernbemühungen; wir haben untersucht, warum das Gehirn nicht wie ein Muskel funktioniert und warum wir bei unseren Verbesserungsbemühungen präziser sein müssen. Wir haben den Wert vielfältiger Übungsformen zur Entwicklung flexibler Fähigkeiten betrachtet und sind der Frage nachgegangen, warum hochkreative Leistungen so eng mit der Produktivität insgesamt korrelieren. Und schließlich haben wir die maßgebliche Rolle des Feedbacks untersucht: warum viele intuitive Expertenprognosen in ungewissen Kontexten Ausdruck einer Selbstüberschätzung sind und wie die physische und soziale Umgebung die Fähigkeiten prägen, die wir beherrschen müssen. Wir haben untersucht, welche Rolle das Verlernen für die Perfektionierung einer Fähigkeit spielt, und uns mit der Frage auseinandergesetzt, wie wir unsere Ängste überwinden können, wenn wir unsere Komfortzone verlassen, um etwas Neues zu lernen. In jedem dieser Kapitel habe ich versucht, eine zusammenfassende Darstellung einer führenden Perspektive zu präsentieren und einige praktische Lektionen zu nennen. Die Wissenschaft des Lernens ist vielfältig und von umstrittenen Thesen und Theorien geprägt. Zwar bin ich sicher, dass nicht jeder mit allen meinen Schlussfolgerungen einverstanden sein wird, aber ich hoffe, dass die am Ende dieses Buches genannten Quellen ernsthaft interessierten Lesern eine Ausgangsbasis bieten, um sich mit einigen Ideen näher zu beschäftigen.

In diesem Kapitel möchte ich einen Schritt von der Forschung zurücktreten und versuchen, die verschiedenen Perspektiven zusammenzuführen und daraus einige Empfehlungen abzuleiten. Mein Hauptfokus liegt dabei auf Ihnen als Lernendem. Wie können Sie in den Dingen, die Ihnen wichtig sind, besser werden? Als Nebenüberlegung werde ich auch versuchen, darauf einzugehen, was die Forschung zu der Frage sagt, wie wir für diejenigen, die von uns abhängen, bessere Lehrer, Coaches und Mentoren sein können.

Drei Fragen über Kompetenz

Der Ökonom und Autor Tyler Cowen stellt Menschen gerne die folgende Frage: »Was tun Sie, um zu üben, das vergleichbar wäre mit einem Pianisten, der Tonleitern übt?«[500] Seinen Worten zufolge sind diejenigen, die keine gute Antwort auf diese Frage geben können, möglicherweise nicht ernsthaft daran interessiert, ihr Handwerk zu perfektionieren. Die Welt verändert sich in atemberaubendem Tempo. Fähigkeiten, die einen berufstätigen Menschen früher ein Leben lang getragen haben, werden womöglich obsolet, weil sie mithilfe neuer Technologien automatisiert werden. Lebenslanges Lernen ist kein Wohlfühlslogan, sondern eine Notwendigkeit. Angesichts seiner Bedeutung halte ich es für nützlich, Ihnen drei Fragen über die Vorhaben zu stellen, die Ihnen wichtig sind.

1. Frage: Wie kann ich die Methode, mit der ich von anderen lerne, verbessern?

Wie wir gesehen haben, spielen Beispiele eine große Rolle beim Erwerb komplexer Fähigkeiten. Die Fähigkeit, von anderen zu lernen, ist ein besonderes Merkmal der Menschen. Wir sehen weiter, weil wir von den Erkenntnissen profitieren, die unsere Vorfahren gewonnen haben. Wenn Sie nach geeigneten Lernmaterialien suchen,

1. **suchen Sie nach Beispielen, die alle notwendigen Schritte zur Lösung des Problems beinhalten.** Zwar können Sie eine Person dabei beobachten, wie sie eine bestimmte Aufgabe löst, aber ihre Gedanken sind unsichtbar. Wenn man von einem Experten lernt, besteht immer das Risiko, dass er aufgrund seiner Kompetenz bestimmte Zwischenschritte einfach auslässt, weil er sie für selbstverständlich hält. Ein gut ausgearbeitetes Lösungsbeispiel sollte die Problemlösungsschritte so weit herunterbrechen, dass jeder einzelne Handlungsschritt für den Lernenden verständlich ist.

2. **achten Sie darauf, dass Sie genügend Hintergrundwissen erworben haben, damit die Beispiele einen Sinn ergeben.** Verständnis ist keine Alles-oder-nichts-Eigenschaft, daher müssen wir unsere Urteilskraft einsetzen. Zu wenig Erklärung, und die Problemlösung ist eine auswendig gelernte Antwort ohne allgemeinen Wert. Zu viel Erklärungen, und wir elaborieren zu viel.

3. **suchen Sie nach unterschiedlichen Beispielen, um allgemeingültige Problemlösungsmuster zu erkennen.** Die Fähigkeit, aus konkreten Problemstellungen abstrakte Konzepte und Analogien abzuleiten, ist wichtig für flexibles Denken. Anfänger neigen dazu, zu sehr auf oberflächliche Merkmale zu achten anstatt auf zugrunde liegende Prinzipien.[501] Eine große Zahl unterschiedlicher Beispiele macht es leichter, die Gemeinsamkeiten herauszuarbeiten. Oft ist es auch hilfreich, Gegenbeispiele zu zeigen – scheinbar ähnliche Situationen, die aus einem Grund, der nicht auf Anhieb erkennbar ist, in Wirklichkeit ganz anders gelagert sind –, um eine übertriebene Verallgemeinerung zu verhindern.

Der erste Ort, an dem man nach Beispielen suchen sollte, sind gut strukturierte Kurse. Sie bieten den Vorteil, dass die Beispiele in einer bestimmten Reihenfolge präsentiert werden, und sorgen dafür, dass Hintergrundwissen vermittelt und die ansonsten unsichtbaren geistigen Lösungsschritte sichtbar gemacht werden, die Experten automatisch machen. Wie wir in Kapitel 3 gesehen haben, ist es für die spätere praktische Anwendungskompetenz und auch die Motivation unerlässlich, zunächst eine solide Grundlage zu legen. Für viele Fähigkeiten sind Präsenzkurse, offene Online-Kurse, Lehrbücher und sogar YouTube-Videos eine gute Ausgangsbasis. Wenn Sie es sich leisten können und eine geeignete Person finden, ist Einzelunterricht besonders hilfreich, vor allem wenn es kaum oder keine Lehrbücher zum gewählten Thema gibt.

Mit zunehmendem theoretischem und praktischem Wissen nimmt die Zahl der Kurse mit vielfältigen ausgearbeiteten Lösungsbeispielen ab. Das ist zum Teil eine Frage der Ökonomik. Die meisten Menschen, die eine bestimmte Fähigkeit erwerben wollen, sind Anfänger, daher gibt es für diese Zielgruppe das meiste Lernmaterial. Im Fortgeschrittenenstadium beginnt sich das Wissen außerdem zu verzweigen und in Spezialgebiete zu unterteilen, und es wird immer schwieriger, alle Bereiche abzudecken. Über fortgeschrittene Kenntnisse zu verfügen, heißt jedoch nicht, dass man von Beispielen nichts mehr lernen kann. Erinnern Sie sich an Andrew Wiles aus dem ersten Kapitel: Obwohl genau das mathematische Gebiet, das für die Lösung von Fermats Großem Satz ausschlaggebend war, sein Spezialgebiet war, verbrachte er als Vorbereitung auf die Beweisführung zwei Jahre mit intensiver Lektüre. Je mehr wir über die klar umrissenen Beispiele in Kursen und Lehrbüchern hinauswachsen, desto mehr müssen wir uns auf informelle Ressourcen stützen. Sobald Sie die Anfängerphase hinter sich gelassen haben, kann es durchaus sinnvoll sein, sich Communitys anzuschließen, die genau auf dem Gebiet aktiv sind, auf dem Sie Kompetenzen erwerben wollen. Das gilt vor allem für berufliche Fähigkeiten, wenn gute Beispiele und Vorbilder außerhalb der unmittelbaren Arbeitsumgebung kaum zu finden sind. In Berufsfeldern, in denen topaktuelles Wissen gefragt ist, wie in der Wissenschaft oder der Technologie, kann der Zugang zu Communitys, die im Grenzgebiet des Wissens arbeiten, erfolgskritisch sein, wenn Sie einen innovativen Beitrag leisten möchten. Selbst in Berufen, in denen kein neues Wissen generiert wird, kann der Zugang zu einer Umgebung mit rigorosen Standards und vielfältigen fachlichen Fragestellungen maßgeblich für die Weiterentwicklung Ihrer Fähigkeiten sein. Managementberater, die mit vielen unterschiedlichen Firmen arbeiten, sind mit einem breiteren Problemspektrum konfrontiert als Menschen, die nur für ein Unternehmen tätig sind. Eine Studie ergab sogar, dass sich Berater mit den Geschäftsproblemen in der Gastronomiebranche besser auskannten als Restaurantmanager, obwohl beide Gruppen eine vergleichbare Ausbildung besaßen.[502] Wege zu eruieren, über die man an diesen dynamischen Lernumgebungen partizipieren kann, garantiert zwar keinen Zugang, aber es ist ein wichtiger erster Schritt.

Seite an Seite mit versierten Praktikern zu arbeiten, reicht aber üblicherweise nicht aus. Experten Wissen zu entlocken, ist mitunter gar nicht so einfach, aber hier können wir etwas von der kognitiven Aufgabenanalyse lernen. Wenn Sie einen Experten bitten, eine Aufgabe in Ihrem Beisein zu lösen, wenn Sie ihm aufmerksam zuhören und dabei auf die zeitlichen Abläufe achten oder wenn Sie einfach fragen, bei wem er oder sie sich bei bestimmten kniffligen Fragen Rat holt, kann das dazu beitragen, das implizite Wissen sichtbar zu machen.

2. Frage: Wie kann ich meine praktischen Übungen effektiver gestalten?

Zugang zu qualitativ hochwertigen Beispielen ist nur der erste Schritt für effektives Lernen. Kompetenz, egal auf welchem Gebiet, setzt umfangreiche praktische Übung voraus. Leider sind unsere Intuitionen kein verlässlicher Ratgeber zu der Frage, welche Art Übung die größte Wirkung hat. Wünschenswerte Schwierigkeiten, die mit Methoden wie dem aktiven Abruf, verteiltem oder verschachteltem Lernen – auch Interleaving genannt – verbunden sind, gelten bei Lernenden eher als ineffektiv, selbst wenn sie damit nachweislich besser lernen. Auch wenn die richtige Art von praktischer Übung selten offensichtlich ist, können wir die besprochenen Prinzipien zur Feinjustierung unserer bisherigen Lernanstrengungen nutzen. Eine erste Überlegung gilt der Komplexität. Unser Arbeitsgedächtnis ist begrenzt, wobei die kognitive Belastung, die mit einer bestimmten Aufgabe verbunden ist, sehr davon abhängt, ob und wie viel Erfahrung wir mit der Lösung dieser Art Aufgaben besitzen. Das bedeutet, dass sich die effektivste Übungsform im Rahmen des Lernprozesses immer wieder ändert. Am Anfang profitieren wir stark von Anleitung, Wiederholung und der Beschäftigung mit Lösungsbeispielen. Mit zunehmender Erfahrung verlieren diese Übungsformen an Effektivität, und wir profitieren stärker von weniger strukturierten Problemen, willkürlich gewählten Übungen und wachsenden Herausforderungen. Eine Möglichkeit der Betrachtung dieser Spannung ist, dass die größte Herausforderung zu Beginn darin liegt, neues Wissen zu erwerben. Zwar kann man auch durch unmittelbare praktische Erfahrung lernen, aber die potenziell sehr weitläufigen Problemräume und die externe kognitive Belastung, die mit einer Mittel-Zweck-Analyse verbunden ist, machen das theoretische Studium in diesem Lernstadium oft effizienter. Sobald Sie sich das Wissen jedoch eingeprägt haben, besteht die Herausforderung darin, es auf Kommando abrufen zu können. Dafür braucht es viel Übung, bei der Sie lernen, im Geiste die erlernten Problemlösungsmuster durchzugehen und das jeweils richtige anzuwenden. Um zu vermeiden, dass Sie entweder nicht das relevante Wissen erwerben oder es nicht zum richtigen Zeitpunkt abrufen können, ist das Beste, eine Übungsschleife zu entwickeln. Durch die Kombination aus der Beobachtung eines Lösungsbeispiels, dem eigenen praktischen Lösungsversuch und dem Einholen von Feedback können Sie die Muster einer meisterlichen Beherrschung der angestrebten Fähigkeit aufnehmen und verinnerlichen.

Eine weitere Überlegung gilt der Granularität der praktischen Übung. Sollte Ihre Übungsschleife auf eine spezifische Teilkompetenz fokussieren – zum Beispiel Karteikarten zum Vokabellernen, Tennis-Serves oder Mathe-Rätsel? Oder sollte sie breiter angelegt sein – zum Beispiel, sich in einer Fremdsprache fließend unterhalten zu können, Tennis zu beherrschen oder mathematische Gleichungen auf reale Situationen anwenden zu können? Befürworter der erstgenannten Übungsschleife neigen dazu, sich auf den Wert von Part-Task-Training zu konzentrieren, um die kognitive Belastung zu senken, was Lernenden zugutekommt, die ansonsten Probleme hätten, eine komplette Aufgabe zu lösen.[503] Ein Basketballspieler kann in einer Trainingseinheit mehr Korbleger machen als in einem Spiel. Befürworter der ganzheitlichen Übung halten dagegen, die Wiederholung einer isolierten Einzelübung (Drill) bis zur Perfektion übersetze sich nicht automatisch in einen fließenden Gesamtablauf.[504] Ein Sprachschüler, der mit Karteikarten Vokabeln lernt, kann vielleicht auf Anhieb jede Vokabel nennen, braucht aber eine Weile, bis ihm die gleichen Wörter einfallen, wenn er sie im Kontext einer Unterhaltung benötigt. Ganzheitliche Übungen sind zudem sinnhafter, weil die einzelnen Abläufe in ihrem Gesamtkontext verstanden werden. Das ist so ähnlich wie die Spannung zwischen der Beobachtung von Beispielen und der selbstständigen Problemlösung. Ich glaube, dass sowohl die realitätsnahe ganzheitliche Übung als auch isolierte Einzelübungen wichtig sind.* Mit isolierten Einzelübungen können knifflige Elemente einer komplexen Fähigkeit separat geübt werden, wodurch sich die kognitive Belastung im Umgang mit herausfordernden Situationen verringert. Wir brauchen aber auch viele ganzheitliche Übungen, damit die Teilfähigkeiten gut integriert sind und in ihrer Gesamtheit gut verstanden werden. Dieses Spannungsverhältnis lässt sich auflösen, indem man sich vor- und zurückarbeitet und die grundlegenden Übungsschleifen aus Beobachten, Ausführen und Feedback durch eine Schleife aus isolierten Einzelübungen und ganzheitlichen Übungen ergänzt.

Als abschließende Überlegung sollten wir auch klar definieren, was eine Fähigkeit ist. Das Gehirn ist kein Muskel, daher lassen sich so unbestimmte Fähigkeiten wie »ein besserer Problemlöser«, »ein besserer Stratege« oder »kreativer« zu sein wahrscheinlich nicht allgemein verbessern oder üben.

* Für weitere Zusammenfassungen der Forschungsliteratur über den Vergleich zwischen Part-Task-Training und ganzheitlichen Übungen möchte ich die interessierten Leser auf die Besprechung von Wickens et al., Whightman und Lintern sowie auf Fabiani verweisen. Außerdem empfehle ich James Naylors und George Briggs' einflussreiche Theorie, der zufolge Aufgaben mit zunehmender Komplexität vom Part-Task-Training und mit zunehmender Integration stärker von ganzheitlicher Übung profitieren.

Stattdessen werden wir zu besseren Problemlösern, indem wir bessere Methoden für spezifische Problemstellungen kennenlernen und abspeichern. Wir werden bessere Strategen, indem wir bestimmte Strategien und mentale Modelle erlernen, die auf bestimmte Situationen Anwendung finden. Wir werden kreativer, indem wir viel nützliches Wissen sammeln und uns eine sichere Umgebung schaffen, um es auf neue Weise zu erforschen. Breite Verbesserungsziele zu formulieren, ist nicht falsch. Alle Aspekte einer Sprache fließend zu beherrschen, ist ein großartiges Ziel. Um es zu erreichen, müssen wir jedoch eine Vielzahl von individuellen Wörtern und Redewendungen lernen und separat die Aussprache, das Hör- und Leseverständnis und die schriftliche Ausdrucksfähigkeit üben. Anspruchsvolle Ziele, zum Beispiel, ein besserer Kommunikator, Programmierer, Investor, Schriftsteller oder Künstler zu werden, müssen aus der Erkenntnis erwachsen, dass man sie nur erreicht, wenn man viele verschiedene spezifische Fähigkeiten und Wissen erwirbt und integriert. Eine Symphonie kann nur erklingen, wenn die einzelnen Noten gespielt werden.

3. Frage: Wie kann ich die Qualität des Feedbacks, das ich einhole, verbessern?

Und schließlich ist realistisches Feedback für eine hohe Qualität unerlässlich. Manche Rückmeldungen werden in Form eines Lösungsbeispiels erteilt, das Ihnen nach Ihrem Lösungsversuch präsentiert wird. Wenn Sie in einer Mathematikprüfung eine falsche Antwort gegeben haben, zeigt Ihnen die Lehrkraft die richtige Antwort vielleicht in Form eines ausgearbeiteten Lösungsbeispiels, damit Sie wissen, wie Sie es hätten machen müssen. Diese Art Feedback ist besonders wertvoll, weil es den Vorteil der Beobachtung eines Beispiels mit dem Umstand kombiniert, dass Sie die entsprechende Frage kurz zuvor falsch beantwortet haben. So ist die Wahrscheinlichkeit höher, dass Sie genau aufpassen und sich intensiv mit der Lösung beschäftigen. Diese Art Feedback bewährt sich, wenn es nur eine richtige Antwort gibt und sich Ihre Antwort relativ leicht mit der richtigen Antwort vergleichen lässt.

Die meisten Aufgaben sind allerdings etwas komplexer. Es gibt viele Möglichkeiten, einen Aufsatz zu schreiben, ein Gebäude zu entwerfen, ein Team zu führen oder eine Rede zu halten, auch wenn einige etwas besser sind als andere. In diesen Fällen kann korrektives Feedback wertvoll sein. Ein kompetenter Lehrer, Mentor oder Coach kann Ihnen Empfehlungen geben, wie Sie Ihre Methode modifizieren können, anstatt Ihnen eine Schablone mit einer einzigen korrekten Lösung zu präsentieren. Der informative Wert des Feedbacks liegt auf der Hand, allerdings ist Feedback von außen mit sozialen und motivationalen Konsequenzen verbunden, die nicht immer positiv sind. Korrektives Feedback wird oft mit Werturteilen vermengt. Die Note, die Sie für Ihren Aufsatz bekommen, ist nicht nur ein kleiner Anstoß, um es besser zu machen, sondern bestimmt auch, ob Sie den Kurs bestehen. Feedback kann demotivieren, wie wir alle von einer besonders harschen Reaktion wissen, die wir für eine Leistung erhalten haben, für die wir uns sehr angestrengt haben. Aber auch positives Feedback kann demotivieren. Die Forschung zeigt, dass pauschales Lob – »Sie sind so intelligent!« – ebenfalls dazu führt, dass man sich weniger anstrengt, weil es den Empfänger zu der Überzeugung ermutigt, er habe nichts mehr zu lernen.[505] Diese sozialen und motivationalen Aspekte können den erwarteten Nutzen des Feedbacks sehr leicht zunichtemachen. Eine gute Feedback-Umgebung bietet konstruktives Feedback, das das Lernen unterstützt und keine Leistung belohnt oder bestraft. Außerdem bezieht es sich ausschließlich auf die Aufgabe und die Korrektur von Fehlern und stellt kein Werturteil über die Person dar. Konstruktives Feedback basiert auf Respekt und gegenseitigem Vertrauen.

Wie sieht es mit Aufgaben aus, bei denen es keine richtige Antwort oder eine Lehrkraft gibt, die uns eine bessere Lösung aufzeigen kann? Wie wir in Kapitel 9 gesehen haben, ist ausgiebige Erfahrung kein Garant für Expertise. Wenn die Lernumgebung von Ungewissheit geprägt ist und wir inkonsistentes Feedback erhalten, enden wir womöglich in Selbstüberschätzung und Mittelmaß. Die Steigerung der Qualität des Feedbacks, das die Umgebung auf natürliche Weise liefert, ist wichtig, um echte Kompetenz zu entwickeln. Nachfolgend einige Strategien für die Steigerung der Feedback-Qualität:

1. **Ergebnisse notieren und die eigene Leistung verfolgen.** Aufgaben mit hochvariablen Ergebnissen können uns leicht über die langfristige Genauigkeit unserer Entscheidung täuschen. Die eigenen Ergebnisse zu notieren, kann dem Ego einen Stich versetzen, wenn wir erkennen müssen, dass wir nicht so kompetent sind, wie wir dachten, aber das ist notwendig, um unseren Ansatz nachzujustieren. Zahlen erzählen nicht die ganze Geschichte, aber sie sorgen dafür, dass wir ehrlich zu uns selbst sind.

2. **After-Action-Reviews durchführen.** Wie in der Einführung erwähnt, waren sogenannte AARs für die Top-Gun-Kampfpiloten unverzichtbar, weil sie auf diese Weise von dem unmittelbaren Feedback auf ihre simulierten Einsätze lernen konnten. Eine große Schwierigkeit mit der Selbstanalyse in der konkreten Anwendungssituation besteht darin, dass unser Arbeitsgedächtnis vollständig von der Ausübung der Fähigkeit absorbiert ist und während der Ausführung kein Raum für Reflexion oder die Bewertung unserer eigenen Leistung bleibt. Wenn man seinen eigenen Lösungsversuch aufzeichnet, um ihn im Anschluss zu analysieren, erhält man oft Anregungen zur Verbesserung, die man im Moment der Ausführung womöglich nicht erkannt hat.

3. **Einen Braintrust bilden.** Individuen haben viele kognitive blinde Flecken. In der Gruppe zu lernen löst dieses Problem zwar nicht automatisch, aber man kann diese Flecken reduzieren. Eine Gruppe zu bilden beziehungsweise sich einer Gruppe anzuschließen, in der die Arbeit der einzelnen Mitglieder besprochen und analysiert wird, ist ein wirksames Instrument, um Schwächen hervorzuheben, die man ansonsten vielleicht nicht gesehen hätte.

Feedback ist mehr als Fehlerkorrektur. Das Leben ist dynamisch und beinhaltet eine kontinuierliche Interaktion zwischen uns und unserer physischen und sozialen Umgebung. Mit zunehmenden Fortschritten werden realitätsnahe Übungen immer wichtiger, weil das Feedback aus dem unmittelbaren Kontakt mit der Realität in unsere Fähigkeiten einfließt. Auch das soziale Umfeld spielt eine große Rolle, da sich auf informelle Weise Verfahren herausbilden, wenn mehrere Menschen in einer Gruppe miteinander arbeiten. Oft handelt es sich um nicht ausformulierte Praktiken, die von den offiziellen Verfahren, die in Lehrbüchern und in der Ausbildung vermittelt werden, abweichen. Das heißt aber nicht, dass die praktische Übung in realen Anwendungssituationen grundsätzlich der beste Weg ist. Die geringere kognitive Belastung, die niedrigeren Kosten, der Zugang und ein besseres Feedback tragen dazu bei, dass Simulationen oft effizienter sind als die praktische Übung an einer realen Problemstellung. Echte Meisterschaft ist ohne eine unmittelbare Anwendung der erworbenen Fähigkeiten in realen Situationen aber nahezu unmöglich.

Zum Feedback gehört allerdings auch die Furcht vor einer negativen Rückmeldung. Die Versagensängste, die wir verspüren, wenn wir eine neue Sprache lernen, Mathematik studieren, auf der Bühne stehen oder auf einem neuen Gebiet arbeiten, bestimmen unsere Fortschritte oft stärker als unser Gedächtnis oder unser logisches Denken. Diese Ängste lassen sich nur schwer mit rationalen Argumenten überwinden. Nur durch wiederholte Exposition erhalten wir das unmittelbare Feedback aus der gefürchteten Situation, dass unsere Ängste übertrieben sind, sodass es uns irgendwann gelingt, unsere Überzeugungen und Emotionen zu revidieren.

Einige abschließende Gedanken über Verbesserung

Der Prozess der Leistungssteigerung kann im positiven Sinne aufregend, aber auch frustrierend sein. Das Gefühl, ein Thema irgendwann wirklich verstanden zu haben und eine Fähigkeit wirklich zu beherrschen, einen Berg auf Ski herunterzufahren, ohne zu stürzen, ein wirklich gelungenes Bild zu malen, eine Fremdsprache zu beherrschen oder etwas zu veröffentlichen, das von den eigenen Kollegen anerkannt wird – es gibt wenige Dinge, die mit dem Gefühl mithalten können, sich ein bestimmtes Gebiet so erarbeitet zu haben, dass man als Experte gilt. Lernen kann aber auch frustrierend sein. Wir können Jahre damit verbringen, etwas zu üben, und uns trotzdem unsicher fühlen. Wir geben Hobbys, Sportarten, berufliche Chancen und Studiengänge wieder auf, weil wir uns unfähig fühlen, sie zu erlernen. Mein anhaltendes Interesse am Thema Lernen lässt sich zum Teil auch darauf zurückführen, dass unsere Erfahrungen mit dem Versuch, uns zu verbessern, beide Extreme abdecken.

Als ich begann, das Manuskript für dieses Buch zu schreiben, hatte ich bereits fast zwei Jahrzehnte damit verbracht, über Lernen nachzudenken und zu schreiben. Meine Karriere als Autor begann, als ich noch am College studierte und Lerntipps in einem persönlichen Blog veröffentlichte. Nach meinem Studium widmete ich mich ein Jahr verschiedenen Lernprojekten; unter anderem lernte ich zu programmieren, Sprachen, Zeichnen und anderes. Die Erfolge und Stolpersteine bei diesen Projekten bildeten den Hintergrund zu meinem vorhergehenden Buch *Ultralearning*. Damals dachte ich, ich hätte praktisch alles gesagt, was ich über das Thema Lernen sagen kann, und war darauf vorbereitet, das nächste Thema in Angriff zu nehmen. Zwei Dinge zogen mich jedoch zurück zum Thema Lernen und brachten mich dazu, für dieses Buch zu recherchieren. Das Erste war die *Tetris*-Story, auf die ich gestoßen bin; ich habe sie in der Einführung geschildert. Während *Ultralearning* beeindruckende individuelle Leistungen beim Erwerb einer Fähigkeit dokumentierte, handelte die *Tetris*-Story nicht von einem individuellen Spieler, sondern einer Kultur, die Leistungssteigerungen ermöglichte. Das machte mich neugierig auf verschiedene Lernsysteme, von der künstlerischen Ausbildung in der Renaissance über die informelle Übungspraxis von Jazzmusikern bis zur Pilotenausbildung und Phonetik-Übungen, um lesen zu lernen. In diesem Buch wollte ich hinausgehen über die Geschichten einiger beeindruckender Mitmenschen, die sich in kürzester Zeit eine neue Fähigkeit angeeignet haben, und auf die grundlegenden Faktoren fokussieren, die dem Lernen generell zugrunde liegen.

Der zweite Faktor, der mich dazu veranlasste, dieses Buch zu schreiben, war eine ungelöste Frage aus meinem vorhergehenden Buch. In *Ultralearning* hatte ich über die oft enttäuschenden Forschungsergebnisse zum

Thema Transferleistung geschrieben, und zwar konkret die Frage, welches Maß an Leistungsverbesserung in einer Fähigkeit sich auf eine andere Fähigkeit überträgt. Wenn die Transferleistung geringer ist, als wir denken, sollten wir umso mehr Zeit damit verbringen, genau die Fähigkeiten zu trainieren, die wir verbessern wollen. Wie es oft der Fall ist, wenn man tiefer in eine Materie einsteigt, wurde meine ursprüngliche Intuition weder bestätigt noch widerlegt, sondern verkompliziert. Wie in Kapitel 6 dargelegt, gibt es umfangreiche Forschungsarbeiten, die zeigen, dass Fähigkeiten eher spezifisch sind. Auf der anderen Seite bestätigten die Forschungsergebnisse auch nicht, dass sich die eigene Leistung allein durch die praktische Übung der angestrebten Fähigkeit automatisch verbessert. John Swellers Untersuchungen über die kognitive Belastungstheorie, Albert Banduras Theorie des sozialen Lernens und der Erfolg der Direkten Instruktion hoben die Bedeutung guter Beispiele und klarer Erklärungen hervor. Paul Meehls Arbeit über klinische Intuition widerlegte die Überzeugung, dass jahrelange Erfahrung automatisch zu besseren Prognosen führt. Die Notwendigkeit, von anderen zu lernen, verkomplizierte meine ursprüngliche Intuition, denn selbst wenn Fähigkeiten eher spezifisch sind, finden wir vielleicht nicht ohne Weiteres den perfekten Mentor, der uns genau das beibringt, was wir wissen müssen. Die abschließende Form dieses Buches war in vielfacher Hinsicht der Versuch, diese beiden Einschränkungen miteinander zu versöhnen: die Notwendigkeit, von anderen zu lernen, und die Bedeutung von spezifischem Wissen und realitätsnahen Übungen für die eigene Leistungsverbesserung.

In meinem Buch *Ultralearning* schrieb ich, das Schreiben des Manuskripts sei eine Spiegelung seines Themas gewesen: ein intensives, selbst gesteuertes Lernprojekt, um ein Buch über intensives selbst gesteuertes Lernen zu schreiben. Bei diesem Buch habe ich das gleiche Gefühl. Dieses Buch zu schreiben war ein Prozess des Eintauchens in geschlossene Experten-Communitys, in dem Versuch, die divergenten Theorien und Forschungsergebnisse zu verstehen und zusammenzuführen. Ich hoffe, ich konnte sowohl mit dem Versuch, zu verstehen, was Experten denken, die sich ihr gesamtes Leben mit diesen Themen befasst haben (und zu verstehen, warum sie häufig nicht einer Meinung sind), als auch mit dem Versuch, mir eine eigene Meinung zu bilden und über meine eigenen Erfahrungen mit dem Erlernen verschiedener Fähigkeiten und Themengebiete nachzudenken, die unterschiedlichen Sichtweisen deutlich machen, aber auch die großen Gemeinsamkeiten darstellen und dabei stets eine kohärente Perspektive verfolgen. Ich überlasse es meinen Lesern, zu beurteilen, ob mir das gelungen ist.

Ein weiterer Schritt auf dem Weg zur Meisterschaft

Meisterschaft auf einem Gebiet zu erlangen kann eine große Herausforderung sein. Es gibt immer wesentlich mehr zu lernen, als wir Lebenszeit zur Verfügung haben. Das ist etwas, woran ich ständig erinnert wurde, als ich dieses Buch geschrieben habe. Für jede Frage, die ich nach meinem Gefühl zufriedenstellend beantwortet hatte, tauchten ein Dutzend neue Fragen auf. Das Vorhaben, es zur Meisterschaft zu bringen, kann eine Dauerniederlage sein, denn sobald man sich ihr nähert, rückt sie erneut in die Ferne. Jeder Gipfel, den man erklommen hat, zeigt einem nur, wie viele weitere Gipfel es noch zu erklimmen gibt.

Die Schlussfolgerung, die mir damals offensichtlich erschien, lautete: Aus der Perspektive von Weltklassetalenten betrachtet, werden die meisten von uns nie irgendetwas wirklich meisterhaft beherrschen. Wir werden nie so gewitzte Investoren sein wie Warren Buffett, so begnadete Musiker wie Miles Davis oder so clevere Superhirne wie der Mathematiker Andrew Wiles. Wenn das Ziel, es zur Meisterschaft zu bringen, bedeutet, Weltklasseniveau zu erreichen, dann ist es eine Ambition, die fast alle von uns zum Scheitern verurteilt. Nach Meisterschaft zu streben, sie aber nicht zu erreichen, ist eine gute Art des Misserfolgs. Denn selbst wenn wir nicht zu den Besten der Besten gehören werden, können wir die Dinge, die uns wichtig sind, immer noch ein wenig besser machen. Eine kleine Verbesserung reicht oft schon aus.

DANKSAGUNG

Dieses Buch wäre ohne die Hilfe vieler Menschen nicht möglich gewesen. Ich danke meiner Agentin Laurie Abkemeier, die dieses Buch seit seiner ursprünglichen Konzeption (über viele nachfolgende Richtungsänderungen) begleitet hat. Ich danke meiner Lektorin Hollis Heimbouch für ihr Vertrauen in mich und ihre Anleitung sowie dem gesamten Team von Harper Business, das hart gearbeitet hat, um dieses Buch Wirklichkeit werden zu lassen. Mein Dank gilt auch Vatsal Jaiswal, Megan Young, Barbara Oakley, Cal Newport, Tristan de Montebello und Kalid Azad für viele hilfreiche Gespräche, während meine Ideen Form annahmen. Außerdem möchte ich den vielen Wissenschaftlern und Forschern danken, die mit mir über ihre Arbeit gesprochen und mir geholfen haben, die beeindruckende Forschungsliteratur zu verstehen: Paul Kirschner, John Sweller, Carl Bereiter, Vimla Patel, Fred Paas, Stephen Reed, Jeffrey Karpicke, Richard Mayer, Arthur Reber, Robert Bjork, Pedro de Bruyckere, Richard Clark, David Perkins, Alan Schoenfeld, Richard Nisbett, Bruce Rawlings, Halszka Jarodzka, David Klahr, Manu Kapur, Robert DeKeyser, John Shea, Philip Tetlock, David Moshman, Jose Mestre, Carl Wieman, Dean Simonton und Jeroen van Merriënboer. Eventuelle Fehler, die mir in meinen Berichten über die wissenschaftlichen Arbeiten unterlaufen sind, sind allein meine Verantwortung. Ich danke meinen Eltern Marian und Douglas Young, beide Pädagogen, die mich gelehrt haben, dass Lernen um seiner selbst willen der Mühe wert ist. Und ganz besonders danke ich meiner wunderbaren Frau Zorica für ihre grenzenlose Unterstützung, ihre Geduld und die Orientierung, die sie mir gibt. Ohne dich hätte ich es nicht geschafft.

ÜBER DEN AUTOR

Scott H. Young ist Schriftsteller, Computerprogrammierer und »Ultralearner«. Bekannt ist er unter anderem dafür, dass er verschiedene Selbstbildungsprojekte durchgeführt hat, zum Beispiel hat er den vierjährigen Informatik-Lehrplan des MIT innerhalb von zwölf Monaten erlernt. Seine Abhandlungen hierzu wurden in der *New York Times*, BBC, TEDx, *Business Insider* und vielen anderen Medien veröffentlicht. Von ihm ist bereits *Ultralearning* im Redline Verlag erschienen.

LITERATURVERZEICHNIS

Abramowitz, Jonathan S., Brett J. Deacon und Stephen P. H. Whiteside. *Exposure Therapy for Anxiety: Principles and Practice*. New York: Guilford Press, 2011.

Adams, Marilyn Jager. *Beginning to Read: Thinking and Learning About Print*. Cambridge, MA: Bradford Books, 1994.

Anderson, John. *Learning and Memory: An Integrated Approach*. New York: Wiley, 2000.

———. *Rules of the Mind*. New York: Psychology Press, 2014.

Anderson, John und Christian J. Lebiere. *The Atomic Components of Thought*. New York: Psychology Press, 2014.

Anderson, John, Lynne Reder und Herbert Simon. »Applications and Misapplications of Cognitive Psychology to Mathematics Education«. 1999. Aufgerufen am 26. Juni 2023. https://files.eric.ed.gov/fulltext/ED439007.pdf.

———. »Situated Learning and Education«. *Educational Researcher* 25, Nr. 4 (1996): 5–11.

Aristides, Juliette. *Classical Drawing Atelier: A Contemporary Guide to Traditional Studio Practice*. New York City: Watson-Guptill, 2011.

Armstrong, Jennifer Keishin. *Seinfeldia: How a Show About Nothing Changed Everything*. New York: Simon & Schuster, 2017.

Ashman, Greg. *The Power of Explicit Teaching and Direct Instruction*. Thousand Oaks, CA: Corwin, 2020.

Ashman, Greg, Slava Kalyuga und John Sweller. »Problem-Solving or Explicit Instruction: Which Should Go First When Element Interactivity Is High?«. *Educational Psychology Review* 22 (2020): 229–47.

Atkinson, John William und David Birch. *Introduction to Motivation*. 2. Auflage. New York: Van Nostrand, 1978.

Autor, David, Caroline Chin, Anna M. Salomons und Bryan Seegmiller. »New Frontiers: The Origins and Content of Work 1940–2018«. NBER Working Paper Series, 2022.

Aviation Safety Network. »ASN Accident Description«. Aufgerufen am 27. Juni 2023. http://aviation-safety.net/database/record.php?id=19770327-0.

Ayres, Paul. »Impact of Reducing Cognitive Load on Learning in a Mathematical Domain«. *Applied Cognitive Psychology* 20, Nr. 3 (2006): 287–98.

Bacon, Francis. *Novum Organon*. 1620.

Baddeley, Alan. *Human Memory: Theory and Practice*. Hove, UK: Psychology Press, 1997.

Balkom, Anton J. L. M. van, Patricia van Oppen, Alexander W. A. Vermeulen, Richard van Dyck, Mary C. E. Nauta und Harne C. M. Vorst. »A Meta-Analysis on the Treatment of Obsessive Compulsive Disorder: A Comparison of Antidepressants, Behavior, and Cognitive Therapy«. *Clinical Psychology Review* 14, Nr. 5 (1994): 359–81.

Bandura, Albert. *Social Learning Theory*. Englewood Cliffs, NJ: Prentice-Hall, 1977.

Barnett, Susan M. und Barbara Kowslowski. »Adaptive Expertise: Effects of Type of Experience and the Level of Theoretical Understanding It Generates«. *Thinking & Reasoning* 8, Nr. 4 (2002): 237–67.

Bassok, Miriam und Keith Holyoak. »Pragmatic Knowledge and Conceptual Structure: Determinants of Transfer Between Quantitative Domains«. In *Transfer on Trial: Intelligence, Cognition, and Instruction*, herausgegeben von Douglas Detterman und Robert Sternberg, 68–98. Norwood, NJ: Ablex, 1993.

Battig, William. »Facilitation and Interference«. In *Acquisition of Skill*, herausgegeben von Edward Bilodeau, 215–45. New York: Academic Press, 1966.

Benson, P. George und Dilek Önkal. »The Effects of Feedback and Training on the Performance of Probability Forecasters«. *International Journal of Forecasting* 8, Nr. 4 (1992): 559–73.

Bereiter, Carl und Marlene Scardamalia. *The Psychology of Written Composition*. Mahwah, NJ: Erlbaum, 1987.

Berliner, Paul. *Thinking in Jazz: The Infinite Art of Improvisation*. Chicago: University of Chicago Press, 2009.

Bernshteĭn, Nikolaĭ Aleksandrovich. *The Co-ordination and Regulation of Movements*. New York: Pergamon Press, 1967.

Bernstein, Mark F. »The Mind of a Mathematician«. *Princeton Alumni Weekly*, 13. November 2019. Aufgerufen am 26. Juni 2023. https://paw.princeton.edu/article/mind-mathematician.

Beth, Crandall, Gary Klein und Robert R. Hoffman. *Working Minds: A Practitioner's Guide to Cognitive Task Analysis*. Cambridge, MA: MIT Press, 2006.

Birnbaum, Monica, Nate Kornell, Elizabeth Bjork und Robert Bjork. »Why Interleaving Enhances Inductive Learning: The Roles of Discrimination and Retrieval«. *Memory & Cognition* 41 (2013): 392–402.

Bjork, Robert und Elizabeth Bjork. »Desirable Difficulty in Theory and Practice«. *Journal of Applied Research in Memory and Cognition* 9 (2020): 475–479.

Bloom, Benjamin. »Learning for Mastery«. Evaluation Comment 1, Nr. 2 (1968).

———. »The 2 Sigma Problem: The Search for Methods of Group Instruction as Effective as One-to-One Tutoring«. *Educational Researcher* 13, Nr. 6 (1984): 4–16.

Bouton, Mark. »Context, Ambiguity and Unlearning: Sources of Relapse After Behavioral Extinction«. *Biological Psychiatry* 52, Nr. 10 (2002): 976–86.

Boyle, Patrick. »Medical School Enrollments Grow, but Residency Slots Haven't Kept Pace«. Association of American Medical Colleges, 3. September 2020. Aufgerufen am 27. Juni 2023. https://www.aamc.org/news/medical-school-enrollments-grow-residency-slots-haven-t-kept-pace.

Boyle, Robert. 1662. *New Experiments Physico-Mechanicall, Touching the Spring of Air, and Its Effects*. Oxford: H. Hall, Printer to the University, for T. Robinson.

Brennan, Jason. *Good Work If You Can Get It: How to Succeed in Academia*. Baltimore: Johns Hopkins University Press, 2020.

Brewer, William F. »Bartlett's Concept of the Schema and Its Impact on Theories of Knowledge Representation in Contemporary Cognitive Psychology«. In Bartlett, *Culture and Cognition*, herausgegeben von Akiko Saito, 69–89. London: Psychology Press, 2000.

Britannica. »Understand Albert Einstein's Perspective of Disagreement About the Element of Uncertainty of Quantum Theory«. Aufgerufen am 27. Juni 2023. https://www.britannica.com/video/186825/indeterminacy-element-interpretation-quantum-mechanics-objections-Niels.

Brown, Forrest. »Famous Picasso Paintings: 7 Works That Captured Our Imagination«. CNN, 3. Februar 2020. Aufgerufen am 27. Juni 2023. https://www.cnn.com/style/article/famous-picasso-paintings/index.html.

Brown, John Seely und Kurt VanLehn. »Repair Theory: A Generative Theory of Bugs in Procedural Skills«. *Cognitive Science* 4, Nr. 4 (1980): 379–426.

Brunson, Doyle. *Doyle Brunson's Super System: A Course in Power Poker*. Las Vegas, NV: B&G, 1978.

Butler, Octavia. »Positive Obsession«. In *Bloodchild and Other Stories*, 125–35. New York: Seven Stories Press, 2005.

Campbell, Donald. »Blind Variation and Selective Retention in Creative Thought as in Other Knowledge Processes«. *Psychological Review* 67, Nr. 6 (1960): 380–400.

Canavan, Gerry. *Octavia E. Butler*. Urbana: University of Illinois Press, 2016.

Caplan, Bryan. *The Case Against Education: Why the Education System Is a Waste of Time and Money*. Princeton, NJ: Princeton University Press, 2018.

Carlson, Richard A., Boo Hock Khoo und Robert G. II Elliot. »Component Practice and Exposure to a Problem-Solving Context«. *Human Factors: The Journal of the Human Factors and Ergonomics Society* 32, Nr. 3 (1990): 267–86.

Carretta, Thomas und Ronald Dunlap. »Transfer of Training Effectiveness in Flight Simulation 1988 to 1997«. United States Air Force Research Laboratory, 1998.

Carroll, William. »Using Worked Examples as an Instructional Support in the Algebra Classroom«. *Journal of Educational Psychology* 86, Nr. 3 (1994): 360–67.

Catrambone, Richard. »The Subgoal Learning Model: Creating Better Examples So That Students Can Solve Novel Problems«. *Journal of Experimental Psychology: General* 127, Nr. 4 (1998): 355.

Cennini, Cennino. *Il libro dell'arte*. Übersetzt von Daniel V. Thompson. New York: Dover, 1954.

Chase, William und Herbert Simon. »Perception in Chess«. *Cognitive Psychology* 4, Nr. 1 (1973): 55–81.

Cheng, Patricia W., Keith Holyoak, Richard Nisbett und Lindsay Oliver. »Pragmatic versus Syntactic Approaches to Training Deductive Reasoning«. *Cognitive Psychology* 18, Nr. 3 (1986): 293–328.

Chi, Michelene, Miriam Bassok, Matthew W. Lewis, Peter Reinmann und Robert Glaser. »Self-Explanations: How Students Study and Use Examples in Learning to Solve Problems«. *Cognitive Science* 13, Nr. 2 (1989): 145–82.

Chi, Michelene, Paul Feltovich und Robert Glaser. »Categorization and Representation of Physics Problems by Experts and Novices«. *Cognitive Science* 5, Nr. 2 (1981): 121–52.

Chi, Michelene, Robert Glaser und Marshall Farr. *The Nature of Expertise*. Hillsdale, NJ: Erlbaum, 1988.

Choudhry, Niteesh K., Robert H. Fletcher und Stephen B. Soumerai. »Systematic Review: The Relationship Between Clinical Experience and Quality of Health Care«. *Annals of Internal Medicine* 142, Nr. 4 (2005): 260–73.

Clark, Lee. »Panic: Myth or Reality?«. *Contexts* (Herbst 2022): 21–26.

Clark, Richard E. »Antagonism Between Achievement and Enjoyment in ATI Studies«. *Educational Psychologist* 17, Nr. 2 (1982): 92–101.

Consuela, Francis. *Conversations with Octavia Butler*. Jackson: University Press of Mississippi, 2009.

Cooper, Graham und John Sweller. »Effects of Schema Acquisition and Rule Automation on Mathematical Problem-Solving Transfer«. *Journal of Educational Psychology* 79, Nr. 4 (1987): 347–62.

Cornelius, Adam (Regie). *Ecstasy of Order: The Tetris Masters*. 2021.

Cowan, Nelson. »The Magical Number 4 in Short-Term Memory: A Reconsideration of Mental Storage Capacity«. *Behavioral and Brain Sciences* 24, Nr. 1 (2001): 87–114.

Cowen, Tyler. »Learn Like an Athlete, Knowledge Workers Should Train«. *Marginal Revolution*, 12. Juli 2019. Aufgerufen am 28. Juni 2023. https://marginalrevolution.com/marginalrevolution/2019/07/learn-like-an-athlete-knowledge-workers-should-train.html.

Craske, Michelle G., Michael Treanor, Christopher C. Conway, Tomislav Zbozinek und Bram Vervliet. »Maximizing Exposure Therapy: An Inhibitory Learning Approach«. *Behavioral Research and Therapy* 58 (2014): 10–23.

Crowley, Roger. *The Guns of Constantinople*. 30. Juli 2007. Aufgerufen am 27. Juni 2023. https://www.historynet.com/the-guns-of-constantinople/.

Csikszentmihalyi, Mihaly. »Creativity and Genius: A Systems Perspective«. In *Genius and the Mind*, von Andrew Steptoe, 39–66. New York: Oxford University Press, 1988.

Da Vinci, Leonardo. *Leonardo's Notebooks: Writing and Art of the Great Master*. Herausgegeben von H. Anna Suh. New York: Black Dog & Leventhal, 2013.

Davis, Martin, Yuri Matijasevič und Julia Robinson. »Hilbert's Tenth Problem. Diophantine Equations: Positive Aspects of a Negative Solution«. *American Mathematical Society*, 1976.

Davis, Miles und Quincy Troupe. *Miles: The Autobiography*. New York: Simon & Schuster, 1989.

Davis, Richard. »Creativity in Neurosurgical Publications«. *Neurosurgery* 20, Nr. 4 (1987): 652–63.

De Groot, Adriaan Dingeman. *Het denken van den schaker* (übersetzt in die englische Sprache: *Thought and Choice in Chess*). Dissertation. Amsterdam: N.V. Noord-Hollandsche Uitgevers Maatschappij, 1946.

DeKeyser, Robert. »Beyond Explicit Rule Learning: Automatizing Second Language Morphosyntax«. *Studies in Second Language Acquisition* 19, Nr. 2 (1997): 195–221.

Dempster, Frank N. »The Spacing Effect: A Case Study in the Failure to Apply the Results of Psychological Research«. *American Psychologist* 43, Nr. 8 (1988): 627.

Dethier, Dylan. »What Tiger Woods' First-Ever TV Appearance (at Age 2!) Really Taught Us«. *Golf*, 24. März 2020. Aufgerufen am 27. Juni 2023. https://golf.com/news/tiger-woods-youtube-project-first-tv-appearance/.

Dewey, John. *Democracy and Education*. New York: Macmillan, 1916.

Diamond, Jared. *Guns, Germs, and Steel: The Fates of Human Societies*. New York: Norton, 1997.

DiSessa, Andrea A. »Unlearning Aristotelian Physics: A Study of Knowledge-Based Learning«. *Cognitive Science* 6, Nr. 1 (1982): 37–75.

Duncker, Karl. »On Problem Solving«. *Psychological Monographs* 58, Nr. 5 (1945): i–113.

Eden, Scott. »Stroke of Madness«. ESPN, 13. Januar 2013. Aufgerufen am 27. Juni 2023. https://www.espn.com/golf/story/_/id/8865487/tiger-woods-reinvents-golf-swing-third-career-espn-magazine.

Edison Innovation Foundation. »Famous Quotes by Thomas Edison«. 2020. Aufgerufen am 27. Juni 2023. https://www.thomasedison.org/edison-quotes.

Efland, Arthur D. *A History of Art Education*. New York: Teachers College Press, 1990.

Egan, Dennis und Barry Schwartz. »Chunking in Recall of Symbolic Drawings«. *Memory & Cognition* 7 (1979): 149–58.

Eglington, Luke und Sean Kang. »Interleaved Presentation Benefits Science Category Learning«. *Journal of Applied Research in Memory and Cognition* 6, Nr. 4 (2017): 475–85.

Einstein, Albert. »Physics and Reality«. Übersetzt von Jean Piccard. *Journal of the Franklin Institute* 221, Nr. 3 (1936): 349–82.

Engelmann, Siegfried und Douglas Carnine. *Theory of Instruction: Principles and Applications*. New York: Irvington, 1982.

Ericsson, K. Anders. *Development of Professional Expertise: Toward Measurement of Expert Performance and Design of Optimal Learning Environments*. Cambridge: Cambridge University Press, 2009.

Ericsson, K. Anders und Walter Kintsch. »Long-Term Working Memory«. *Psychological Review* 102, Nr. 2 (1995): 211–45.

Ericsson, K. Anders und Robert Pool. *Peak: Secrets from the New Science of Expertise*. Boston: Houghton Mifflin Harcourt, 2016.

Ericsson, K. Anders und Jacqui Smith. *Toward a General Theory of Expertise: Prospects and Limits*. Cambridge: Cambridge University Press, 1991.

Ericsson, K. Anders, Ralf T. Krampe und Clemens Tesch-Römer. »The Role of Deliberate Practice in the Acquisition of Expert Performance«. *Psychological Review* 100, Nr. 3 (1993): 363.

Fabiani, Monica, Jean Buckley, Gabriele Gratton, Michael G. H. Coles, Emanuel Donchin und Robert Logie. »The Training of Complex Task Performance«. *Acta Psychologica* 71, Nr. 1–3 (1989): 259–99.

Farndale, Nigel. »Magnus Carlsen: Grandmaster Flash«. *Guardian*, 19. Oktober 2013. Aufgerufen am 26. Juni 2023. https://www.theguardian.com/sport/2013/oct/19/magnus-carlsen-chess-grandmaster.

Federal Trade Commission. »Lumosity to Pay $2 Million to Settle FTC Deceptive Advertising Charges for Its ›Brain Training‹ Program«. Pressemitteilung, 25. Januar 2016. Aufgerufen am 26. Juni 2023. https://www.ftc.gov/news-events/news/press-releases/2016/01/lumosity-pay-2-million-settle-ftc-deceptive-advertising-charges-its-brain-training-program.

———. »[Proposed] Stipulated Final Judgment and Order for Permanent Injunction and Other Equitable Relief«. 8. Januar 2016. Aufgerufen am 26. Juni 2023. https://www.ftc.gov/system/files/documents/cases/160105lumoslabsstip.pdf.

Fenton, Charles Andrew. *The Apprenticeship of Ernest Hemingway*. New York: Farrar, Straus & Young, 1954.

Feske, Ulrike und Dianne L. Chambless. »Cognitive Behavioral versus Exposure Only Treatment for Social Phobia: A Meta-Analysis«. *Behavior Therapy* 26, Nr. 4 (1995): 695–720.

Feynman, Richard. »Surely You're Joking, Mr. Feynman!«. *Adventures of a Curious Character*. New York: Norton, 1985.

»Feynman: Knowing versus Understanding«. Video, YouTube, 17. Mai 2012. Aufgerufen am 27. Juni 2023. https://www.youtube.com/watch?v=NM-zWTU7X-k.

Fitts, Paul Morris und Michael Posner. *Human Performance*. Belmont, CA: Brooks/Cole, 1967.

Foa, Edna, Constance Dancu, Elizabeth Hembree, Lisa Jaycox, Elizabeth Meadows und Gordon P. Street. »A Comparison of Exposure Therapy, Stress Inoculation Training, and Their Combination for Reducing Posttraumatic Stress Disorder in Female Assault Victims«. *Journal of Consulting and Clinical Psychology* 67, Nr. 2 (1999): 194–200.

Fong, Geoffrey, David Krantz und Richard Nisbett. »The Effects of Statistical Training on Thinking About Everyday Problems«. *Cognitive Psychology* 18 (1986): 253–92.

Free to Choose. Performed by Milton Friedman, 1980.

Gaming Historian. »The Story of Tetris«. 2. Februar 2018. Aufgerufen am 26. Juni 2023. https://www.youtube.com/watch?v=_fQtxKmgJC8.

Gao, Yuan, Renae Low, Putai Jin und John Sweller. »Effects of Speaker Variability on Learning Foreign-Accented English for EFL Learners«. *Journal of Educational Psychology* 105, Nr. 3 (2013): 649.

Gardener, Howard. *The Unschooled Mind: How Children Think and How Schools Should Teach*. New York: Basic Books, 1991.

Ghofrani, Hossein, Ian Osterloh und Friedrich Grimminger. »Sildenafil: From Angina to Erectile Dysfunction to Pulmonary Hypertension and Beyond«. *Nature Reviews Drug Discovery* 5, Nr. 8 (2006): 689–702.

Gick, Mary und Keith Holyoak. »Analogical Problem Solving«. *Cognitive Psychology* 12 (1980): 306–55.

Girma, Haben. *Haben: The Deafblind Woman Who Conquered Harvard Law*. New York: Twelve, 2019.

Glogger-Frey, Inga, Corrina Fleischer, Lisa Grüny, Julian Kappich und Alexander Renkl. »Inventing a Solution and Studying a Worked Solution Prepare Differently for Learning from Direct Instruction«. *Learning and Instruction* 39 (2015): 72–87.

Goldsmith, Jeffrey. »This Is Your Brain on Tetris«. Wired, 1. Mai 1994. Aufgerufen am 26. Juni 2023. https://www.wired.com/1994/05/tetris-2/.

Goldstone, Robert. »Isolated and Interrelated Concepts«. *Memory & Cognition* 24 (1996): 608–28.

Gould, Robert A., Susan Buckminster, Mark H. Pollack, Michael W. Otto und Liang Yap. »Cognitive-Behavioral and Pharmacological Treatment for Social Phobia: A Meta-Analysis«. *Clinical Psychology: Science and Practice* 4, Nr. 4 (1997): 291–306.

Gould, Robert A., Michael W. Otto und Mark H. Pollack. »A Meta-Analysis of Treatment Outcome for Panic Disorder«. *Clinical Psychology Review* 15, Nr. 8 (1995): 819–44.

Gould, Robert A., Michael W. Otto, Mark H. Pollack und Liang Yap. »Cognitive Behavioral and Pharmacological Treatment of Generalized Anxiety Disorder: A Preliminary Meta-Analysis«. *Behavior Therapy* 28, Nr. 2 (1997): 285–305.

Green, John. »Why Are Humans Suddenly Getting Better at Tetris?«. Video, YouTube, 18. Oktober 2018. Aufgerufen am 26. Juni 2023. https://www.youtube.com/watch?v=twS0SrDg-fc.

Greenwald, Morgan. »30 Life-Changing Inventions That Were Totally Accidental«. *BestLife*, 25. September 2018. Aufgerufen am 27. Juni 2023. https://bestlifeonline.com/accidental-inventions/.

Grice, H. P. »Logic and Conversation«. In *Speech Acts,* von Peter Cole und Jerry L. Morgan, 41–58. Leiden: Brill, 1975.

Grove, William und Paul Meehl. »Comparative Efficiency of Informal (Subjective, Impressionistic) and Formal (Mechanical, Algorithmic) Prediction Procedures: The Clinical-Statistical Controversy«. *Psychology, Public Policy, and Law* 2 (1996): 293–323.

Guskey, Thomas R. *Implementing Mastery Learning*, 3. Auflage. Thousand Oaks, CA: Corwin, 2023.

Haier, Richard, Sherif Karama, Leonard Leyba und Rex E. Jung. »MRI Assessment of Cortical Thickness and Functional Activity Changes in Adolescent Girls Following Three Months of Practice on a Visual-Spatial Task«. *BMC Research Notes* 2, Nr. 174 (2009): 174.

Harmon, Claude »Butch«, Jr. und Steve Eubanks. *The Pro: Lessons from My Father About Golf and Life*. New York: Crown, 2006.

Hatala, Rose, Lee Brooks und Geoffrey Norman. »Practice Makes Perfect: The Critical Role of Mixed Practice in the Acquistion of ECG Interpretation Skills«. *Advances in Health Sciences Education* 8 (2003): 17–26.

Hatano, Giyoo und Kayoko Inagaki. »Two Courses of Expertise«. *Child Development and Education in Japan* (1986): 262–72.

Hattie, John. *Visible Learning: A Synthesis of Over 800 Meta-Analyses Relating to Achievement*. New York: Routledge, 2008.

Hayes, John. »Cognitive Processes in Creativity«. In *Handbook of Creativity*, herausgegeben von J. A. Glover, R. R. Ronning und C. R. Reynolds, 135–45. New York: Plenum, 1989.

Heckman, James J., John Eric Humphries und Tim Kautz. *The Myth of Achievement Tests: The GED and the Role of Character in American Life*. Chicago: University of Chicago Press, 2013.

Henderson, Laura. »Semaglutide: A Medical Expert's Guide«. myBMI, 23. Januar 2023. https://my-bmi.co.uk/medical-therapy/history-of-semaglutide.

Hendon Mob. »Norway All Time Money List«. 26. Juni 2023. Aufgerufen am 27. Juni 2023. https://pokerdb.thehendonmob.com/ranking/209/.

Henrich, Joseph. *The Secret of Our Success*. Princeton, NJ: Princeton University Press, 2015.

Hermann, Dorothy. *Helen Keller: A Life*. New York: Knopf, 1998.

Herrmann, Esther, Josep Call, María Victoria Hernàndez-Lloreda, Brian Hare und Michael Tomasello. »Humans Have Evolved Specialized Skills of Social Cognition: The Cultural Intelligence Hypothesis«. *Science* 317, Nr. 5843 (2007): 1360–66.

Heydenreich, Ludwig Heinrich. »Leonardo da Vinci: Italian Artist, Engineer, Scientist«. Britannica, 14. Juni 2023. Aufgerufen am 27. Juni 2023. https://www.britannica.com/biography/Leonardo-da-Vinci.

Hirsch, E. D. *Cultural Literacy: What Every American Needs to Know*. New York: Vintage, 1988.

History.com. »Thomas Edison«. 9. November 2009. Aufgerufen am 27. Juni 2023. https://www.history.com/topics/inventions/thomas-edison.

Hodge, Frederick Arthur. *John Locke and Formal Discipline*. Lynchburg, VA: Bell, 1911.

Hofmann, Stefan G. »Cognitive Processes During Fear Acquisition and Extinction in Animals and Humans: Implications for Exposure Therapy and Anxiety Disorders«. *Clinical Psychology Review* 28, Nr. 2 (2008): 199–210.

Hofmann, Stefan G. und Gordon J. G. Asmundson. »Acceptance and Mindfulness-Based Therapy: New Wave or Old Hat?«. *Clinical Psychology Review* 28, Nr. 1 (2008): 1–16.

Holmes, Oliver Wendell, Jr. *The Essential Holmes*. Herausgegeben von Richard A. Posner. Chicago: University of Chicago Press, 1992.

Howes, Anton. »Age of Invention: Upstream, Downstream«. *Age of Invention*, 21. Januar 2021. Aufgerufen am 27. Juni 2023. https://www.ageofinvention.xyz/p/age-of-invention-upstream-downstream.

Imir, Zvon. »Annette Obrestad Poker Journey: The 18-Year-Old Poker Queen of Europe«. My Poker Coaching. Aufgerufen am 27. Juni 2023. https://www.mypokercoaching.com/annette-obrestad/.

Isaacson, Walter. *Einstein: His Life and Universe*. New York: Simon & Schuster, 2007.

Jacobs, John, Carolyn Prince, Robert Hays und Eduardo Salas. »A Meta-Analysis of the Flight Simulator Training Research«. Naval Training Systems Center, Human Factors Division, August 1990.

James, William. *The Principles of Psychology*. Bd. 2. New York: Henry Holt, 1890.

Janis, Irving. *Air War and Emotional Stress: Psychological Studies of Bombing and Civilian Defense*. New York: McGraw-Hill, 1951.

Jarodzka, Halszka, Thomas Balslev, Marcus Nyström, Kenneth Holmqvist, Katharina Scheiter, Peter Gerjets und Berit Eika. »Conveying Clinical Reasoning Based on Visual Observation via Eye-Movement Modelling Examples«. *Instructional Science* 40 (2012): 813–827.

Jimoyiannis, Athanassios und Vassilis Komis. »Computer Simulations in Physics Teaching and Learning: A Case Study on Students' Understanding of Trajectory Motion«. *Computers & Education* 36, Nr. 2 (2001): 183–204.

Jones, Jeffrey M. »Americans Reading Fewer Books Than in Past«. Gallup, 10. Januar 2022. Aufgerufen am 26. Juni 2023. https://news.gallup.com/poll/388541/americans-reading-fewer-books-past.aspx.

Josephson, Matthew. *Edison: A Biography*. New York: McGraw-Hill, 1959.

Judd, Charles Hubbard. »The Relation of Special Training and General Intelligence«. *Educational Review* 36 (1908): 28–42.

Juel, Connie und Diane Roper-Schneider. »The Influence of Basal Readers on First Grade Reading«. *Reading Research Quarterly* 20 (1985): 134–52.

Kahneman, Daniel. »Don't Blink! The Hazards of Overconfidence«. *New York Times*, 19. Oktober 2011. Aufgerufen am 27. Juni 2023. https://www.nytimes.com/2011/10/23/magazine/dont-blink-the-hazards-of-confidence.html.

———. *Thinking, Fast and Slow*. New York: Farrar, Straus & Giroux, 2011.

Kahneman, Daniel und Gary Klein. »Conditions for Intuitive Expertise: A Failure to Disagree«. *American Psychologist* 64, Nr. 6 (2009): 515.

Kahneman, Daniel, Amos Tversky und P. Slovic. »Judgements of and by Representativeness«. In *Judgement Under Uncertainty: Heuristics and Biases*. Cambridge: Cambridge University Press, 1982.

Kalyuga, Slava. »Cognitive Load Theory: How Many Types of Load Does It Really Need?«. *Educational Psychology Review* 23, Nr. 1 (2011): 19.

———. »Expertise Reversal Effect and Its Implications for Learner-Tailored Instruction«. *Educational Psychology Review* 19 (2007): 509–39.

Kang, Sean und Harold Pashler. »Learning Painting Styles: Spacing Is Advantageous When It Promotes Discriminative Contrast«. *Applied Cognitive Psychology* 26, Nr. 1 (2012): 97–103.

Kanigel, Robert. *Apprentice to Genius: The Making of a Scientific Dynasty*. Baltimore: Johns Hopkins University Press, 1993.

Kapur, Manu. »Productive Failure«. *Cognition and Instruction* 26 (2008): 379–424.

Karpicke, Jeffrey. »Metacognitive Control and Strategy Selection: Deciding to Practice Retrieval During Learning«. *Journal of Experimental Psychology: General* 138, Nr. 4 (2009): 469.

Karpicke, Jeffrey und Janelle Blunt. »Retrieval Practice Produces More Learning Than Elaborative Studying With Concept Mapping«. *Science* 331, Nr. 6018 (2011): 772–75.

Keller, Helen. *The Story of My Life*. New York: Doubleday, Page, 1903.

Kelly, Kevin. »103 Bits of Advice I Wish I Had Known«. Technium, 28. April 2022. Aufgerufen am 26. Juni 2023. https://kk.org/thetechnium/103-bits-of-advice-i-wish-i-had-known/.

Kiersz, Andy. »Any Rubik's Cube Can Be Solved in 20 Moves, but It Took Over 30 Years for Anyone to Figure That Out«. *Business Insider*, 18. Januar 2019. Aufgerufen am 26. Juni 2023. https://www.businessinsider.com/rubiks-cube-gods-number-steps-to-solve-any-cube-2019-1.

Kiger, Patrick J. »How Nixon's WWII Poker Game Helped Bankroll His First Run for Congress«. History.com, 19. Februar 2019. Aufgerufen am 27. Juni 2023. https://www.history.com/news/richard-nixon-campaign-funds-wwii-poker.

Kintsch, Walter. *Comprehension: A Paradigm for Cognition*. Cambridge: Cambridge University Press, 1998.

Kirschner, Paul A. »Epistemology or Pedagogy, That Is the Question«. In *Constructivist Instruction: Success or Failure?*, von Sigmund Tobias und Thomas Duffy, 144–58. New York: Routledge, 2009.

Kirschner, Paul, John Sweller und Richard E. Clark. »Why Minimal Guidance During Instruction Does Not Work: An Analysis of the Failure of Constructivist, Discovery, Problem-Based, Experiential, and Inquiry-Based Teaching«. *Educational Psychologist* 41, Nr. 2 (2006): 75–86.

Klahr, David. *Exploring Science: The Cognition and Development of Discovery Processes*. Cambridge, MA: MIT Press, 2000.

Klahr, David und Milena Nigam. »The Equivalence of Learning Paths in Early Science Instruction: Effects of Direct Instruction and Discovery Learning«. *Psychological Science* 15, Nr. 10 (2004): 661–67.

Klein, Gary A., Roberta Calderwood und Anne Clinton-Cirocco. »Rapid Decision Making on the Fire Ground«. *Proceedings of the Human Factors Society Annual Meeting* 30, Nr. 6 (1986): 576–80.

Klein, Gary, Steve Wolf, Laura Militello und Caroline Zsambok. »Characteristics of Skilled Option Generation in Chess«. *Organizational Behavior and Human Decision Processes* 62, Nr. 1 (1995): 63–69.

Kleiner, Morris M. und Evgeny S. Vorotnikov. »At What Cost? State and National Estimates of the Economic Costs of Occupational Licensing«. *Institute for Justice*, 2018.

Kluger, Avraham und Angelo DeNisi. »The Effects of Feedback Interventions on Performance: A Historical Review, a Meta-Analysis, and a Preliminary Feedback Intervention Theory«. P*sychological Bulletin* 119, Nr. 2 (1996): 254–84.

Kornell, Nate und Robert Bjork. »Learning Concepts and Categories: Is Spacing the ›Enemy of Induction‹?«. *Psychological Science* 19, Nr. 6 (2008): 585–92.

Kubricht, James R., Keith Holyoak und Hongjing Lu. »Intuitive Physics: Current Research and Controversies«. *Trends in Cognitive Science* 21, Nr. 10 (2017): 749–59.

Langley, Pat, Herbert A. Simon, Gary L. Bradshaw und Jan M. Zytkow. *Scientific Discovery: Computational Explorations of the Creative Processes*. Cambridge, MA: MIT Press, 1987.

Lave, Jean und Étienne Wenger. *Situated Learning: Legitimate, Peripheral Participation*. Cambridge: Cambridge University Press, 1991.

LeDoux, Joseph. *Anxious: Using the Brain to Understand and Treat Fear and Anxiety*. New York: Penguin Books, 2015.

LeFevre, Jo-Anne und Peter Dixon. »Do Written Instructions Need Examples?«. *Cognition and Instruction* 3, Nr. 1 (1986): 1–30.

Likourezos, Vicki, Slava Kalyuga und John Sweller. »The Variability Effect: When Instructional Variability Is Advantageous«. *Educational Psychology Review* 31 (2019): 479–97.

Lintern, Gavan, Stanley Roscoe und Jonathan Sivier. »Display Principles, Control Dynamics, and Environmental Factors in Pilot Training and Transfer«. *Journal of Human Factors and Ergonomics Society* 32, Nr. 3 (1990): 299–317.

Locke, John. *Some Thoughts Concerning Education*. London, 1693.

Logan, Gordon. »Toward an Instance Theory of Automatization«. *Psychological Review* 95, Nr. 4 (1988): 492–527.

Luchins, Abraham. »Mechanization in Problem Solving: The Effect of Einstellung«. *Psychological Monographs* 45, Nr. 6 (1942): i–95.

Maddox, Brenda. *Rosalind Franklin: The Dark Lady of DNA.* New York: Harper Perennial, 2003.

Magill, Richard und Kellie Hall. »A Review of the Contextual Interference Effect in Motor Acquisition«. *Human Movement Science* 9, Nr. 3–5 (1990): 241–89.

Magyar, Màrton. *The 50 Greatest Stories in Poker History.* Las Vegas, NV: Huntington Press, 2021.

Marcus, Gary, Steven Pinker, Michael Ullman, Michelle Hollander, T. John Rosen, Fei Xu und Harald Clahsen. »Overregularization in Language Acquisition«. *Monographs of the Society for Research in Child Development* (1992): i–178.

Marks, Isaac. *Fears, Phobias, and Rituals: Panic, Anxiety and Their Disorders.* Oxford: Oxford University Press, 1987.

Marrow, Alfred. *The Practical Theorist: The Life and Work of Kurt Lewin.* New York: Basic Books, 1969.

Masters, Rich und Jon Maxwell. »The Theory of Reinvestment«. *International Review of Sport and Exercise Psychology* 1, Nr. 2 (2008): 160–83.

Matlen, Bryan und David Klahr. »Sequential Effects of High and Low Instructional Guidance on Children's Acquisition of Experimentation Skills: Is It All in the Timing?«. *Instructional Science* 41 (2013): 621–34.

Matthews, Karen, Robert Helmreich und William Beane. »Pattern A, Achievement Striving, and Scientific Merit: Does Pattern A Help or Hinder?«. *Journal of Personality and Social Psychology* 39, Nr. 5 (1980): 962.

Mavin, Timothy J. und Patrick S. Murray. »The Development of Airline Pilot Skills Through Simulated Practice«. In *Learning Through Practice: Models, Traditions, Orientations and Approaches,* herausgegeben von Stephen Billet. Dordrecht, Niederlande: Springer, 2010.

Mayer, Richard. »Should There Be a Three-Strikes Rule Against Pure Discovery Learning?«. *American Psychologist* 59, Nr. 1 (2004): 14–19.

McClelland, James, David E. Rumelhart und PDP Research Group. *Parallel Distributed Processing.* Cambridge, MA: MIT Press, 1986.

McKenna, David. »Robert Smith-Barry: The Man Who Taught the World to Fly«. BBC, 23. Februar 23, 2013. Aufgerufen am 27. Juni 2023. https://www.bbc.co.uk/news/uk-england-21321362.

McNamara, Danielle und Walter Kintsch. »Learning from Texts: Effects of Prior Knowledge and Text Coherence«. *Discourse Processes* 22, Nr. 3 (1996): 247–88.

Meehl, Paul. *Clinical versus Statistical Prediction: A Theoretical Analysis and Review of the Evidence.* Minneapolis: University of Minnesota Press, 1954.

Meikeljohn, Alexander. »Is Mental Training a Myth?«. *Educational Review* 37 (1908): 126–41.

Melby-Lervag, Monica, Thomas S. Redick und Charles Hulme. »Working Memory Training Does Not Improve Performance on Measures of Intelligence or Other Measures of ›Far Transfer‹: Evidence from a Meta-Analytic Review«. *Perspectives on Psychological Science* 11, Nr. 4 (2016): 512–34.

Mercier, Hugo und Dan Sperber. *The Enigma of Reason.* Cambridge, MA: Harvard University Press, 2017.

Merriënboer, Jeroen van und Fred Paas. »Automation and Schema Acquisition in Learning Elementary Computer Programming: Implications for the Design of Practice«. *Computers in Human Behavior* 6 (1990): 273–89.

Merriënboer, Jeroen van, Marcel de Croock und Otto Jelsma. »The Transfer Paradox: Effects of Contextual Interference on Retention and Transfer Performance of a Complex Cognitive Skill«. *Perceptual and Motor Skills* 84 (1997): 784–86.

Merton, Robert. »Singletons and Multiples in Scientific Discovery: A Chapter in the Sociology of Science«. *Proceedings of the American Philosophical Society* 105, Nr. 5 (1961): 470–86.

Miller, George A. »The Magical Number Seven, Plus or Minus Two: Some Limits on Our Capacity for Processing Information«. *Psychological Review* 63, Nr. 2 (1956): 81–97.

Mineka, Susan und Richard Zinbarg. »A Contemporary Learning Theory Perspective on the Etiology of Anxiety Disorders: It's Not What You Thought It Was«. *American Psychologist* 61, Nr. 1 (2006): 10–26.

Morley, Robert Michael. »Earning Their Wings: British Pilot Training 1912–1918«. Masterarbeit, University of Saskatchewan, 2006.

Moshman, David und Molly Geil. »Collaborative Reasoning: Evidence for Collective Rationality«. *Thinking & Reasoning* 4, Nr. 3 (1998): 231–48.

Mowrer, O. Hobart. *Learning Theory and Behavior.* New York: John Wiley, 1960.

Nakata, Tatsuya und Yuichi Suzuki. »Mixed Grammar Exercises Facilitates Long-Term Retention: Effects of Blocking, Interleaving, and Increasing Practice«. *Modern Language Journal* 103, Nr. 3 (2019): 629–47.

Naylor, James C. und George E. Briggs. »Effects of Task Complexity and Task Organization on the Relative Efficiency of Part and Whole Training Methods«. *Journal of Experimental Psychology* 65, Nr. 3 (1963): 217–24.

Negreanu, Daniel. »Daniel Negreanu Teaches Poker«. MasterClass, Oktober 2020. Aufgerufen am 27. Juni 2023. https://www.masterclass.com/classes/daniel-negreanu-teaches-poker.

Neisser, Ulric. *Cognition and Reality: Principles and Implications of Cognitive Psychology.* San Francisco: W. H. Freeman, 1976.

Newell, Allen und Herbert Simon. *Human Problem Solving.* Englewood Cliffs, NJ: Prentice-Hall, 1972.

Newman, William R. und Lawrence Principe. *Alchemy Tried in Fire: Starkey, Boyle, and the Fate of Helmontian Chymistry.* Chicago: University of Chicago Press, 2002.

Newport, Cal. *Deep Work: Rules for Focused Success in a Distracted World.* New York: Grand Central, 2016.

Noack, Hannes, Martin Lövdén, Florian Schmiedek und Ulman Lindenberger. »Cognitive Plasticity in Adulthood and Old Age: Gauging the Generality of Cognitive Intervention Effects«. *Restorative Neurology and Neuroscience* 27 (2009): 435–53.

NSC Injury Facts. »Deaths by Transportation Mode«. 2023. Aufgerufen am 27. Juni 2023. https://injuryfacts.nsc.org/home-and-community/safety-topics/deaths-by-transportation-mode/.

Obrestad, Annette. »My Story«. Video, YouTube, 13. Oktober 2018. Aufgerufen am 27. Juni 2023. https://www.youtube.com/watch?v=mk-0CmsIVFg.

Ogburn, William und Dorothy Thomas. »Are Inventions Inevitable? A Note on Social Evolution«. *Political Science Quarterly* 37, Nr. 1 (1922): 83–98.

Owen, Adrain M., Adam Hampshire, Jessica A. Grahn, Robert Stenton, Said Dajani, Alistair S. Burns, Robert J. Howard und Clive G. Ballard. »Putting Brain Training to the Test«. *Nature* 465, Nr. 7299 (2010): 775–78.

Owen, Elizabeth und John Sweller. »What Do Students Learn While Solving Mathematics Problems?«. *Journal of Educational Psychology* 77, Nr. 3 (1985): 272–84.

Owens, Thomas. *Bebop: The Music and Its Players.* Oxford: Oxford University Press, 1996.

Oxford Reference. »Zone of Proximal Development«. Aufgerufen am 26. Juni 2023. https://www.oxfordreference.com/display/10.1093/oi/authority.20110803133528287;jsessionid=77DCED74A08B38309BD994609A081496.

Pan, Steven, Jahan Tajran, Jarrett Lovelett, Jessica Osuna und Timothy Rickard. »Does Interleaved Practice Enhance Foreign Language Learning? The Effects of Training Schedule on Spanish Verb Conjugation Skills«. *Journal of Educational Psychology* 111, Nr. 7 (2019): 1172.

Panter-Downes, Mollie. *London War Notes.* New York: Farrar, Straus & Giroux, 1971.

Patel, Vimla und Guy Groen. »Developmental Accounts of the Transition from Medical Student to Doctor: Some Problems and Suggestions«. *Medical Education* 25, Nr. 6 (1991): 527–35.

Pauling, Linus. Interview mit Robert Richter von WGBH-Boston in Linus Pauling, »Crusading Scientist«. Video, 1977.

Piaget, Jean. »Piaget's Theory«. In *Carmichael's Manual of Child Psychology,* Bd. 1, herausgegeben von Paul H. Mussen. New York: Wiley, 1970.

Pinker, Steven und Arthur Morey. *The Language Instinct: How the Mind Creates Language*. New York: William Morrow, 1994.

Planck, Max. *Scientific Autobiography and Other Papers*. New York: Philosophical Library, 1949.

Plato. *Phaedrus*. In *Complete Works*, herausgegeben von J. M. Cooper. Indianapolis: Hackett, 1997.

Plato. *Plato's Republic*. Übersetzt von Benjamin Jowett. Altenmünster, Deutschland: Jazzybee Verlag Jürgen Beck, 2017. o. D.

Pogrebin, Robin und Scott Reyburn. »Leonardo da Vinci Painting Sells for $450.3 Million, Shattering Auction Highs«. *New York Times*, 15. November 2017. Aufgerufen am 26. Juni 2023. https://www.nytimes.com/2017/11/15/arts/design/leonardo-da-vinci-salvator-mundi-christies-auction.html.

Poincaré, Henri. *The Foundations of Science: Science and Hypothesis, The Value of Science, Science and Method*. New York: Science Press, 1913.

PokerListings. »About Chris Moneymaker«. 2011. Aufgerufen am 27. Juni 2023. https://web.archive.org/web/20110822203101/http://www.pokerlistings.com/poker-player_chris-moneymaker.

———. »Best Poker Moments—Annette Obrestad Shares Secrets of Blind Online Poker Win«. Video, YouTube, 11. November 2021. Aufgerufen am 27. Juni 2023. https://www.youtube.com/watch?v=ROE0uB51E0w.

Polanyi, Michael. *The Tacit Dimension*. Garden City, NY: Doubleday, 1966.

Price, Derek J. de Solla. *Little Science, Big Science*. New York: Columbia University Press, 1963.

Principe, Lawrence. *The Secrets of Alchemy*. Chicago: University of Chicago Press, 2012.

Quetelet, Adolphe. *A Treatise on Man and the Development of His Faculties*. Edinburgh, 1842.

Quote Investigator. »Can't Somebody Bring Me a One-Handed Economist?«. 10. April 2019. Aufgerufen am 27. Juni 2023. https://quoteinvestigator.com/2019/04/10/one-handed/.

———. »It Is Better to Know Nothing Than to Know What Ain't So?«. 30. Mai 2015. Aufgerufen am 27. Juni 2023. https://quoteinvestigator.com/2015/05/30/better-know/.

Rachman, Stanley J. *Fear and Courage*. San Francisco: W. H. Freeman, 1990.

Ramnerö, Jonas. »Exposure Therapy for Anxiety Disorders: Is There Room for Cognitive Interventions?«. In *Exposure Therapy: Rethinking the Model, Refining the Method*, herausgegeben von Peter Neudeck und Hans-Ulrich Wittchen, 275–97. New York: Springer, 2012.

Rantanen, Esa M. und Donald A. Talleur. »Incremental Transfer and Cost Effectiveness of Ground-Based Flight Trainers in University Aviation Programs«. *Proceedings of the Human Factors and Ergonomics Society Annual Meeting* (2005): 764–68.

Rawlings, Bruce S. »After a Decade of Tool Innovation, What Comes Next?«. *Child Development Perspectives* 16, Nr. 2 (2022): 118–24.

Reed, Stephen K., Alexandra Dempster und Michael Ettinger. »Usefulness of Analogous Solutions for Solving Algebra Word Problems«. *Journal of Experimental Psychology: Learning, Memory, and Cognition* 11, Nr. 1 (1985): 106–25.

Reijnoudt, Jan und Niek Sterk. *Tragedie op Tenerife*. Kampen, Netherlands: Kok, 2002.

Ritchie, Stuart. *Intelligence: All That Matters*. London: Quercus, 2016.

Ritchie, Stuart J., Timothy C. Bates und Robert Plomin. »Does Learning to Read Improve Intelligence? A Longitudinal Multivariate Analysis of Identical Twins From Age 7 to 16«. *Child Development* 86, Nr. 1 (2015): 23–36.

Roediger, Henry L., III und Andrew C. Butler. »The Critical Role of Retrieval Practice in Long-Term Retention«. *Trends in Cognitive Science* 15, Nr. 1 (2011): 20–27.

Roscoe, Stanley. »Incremental Transfer Effectiveness«. *Human Factors* 13, Nr. 6 (1971): 561–67.

Rosenshine, Barak und Robert Stevens. »Teaching Functions«. In *Handbook of Research on Teaching*, 3. Auflage, herausgegeben von M. C. Wittrock, 376–91. New York: Macmillan, 1986.

Rowland, Christopher. »The Effect of Testing versus Restudy on Retention: A Meta-Analytic Review of the Testing Effect«. *Psychological Bulletin* 140, Nr. 6 (2014): 1432–63.

Saelee, Joseph. »First Ever Level 34 in NES Tetris«. Video, YouTube, 15. Februar 2020. Aufgerufen am 26. Juni 2023. https://www.youtube.com/watch?v=rWMUYBinriw.

———. »284 Lines (Full Video)«. Video, YouTube, 15. Februar 2020. Aufgerufen am 26. Juni 2023. https://www.youtube.com/watch?v=L7SRuMG6AJc.

Saigh, Philip A. »Pre- and Postinvasion Anxiety in Lebanon«. *Behavior Therapy* 15, Nr. 2 (1984): 185–90.

Sala, Giovanni und Fernand Gobet. »Does Far Transfer Exist? Negative Evidence from Chess, Music, and Working Memory Training«. *Current Directions in Psychological Science* 26, Nr. 6 (2017): 515–20.

Schonbrun, Zach. »A New Generation Stacks Up Championships in an Old Game: Tetris«. *New York Times*, 28. Dezember 2021. Aufgerufen am 26. Juni 2023. https://www.nytimes.com/2021/12/28/sports/tetris-game.html.

Schwartz, Daniel und Taylor Martin. »Inventing to Prepare for Future Learning: The Hidden Efficiency of Encouraging Original Student Production in Statistics Instruction«. *Cognition and Instruction* 22, Nr. 2 (2004): 129–84.

Seligman, Martin. »Phobias and Preparedness«. *Behavior Therapy* 2, Nr. 3 (1971): 307–20.

Shaw, George Bernard. *The Doctor's Dilemma*. Erstmalig vorgestellt 1906.

Shea, John und Robyn Morgan. »Contextual Interference Effects on the Acquisition, Retention, and Transfer of a Motor Skill«. *Journal of Experimental Psychology: Human Learning and Memory* 5, Nr. 2 (1979): 179.

Siegel, Paul und Richard Warren. »Less Is Still More: Maintenance of the Very Brief Exposure Effect 1 Year Later«. *Emotion* 13, Nr. 2 (2013): 338–44.

Siegler, Robert S. *Emerging Minds: The Process of Change in Children's Thinking*. Oxford: Oxford University Press, 1998.

Simon, Herbert. *Administrative Behavior*. New York: Macmillan, 1947.

———. »How Managers Express Their Creativity«. *Engineering Management International* 4 (1986): 71–76.

———. »What Is an ›Explanation‹ of Behavior?«. *Psychological Science* 3, Nr. 3 (1992): 150–61.

Simonton, Dean. *Greatness: Who Makes History and Why*. New York: Guilford Press, 1994.

Singh, Simon. *Fermat's Last Theorem*. London: Fourth Estate, 1997.

Singley, Mark und John Anderson. *The Transfer of Cognitive Skill*. Cambridge, MA: Harvard University Press, 1989.

Sinha, Tanmay und Manu Kapur. »When Problem Solving Followed by Instruction Works: Evidence for Productive Failure«. *Review of Educational Research* 91, Nr. 5 (2021): 761–98.

Skinner, Burrhus Frederic. »A Case History in Scientific Method«. *American Psychologist* 11, Nr. 5 (1956): 221.

Souriau, Paul. *Théorie de l'invention*. Paris: Hachette, 1881.

Spaeth, Edmund B., Jr. »What a Lawyer Needs to Learn«. In *Tacit Knowledge in Professional Practice: Researcher and Practitioner Perspectives*, herausgegeben von Robert J. Sternberg und Joseph A. Horvath, 38–57. Mahwah, NJ: Lawrence Erlbaum, 1999.

Stanovich, Keith. »Matthew Effects in Reading: Some Consequences of Individual Differences in the Acquisition of Literacy«. *International Literacy Association* 21, Nr. 4 (1986): 360–407.

Sternberg, Robert J. und James C. Kaufman (Hrsg.). *The Cambridge Handbook of Creativity*. Cambridge: Cambridge University Press, 1999.

Stokes, A. B. »War Strains and Mental Health«. *Journal of Nervous and Mental Disease* 101, Nr. 3 (1945): 215–19.

Swain, Merrill. »Communicative Competence: Some Roles for Comprehensible Input and Comprehensible Output in Its Development«. In *Input in Second Language Acquisition*, herausgegeben von Susan M. Gass und Carolyn G. Madden. New York: Newbury House, 1985.

Sweller, John. »Story of a Research Program«. *Education Review* 23 (2016).

Sweller, John und Matt Levine. »Effects of Goal Specificity on Means-Ends Analysis and Learning«. *Journal of Experimental Psychology: Learning, Memory and Cognition* 8, Nr. 5 (1982): 463–74.

Sweller, John, Robert Mawer und Walter Howe. »Consequences of History-Cued and Means-End Strategies in Problem Solving«. *American Journal of Psychology* 95, Nr. 3 (1982): 455–83.

Sweller, John, Robert F. Mawer und Mark R. Ward. »Development of Expertise in Mathematical Problem Solving«. *Journal of Experimental Psychology: General* 112, Nr. 4 (1983): 639–61.

Tetlock, Philip. *Expert Political Judgment: How Good Is It? How Can We Know?*. Princeton, NJ: Princeton University Press, 2006.

Tetlock, Philip und Dan Gardener. *Superforecasting: The Art and Science of Prediction*. Toronto: Signal, 2015.

Thaden-Koch, Thomas C., Robert Dufresne und Jose Mestre. »Coordination of Knowledge in Judging Animated Motion«. *Physical Review Special Topics: Physics Education Research* 2, Nr. 2 (2006).

Thorndike, Edward. *Educational Psychology*. New York: Lemke & Buechner, 1903.

———. »The Effect of Changed Data upon Reasoning«. *Journal of Experimental Psychology* 5, Nr. 1 (1922): 33.

———. *Human Learning*. New York: Century, 1931.

———. »Mental Discipline in High School Studies«. *Journal of Educational Psychology* 15, Nr. 1 (1924): 1.

———. *The Principles of Teaching: Based on Psychology*. New York: A.G. Seiler, 1906.

Titmuss, Richard. *Problems of Social Policy*. London: His Majesty's Stationery Office, 1950.

Tricot, André und John Sweller. »Domain-Specific Knowledge and Why Teaching Generic Skills Does Not Work«. *Educational Psychology Review* 26, Nr. 2 (2014): 265–83.

Twain, Mark. *Life as I Find It*. Herausgegeben von Charles Neider. New York: Harper & Row, 1977.

US Air Force. »Link Trainer«. 13. Mai 2022. Aufgerufen am 27. Juni 2023. https://web.archive.org/web/20120124230852/http://www.nationalmuseum.af.mil/factsheets/factsheet_print.asp?fsID=3371.

US Department of Education. National Center for Education Statistics. »Adult Literacy in the United States«. 17. September 2019. Aufgerufen am 26. Juni 2023. https://web.archive.org/web/20200730223012/https:/nces.ed.gov/datapoints/2019179.asp.

———. »What PIAAC Measures«. 2019. Aufgerufen am 26. Juni 2023. https://nces.ed.gov/surveys/piaac/measure.asp.

Van Etten, Michelle und Steven Taylor. »Comparative Efficacy of Treatments for Post-Traumatic Stress Disorder: A Meta-Analysis«. *Clinical Psychology and Psychotherapy* 5, Nr. 3 (1998): 126–44.

VanLengen, Craig A. »Does Instruction in Computer Programming Improve Problem-Solving Ability?«. *CIS Educator Forum* 2, Nr. 2 (1990): 11–15.

Vernon, Philip. »Psychological Effects of Air-Raids«. *Journal of Abnormal and Social Psychology* 36, Nr. 4 (1941): 457.

Vervliet, Bram, Michelle G. Craske und Dirk Hermans. »Fear Extinction and Relapse: State of the Art«. *Annual Review of Clinical Psychology* 9 (2013): 215–48.

Voss, James F., Jeffrey Blais, Mary L. Means, Terry R. Greene und Ellen Ahwesh. »Informal Reasoning and Subject Matter Knowledge in the Solving of Economics Problems by Naive and Novice Individuals«. *Cognition and Instruction* 3, Nr. 4 (1986): 269–302.

Walk That Bass. »Bebop Explained«. Video, YouTube, 24. Mai 2019. Aufgerufen am 27. Juni 2023. https://www.youtube.com/watch?v=gEwWjJ7c0u4.

Watrin, Luc, Gizem Hülür und Oliver Wilhelm. »Training Working Memory for Two Years—No Evidence of Latent Transfer to Intelligence«. *Journal of Experimental Psychology: Learning, Memory and Cognition* 48, Nr. 5 (2022): 717–33.

Watson, James. *The Double Helix*. New York: Atheneum, 1968.

Wenger, Étienne. *Communities of Practice: Learning, Meaning, and Identity*. Cambridge: Cambridge University Press, 1999.

Wertheimer, Max. *Productive Thinking*. New York: Harper, 1959.

White, Lynn, Jr. *Medieval Technology and Social Change*. Oxford: Clarendon Press, 1962.

Whitehead, Alfred North. *The Aims of Education*. New York: Macmillan, 1929.

Wickens, Christopher D., Shaun Hutchins, Thomas Carolan und John Cumming. »Effectiveness of Part-Task Training and Increasing-Difficulty Training Strategies: A Meta-Analysis Approach«. *Human Factors: The Journal of the Human Factors and Ergonomics Society* 55, Nr. 2 (2012): 461–70.

Wieman, Carl und Katherine Perkins. »Transforming Physics Education«. *Physics Today* 58, Nr. 11 (2005): 36.

Wightman, D. C. und G. Lintern. »Part-Task Training of Tracking in Manual Control«. Naval Training Equipment Center, 1984.

Willingham, Daniel T., Elizabeth M. Hughes und David G. Dobolyi. »The Scientific Status of Learning Styles Theories«. *Teaching of Psychology* 42, Nr. 3 (2015): 266–71.

Wise, John A., V. David Hopkin und Daniel J. Garland. *Handbook of Aviation Human Factors*. 2. Auflage. Boca Raton, FL: CRC Press, 2010.

Wolitzky-Taylor, Kate B., Jonathan D. Horowitz, Mark B. Powers und Michael J. Telch. »Psychological Approaches in the Treatment of Specific Phobias: A Meta-Analysis«. *Clinical Psychology Review* 28, Nr. 6 (2008): 1021–37.

Wolpe, Joseph. *Psychotherapy by Reciprocal Inhibition*. Stanford, CA: Stanford University Press, 1958.

Woodworth, Robert und Edward Thorndike. »The Influence of Improvement in One Mental Function upon the Efficiency of Other Functions«. *Psychological Review* 8, Nr. 3 (1901): 247.

World Series of Poker. »2007 World Series of Poker Europe«. September 2007. Aufgerufen am 27. Juni 2023. https://web.archive.org/web/20080417044214/http://www.worldseriesofpoker.com/tourney/updates_pn.asp?tourneyID=3572&groupid=316.

Wulf, Gabriele und Charles Shea. »Principles Derived from the Study of Simple Skills Do Not Generalize to Complex Skill Learning«. *Psychonomic Bulletin & Review* 9, Nr. 2 (2002): 185–211.

Wulf, Gabriele, Barbara Lauterbach und Tonya Toole. »The Learning Advantages of an External Focus of Attention in Golf«. *Research Quarterly for Exercise and Sport* 70, Nr. 2 (1999): 120–26.

Yong, Ed. »The Real Wisdom of the Crowds«. *National Geographic*, 31. Januar 2013. Aufgerufen am 27. Juni 2023. https://www.nationalgeographic.com/science/article/the-real-wisdom-of-the-crowds.

Zsambok, Caroline und Gary Klein. *Naturalistic Decision Making*. Mahwah, NJ: Erlbaum, 1997.

Zuckerman, Harriet. *Scientific Elite: Nobel Laureates in the United States*. New Brunswick, NJ: Transaction, 1977.

QUELLENVERZEICHNIS

1 »284 Lines (Full Video)«, YouTube, 15. Februar 2020, 11:19, https://www.youtube.com/watch?v=L7SRuMG6AJc.

2 Joseph Saelee, »First Ever Level 34 in NES Tetris«, YouTube, 15. Februar 2020, 3:19, https://www.youtube.com/watch?v=rWMUYBinriw.

3 Cornelius, *Ecstasy of Order.*

4 Schonbrun, »A New Generation«.

5 Ich danke John Green für die Schilderung dieser Story. John Green, »Why Are Humans Suddenly Getting Better at Tetris?«, YouTube, 18. Oktober 2018, 3:50, https://www.youtube.com/watch?v=twS0SrDg-fc.

6 Gaming Historian, »The Story of Tetris«, YouTube, 2. Februar 2018, 59:30, https://www.youtube.com/watch?v=_fQtxKmgJC8.

7 Cornelius, *Ecstasy of Order.*

8 Goldsmith, »Brain on Tetris«.

9 Cornelius, *Ecstasy of Order.*

10 Cornelius.

11 Cornelius.

12 Henrich, *Secret of Our Success*, 2.

13 Rawlings, »After a Decade of Tool Innovation«.

14 Herrmann et al., »The Cultural Intelligence Hypothesis«.

15 Jan Baptista van Helmont nahm bei einigen seiner Versuche zum Beispiel sorgfältige Messungen des Gewichts vor. In einem Experiment wies er nach, dass das Gewicht eines Baums nicht aus dem Boden stammt. In einem anderen Experiment demonstrierte er, dass sich die Masse an Sand nicht ändert, wenn er in Glas verwandelt wird. Principe, *Secrets of Alchemy.*

16 Principe, 2.

17 Boyle, *New Experiments Physico-Mechanicall.*

18 Friedman, *Free to Choose.*

19 Haier et al., »MRI Assessment of Cortical Thickness«.

20 Rowland, »The Effect of Testing versus Restudy on Retention«.

21 Clark, »Antagonism between Achievement and Enjoyment«.

22 Thorndike, *Human Learning.*

23 Ericsson, Krampe und Tesch-Römer, »The Role of Deliberate Practice«.

24 Choudhry, Fletcher und Soumerai, »The Relationship between Clinical Experience and Quality of Health Care«.

25 Ericsson, *Development of Professional Expertise*, 49.

26 Ericsson, 49.

27 Plato, *Phaedrus.*

28 Autor et al., »The Origins and Content of Work«.

29 Duncker, »On Problem Solving«.

30 Singh, *Fermat's Last Theorem*, 49.

31 Singh, 126.

32 Singh, 136.

33 Singh, 23.

34 Singh, 203.

35 Singh, 241.

36 Singh, 246.

37 Singh, Fermat's Last Theorem (BBC, Dokumentarfilm).

38 Klahr, *Exploring Science.*
39 Kiersz, »Rubik's Cube«.
40 Singh, *Fermat's Last Theorem*, 240.
41 Davis, Matijasevič und Robinson, »Hilbert's Tenth Problem«.
42 Computerwissenschaftler untersuchen die Komplexität von Problemen, indem sie bestimmen, ob es effiziente Algorithmen zu ihrer Lösung gibt. Der Zauberwürfel lässt sich zum Beispiel leicht lösen (vorausgesetzt, Sie wissen, wie), und für den Standardwürfel im Format 3 × 3 × 3 sind höchstens 20 Bewegungen nötig. Sudoku und *Tetris* sind dagegen NP-vollständig. Das bedeutet, dass kein effizienter Algorithmus existiert (unter der Annahme, dass die P ≠ NP-Vermutung korrekt ist). Bei Schach sieht es noch schlechter aus, weil es zur EXP-Klasse gehört, von der wir wissen, dass es keine effizienten Verfahren zum Auffinden einer Lösung gibt.
43 Wie von Max Black im Jahr 1946 formuliert.
44 Langley et al., *Scientific Discovery.*
45 Newell und Simon, *Human Problem Solving*, 416.
46 Tricot und Sweller, »Domain-Specific Knowledge«.
47 Zu den Beispielen gehören Duncker, »On Problem Solving«, und Wertheimer, *Productive Thinking.*
48 Lösung des Neun-Punkte-Rätsels: Die Lösung des Problems erfordert die Einsicht, dass Linien über die Punkte hinausgehen können.

49 Singh, Fermat's Last Theorem (BBC, Dokumentarfilm).
50 Aristides, *Classical Drawing Atelier.*
51 Pogrebin und Reyburn, »Painting Sells for $450.3 Million«.
52 Cennini, *Il libro dell'arte.*
53 Aristides, *Classical Drawing Atelier.*
54 Da Vinci, *Notebooks*, 290.
55 Efland, *A History of Art Education*, 8.
56 Efland, 26.
57 Wie zitiert in Efland, 53.
58 Efland, 197.
59 Aristides, *Classical Drawing Atelier.*
60 Skinner, »A Case History in Scientific Method«.
61 Sweller, »Story of a Research Program«. Das genannte Experiment stammt aus Sweller, Mawer und Howe, »Consequences of History-Cued«.
62 Sweller, »Story of a Research Program«.
63 Sweller und Levine, »Effects of Goal Specificity«; Sweller, Mawer und Ward, »Development of Expertise«; und Owen und Sweller, »What Do Students Learn?«.
64 Owen und Sweller, »What Do Students Learn?«.
65 Cooper und Sweller, »Effects of Schema Acquisition«.
66 Sweller, »Story of a Research Program«.
67 Miller, »Magical Number Seven, Plus or Minus Two«.

68 Baddeley, *Human Memory.*
69 Ericsson und Kintsch, »Long-Term Working Memory«.
70 Kintsch, *Comprehension.*
71 Ein dritter Belastungstyp, die Germane Cognitive Load (GCL) wurde vorgeschlagen, um Experimente zu erklären, bei denen eine größere Anstrengung zu einem größeren Lernerfolg führt (aber nur, wenn die Studenten freie Kapazitäten haben). In jüngerer Zeit haben Sweller und einige andere Wissenschaftler, die sich mit der CLT beschäftigen, vermutet, dass dieser dritte Belastungstyp theoretisch unnötig ist und vielleicht besser als eine Art intrinsische Belastung beschrieben werden sollte. Kalyuga, »Cognitive Load Theory«.
72 Sweller, »Story of a Research Program«.
73 Jarodzka et al., »Conveying Clinical Reasoning«.
74 Piaget, »Piaget's Theory«.
75 Klahr und Nigam, »The Equivalence of Learning Paths«.
76 Catrambone, »The Subgoal Learning Model«.
77 Chi et al., »Self-Explanations«.
78 Da Vinci, *Notebooks.*
79 Kalyuga, »Expertise Reversal Effect«.
80 Kirschner, »Epistemology or Pedagogy«.
81 Kelly, »Advice I Wish I Had Known«.
82 Hermann, *Helen Keller*, 208.
83 Hermann, 9.
84 Hermann, 13.
85 Keller, *Story of My Life*, 24.
86 Keller, 25.
87 Keller, 26.
88 Hermann, *Helen Keller*, 342.
89 Girma, *Haben.*
90 Hermann, *Helen Keller*, 11.
91 Keith Stanovich war der Erste, der die Theorie über die Verbindung zwischen Lesefähigkeit und der weiteren Entwicklung der Intelligenz vorschlug. Stanovich, »Matthew Effects in Reading«.
92 Ritchie, Bates und Plomin, »Does Learning to Read Improve Intelligence?«.
93 US Department of Education, NCES, »Adult Literacy in the United States«.
94 US Department of Education, NCES, »What PIAAC Measures«.
95 Jones, »Americans Reading Fewer Books«.
96 Adams, *Beginning to Read*, 70.
97 Adams, 69.
98 Adams, 223.
99 Adams, 178.
100 Juel und Roper-Schneider, »Influence of Basal Readers«.
101 Bloom, »The 2 Sigma Problem«.
102 Guskey, *Implementing Mastery Learning.*
103 Bloom, »Learning for Mastery«.
104 Hattie, *Visible Learning*, 170.
105 Hattie, 205.
106 Adams, *Beginning to Read.*
107 Atkinson und Birch, *Introduction to Motivation*, 16.
108 Bandura, *Social Learning Theory*, 4.
109 Bandura, 78.
110 Bandura, 81.

111 Newman und Principe, *Alchemy Tried in Fire.*
112 Bernstein, »The Mind of a Mathematician«.
113 Adams, *Beginning to Read*, 176.
114 Polanyi, *The Tacit Dimension.*
115 Maddox, *Rosalind Franklin*, 161.
116 Maddox, 14.
117 Maddox, 169.
118 Maddox, 203.
119 Polanyi, *The Tacit Dimension.*
120 Poincaré, *Science and Method*, 181.
121 De Groot, *Thought and Choice in Chess.*
122 Die von Neil Charness durchgeführten neueren Studien über Schachexpertise, bei denen größere Stichproben und ein breiteres Fähigkeitsspektrum verwendet wurden, haben ergeben, dass es sehr wohl Unterschiede in der Suchtiefe gibt. Es hat allerdings den Anschein, als würde sich die Suchtiefe auf einem mittleren Kompetenzniveau nivellieren, sodass sie nicht geeignet ist, die Überlegenheit stärkerer Spieler zu erklären. Ericsson und Smith, *General Theory of Expertise*, 44.
123 Chi, Glaser und Farr, *Nature of Expertise*, xvii.
124 Chase und Simon, »Perception in Chess«.
125 Beispiele aus Medizin, Sport und Musik: Ericsson und Smith, *General Theory of Expertse;* Programmierung: Chi, Glaser und Farr, *Nature of Expertise*; Elektronik: Egan und Schwartz, »Chunking in Recall of Symbolic Drawings«.
126 Simon, »What Is an ›Explanation‹ of Behavior?«.
127 Klein, Calderwood und Clinton-Cirocco, »Rapid Decision Making on the Fire Ground«.
128 Klein et al., »Option Generation in Chess«.
129 Farndale, »Magnus Carlsen«.
130 Hatano und Inagaki, »Two Courses of Expertise«.
131 Ericsson und Smith, *General Theory of Expertise*, 43.
132 Ericsson und Smith, Kapitel 12.
133 Kintsch, *Comprehension.*
134 James Watson war Biologe. Seinen Worten zufolge hatte er von einem Chemiestudium Abstand genommen, nachdem er in der Universität beinahe das Labor für organische Chemie abgefackelt hatte. Watson, *The Double Helix*, 29. Der Physiker Francis Crick blamierte sich einmal vor dem Biochemiker Erwin Chargaff, als er die chemische Struktur der Nukleinsäuren der DNS vergessen hatte – die Grundelemente ausgerechnet des Moleküls, das Watson und er zu analysieren versuchten. Watson, 111.
135 Grice, »Logic and Conversation«.
136 Watson, *The Double Helix*, 157.
137 Watson, 23.
138 Watson, 108.
139 Watson, 111.
140 Watson, 179.
141 Zuckerman, *Scientific Elite*, 113.
142 Beth, Klein und Hoffman, *Working Minds*, 167.
143 Beth, Klein und Hoffman, 11.
144 Beth, Klein und Hoffman, 14.
145 Beth, Klein und Hoffman, 71.
146 Zsambok und Klein, *Naturalistic Decision Making*, 136.
147 LeFevre und Dixon, »Do Written Instructions Need Examples?«.
148 Beth, Klein und Hoffman, *Working Minds*, 229.

149 Simon, *Administrative Behavior*, 243.
150 Ericsson und Pool, *Peak*.
151 Consuela, *Octavia Butler*, ix.
152 Canavan, *Octavia E. Butler*, 37.
153 Consuela, *Octavia Butler*, 3.
154 Consuela, 52.
155 Butler, »Positive Obsession«.
156 Consuela, *Octavia Butler*, 221.
157 Consuela, 137.
158 Consuela, 53.
159 Consuela, 20.
160 Canavan, *Octavia E. Butler*, 84.
161 Bereiter und Scardamalia, *The Psychology of Written Composition*.
162 Consuela, *Octavia Butler*, 52.
163 Consuela, 37.
164 Diese Zitatversion ist zwar weitverbreitet, die genaue Quelle konnte ich jedoch nicht bestimmen. Hemingway soll das 1961 in einem Interview mit der inzwischen eingestellten Zeitschrift *New York Journal-American* gesagt haben. Einer seiner ersten Biografen, Charles Andrew Fenton, berichtet allerdings über ein Gespräch, in dem Hemingway sich gegenüber einem Freund ähnlich, aber weniger kunstvoll ausdrückte: »[Im Schreiben] bin ich ein Lehrling … bis ich sterbe. Dummköpfe mögen behaupten, sie würden das Schreiben beherrschen. Aber ich weiß, dass niemand es beherrscht beziehungsweise es nicht noch hätte besser machen können.« Fenton, *The Apprenticeship of Ernest Hemingway*.
165 Consuela, *Octavia Butler*, 3.
166 Bjork und Bjork, »Desirable Difficulty«.
167 Roediger III und Butler, »Critical Role of Retrieval Practice«.
168 Dempster, »The Spacing Effect«.
169 Anderson, *Learning and Memory*, 239.
170 Consuela, *Octavia Butler*, 77.
171 Carroll, »Using Worked Examples«.
172 Consuela, *Octavia Butler*, 53.
173 Mayer, »Should There Be a Three-Strikes Rule?«
174 Kirschner, Sweller und Clark, »Why Minimal Guidance During Instruction Does Not Work«.
175 Anderson, Reder und Simon, »Applications and Misapplications«.
176 Kapur, »Productive Failure«.
177 Sinha und Kapur, »Evidence for Productive Failure«.
178 Schwartz und Martin, »Inventing to Prepare for Future Learning«.
179 Ashman, Kalyuga und Sweller, »Problem-Solving or Explicit Instruction?«.
180 Glogger-Frey, »Inventing a Solution and Studying a Worked Solution«.
181 Matlen und Klahr, »Sequential Effects of High and Low Instructional Guidance«.
182 Oxford Reference, »Zone of Proximal Development«.
183 Kintsch, *Comprehension*, 324.
184 McNamara und Kintsch, »Learning from Texts«.
185 Kalyuga, »Expertise Reversal Effect«.
186 Consuela, *Octavia Butler*, 217.
187 Butler, »Positive Obsession«.
188 Merriënboer und Paas, »Automation and Schema Acquisition«.
189 Bereiter und Scardamalia, *The Psychology of Written Composition*.
190 Singley und Anderson, *Transfer of Cognitive Skill*, 26.
191 Federal Trade Commission, »Lumosity to Pay $2 Million«.

192 Federal Trade Commission, »Stipulated Final Judgment«.
193 Ritchie, *Intelligence.*
194 Owen et al., »Putting Brain Training to the Test«.
195 Watrin, Hülür und Wilhelm, »Training Working Memory for Two Years«.
196 Noack et al., »Cognitive Plasticity in Adulthood and Old Age«.
197 Melby-Lervåg, Redick und Hulme, »Working Memory Training Does Not Improve Performance«.
198 Plato, *Plato's Republic*, 298.
199 Locke gilt vielen als intellektueller Vater der formalen Disziplin. Siehe zum Beispiel Dewey, *Democracy and Education.* Lockes Ansichten über Bildung waren jedoch etwas komplexer. Siehe Hodge, *John Locke and Formal Discipline.*
200 Woodworth und Thorndike, »The Influence of Improvement«.
201 Thorndike, »Mental Discipline«.
202 Thorndike, *Educational Psychology*, 90.
203 Thorndike, *The Principles of Teaching*, 240.
204 Thorndike, 241.
205 Thorndike, 246.
206 Sala und Gobet, »Does Far Transfer Exist?«.
207 VanLengen, »Does Instruction in Computer Programming Improve Problem-Solving Ability?«.
208 Meiklejohn, »Is Mental Training a Myth?«.
209 Woodworth und Thorndike, »The Influence of Improvement«.
210 Thorndike, »The Effect of Changed Data upon Reasoning«.
211 Judd, »The Relation of Special Training and General Intelligence«.
212 Wertheimer, *Productive Thinking.*
213 Anderson und Lebiere, *The Atomic Components of Thought.*
214 Anderson, *Learning and Memory*, 323.
215 DeKeyser, »Beyond Explicit Rule Learning«.
216 Swain, »Communicative Competence«.
217 Anderson, *Rules of the Mind*, 195.
218 McClelland und Rumelhart, *Parallel Distributed Processing.*
219 Brewer, »Bartlett's Concept of the Schema«.
220 Logan, »Instance Theory«.
221 Gick und Holyoak, »Analogical Problem Solving«.
222 Singley and Anderson, *Transfer of Cognitive Skill,* 23.
223 Cheng et al., »Pragmatic versus Syntactic Approaches«.
224 Cheng et al.
225 Reed, Dempster und Ettinger, »Usefulness of Analogous Solutions«.
226 Whitehead, »Aims of Education«.
227 Fong, Krantz und Nisbett, »Effects of Statistical Training«.
228 Singley und Anderson, *Transfer of Cognitive Skill,* 23.
229 Chi, Feltovich und Glaser, »Representation of Physics Problems«.
230 Karpicke, »Metacognitive Control«.
231 Karpicke und Blunt, »Retrieval Practice«.
232 Bassok und Holyoak, »Pragmatic Knowledge and Conceptual Structure«.
233 Anderson, Reder und Simon, »Situated Learning and Education«.
234 Greg Ashman schlug die folgende Metapher für das Gehirn vor: »Anstatt das Gehirn als eine Reihe von Bücherregalen zu betrachten, in denen das Wissen steht wie ordentlich sortierte Bücher, sollten wir es vielleicht eher als eine Sammlung an Werkzeugen betrachten, die aus Wissen gemacht sind. Wissen ist das, womit wir denken.« Ashman, *Explicit Teaching*, 12.

235 Thorndike, *The Principles of Teaching*, 247–48.
236 Berliner, *Thinking in Jazz*, 20.
237 Davis und Troupe, *Miles*.
238 Berliner, *Thinking in Jazz*, 390.
239 Berliner, 57
240 Owens, *Bebop*, 12.
241 Berliner, *Thinking in Jazz*, 305.
242 Berliner, 20.
243 Berliner, 99.
244 Berliner, 155.
245 Berliner, 165.
246 Berliner, 242.
247 Berliner, 239.
248 Berliner, 248.
249 Battig, »Facilitation and Interference«.
250 Shea und Morgan, »Contextual Interference Effects«.
251 Magill und Hall, »A Review of the Contextual Interference Effect«.
252 Merriënboer, de Croock und Jelsma, »The Transfer Paradox«.
253 Pan et al., »Interleaved Practice«.
254 Nakata und Suzuki, »Mixed Grammar Exercises Facilitates Long-Term Retention«.
255 Berliner, *Thinking in Jazz*, 240.
256 Berliner, 141.
257 Berliner, 115.
258 Berliner, 120.
259 Berliner, 207.
260 Berliner, 155.
261 Hatala, Brooks und Norman, »Practice Makes Perfect«.
262 Eglington und Kang, »Interleaved Presentation«.
263 Kang und Pashler, »Learning Painting Styles«.
264 Birnbaum et al., »Why Interleaving Enhances Inductive Learning«.
265 Goldstone, »Isolated and Interrelated Concepts«.
266 Engelmann und Carnine, *Theory of Instruction*, 123.
267 Berliner, *Thinking in Jazz*, 214.
268 Berliner, 232.
269 Berliner, 232.
270 Berliner, 166.
271 Berliner, 236
272 Berliner, 238.
273 Feynman, »Knowing vs Understanding«, YouTube, 5:36, https://www.youtube.com/watch?v=NM-zWTU7X-k.
274 Newell und Simon, *Human Problem Solving*, 59.
275 Marrow, *The Practical Theorist*, viii.
276 Wulf und Shea, »Principles«.
277 Gao et al., »Effects of Speaker Variability«.
278 Likourezos, Kalyuga und Sweller, »The Variability Effect«.
279 Berliner, *Thinking in Jazz*, 159.
280 Walk That Bass, »Bebop Explained«, YouTube, 24. Mai 2019, 17:54, https://www.youtube.com/watch?v=gEwWjJ7c0u4.
281 Beth, Klein und Hoffman, *Working Minds*, 134.
282 Davis und Troupe, *Miles*, 61.

283 Kornell und Bjork, »Learning Concepts and Categories«.
284 Pauling, »Crusading Scientist«.
285 History.com, »Thomas Edison«.
286 Josephson, »Edison«, 401.
287 Heydenreich, »Leonardo da Vinci«.
288 Brown, »Famous Picasso Paintings«.
289 Quetelet, *Treatise on Man.*
290 Dean Simonton, persönliche Kommunikation.
291 Simonton, *Greatness*, 184.
292 Ursprünglich bezeichnete Simonton sein Konzept als Equal-Odds-»Regel«. Nach einer Überarbeitung änderte er die Bezeichnung in »Baseline«, weil damit die jüngsten Analysen der historischen Daten besser wiedergegeben wurden. Das gleichwertige Potenzial für kreativen Erfolg zeigt sich am deutlichsten auf Gebieten, auf denen das Prinzip der »least publishable unit« (kleinste messbare Menge an Informationen) gilt, wie es zum Beispiel bei wissenschaftlichen Publikationen der Fall ist – anders als auf Gebieten, auf denen der Umfang der Beiträge stark variieren kann (zum Beispiel ein Gedicht im Vergleich zu einer Oper).
293 Price, *Little Science, Big Science.*
294 Zuckerman, *Scientific Elite*, 145.
295 Davis, »Creativity in Neurosurgical Publications«.
296 Simon, »How Managers Express Their Creativity«.
297 Einstein, »Physics and Reality«.
298 Hayes, »Cognitive Processes in Creativity«.
299 Josephson, *Edison*, 35.
300 Bacon, *Novum Organon.*
301 Ogburn und Thomas, »Are Inventions Inevitable?«.
302 Merton, »Singletons and Multiples«.
303 Sternberg, *Handbook of Creativity*, Kapitel: »Implications of a Systems Perspective for the Study of Creativity«, 313–35.
304 Simonton, *Greatness*, 110.
305 Edison Innovation Foundation, »Famous Quotes«.
306 Edison Innovation Foundation.
307 Diamond, *Guns, Germs, and Steel.*
308 Csikszentmihalyi, »Creativity and Genius«.
309 Campbell, »Blind Variation«.
310 Greenwald, »30 Life-Changing Inventions«.
311 Souriau, *Théorie de l'invention*, 45.
312 Josephson, *Edison*, 235.
313 Josephson, 345.
314 Josephson, 199.
315 Henderson, »Semaglutide«.
316 Ghofrani, Osterloh und Grimminger, »Sildenafil«.
317 Wertheimer, *Productive Thinking.*
318 Sternberg, *Handbook of Creativity*, 10.
319 Josephson, *Edison*, 79.
320 Howes, »Age of Invention«.
321 Die tatsächliche Geschichte ist etwas weniger dramatisch, als sie scheint. Edison verließ seine Hochzeit, um im Labor an einem Problem zu arbeiten. Seiner eigenen Erinnerung zufolge kehrte er jedoch zum Abendessen zurück. Josephson, *Edison*, 87.
322 Simonton, *Greatness*, 139.
323 Isaacson, *Einstein*, 217.

324 Simonton, *Greatness*, 139.
325 Simonton, 139.
326 Matthews, Helmreich und Beane, »Pattern A«.
327 Josephson, *Edison*, 364.
328 Armstrong, *Seinfeldia*, 191.
329 Kanigel, *Apprentice to Genius*, 190.
330 Zuckerman, *Scientific Elite*, 229.
331 Feynman, »Surely You're Joking«.
332 Newport, *Deep Work*.
333 Kahneman, »Don't Blink!«.
334 World Series of Poker, »2007 World Series of Poker Europe«.
335 PokerListings, »Best Poker Moments«.
336 Imir, »Annette Obrestad«.
337 Annette Obrestad, »My Story«, YouTube, 18. Oktober 2018, 18:37, https://www.youtube.com/watch?v=mk-0CmsIVFg.
338 Hendon Mob, »Norway All Time Money List«.
339 Magyar, *Greatest Stories in Poker History*, 18.
340 Magyar, 22.
341 Twain, *Life as I Find It*.
342 Magyar, *Greatest Stories in Poker History*, 44.
343 Kiger, »Nixon's WWII Poker Game«.
344 Brunson, *Super System*.
345 PokerListings, »About Chris Moneymaker«.
346 Negreanu, »Daniel Negreanu Teaches Poker«.
347 Grove und Meehl, »Comparative Efficiency«.
348 Meehl, *Clinical versus Statistical Prediction*, 24.
349 Grove und Meehl, »Comparative Efficiency«.
350 Chi, Glaser und Farr, *Nature of Expertise*, Kapitel »Expertise and Decision Under Uncertainty«.
351 Kahneman, Tversky und Slovic, »Judgements«.
352 Kahneman und Klein, »Conditions for Intuitive Expertise«.
353 Tetlock, *Expert Political Judgment*.
354 Tetlock, xx.
355 Tetlock, xi.
356 Quote Investigator, »One-Handed Economist«.
357 Tetlock und Gardener, *Superforecasting*, 18.
358 Tetlock und Gardener, 278.
359 Tetlock und Gardener, 200.
360 Tetlock und Gardener, 14.
361 Tetlock und Gardener, 243.
362 Benson und Önkal, »The Effects of Feedback«.
363 Yong, »Real Wisdom of the Crowds«.
364 Mercier und Sperber, *Enigma of Reason*.
365 Moshman und Geil, »Collaborative Reasoning«.
366 Holmes, *The Essential Holmes*, 45.
367 Aviation Safety Network, »ASN Accident Description«.
368 NSC Injury Facts, »Deaths by Transportation Mode«.
369 White, *Medieval Technology and Social Change*.
370 Crowley, »The Guns of Constantinople«.
371 Morley, »Earning Their Wings«.
372 Morley, 53.

373 Morley, 81.
374 Morley, 44.
375 Morley, 73.
376 Morley, 72.
377 Morley, 94.
378 McKenna, »Robert Smith-Barry«.
379 Morley, »Earning Their Wings«, 95.
380 Morley, 95.
381 Morley, 97.
382 Morley, 111.
383 Morley, 111.
384 Morley, 117.
385 Morley, 118.
386 McKenna, »Robert Smith-Barry«.
387 Mavin and Murray, »Simulated Practice«.
388 Reijnoudt und Sterk, *Tragedie op Tenerife*.
389 Boyle, »Medical School Enrollments Grow«.
390 Wise, Hopkin und Garland, *Handbook of Aviation Human Factors*, 440.
391 Wise, Hopkin und Garland, 440.
392 US Air Force, »Link Trainer«.
393 Wise, Hopkin und Garland, *Handbook of Aviation Human Factors*, 443.
394 Roscoe, »Incremental Transfer Effectiveness«.
395 Jacobs et al., »Flight Simulator Training Research«.
396 Carretta und Dunlap, »Transfer of Training Effectiveness«.
397 Rantanen und Talleur, »Incremental Transfer«.
398 Wise, Hopkin und Garland, *Handbook of Aviation Human Factors*, 442.
399 Lintern, Roscoe und Sivier, »Display Principles«.
400 Wise, Hopkin und Garland, *Handbook of Aviation Human Factors*, 441.
401 Wenger, *Communities of Practice*.
402 Spaeth, »What a Lawyer Needs to Learn«.
403 Lave und Wenger, *Situated Learning*.
404 Lave und Wenger, 30.
405 Lave und Wenger, 78.
406 Kleiner and Vorotnikov, »At What Cost?«.
407 Gesprochen von Sir Patrick in Shaws Theaterstück *The Doctor's Dilemma*.
408 Brennan, *Good Work*, 56.
409 Brennan, 67.
410 Brennan, 68.
411 Heckman, Humphries und Kautz, *The Myth of Achievement Tests*.
412 Kanigel, *Apprentice to Genius*, 99.
413 Hirsch, *Cultural Literacy*.
414 Quote Investigator, »It Is Better to Know«.
415 Eden, »Stroke of Madness«.
416 Dethier, »Tiger Woods' First-Ever TV Appearance«.
417 Harmon und Eubanks, *The Pro*, 161.
418 Harmon und Eubanks, 163.
419 Eden, »Stroke of Madness«.
420 Eden.
421 Harmon und Eubanks, *The Pro*, 166.
422 Fitts und Posner, *Human Performance*.

423 Wulf, Lauterbach und Toole, »The Learning Advantages«.
424 Bernshteĭn, *Co-ordination and Regulation of Movements.*
425 Luchins, »Einstellung«.
426 Duncker, »On Problem Solving«.
427 Gardener, *Unschooled Mind.*
428 DiSessa, »Unlearning Aristotelian Physics«.
429 Voss et al., »Informal Reasoning«.
430 Willingham, Hughes und Dobolyi, »The Scientific Status of Learning Styles Theories«.
431 Kubricht, Holyoak und Lu, »Intuitive Physics«.
432 Thaden-Koch, Dufresne und Mestre, »Coordination of Knowledge«.
433 Brown und VanLehn, »Repair Theory«.
434 Rosenshine und Stevens, *Handbook of Research on Teaching.*
435 Marcus et al., »Overregularization in Language Acquisition«.
436 Pinker und Morey, *The Language Instinct.*
437 Patel und Groen, »Developmental Accounts«.
438 Siegler, *Emerging Minds.*
439 Planck, *Scientific Autobiography.*
440 Britannica, »Albert Einstein's Perspective«.
441 Ericsson und Pool, *Peak.*
442 Ericsson, *Development of Professional Expertise*, 417.
443 Wieman und Perkins, »Transforming Physics Education«.
444 Jimoyiannis und Komis, »Computer Simulations in Physics«.
445 Kahneman, *Thinking, Fast and Slow.*
446 Masters und Maxwell, »The Theory of Reinvestment«.
447 Rachman, *Fear and Courage*, 38.
448 Titmuss, *Problems of Social Policy*, 4.
449 Titmuss, 6.
450 Baldwin, »A Fear for the Future«, Rede vor dem Unterhaus des Vereinigten Königreichs am 10. November 1932.
451 Titmuss, *Problems of Social Policy*, 9.
452 Titmuss, 19.
453 Titmuss, 20.
454 Rachman, *Fear and Courage*, 20.
455 Vernon, »Psychological Effects of Air-Raids«.
456 Stokes, »War Strains and Mental Health«.
457 Janis, *Air War and Emotional Stress*, 112.
458 Vernon, »Psychological Effects of Air-Raids«.
459 Panter-Downes, *London War Notes.*
460 Janis, *Air War and Emotional Stress*, 65.
461 Janis, 112.
462 Saigh, »Pre- and Postinvasion Anxiety in Lebanon«.
463 Clark, »Panic«.
464 James, *Principles of Psychology*, Bd. 2, 704.
465 Janis, *Air War and Emotional Stress*, 123.
466 Seligman, »Phobias and Preparedness«.
467 Mineka und Zinbarg, »A Contemporary Learning Theory«.
468 Mowrer, *Learning Theory and Behavior.*
469 Bouton, »Context, Ambiguity and Unlearning«.
470 Vervliet, Craske und Hermans, »Fear Extinction and Relapse«.
471 Vernon, »Psychological Effects of Air-Raids«.

472 Craske et al., »Maximizing Exposure Therapy«.
473 Locke, *Thoughts Concerning Education*, 109.
474 Marks, *Fears, Phobias, and Rituals*, 457.
475 Wolpe, *Psychotherapy by Reciprocal Inhibition.*
476 Marks, *Fears, Phobias, and Rituals*, 459.
477 Abramowitz, Deacon und Whiteside, *Exposure Therapy*, 15.
478 Marks, *Fears, Phobias, and Rituals,* 459.
479 Foa et al., »A Comparison of Exposure Therapy«; Ramnerö, »Is There Room for Cognitive Interventions?«; Feske und Chambless, »Cognitive Behavioral versus Exposure Only Treatment«; Marks, *Fears, Phobias, and Rituals.*
480 Hofmann und Asmundson, »Mindfulness-Based Therapy«.
481 LeDoux, *Anxious*, 259.
482 Hofmann, »Cognitive Processes During Fear«.
483 Siegel und Warren, »Less Is Still More«.
484 Wolitzky-Taylor et al., »Treatment of Specific Phobias«.
485 Gould et al., »Generalized Anxiety Disorder«.
486 Gould, Otto und Pollack, »Panic«.
487 Balkom et al., »Obsessive Compulsive Disorder«.
488 Gould et al., »Treatment for Social Phobia«.
489 Van Etten und Taylor, »Comparative Efficacy of Treatments«.
490 Abramowitz, Deacon und Whiteside, *Exposure Therapy*, 353. Daten über Therapieabbrüche lassen sich auch den zuvor zitierten Meta-Analysen entnehmen.
491 Abramowitz, Deacon und Whiteside, 351.
492 Abramowitz, Deacon und Whiteside, 87.
493 Abramowitz, Deacon und Whiteside, 82.
494 Abramowitz, Deacon und Whiteside, 115.
495 Abramowitz, Deacon und Whiteside, 119.
496 Rachman, *Fear and Courage*, 59.
497 Vernon, »Psychological Effects of Air-Raids«.
498 Rachman, *Fear and Courage*, 7.
499 Rachman, 225.
500 Cowen, »Learn Like an Athlete«.
501 Chi, Feltovich und Glaser, »Representation of Physics Problems«.
502 Barnett und Kowslowski, »Adaptive Expertise«.
503 Ayres, »Impact of Reducing Cognitive Load«.
504 Carlson, Khoo und Elliot, »Component Practice«.
505 Kluger und DeNisi, »The Effects of Feedback Interventions«.

STICHWORTVERZEICHNIS